JN442247

Federated Learning with Python

Design and implement a federated learning system and
develop applications using existing frameworks

연합학습 with python

연합학습 시스템을 설계 및 구현하고
기존 프레임워크를 사용하여 애플리케이션 개발

Federated Learning with Python

by Kiyoshi Nakayama, PhD | George Jeno

Copyright © 2022 Packt Publishing
First published in the English language under the title **Federated Learning with Python**
ISBN 9781803247106
Korean Translation Copyright © 2024 by HongReung Publishing co.
All rights reserved.

The Korean edition was published by arrangement with Packt Publishing Ltd. through Agency-One, Seoul.

연합학습 with **python**

인 쇄: 2024년 6월 24일 초판 1쇄
발 행: 2024년 6월 28일 초판 1쇄

역 자: 신유경
발행인: 송 준
발행처: 도서출판 홍릉
주 소: 01093 서울시 강북구 인수봉로 50길 10
등 록: 1976년 10월 21일 제5-66호

전 화: 02-999-2274~5, 903-7037
팩 스: 02-905-6729
e-mail: hongpub@hongpub.co.kr
http://www.hongpub.co.kr
ISBN: 979-11-5600-206-2(93000)

정 가: 30,000원

낙장 및 파본은 구입처나 본사에서 교환하여 드립니다.

이 책의 한국어판 저작권은 에이전시 원을 통해 저작권자와의 독점 계약으로 도서출판 홍릉에 있습니다.
신 저작권법에 의해 한국 내에서 보호를 받는 저작물이므로 무단전재와 무단복제를 금합니다.

Federated Learning with Python

Design and implement a federated learning system and
develop applications using existing frameworks

연합학습 with python

연합학습 시스템을 설계 및 구현하고
기존 프레임워크를 사용하여 애플리케이션 개발

Kiyoshi Nakayama, Phd · George Jeno 지음
신유경 옮김

도서출판 홍릉

1장 빅데이터와 기존 AI의 과제에 기여한 Norikazu Furukawa 박사와 9장 연합학습 애플리케이션의 주요 사례 연구에 기여한 Anthony Maddalone 박사에게 머신러닝 분야의 현재 동향, 도전 과제, 지속적인 노력, 그리고 미래 방향에 대한 훌륭한 통찰력을 제공해 주신 데 대해 감사의 말씀을 드립니다. 또한 이 책 전체에 사용된 GitHub 리포지토리 코드에 기여한 Genya Ishigaki 박사에게도 감사를 표합니다. 로보틱스 사용 사례와 관련된 콘텐츠에 기여한 Jose Barreiros 박사의 공헌에 감사드립니다.

공동기여자

저자 소개

Kiyoshi Nakayama 박사는 세계에서 가장 진보된 분산 및 연합학습 플랫폼의 개발과 보급을 주도하는 TieSet Inc.의 설립자 겸 CEO입니다. 타이셋을 설립하기 전에는 세계 최고 수준의 머신러닝 연구 그룹을 보유한 것으로 유명한 미국 NEC 연구소의 연구 과학자였습니다. 또한 미국 Fujitsu 연구소의 박사 후 연구원으로서 스마트 에너지를 위한 분산 시스템을 구현했습니다. 여러 편의 국제 논문과 특허를 발표했으며, 두 차례에 걸쳐 최우수 논문상을 수상했습니다. Kiyoshi는 캘리포니아 대학교 어바인 캠퍼스에서 컴퓨터 공학 박사 학위를 받았습니다.

George Jeno는 TieSet Inc.의 공동 설립자이며 STADLE 연합학습 플랫폼 개발을 위한 기술 리더입니다. 그는 머신러닝 이론과 시스템 아키텍처 설계에 대해 깊이 이해하고 있으며, 이러한 지식을 활용하여 분산 및 연합학습을 위한 새로운 알고리즘과 애플리케이션을 연구해 왔습니다. 조지아 공대에서 컴퓨터 공학 석사 학위(머신러닝 전공)를 취득했습니다.

리뷰어 정보

Sougata Pal은 소프트웨어 아키텍처 설계 및 애플리케이션 확장성 관리, 팀 구축 및 관리 분야의 엔터프라이즈 아키텍트로 일하고 있는 열정적인 기술 전문가입니다. 15년 이상의 경험을 바탕으로 다양한 스타트업 및 대기업과 협력하여 비즈니스 애플리케이션 인프라를 개발함으로써 고객에 대한 접근성을 향상시켰습니다. 오픈소스 커뮤니티에 힘을 실어주기 위해 깃허브의 다양한 오픈소스 프로젝트에 기여해 왔으며, 지난 몇 년 동안 연합학습 개념을 도입하여 사이버 보안 프로세스의 성능을 향상시키기 위해 연합학습 및 사이버 보안 알고리즘을 연구해 왔습니다.

저자서문

연합학습(Federated Learning, FL)이 AI의 패러다임을 바꾸는 기술로 떠오르고 있는 이유는 연합학습 프레임워크를 사용하면 지능이 지속적으로 진화하고 성장하기 위해 인터넷에서 이동해야 하는 것은 데이터 자체가 아니라 머신러닝 모델이기 때문입니다. 따라서 사람들은 연합학습을 기존의 데이터 중심 접근 방식과 비교하여 모델 중심 접근 방식이라고 부르며, 판도를 바꾸는 기술로 간주합니다. 모델 중심 접근 방식은 지혜 중심의 세상을 개척하기 위한 인텔리전스 중심 플랫폼을 만들 수 있습니다.

연합학습을 도입하면 데이터 프라이버시, 학습 비용 및 효율성, 최신 인텔리전스 제공 지연 등 빅데이터 AI가 오랫동안 직면해 온 문제를 극복할 수 있습니다. 하지만 연합학습은 무턱대고 머신러닝 모델을 통합한다고 해서 빅데이터의 모든 문제를 해결할 수 있는 마법의 솔루션은 아닙니다. 분산된 모든 학습 프로세스를 동기화하고 로컬에서 학습된 모든 머신러닝 모델을 일관되게 합성할 수 있도록 분산 시스템과 학습 메커니즘을 매우 신중하게 설계해야 합니다. 그래야만 대규모의 실제 운영 환경에서도 지속적으로 작동할 수 있는 지속 가능하고 탄력적인 연합학습 시스템을 만들 수 있습니다.

따라서 이 책은 이 분야와 관련된 대부분의 문헌에서 소개된 시뮬레이터나 프로토타입을 사용한 많은 연구 프로젝트에서 볼 수 있는 연합학습의 개념적, 이론적 측면을 단순히 설명하는데 그치지 않습니다. 오히려 프레임워크의 작동과 결과를 검증하기 위해 단순화된 연합학습 시스템의 코드를 살펴봄으로써 전체 설계 및 구현 원리에 대해 배울 수 있습니다.

이 책이 끝나면 로컬 및 클라우드 환경의 다양한 설정에서 설치하고 테스트할 수 있는 연합학습을 기반으로 하는 첫 번째 애플리케이션을 만들 수 있습니다.

이 책의 대상

이 책은 연합학습로 강화된 머신러닝 애플리케이션을 만드는 방법을 배우고자 하는 머신러닝 엔지니어, 데이터 과학자, AI 애호가를 위한 책입니다. 이 책을 시작하려면 파이썬 프로그래밍과 머신러닝 개념에 대한 기본 지식이 필요합니다.

저자서문

이 책에서 다루는 내용

1장, '빅데이터와 기존 AI의 과제'에서는 빅데이터 시스템과 기존 중앙 집중식 머신러닝 접근 방식의 현재 문제점을 이해하고, 데이터 프라이버시, 편향성 및 사일로, 모델 드리프트, 성능 저하와 같은 문제를 연합학습이 어떻게 해결할 수 있는지에 대한 방향을 제시합니다. 이를 통해 연합학습 시스템의 설계와 구현에 대해 더 깊이 있게 알아볼 수 있습니다.

2장, '연합학습이란 무엇인가?'에서는 연합학습에 대한 소개에 이어서 머신러닝의 기본 사항뿐만 아니라 분산 학습의 최신 트렌드와 함께 연합학습 개념을 이해하는데 도움을 줍니다. 또한 데이터 프라이버시 및 보안, 효율성 및 확장성 측면에서 모델 중심 머신러닝 접근 방식으로서 연합학습의 이점에 대해 알아봅니다.

3장, '연합학습 시스템 동작'에서는 연합학습 시스템이 어떻게 작동하고 연합학습 시스템 내의 분산된 구성 요소 간에 상호 작용하는지에 대한 확실한 이해를 제공합니다. 연합학습 시스템의 기본 아키텍처와 함께 연합학습 시스템의 지속적인 작동을 위한 절차 흐름, 상태 전환, 메시징 시퀀스에 대해 학습합니다.

4장, '파이썬에서 연합학습 서버 구현'에서는 데이터베이스 서버 및 집계기(aggregator) 모듈을 비롯한 연합학습 서버 시스템의 구현 원리를 학습하는 과정을 안내합니다. 또한 이 장에서는 연합학습 구성 요소 간의 통신과 모델 통합은 물론 분산 학습 에이전트와 로컬 및 글로벌 모델의 상태를 관리하는 방법에 대해 설명합니다.

5장, '연합학습 클라이언트 구현'에서는 로컬 머신러닝 엔진 및 프로세스에서 사용할 수 있는 라이브러리와 연합학습 클라이언트 기능에 대해 설명합니다. 핵심 클라이언트 기능에는 연합학습 플랫폼에 분산 학습 에이전트 등록, 글로벌 모델 수신, 로컬 모델 업로드 및 공유가 포함됩니다.

6장, '연합학습 시스템 실행 및 결과 분석'에서는 간소화된 연합학습 프레임워크를 실행하여 연합학습 시스템과 절차의 동작과 가장 표준적인 모델 통합 방법인 FedAvg을 이해하는데 도움을 줍니다. 또한 두 가지 예제 테스트 사례의 결과를 분석하여 연합학습 프레임워크 실행 결과를 검증할 수 있습니다.

7장, '모델 통합'은 연합학습의 기초가 되는 모델 통합을 이해하는데 중요한 장입니다. 연합학습 시나리오의 다양한 특성이 어떻게 다양한 모델 통합 방법을 필요로 하는지 이해하고 이러한 알고리즘이 실제로 어떻게 구현될 수 있는지에 대한 아이디어를 얻을 수 있습니다.

8장, '연합학습 프레임워크 이용'에서는 Flower, Tensorflow Federated(TFF), OpenFL, IBM FL, STADLE, PySyft 등 기존 연합학습 프로젝트 및 프레임워크와 해당 API에 대해 설명합니다. 다양한 설계 철학을 가진 유용한 연합학습 프로젝트가 많이 있으며, 이러한 프레임워크 간의 특징과 차이점을 이해할 수 있습니다.

9장, '연합학습 애플리케이션의 분야별 사례 연구'에서는 다양한 산업에서 연합학습의 주요 사용 사례 몇 가지를 소개합니다. 의료 및 헬스케어, 금융 부문, 엣지 컴퓨팅, 사물 인터넷, 빅데이터를 위한 분산 학습 등 다양한 분야에서 연합학습이 적용되어 여러 가지 중요한 기술적 과제를 극복할 수 있는 상당한 잠재력을 보여준 사례들을 살펴볼 수 있습니다.

10장, '미래 트렌드 및 발전'에서는 지속적인 연구와 개발이 이끄는 인공지능 기술의 미래 방향에 대해 설명합니다. 지능 인터넷과 지혜 중심 플랫폼에 대한 새로운 관점을 소개합니다. 이를 통해 집단 지성의 세계를 맞이할 준비를 할 수 있습니다.

부록, '내부 라이브러리 탐색'에서는 연합학습 시스템 구현을 위한 열거 클래스, 통신 프로토콜, 데이터 구조 핸들러, helper 및 supporting 함수를 포함한 내부 라이브러리에 대한 개요를 제공합니다.

이 책을 최대한 활용하려면

컴퓨터에 파이썬 버전 3.7 이상이 설치되어 있어야 합니다. 이 책의 코드 예제를 쉽게 실행할 수 있는 가상 환경을 만들려면 macOS 또는 Linux에 Anaconda를 설치하는 것이 좋습니다.

책에서 다루는 소프트웨어/하드웨어	운영 체제 필요 조건
Python 3.7+	macOS 또는 Linux
Anaconda 환경	
GitHub	

이 책의 디지털 버전을 사용하는 경우 코드를 직접 입력하거나 책의 GitHub 리포지토리에서 코드에 접근하는 것이 좋습니다(링크는 다음 장에서 확인할 수 있습니다). 이렇게 하면 코드 복사 및 붙여넣기와 관련된 잠재적인 오류를 방지하는데 도움이 됩니다.

예제 코드 다운로드

이 책의 예제 코드 파일은

GitHub(https://github.com/PacktPublishing/Federated-Learning-with-Python)에서 다운로드할 수 있습니다. 코드에 대한 업데이트가 있을 경우 GitHub 리포지토리에 업데이트됩니다.

또한 다양한 책과 동영상 카탈로그의 다른 코드 번들도 https://github.com/PacktPublishing/에서 확인할 수 있습니다. 모두 확인해 보세요!

또한 최신 업데이트된 코드가 있는 저장소(https://github.com/tie-set/ simple-fl)를 확인하시길 바랍니다.

> **참고**
> 코드 파일은 개인 또는 교육 목적으로 사용할 수 있습니다. 상업적 용도의 배포는 지원하지 않으며, 코드 사용으로 인해 발생하는 오류, 문제 또는 손해에 대해 책임을 지지 않는다는 점에 유의하시길 바랍니다.

컬러 이미지 다운로드

또한 이 책에 사용된 스크린샷과 다이어그램의 컬러 이미지가 포함된 PDF 파일도 제공합니다. 여기에서 다운로드할 수 있습니다: https://packt.link/qh1su.

사용 규칙

이 책에는 여러 가지 텍스트 규칙이 사용됩니다.

텍스트 내 코드: 텍스트, 데이터베이스 테이블 이름, 디렉토리 이름, 파일 이름, 파일 확장자, 경로 이름, dummy URL, 사용자 입력 등의 코드 단어를 표시합니다. 다음은 예제입니다: "서버 코

드는 연합하습 프로세스를 위해 StateManager 및 aggregator를 가져옵니다."

코드 블록은 다음과 같이 설정됩니다:

```
import tensorflow as tf
from tensorflow import keras
from sst_model import SSTModel
```

모든 명령줄 입력 또는 출력은 다음과 같이 작성됩니다:

```
fx envoy start -n envoy_1 - -disable-tls --envoy-config-path
envoy_config_1.yaml -dh localhost -dp 50051
```

팁 또는 중요 참고사항

다음과 같이 표시됩니다.

연락하기

독자들의 피드백은 언제나 환영합니다.

일반적인 피드백: 이 책의 내용에 대해 궁금한 점이 있으면 customercare@packtpub.com으로 이메일을 보내시고 메시지 제목에 책 제목을 기재해 주세요.

정오표: 콘텐츠의 정확성을 보장하기 위해 모든 주의를 기울였음에도 불구하고 실수가 발생할 수 있습니다. 이 책에서 실수를 발견하신 경우 이를 알려주시면 감사하겠습니다. www.packtpub.com/support/errata을 방문하여 양식을 작성해 주세요.

불법 복제: 인터넷에서 어떤 형태로든 당사 저작물의 불법 복제물을 발견한 경우 해당 위치 주소나 웹사이트 이름을 알려 주시면 감사하겠습니다. 해당 자료의 링크와 함께 copyright@packt.com으로 문의해 주세요.

저자서문

저자가 되고 싶다면: 전문 지식이 있는 주제가 있고 책을 쓰거나 기고하는 데 관심이 있다면 authors.packtpub.com을 방문하세요.

생각 공유

Python을 사용한 연합학습을 읽은 후 여러분의 의견을 듣고 싶습니다! 아래 QR 코드를 스캔하여 이 책의 Amazon 리뷰 페이지로 바로 이동하여 피드백을 공유하시길 바랍니다

https://packt.link/r/1-803-24710-X

여러분의 리뷰는 저희와 기술 커뮤니티에 매우 중요하며, 우수한 품질의 콘텐츠를 제공하는데 도움이 됩니다.

이 책의 무료 PDF 사본 다운로드

이 책을 구입해 주셔서 감사합니다!

이동 중에도 책을 읽고 싶지만 인쇄된 책을 가지고 다니기 불편하신가요? 구매한 전자책이 원하는 기기와 호환되지 않나요?

걱정하지 마세요. 이제 어떤 Packt 도서를 구입하시든 해당 도서의 DRM이 없는 PDF 버전을 무료로 받으실 수 있습니다.

언제 어디서나 어떤 기기에서든 읽을 수 있습니다. 좋아하는 기술 서적의 코드를 찾아 복사해서 여러분의 어플리케이션에 바로 붙여 넣을 수 있습니다.

혜택은 여기서 그치지 않고 여러분의 받은 편지함에 할인, 뉴스레터 및 훌륭한 무료 콘텐츠를 전달받을 수 있습니다.

다음의 간단한 단계를 따라 혜택을 받으세요:

1. QR 코드를 스캔하거나 아래 링크를 방문하세요.

https://packt.link/free-ebook/978-1-80324-710-6

2. 구매 증빙 자료를 제출합니다.

3. 끝! 여러분의 이메일 주소로 무료 PDF 및 기타 혜택을 바로 보내드립니다.

차례

PART 1 연합학습 - 기초 개념 -

차례

PART 2 연합학습 시스템 설계 및 구현

연합학습 - 기초 개념 -

PART 1

이 파트에서는 빅데이터 AI와 중앙 집중식 기존 머신러닝 접근 방식의 문제점과 연합학습(Federated Learning, FL)이 이러한 주요 문제를 어떻게 해결할 수 있는지에 대해 알아봅니다. 머신러닝의 기본 개념과 작동 방식, 분산 시스템 및 컴퓨팅 원리와 함께 연합학습 시스템의 기본 개념과 작동 방식을 배우게 됩니다.

이 파트는 다음 장으로 구성되어 있습니다:

- 1장, 빅데이터와 기존 AI의 과제
- 2장, 연합학습이란 무엇인가?
- 3장, 연합학습 시스템 동작

제1장
빅데이터와 기존 AI의 과제

첫 장에서는 2020년대에 들어서 **연합학습(Federated Learning, FL)**이 핵심 기술이 되는 이유에 대해 자세히 설명합니다. 빅데이터에 대해 설명하며 데이터 프라이버시, 모델 편향성, 모델 드리프트의 관점에서 빅데이터가 어떤 문제를 발생시키는지에 대해 알아봅니다. 이러한 문제의 필요성과 해결책을 확실하게 이해하면 다음 장에서 연합학습의 관련 지식과 기술을 습득하기 위한 도전적인 여정을 시작할 수 있습니다. 이 장을 읽고 나면 현재 빅데이터 중심의 **인공지능(Artificial Intelligence, AI)**과 **머신러닝(Machine Learning, ML)**에 엄청난 패러다임의 변화가 일어나고 있다는 사실을 분명히 알게 될 것입니다. 더 이상 고민할 필요 없이 바로 출발하겠습니다!

이 장에서는 다음 주제를 다룹니다:

- 빅데이터 특성 이해
- 데이터 프라이버시의 병목 현상
- 학습 데이터 및 모델 편향성의 영향
- 모델 드리프트 및 성능 저하
- 빅데이터 문제의 주요 해결책인 연합학습

빅데이터의 특성 이해

2021 머신러닝 엔터프라이즈 트렌드에서 403명의 비즈니스 리더를 대상으로 실시한 설문조사에서 76%의 기업이 다른 IT 계획보다 AI와 ML 개발에 우선순위를 두는 것으로 나타났습니다. 전세계적으로 코로나 19의 대유행으로 인해 일부 기업은 AI와 ML 개발을 서두를 수밖에 없었다고 **최고정보관리책임자(CIO)**들은 답했으며, 설문조사에 참여한 기업의 83%가 **전년 대비** AI와

ML 예산을 늘렸고 그 중 1/4은 50% 이상 늘렸다고 답했습니다. 매출 증대 또는 비용 절감을 통한 고객 경험 개선과 프로세스 자동화가 이러한 변화의 주 요인이었습니다. KPMG의 최신 보고서인 'Thriving in an AI'에 이와 비롯한 설문조사 뿐만 아니라 다른 연구 결과도 포함되어 있으니 참고하시길 바랍니다.

본질적으로 세계는 동일한 이야기를 전달합니다. **딥러닝(Deep Learning, DL)**으로 대표되는 AI와 머신러닝의 지속적인 개발은 지난 10년 동안 빅데이터의 등장으로 가능해졌습니다. Apache의 **오픈소스 소프트웨어** 유틸리티인 Hadoop과 Spark는 물론 **Amazon Web Services(AWS), Google Cloud Platform(GCP)**, Microsoft Azure와 같은 클라우드 컴퓨팅 서비스가 제공되면서 민간 및 공공 부문의 조직은 이전에는 상상할 수 없었던 방식으로 방대한 양의 데이터를 처리하여 문제를 해결할 수 있었습니다. 기업과 정부 기관은 데이터 분석 모델을 개발하고 미리 데이터 웨어하우스(Data Warehouse)를 설계하여 관련 데이터를 적절한 형식으로 저장하기 위해 더이상 노력할 필요가 없습니다. 그 대신, 데이터 과학자들이 서로 변수의 상관관계를 확인하여 나중에 가치 있는 변수를 찾기를 기대하면서 사용 가능한 원시 데이터를 데이터 레이크(Data Lake)에 저장하기만 하면 됩니다.

빅데이터는 다양한 문제에 대한 궁극적인 해결책으로 보이지만, 다음 장에서 설명할 몇 가지 내재적인 문제를 안고 있습니다. 빅데이터의 문제점을 명확히 이해하기 위해 먼저 빅데이터가 정확히 무엇인지 살펴보겠습니다.

빅데이터의 정의

빅데이터는 방대한 정보의 집합을 나타내며 이 정보는 기하급수적인 속도로 증가하고 있습니다. 사람이 매일 2경 바이트의 데이터를 생산할 정도로 빅데이터의 규모가 커졌습니다. 기존의 전통적인 데이터 관리 도구로 ML 목적으로 빅데이터를 효율적으로 처리하기가 매우 어려워졌습니다. 빅데이터의 특성을 정의할 때 일반적으로 세 가지 V를 설명하며 다음과 같습니다:

- **양(Volume)**: 비즈니스 거래, **사물인터넷(Internet of Things, IoT)** 장치, 소셜 미디어, 산업 장비, 동영상 등 다양한 소스에서 생성되는 데이터가 데이터의 양을 증가시킵니다.
- **속도(Velocity)**: 데이터 속도 또한 빅데이터의 필수적인 특성으로 데이터는 실시간으로 필요한 경우가 많습니다.
- **다양성(Variety)**: 데이터는 숫자 데이터, 텍스트 문서, 이미지, 동영상, 이메일, 오디오, 금융 거래 등 모든 유형으로 존재합니다.

다음 그림은 세 가지 V의 교차한 그림을 통해 빅데이터를 설명합니다:

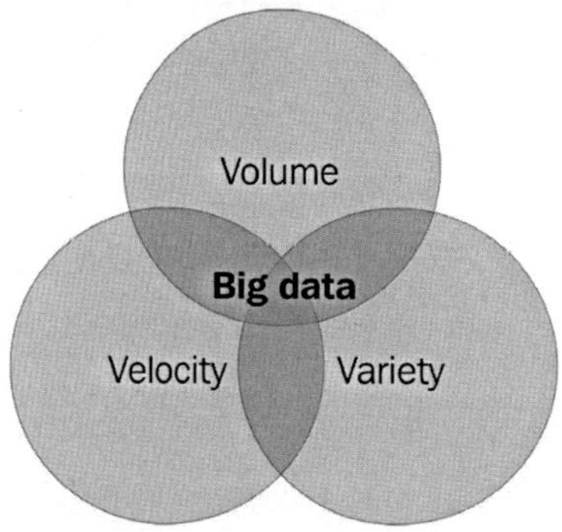

그림 1.1 빅데이터의 세 가지 V 비교

1880년 미국 인구조사국에서는 인구조사를 통해 많은 양의 데이터를 수집했고, 그 양을 처리하는데 8년이 걸릴 것으로 예상했습니다. 이듬해 허먼 홀러리스(Herman Hollerith)라는 사람이 홀러리스 표 작성 기계(Hollerrith Tabulating Machine)를 발명하여 데이터 처리에 필요한 작업 시간을 줄였습니다. 최초의 데이터 센터는 1965년 지문 데이터와 세금 정보를 저장하기 위해 건설되었습니다.

현재의 빅데이터

데이터 레이크라는 개념의 도입은 오늘날 우리가 데이터를 작업할 때 볼 수 있는 방대한 규모를 이끌어내는 데 중요한 역할을 했습니다. 데이터 레이크는 임의의 유형의 데이터마저 수집할 수 있도록 기업이 운영 중에 관찰되는 모든 데이터들을 자유롭게 저장합니다. 이러한 기능 덕분에 데이터 레이크는 기업에서 생성되는 데이터의 잠재력을 최대한 활용할 수 있지만, 수집된 데이터에 대한 이해 부족이라는 중요한 문제가 발생할 수 있습니다. 다양한 유형의 데이터를 구조화되지 않은 방식으로 저장하는 것은 쉽기 때문에 '지금 저장하고 나중에 정리한다'는 사고방식으로 이어질 수 있습니다. 비정형 데이터 작업의 진정한 어려움은 실제로 데이터 처리에서 비롯됩니다. 따라서, 데이터 처리 지연에 대한 사고방식은 데이터 수집의 제한이 없는 지속적인 증가로 인해 선별적으로 작업하기가 매우 번거로운 데이터 레이크로 이어질 가능성이 있습니다.

원시 데이터는 모델로부터 인사이트를 이끌어 낼 수 있는 가치가 있습니다. 하지만 중앙 데이터 레이크 접근 방식은 데이터 저장 구조를 정의하지 않아 데이터로부터 도출되는 인사이트가 제한되어 스토리지의 비효율성부터 추출의 어려움으로 인한 인사이트 가치를 얻지 못하는 등 다양한 문제를 초래합니다. 반면에, 데이터 레이크 이전의 접근 방식은 잠재적으로 사용 가능한 데이터의 양에 대한 단순한 접근 부족으로 어려움을 겪었습니다. 이러한 두 가지 문제로 빅데이터를 집단지성의 시대로 이끌 수 있는 수단으로 연합학습을 이용하여 모두 해결할 수 있다는 사실이 핵심입니다.

이러한 주장은 연합학습이 '빅데이터의 흐름을 수집 → 지능으로부터 지능을 도출 → 수집'으로 전환한다는 사실로 입증됩니다. 인간에게 있어 지능은 방대한 경험이 응축된 형태라고 생각할 수 있습니다. 이와 유사하게, 생성된 데이터의 원본에서 모델을 학습시켜 지능을 도출하는 단계는 데이터를 간결하게 요약하여 실질적으로 적용할 수 있도록 접근성을 극대화합니다. 연합학습의 후기 수집 단계는 다음과 같은 결과로 이어집니다. 데이터 접근 및 저장 효율성을 극대화하여 원하는 글로벌 모델을 생성할 수 있습니다. 생성된 데이터 소스를 부분적으로 사용하는 경우에도 잔여 데이터 레이크에 들어가는 데이터 형식의 수를 크게 줄여서 모델과 데이터의 공동 저장의 이점을 크게 누릴 수 있습니다.

빅데이터에 대한 트리플-A 사고방식

빅데이터의 본질에 대해 다양한 측면을 강조하는 많은 정의가 제시되었지만, 옥스퍼드 대학교의 빅터 메이어-쇤베르거(Viktor Mayer-Schönberger) 교수와 이코노미스트의 수석 편집자 케네스 쿠키어(Kenneth Cukier)는 2013년 세계적인 베스트셀러인 "Big Data: A Revolution That Will Transform How We Live, Work, and Think?" 이라는 책에서 빅데이터에 대해 명쾌하게 설명했습니다. 빅데이터는 서버에 저장된 데이터가 얼마나 많은 정도를 비교하는 것이 아니라 서로 연결되어 서로를 강화하는 세 가지 주요 사고방식의 변화에 관한 것입니다. 이들의 주장은 '풍부한 관찰, 혼란의 수용, 인과관계의 양면성'으로 구성된 빅데이터에 대한 Triple-A 사고방식으로 요약할 수 있습니다. 하나씩 살펴보겠습니다.

풍부한 관찰

빅데이터라고 해서 반드시 열과 행 또는 파일 크기가 클 필요는 없습니다. 빅데이터는 일반적으로 관심 있는 인구의 규모에 가깝거나 비슷한 수의 관측값을 가지고 있습니다. 기존 통계에서는 전체 모집단(예: 뉴욕의 피트니스에 관심 있는 사람들)으로부터 데이터를 수집하는 것이 매우 어려웠으며, 연구자들은 모집단에서 랜덤으로 표본(예: 뉴욕의 피트니스에 관심 있는 사람들 1,000명)을 선택해야 했습니다. 랜덤 샘플링은 종종 수행하기 어렵기 때문에 보통 특정 하위 그룹에 초점을 맞추는 것이 일반적이었습니다. 체육관을 이용하는 사람들을 조사하면 보통

공원에서 달리기를 하거나 집에서 요가하는 사람들을 놓칠 수 있는데, 왜 달리기 선수나 요가하는 사람이 아닌 체육관을 이용하는 사람을 조사하는 이유는 무엇일까요? 오늘날 **정보통신기술(Information and Communications Technology, ICT)** 시스템의 발전과 정교함 덕분에 연구자들은 다양한 출처(예: 피트니스에 대한 Google 검색 기록)를 통해 거의 모든 인구의 데이터에 접근할 수 있습니다. 네이터의 내용이 모집단에 대한 진실로 해석될 수 있는 반면, 이전 방식에서는 일반적으로 0.05 미만인 *p*값으로 표시되는 상당한 수준의 신뢰도로만 진실을 추론할 수 있기 때문에 현재의 빅데이터는 이러한 풍부함 또는 'n = 전체'라는 패러다임으로 볼 수 있습니다. 과거와 현재의 데이터를 통해 스몰 데이터는 통계를 제공하고 빅데이터는 상태를 증명한다는 것을 알 수 있습니다.

혼란의 수용

빅데이터는 혼란스러운 경향이 있습니다. 예를 들어 구글 검색 데이터를 본인이 아닌 누군가가 대리로 사용하는 경우와 같이 가족이나 친구의 기기에서 수행한 검색 중 일부를 해당 사용자의 것으로 잘못 간주할 수 있습니다. 이러한 본인 소유가 아닌 기기 검색의 비율에 따라 추정 관심도가 부정확해질 수 있습니다. 사무실의 공유 컴퓨터나 아직 스마트폰을 소유하지 않은 자녀의 스마트폰과 같이 일부 디바이스에서는 여러 사용자가 다양하게 상당한 양의 검색을 수행할 수 있습니다. 또한, 사람들은 자신의 관심사를 반영하지 않는 대화가 아닌 다른 사람과의 대화에서 나온 단어를 검색할 수도 있습니다. 전통적인 방법을 사용하는 연구에서 연구자는 이러한 디바이스가 샘플 데이터에 포함되지 않도록 해야 하는데, 관찰 횟수가 적기 때문에 이러한 혼란이 추론의 품질에 큰 영향을 미칠 수 있기 때문입니다. 하지만 빅데이터 연구에서는 그렇지 않습니다. 연구자들은 'n = 전체'에 가까워질수록 관찰 횟수가 충분히 많아짐에 따라 그 영향은 비례적으로 감소하므로 혼란을 기꺼이 받아들일 것입니다. 대부분의 기기에서 구글 검색은 대부분 소유자가 자율적으로 수행하므로 다른 컨텍스트에서의 검색의 영향은 중요하지 않습니다.

인과관계의 양면성

빅데이터는 인과관계가 아닌 상관관계를 연구하는데 주로 사용되며, 'why'는 알려주지 않고 'what'을 알려주는 경우가 많습니다. 많은 실용적인 질문의 경우 상관관계만으로도 답을 찾을 수 있습니다. 메이어-쇤베르거와 쿠키어는 "Big Data: A Revolution That Will Transform How We Live, Work, and Think?" 책에서 몇 가지 사례를 제시하고 있는데, 그중 2011년에 설립된

Fair Isaac Corporation의 복약 순응도 점수(Medication Adherence Score)가 있습니다. 사람들의 행동 패턴이 데이터화되는 시대에는 관심 있는 변수에 대해 'n = 전체' 관찰값을 수집할 수 있으며, 이들 사이에서 발견되는 상관관계는 우리의 의사결정을 이끌어낼 수 있을 만큼 강력합니다. 사람들이 의사의 처방을 따르게 하는 일관성이나 순응도에 대한 사람들의 심리적 점수를 알 필요 없이 삶의 다른 측면에서 어떻게 행동하는지를 살펴보면 처방에 따를지 여부를 예측할 수 있습니다.

기업과 정부는 풍요로움, 수용성, 양면성이라는 세 가지 사고방식을 수용함으로써 서비스 가격 책정부터 제품 추천, 운송 경로 최적화, 범죄 용의자 식별에 이르기까지 다양한 업무에서 인텔리전스를 창출해 왔습니다. 하지만 다음 장에서 살펴볼 수 있듯이 최근 몇 년 동안 이러한 사고방식은 여러 도전을 받고 있습니다. 먼저, 흔히 당연하게 여겨지는 풍부한 관찰이 현재 어떤 문제가 있는지 살펴봅시다.

데이터 프라이버시의 병목 현상

연합학습은 고품질의 인텔리전스를 생성하기 위해 개인 데이터를 수집하거나 타사와 공유할 필요가 없기 때문에 가장 널리 사용되는 개인정보 보호 AI 기술 중 하나로 알려져 있습니다. 따라서 이 장에서는 연합학습이 고품질 인텔리전스를 생성하기 위해 해결하고자 하는 병목 현상이었던 데이터 프라이버시에 대해 설명합니다.

데이터 프라이버시란 무엇인가요? 2021년 5월, HCA 헬스케어는 환자 기록과 실시간 의료 데이터를 구글과 공유하는 계약을 체결했다고 발표했습니다. 구글이 수 백만 명의 미국 환자들의 민감한 데이터를 악용했다는 의혹이 제기된 나이팅게일 프로젝트에서 구글이 언급되었기 때문에 다양한 미디어에서 이 계약에 대해 보도하며 대중이 빠르게 반응했습니다. 2019년 퓨 리서치 센터(Pew Research Center)의 여론조사에 따르면 80% 이상의 대중이 기업의 데이터 수집으로 인한 잠재적 위험이 이익보다 크다고 생각한다고 결과가 나왔습니다. 이러한 규모의 데이터 공유 프로젝트는 당연히 사람들의 데이터 프라이버시를 위협하는 것으로 많은 사람들은 여깁니다.

데이터 프라이버시(또는 정보 프라이버시)는 개인이 자신의 개인정보가 어떻게 사용되는지 통제할 수 있는 권리로, 제3자가 이러한 정보를 법에 따라 적절하게 취급, 처리, 저장, 사용하도록 의무화합니다. 종종 데이터 보안(Data Security)과 혼동되는 경우가 있는데, 이는 데이터가 정확하고 신뢰할 수 있으며 권한이 부여된 사용자만 접근할 수 있도록 보장하는 것입니다. 구글 계정의 경우 데이터 개인정보 보호는 회사가 계정 소유자의 정보를 어떻게 사용할 수 있는지를 규제하는 반면, 데이터 보안은 비밀번호 보호 및 2단계 인증과 같은 조치를 배포하도록 요구합니다. 이 두 가지 개념을 설명할 때 데이터 개인정보 보호 관리자는 보안을 위한 창과 다음을 위한 커튼을 비유합니다.

개인정보 보호: 데이터 보안은 데이터 프라이버시를 위한 전제 조건입니다. 다음 다이어그램과 같이 이 두 가지를 종합하면 데이터 보호(Data Protection)가 구성됩니다:

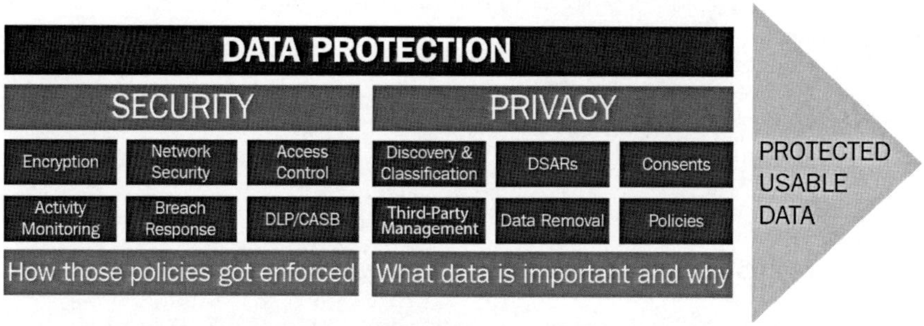

그림 1.2 데이터 보안과 데이터 프라이버시 비교

앞의 다이어그램에서 데이터 보안은 데이터에 접근할 수 있는 사람을 제한하는 반면, 데이터 프라이버시는 데이터에 포함될 수 있는 내용을 제한한다는 것을 알 수 있습니다. 데이터 프라이버시는 데이터 보안의 실패로 인한 결과를 악화시킬 수 있기 때문에 이 차이를 이해하는 것은 매우 중요합니다. 그 방법에 대해 살펴보겠습니다.

개인정보 취급에 따른 위험

데이터 보호에 실패하면 막대한 비용이 발생합니다. IBM의 데이터 유출 비용 보고서 2021(IBM's Cost of a Data Breach Report 2021)에 따르면, 올해 데이터 유출로 인한 전 세계 평균 비용은 미화 424만 달러로 전년의 386만 달러보다 크게 증가했으며 이는 보고서 작성 17년 역사상 가장 높은 금액으로, 코로나19의 여파로 원격 근무자가 증가한 것이 주요 원인입니다. 평균 총 비용 상위 5개 산업은 의료, 금융, 제약, 기술, 에너지 분야입니다. 한 해 동안 발생한 침해 사고의 거의 절반이 고객의 **개인 식별 정보**(Personally Identifiable Information, PII)를 포함하고 있었으며, 평균적으로 기록당 180달러의 비용이 발생했습니다. 고객 PII가 유출되면 대응 과정에서 시스템 다운, 고객 손실, 신규 고객 확보의 어려움, 평판 하락, 영업권 감소 등의 부정적 영향이 발생하므로 막대한 비용이 발생하게 됩니다. IBM의 연구에 따르면 데이터 유출 비용을 증폭시키는 요인 중 데이터 보호 규정을 준수하지 않는 것이 가장 큰 것으로 나타났습니다(https://www.ibm.com/downloads/cas/ojdvqgry).

데이터 보호 규정 강화

기술이 발전함에 따라 고객 데이터 보호의 필요성은 더욱 중요해지고 있습니다. 소비자는 모든 거래에서 개인정보 보호를 요구하고 기대하며 온라인 뱅킹이나 휴대폰 앱 사용 등 많은 간단한 활동에서 개인 데이터가 위험에 노출될 수 있습니다.

전세계적으로 각 정부는 처음에는 신원 도용, 사이버 범죄, 데이터 프라이버시 침해로부터 개인 데이터를 보호하기 위한 법과 규정을 만드는데 소극적이었습니다. 그러나 이제는 전세계적으로 데이터 보호법이 구체화되기 시작하면서 시대가 바뀌고 있습니다. 규제가 강화되는 데에는 여러 가지 요인이 있습니다. 여기에는 엄청난 양의 데이터 증가, 신원 도용과 같은 악의적인 활동으로부터 사용자를 보호하기 위한 데이터 보안 및 개인정보 보호 강화가 포함됩니다.

다음은 데이터 개인정보 보호를 위해 취한 몇 가지 조치를 살펴보겠습니다.

일반 데이터 보호 규정(GDPR)

유럽연합의 **일반 데이터 보호 규정**(General Data Protection Regulation, GDPR)은 현대 데이터 경제에서 최초의 데이터 보호 규정으로 간주되며 많은 국가가 이를 모방하여 자국의 규정으로 만들었습니다. GDPR은 2012년에 제안되어 2016년에 EU 이사회와 의회에서 채택되었고 2018년 5월에 시행되었습니다. 이 규정은 1995년에 채택된 데이터 보호 지침을 대체했습니다.

GDPR이 획기적인 이유는 사람들의 이름, 위치, 인종 또는 민족, 정치적 또는 성적 성향, 종교적 신념, 협회 가입 여부, 유전/생체 인식/건강 정보 등 PII의 보호를 강조하고 있기 때문입니다. EU의 조직과 개인은 EU 거주자의 개인 데이터를 다룰 때 이 규정을 준수해야 합니다. GDPR의 7가지 원칙 중 6가지 원칙은 데이터 보호 지침에서 계승되었으며, 새로운 원칙은 데이터 사용자가 개인 데이터 사용 목적과 절차에 대한 문서를 보관하도록 요구하는 책임성에 대한 원칙입니다.

GDPR은 위반 시 어떤 결과가 초래될 수 있는지 대중에게 보였습니다. 규정 위반의 심각성에 따라 GDPR 벌금은 전 세계 연간 매출액의 2% 또는 1천만 유로 중 더 높은 금액 또는 전 세계 연간 매출액의 4% 또는 2천만 유로 중 더 높은 금액이 부과될 수 있습니다. 2018년 5월, 수천 명의 유럽인이 아마존닷컴이 고객 동의 없이 광고 타겟팅 시스템을 사용했다며 프랑스 단체인 라 쿼드러처 뒤 넷(La Quadrature du Net)을 통해 아마존닷컴에 대한 불만을 제기했습니다. 룩셈부

르크의 **국가 데이터 보호 위원회(National Commission for Data Protection, CNDP)**는 3년간의 조사 끝에 아마존에 7억 4,600만 유로의 벌금을 부과하여 전 세계 언론의 헤드라인을 장식했습니다. 마찬가지로, 2021년 9월 아일랜드의 데이터 보호 위원회는 WhatsApp에 GDPR 위반으로 벌금을 부과했는데, 이 역시 조사에 3년이 걸렸고 벌금은 2억 2,500만 유로에 달했습니다.

현재 미국에서는 대부분의 주에서 개인정보 보호 규정을 시행하고 있거나 곧 시행할 예정입니다. 또한 캘리포니아, 콜로라도, 버지니아 등 여러 주에서는 기존 규정을 강화했습니다. 이러한 변화에 대한 아이디어를 얻기 위해 각 주를 살펴보겠습니다.

캘리포니아 소비자 개인정보 보호법(CCPA)

캘리포니아도 이를 시행했습니다. **캘리포니아 소비자 개인정보 보호법(California Consumer Privacy Act, CCPA)**은 2020년 1월 1일에 발효되었습니다. 이름에서 알 수 있듯이 이 규정의 목적은 GDPR과 마찬가지로 소비자의 PII를 보호하는 것입니다. GDPR에 비해 CCPA의 범위는 상당히 제한적입니다. CCPA는 연간 50,000개 이상의 포인트(주 내 거주자, 가구 또는 기기)에서 데이터를 수집하고, 연간 매출이 2,500만 달러 이상이거나, 해당 정보를 판매하여 연간 매출의 절반을 창출하는 영리 조직에만 적용됩니다. 그러나 CCPA 위반은 GDPR 위반에 비해 벌금 상한선이 없기 때문에 훨씬 더 많은 비용이 발생할 수 있습니다(비의도적으로 위반할 경우 기록당 2,500달러, 의도적으로 위반할 경우 기록당 7,500달러).

콜로라도 개인정보 보호법(CPA)

콜로라도 개인정보 보호법(Colorado Privacy Act, CPA)에 따라 2024년 7월 1일부터 데이터 수집자와 관리자는 타겟팅 광고 및 판매를 생성하기 위해 사용자가 선택한 보편적인 수신 거부 기능을 따라야 합니다. 이 규정은 특정 유형의 프로파일링 뿐만 아니라 타겟팅된 판매 및 광고로부터 콜로라도 주민들을 보호합니다.

버지니아 소비자 데이터 보호법(CDPA)

버지니아주의 **소비자 데이터 보호법(Consumer Data Protection Act, CDPA)**은 2023년 1월 1일에 보안 및 개인정보 보호를 강화하기 위해 몇 가지 사항을 변경할 예정입니다. 이러한 변경 사항은 버지니아에서 비즈니스를 수행하거나 버지니아 거주자를 대상으로 비즈니스를 수행하는 조직에 적용됩니다. 데이터 수집자는 개인 데이터를 활용하기 위해 승인을 받아야 합니다. 또한 이러한 변경 사항은 AI 공급업체의 개인정보 보호 및 보안의 적절성을 판단하기 위한 것으로, 해당 데이터의 삭제가 필요할 수도 있습니다.

이는 미국에서 데이터 규제가 어떻게 구체화될지 보여주는 몇 가지 간단한 예에 불과합니다. 전 세계는 어떤 상황일까요? 일부는 2024년까지 전 세계 인구의 75%가 어떤 형태로든 개인정보 보호 규제의 적용을 받는 개인 데이터를 보유하게 될 것으로 예상하고 있습니다.

주요 데이터 보호 규정의 또 다른 예로는 2020년 9월부터 시행되고 있는 브라질의 **개인정보 보호법**(Lei Geral de Protecao de Dados Pessoais, LGPD)이 있습니다. 이 법은 데이터 보호와 관련된 브라질의 수십 개의 법률을 대체했습니다. LGPD는 GDPR을 모델로 삼았으며, 그 내용은 거의 동일합니다. 아시아에서는 일본이 데이터 보호 규정을 가장 먼저 도입한 국가로, 2003년에 **개인정보 보호법**(Act on the Protection of Personal Information, APPI)을 채택하고 2015년에 개정했습니다. 2022년 4월에는 데이터 프라이버시에 대한 최근의 우려를 해결하기 위해 최신 버전의 APPI가 시행되었습니다.

연합학습은 다양한 영역의 개인정보 보호 규정 및 규제 준수에 잘 부합하는 중요한 기술로 확인되었습니다.

개인정보 보호 설계부터 데이터 미니멀리즘까지

기업들은 이러한 규제에 적응해 나가고 있습니다. TrustArc의 2021년 글로벌 개인정보 보호 벤치마크 설문조사에 따르면 개인정보 보호 전담 부서를 운영하는 기업의 수가 증가하고 있는 것으로 나타났습니다: 설문조사 응답자의 83%가 개인정보 보호 전담 부서를 보유하고 있었지만 2020년에는 그 비율이 67%에 불과했습니다. 85%는 전략적이고 보고 가능한 개인정보 보호 관리 프로그램을 갖추고 있었지만, 이들 중 73%는 개인정보 보호를 위해 더 많은 일을 할 수 있다고 생각했습니다. 응답자의 34%가 지난 3년 동안 데이터 유출을 경험했으며, 이로 인해 막대한 비용이 발생했다고 답한 것을 감안하면 놀랍지 않습니다. 개인정보 보호는 데이터 보호 책임자가 이끌어야 합니다.

개인정보 취급에 대한 책임과 문서화를 요구하는 GDPR과 같은 규정을 준수하기 위해 회사의 **데이터 보호 영향 평가**(Data Protection Impact Assessment, DPIA)를 책임지는 **데이터 보호 책임자**(Data Protection Officer, DPO)를 지정해야 합니다. 또한 DPO는 조직에서 개인 데이터가 법률에 따라 처리되는지 모니터링하고 보장할 책임을 가져야 하며 최고 경영진과 이사회는 DPO가 업무를 완수할 수 있도록 필요한 지원과 자원을 제공해야 합니다.

GDPR에 직면하여 현재 데이터 보호의 트렌드는 데이터 미니멀리즘으로 변화하고 있습니다.

이러한 맥락에서 데이터 미니멀리즘은 데이터의 크기를 최소화하는 것이 아니라 데이터에서 개인을 식별할 수 없도록 데이터의 PII 요소를 최소화하는 것과 더 직접적인 관련이 있습니다. 따라서 데이터 미니멀리즘은 AI 부문에서 고성능 AI 애플리케이션을 개발하는 능력에 영향을 미치며 ML 프로세스를 위한 데이터 다양성이 부족하면 예측 성능이 만족스럽지 못한 ML 모델 편향이 발생할 수 있습니다. 따라서 이 장의 서론에서 소개한 빅데이터에 대한 풍요로운 사고방식은 데이터 프라이버시에 대한 대중의 우려로 인해 제한되고 있습니다. 데이터 보호 규정 위반으로 벌금이 부과될 수 있는 위험과 데이터 무덤으로 인한 낭비적인 비용 때문에 데이터 풍요보다는 데이터 미니멀리즘을 실천해야 합니다.

그렇기 때문에 연합학습은 공공의 우려와 데이터 프라이버시로 어려움을 겪고 있는 의료 분야와 같은 많은 AI 솔루션 제공업체에게 필수적인 솔루션이 되고 있으며, 이는 기본적으로 제3자가 ML 모델과 애플리케이션의 품질을 개선하기 위해 개인 데이터를 수집해야 할 때만 문제가 됩니다. 앞서 언급했듯이 연합학습은 데이터 학습이 어디서든 이루어질 수 있고, AI 서비스 제공업체가 데이터를 사용할 수 없더라도 학습된 ML 모델을 일관된 방식으로 수집하고 통합(Aggregation)하기만 하면 되기 때문에 프라이버시를 보호하여 AI를 위한 유력한 프레임워크입니다. 이제 빅데이터에 대한 Triple-A 사고방식의 또 다른 측면인 방대하고 혼란스러운 데이터를 수용하는 방안에 대해 생각해 보겠습니다.

학습 데이터 및 모델 편향성의 영향

방대한 양의 빅데이터로 인해 쓰레기가 들어오고 쓰레기가 나가는 위험한 현실이 사라지고 있습니다. 과연 그럴까요? 사실 데이터의 난잡함은 다양한 출처와 분포의 데이터를 편향 없이 충분히 학습할 수 있을 때에만 학습 결과에 대한 편향이 생기지 않고 받아들여질 수 있습니다. 실제로 빅데이터를 중앙 집중화된 곳에서 학습시키려면 많은 시간과 막대한 컴퓨팅 리소스 및 스토리지가 필요합니다. 또한, 민감한 개인 데이터를 직접 수집 및 접근하지 않고도 모델 편향을 측정하고 줄일 수 있는 방법을 찾아야 하는데 이는 앞서 설명한 일부 개인정보 보호 규정과 충돌할 수 있습니다. 연합학습에는 분산 및 협업 학습이라는 기능이 있습니다. 이는 데이터와 모델 편향성을 제거하여 데이터의 혼란을 흡수하는데 매우 중요합니다. 협업 및 분산 학습을 통해 많은 비용과 시간이 소요되는 전체 학습 프로세스의 데이터 접근성과 효율성을 크게 높일 수 있습니다. 이는 다음 장에서 설명하는 것처럼 빅데이터 학습이 가지고 있던 한계를 극복할 수 있는 기회를 제공합니다.

빅데이터의 고비용 훈련

보고서(https://www.flexera.com/blog/cloud/cloud-computing-trends-2022-state-of-the-cloud-report)에 따르면, 기업의 37%가 매년 다음과 같은 비용을 지출하고 있습니다. 1,200만 달러, 80%는 퍼블릭 클라우드에 연간 120만 달러 이상을 지출합니다. 클라우드를 통한 학습 비용은 결코 저렴하지 않으며, AI와 ML에 대한 수요 증가와 함께 이 비용도 크게 증가할 것이라는 점은 쉽게 짐작할 수 있습니다. 때때로 다음과 같은 문제로 인해 빅데이터를 ML용으로 완전히 학습시킬 수 없는 경우도 있습니다:

- **빅데이터 스토리지**: 빅데이터 스토리지는 AI 애플리케이션이나 실시간 분석을 위해 대량의 데이터셋을 수집하고 관리하는 컴퓨팅 및 스토리지용 아키텍처입니다. 전 세계 엔터프라이즈 기업은 클라우드 스토리지와 데이터센터 비용으로만 1,000억 달러 이상을 지불하고 있습니다(https://a16z.com/ 2021/05/27/cost-of-cloud-paradox-market-cap-cloud-lifecycle-scale-growth-repatriation-optimization/). 애플리케이션에 제공하는 일부 데이터셋도 중요하지만, 기업이 진정으로 원하는 것은 데이터 자체가 아니라 데이터에서 추출할 수 있는 **비즈니스 인텔리전스인 경우가 많습니다.**
- **상당한 학습 시간**: 실제 제품으로 제공될 수 있는 ML 모델을 구축하고 학습하는데는 기본적으로 학습 프로세스 뿐만 아니라 ML 파이프라인 준비에도 상당한 시간이 소요됩니다. 따라서 많은 경우, ML 모델이 제공될 시기에 인텔리전스의 진정한 가치가 사라지게 됩니다.
- **엄칭닌 연산**: 머신러닝 보넬 학습에는 상당한 컴퓨팅 리소스가 소요되는 경우가 많습니다. 예를 들어, 로봇 손을 사용하여 루빅스 큐브(Rubik's Cube)와 같은 조각을 조작하는 ML 작업에는 때때로 1,000대 이상의 컴퓨터가 필요할 수 있습니다. 또한 일부 특수 그래픽칩을 몇 달 동안 실행하는데만 수십 대의 컴퓨터가 필요할 수도 있습니다.
- **통신 지연 시간**: 특히 클라우드에서 빅데이터를 형성하려면 상당한 양의 데이터를 서버로 전송해야 하는데, 이는 그 자체로 통신 지연을 유발합니다. 대부분의 유스케이스에서 연합학습은 로컬 디바이스나 학습 환경의 해당 장치에서 수집한 로컬 ML 모델을 합성하기 위해 집계기라는 서버로 전송해야 하는 데이터의 양이 훨씬 적습니다.
- **확장성**: 기존의 중앙 집중식 시스템에서는 빅데이터의 복잡성과 클라우드 서버 환경의 방대한 스토리지 및 컴퓨팅 리소스와 같은 고비용 인프라로 인해 확장성이 문제가 되었습

니다. 연합학습 서버에서는 글로벌 모델을 업데이트하기 위해 학습된 여러 로컬 모델을 종합하는 모델 통합 작업만 수행됩니다. 따라서, 하나의 중앙 집중식 학습 서버가 아닌 엣지 디바이스에서 분산된 방식으로 머신러닝 학습을 수행하기 때문에 시스템과 학습 확장성이 모두 크게 향상됩니다.

연합학습은 ML 모델의 라이트 학습에 사용할 수 있는 분산 컴퓨팅 리소스를 효과적으로 활용합니다. 학습이 실제 물리적 장치에서 이루어지거나 클라우드 시스템의 가상 인스턴스에서 이루어져도 모델 학습 프로세스를 분산된 환경으로 병렬화하면 학습 속도가 빨라지는 경우가 많습니다.

또한, 학습된 모델이 수집되면 연합학습 시스템은 이를 빠르게 합성하여 엣지 측에서 충분한 학습을 흡수하는 글로벌 모델이라는 업데이트된 ML 모델을 생성할 수 있으므로 거의 실시간으로 인텔리전스를 제공할 수 있습니다.

모델 편향 및 학습 데이터

머신러닝의 편향성은 ML 알고리즘이 ML 프로세스에서 잘못된 가정으로 인해 체계적으로 편향된 결과를 생성할 때 발생합니다. ML 편향성은 알고리즘 편향 또는 AI 편향이라고도 합니다.

DL 개발에 크게 기여한 공로로 2018년 튜링상을 수상한 얀 르쿤(Yann LeCun)은 "데이터가 편향되면 ML 시스템도 편향된다(ML systems are biased when data is biased)"고 말합니다(https://twitter.com/ylecun/status/1274782757907030016). 이는 엔비디아 팀이 컴파일한 Flickr-Faces-HQ 데이터셋로 학습된 **컴퓨터비전(Computer Vision, CV)** 모델에서 비롯된 것입니다. Face upsampling System을 기반으로 모델 네트워크가 주로 백인 사진이 포함된 Flickr-Faces-HQ 데이터로 사전 학습되었기 때문에 모델이 많은 사람을 백인으로 분류했습니다. 사람을 잘못 분류하는 이 문제는 모델의 아키텍처가 이러한 결과를 초래한 것이 아닙니다. 결론은 인종적으로 한쪽으로 치우친 데이터셋을 적용한 모델을 생성하여 편향된 결과를 낳았다는 것입니다.

AI와 ML의 편향성에 대한 생산적인 논의는 구글의 전 AI 윤리 책임자가 주도해 왔습니다. 2018년에 발표된 '성별에 따른 편견' 보고서는 주요 얼굴 인식 모델의 인종 및 성별 편향성을 입증했으며, 미 의회 의원들은 미국 연방 정부의 기술 사용을 금지하기 위해 노력해 왔습니다. Amazon, IBM, Microsoft를 비롯한 기술 기업들도 경찰에 대한 안면 인식 모델 판매를 중단하거나 종료하기로 합의했습니다. 또한 과학자와 엔지니어에게 모델 개발의 목적을 명시하고, 편향을 피하기 위해 수집된 데이터를 철저히 평가 및 데이터 수집에 주의하도록 엄격한 정책을 수

립하였습니다. 자세한 내용은 FATE/CV 웹사이트(https:// sites.google.com/view/ fatecv-tutorial/home)에서 확인할 수 있습니다.

연합학습은 데이터 사일로 문제(Data-Silo Issue)를 극복할 수 있는 가장 유망한 ML 기술 중 하나가 될 수 있습니다. 데이터에 접근할 수 없거나 학습에 사용할 수 없는 경우가 많기 때문에 데이터와 모델에 심각한 편향성이 발생할 수 있습니다. 당연히 연합학습은 데이터 편향성을 근본적으로 방지하는데 걸림돌이 되는 데이터 프라이버시 및 사일로 문제를 해결하여 편향성을 극복할 수 있습니다. 연합학습은 빅데이터 서비스 및 애플리케이션 구현의 돌파구가 되고 있으며, 이는 논문(https://arxiv.org/pdf/2110.04160.pdf)을 통해 자세히 살펴볼 수 있습니다.

또한 연합학습 자체의 모델 편향성을 완화하기 위한 몇 가지 기술인 Reweighing and Prejudice Remover은 논문(https://arxiv.org/pdf/2012.02447.pdf)에 자세히 설명되어 있습니다.

모델 드리프트 및 성능 저하

모델 드리프트는 일반적으로 데이터의 변화와 **입출력**(Input and Ouput, I/O) 변수 간의 관계로 인해 ML 모델 성능이 저하되는 것을 말하며, 다른 용어로 모델 붕괴라고도 합니다. 모델 드리프트는 데이터셋이나 환경의 최신 변화에 적응하기 위한 지속적인 학습을 통해 해결할 수 있습니다.

연합학습의 중요한 특징 중 하나는 로컬 분산 환경에서 언제든 학습이 발생할 때마다 일관된 방식으로 ML 모델을 즉시 업데이트하여 지속적인 학습 프레임워크를 실현하는 것입니다. 이러한 방식으로 연합학습은 엔터프라이즈 AI 애플리케이션에서 종종 볼 수 있는 인텔리전스가 프로덕션에 제공될 때쯤이면 쓸모없어지는 상황을 해결할 수 있습니다.

모델이 어떻게 성능이 저하되거나 작동이 중지될 수 있는지 살펴본 후 모델의 성능을 지속적으로 개선하고 지속 가능한 AI 운영을 달성하기 위해 **모델 운영**(Model Operations, ModelOps)이 현재 어떤 노력에 대해 알아보겠습니다.

모델의 작동을 멈추는 방법

학습 데이터를 통해 모델이 생성되고 테스트 데이터에 맞게 조정된 고정 매개변수 또는 가중치가 있는 모든 AI 및 ML 모델은 학습 및 테스트 데이터와 유사한 데이터를 수신하는 환경에서 배포할 때 상당히 우수한 성능을 발휘할 수 있습니다. 자율주행 모델의 경우, 화창한 낮에 기록된 데이터로 모델을 잘 학습시키고 화창한 날에 모델이 학습된 대로 작동하기 때문에 안전하게 차량을 운전할 수 있습니다. 그러나 비가 오는 밤에는 자율주행 모델에 학습하지 않은 낯설고 어둡고 흐릿한 이미지가 제공되므로 모델의 판단을 전혀 신뢰할 수 없게 됩니다. 이러한 상황에서 모델의 결정이 궤도를 벗어나게 되므로 **모델 드리프트**라는 용어를 사용합니다. 다시 말하지만, 학습 및 테스트 환경과 유사한 환경에 모델을 배포하고 시간이 지나도 환경이 크게 변하지 않는다면 모델 드리프트가 발생할 가능성은 낮습니다. 그러나 많은 비즈니스 상황에서 이러한 가정이 항상 지켜지는 것은 아니므로 모델 드리프트는 심각한 문제가 됩니다.

모델 드리프트에는 **데이터 드리프트**와 **개념 드리프트**의 두 가지 유형이 있습니다. 데이터 드리프트는 배포된 모델에 대한 입력 데이터가 모델이 학습된 데이터와 크게 다를 때 발생합니다. 즉, 데이터 분포의 변화가 데이터 드리프트의 원인입니다. 앞서 언급한 주간 자율주행 모델이 야간에 제대로 작동하지 않는 것이 데이터 드리프트의 한 예시입니다. 또 다른 예로 캘리포니아에서 학습된 아이스크림 판매량 예측 모델을 뉴질랜드에 배포할 경우, 남반구와 북반구 계절성이 반대여서 아이스크림의 예상 판매량이 여름에는 낮고 겨울에는 높아 실제 판매량과 반대되는 결과가 나올 수 있습니다.

반면, 개념 드리프트는 변수가 서로 연관되는 방식이 변화한 결과입니다. 통계학 용어로 데이터 생성 프로세스가 변경되었음을 의미합니다. 이것은 **구글 독감 트렌드(Google Flu Trends, GFT)**가 겪은 문제(https://www.ft.com/content/21a6e7d8-b479-11e3-a09a-00144feabdc0#axzz30qfdLCB)입니다. 파이낸셜 타임즈 기사에서 언더커버 이코노미스트의 저자는 다음과 같이 설명했습니다.

이 기간 이전에는 주로 감염이 의심되는 사람들이 브라우저에 해당 단어를 입력했기 때문에 검색 쿼리가 독감 확산과 유의미한 상관관계가 있어서 이 모델은 성공적으로 작동했습니다. 하지만 2013년에는 팬데믹의 가능성을 염려하는 사람들이나 단순히 호기심에 해당 단어를 검색하는 사람 등 다른 범주의 사람들이 구글의 추천에 따라 해당 단어를 검색했기 때문에 모델의 성능이 점차 떨어지며 제대로 작동하지 않았습니다. 이러한 개념의 편차로 인해 GFT는 미국 질병통제예방센터(Centers for Disease Control and Prevention, CDC)에서 제공하는 의학 보고서와 비교하여 코로나19의 확산에 대해 과대평가했을 가능성이 있습니다.

데이터나 개념에 대한 것들 모두 모델 드리프트는 모델 성능 저하의 원인이 되며, 이는 상관관계에 초점을 맞추기 때문에 발생합니다. 데이터 과학 용어에서 말하는 실체적 진실은 물리학이나 화학 같은 경성 과학의 보편적인 진실, 즉 인과관계 같은 것을 의미하지 않습니다. 이는 특정 환경에서 주어진 데이터의 변수가 서로 어떻게 상관관계가 있는지에 대한 사실에 대한 진술일 뿐이며, 환경이 변하거나 달라져도 상관관계가 유지된다는 보장은 하지 않습니다. 즉, 지반이 역사적으로나 지리적으로 지진으로 인해 재편된 것처럼 우리가 지상 실측 데이터로 추정하는 것은 시간과 장소에 따라 달라질 수 있습니다.

지속적인 모니터링 – 인과관계를 방치한 대가

Redis Labs가 의뢰한 설문조사(https://venturebeat.com/business/redis- survey-finds-ai-is-stressing-it-infrastructure-to-breaking-point/)에서 응답자의 약 절반이 모델 신뢰성(48%), 모델 성능(44%), 시간 경과에 따른 정확도(57%), 모델 실행 지연 시간(51%)을 모델 배포의 가장 큰 과제로 꼽았습니다. 모델 드리프트의 위험과 우려를 고려할 때, AI 및 ML 모델의 개발자는 배포 후 두 가지 추가 작업을 수행해야 합니다. 첫째, 모델 드리프트를 감지하기 위해 모델 성능을 지속적으로 모니터링해야 합니다. 데이터 드리프트와 개념 드리프트는 모두 점진적으로 또는 갑자기 발생할 수 있습니다. 모델 드리프트가 감지되면 새로운 학습 데이터로 모델을 재학습해야 하며, 개념 드리프트가 발생하면 모델을 업그레이드하기 위해 새로운 모델 아키텍처를 사용해야 할 수도 있습니다.

이러한 요구사항을 해결하기 위해 **머신러닝을 위한 지속적 전달**(Continuous Delivery for Machine Learning, CD4ML)이라는 새로운 ML 원칙이 제안되었습니다. CD4ML의 프레임워크에서는 첫 번째 단계에서 모델을 코딩하고 학습 데이터로 학습시킵니다. 그 다음, 별도의 데이터셋로 모델을 테스트하고 몇 가지 성능 메트릭을 기반으로 평가하며, 여러 후보 중에서 가장 적합한 모델을 선택합니다. 선택된 모델은 배포 후 모델이 제대로 작동하는지 확인하기 위해 추가 테스트를 거쳐 제품화하며 테스트를 통과하면 배포됩니다. 이때부터 모니터링 프로세스가 시작됩니다. 모델 드리프트가 관찰되면 드리프트의 심각도에 따라 새로운 데이터로 모델을 재학습하거나 새로운 아키텍처를 적용합니다. 소프트웨어 엔지니어링에 익숙하면 CD4ML이 머신러닝 분야에서 **지속적 통합/배포**(Continuous Integration/Continuous Delivery, CI/CD)를 채택하고 있다는 사실을 눈치챘을 것입니다. 비슷한 맥락에서 **개발 및 운영**(Development Operations, DevOps) 소프트웨어 엔지니어링 프레임워크에서 파생된 AI 및 ML 운영 프레임워크인 ModelOps가 인기를 얻고 있습니다. ModelOps는 MLOps(ML operations: **데이터 엔지니어링과 데이터 과학의 통합**)와 애플리케이션 엔지니어링을 연결하며, CD4ML의 원동력이라고 볼 수 있습니다.

빅데이터에 대한 Triple-A 사고방식의 세 번째 요소는 상관관계에 집중하여 지난 10년 동안 AI

및 ML 모델을 빠르게 구축하는데 많은 도움이 되었습니다. 상관관계를 찾는 것은 인과관계를 찾는 것보다 훨씬 쉽습니다. 수 년 동안 사람들의 Google 검색 패턴을 통해 알아야 할 내용을 알려 준 많은 AI 및 ML 모델은 오늘날에도 여전히 작동하는지 확인해야 합니다. 그리고 내일도 마찬가지입니다.

그렇기 때문에 연합학습은 지속적인 학습을 위한 중요한 접근 방식 중 하나입니다. 연합학습 시스템을 만들고 운영할 때 다음과 같이 ModelOps 기능을 사용하여 시스템을 개발하는 것도 중요합니다.

연합학습의 핵심 역할은 다양한 학습 환경에서 협업 방식으로 모델을 지속적으로 개선하는 것입니다. 심지어 연합학습을 통해 크라우드소싱 학습 프레임워크를 구현하여 플랫폼 내 사람들이 원하는 ML 모델을 가져와 로컬에서 적용 및 학습하고 집계기를 통해 업데이트된 모델을 연합학습 서버로 반환할 수 있습니다. 연합학습은 현재 모델을 잠재적으로 저하시킬 수 있는 ML 모델을 걸러내는 고급 모델 통합 프레임워크를 통해 다른 학습을 일관되게 통합할 수 있으므로 ModelOps 기능을 통해 플랫폼의 핵심인 지속 가능한 연속적인 학습 작업을 수행할 수 있습니다.

빅데이터 문제의 주요 해결책인 연합학습

지금까지 빅데이터에는 해결해야 할 문제가 있다는 것을 확인했습니다. 개인 뿐만 아니라 데이터 유출과 그에 따른 벌금의 위험에 직면할 수 있는 데이터 사용자를 보호하기 위해 데이터 프라이버시는 반드시 지켜져야 합니다. 빅데이터셋의 편향성은 성별과 인종에 대한 요인을 생략하더라도 프록시를 통한 추론에 상당한 영향을 미칠 수 있으며, 인과관계보다는 상관관계에 초점을 맞추면 예측 모델이 모델 드리프트에 취약해질 수 있습니다.

여기서는 아키텍처, 프로세스, 문제 및 이점 측면에서 기존 빅데이터 ML 시스템과 연합학습 시스템의 차이점에 대해 논의해 보겠습니다. 다음 다이어그램은 시각적으로 비교한 것입니다:

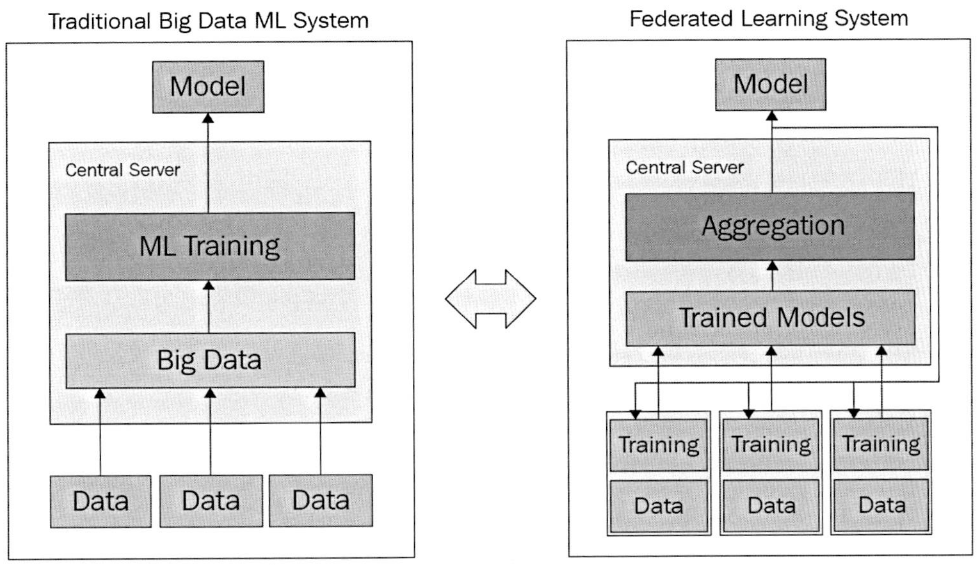

그림 1.3 기존 빅데이터 ML 시스템과 연합학습 시스템 비교

기존의 빅데이터 시스템은 데이터를 수집하여 대규모 데이터 저장소를 만듭니다. 이러한 대규모 데이터 저장소는 ML을 사용하여 특정 문제를 해결하는데 사용됩니다. 이렇게 만들어진 모델은 학습된 데이터의 양으로 인해 강력한 일반화 가능성을 보여주고 배포됩니다.

그러나 지속적인 데이터 수집은 많은 양의 통신 대역폭을 사용합니다. 개인정보 보호에 중점을 둔 애플리케이션에서는 데이터 전송이 완전히 금지되어 모델 생성이 불가능할 수 있습니다. 빅데이터 저장소에서 대규모 ML 모델을 학습시키는 것은 계산 비용이 많이 들고, 기존의 중앙 집중식 학습 효율성은 단일 머신 성능에 의해 제한됩니다. 학습 프로세스가 느리면 점진적인 모델 업데이트 사이에 오랜 시간이 지연되어 새로운 데이터 트렌드를 유연하게 수용하지 못합니다.

반면, 연합학습 시스템에서는 데이터 위치에서 직접 ML 학습이 수행됩니다. 학습된 모델은 중앙 서버에 수집됩니다. 집계 알고리즘은 수집된 모델에서 통합된 모델을 생성하는데 사용됩니다. 통합된 모델은 추가 학습을 위해 데이터 위치로 다시 전송됩니다.

연합학습 접근 방식은 종종 분산 시스템 설정으로 학습 성능을 설정하고 유지하는데 오버헤드가 발생합니다. 하지만 아키텍처와 설정이 조금 더 복잡하더라도 이를 능가하는 이점이 있습니다. 학습은 데이터 위치에서 수행되므로 데이터가 전송되지 않아 데이터 프라이버시가 유지됩니다. 다양한 수의 노드에서 비동기식으로 학습을 수행할 수 있으므로 효율적이고 쉽게 확장할 수 있는 분산 학습이 가능합니다. 서버와 노드 간에는 모델 가중치만 전송되므로 연합학습간 통신이 효율적입니다. 고급 집계 알고리즘은 제한된 시나리오에서도 학습 성능을 유지할 수 있으며 표준 ML 시나리오에서도 효율성을 높일 수 있습니다.

대부분의 AI 프로젝트는 제대로 된 결과물을 내놓지 못하거나 아예 실패로 끝납니다. 진정한 AI 애플리케이션과 제품을 제공하려면 앞서 논의한 모든 문제를 진지하게 고려해야 합니다. ML 파이프라인 및 엔진에서 처리하는 로컬 데이터를 처리하는 다른 핵심 기술과 함께 연합학습이 데이터 관련 문제를 지속적이고 협력적인 방식으로 해결하는데 중요한 솔루션이 되고 있는 것은 분명합니다.

어떻게 하면 AI와 ML의 힘을 활용하여 사회 전체를 위한 기술 시스템을 최적화할 수 있을까요? 즉, 데이터를 최소화하고 윤리적이며 지속적으로 개선하면서 더 즐겁고, 편안하고, 편리하고, 안전한 세상을 만들 수 있을까요? 그 해답은 '10장 미래 트렌드 및 발전'에서 설명할 집단지성 또는 인텔리전스 중심의 플랫폼이라고 주장할 수 있습니다. 이 책의 다음 장에서는 지금까지 논의한 요건을 충족하기 위해 AI 및 ML 모델 네트워크로 집단 지성을 조율하는 유망한 기술인 연합학습 시스템의 개념, 설계 및 구현에 대해 소개합니다.

요약

이 장에서는 먼저 빅데이터의 정의와 풍부한 관찰, 혼란의 수용, 인과관계의 양면성을 포함하는 빅데이터의 특성을 이해함으로써 연합학습이 어떻게 많은 빅데이터 문제를 잠재적으로 해결할 수 있는지에 대한 개요를 제공했습니다.

여러 지역의 다양한 형태의 개인정보 보호 규정과 데이터 유출 및 개인정보 침해의 위험에 대해 배웠으며, 이는 결국 수익 손실로 이어질 뿐만 아니라 진정한 AI 애플리케이션을 만드는 데 병목 현상을 일으킬 수 있다는 사실을 알게 되었습니다. 연합학습은 설계상 원시 데이터를 수집하지 않으며, 데이터 프라이버시를 보호하고 이러한 규정을 준수할 수 있습니다.

또한 연합학습 프레임워크를 사용하면 ML 모델의 성능에 영향을 미치는 내재적 편향을 줄이고 지속적인 학습 프레임워크를 통해 모델 드리프트를 최소화할 수 있습니다. 따라서 연합학습을 기반으로 보다 비용 효과적이고 효율적인 접근 방식을 위해서는 연합학습과 같은 분산 및 협업 학습 프레임워크가 필요합니다.

이 소개 장에서는 현재의 주류 데이터 중심 플랫폼을 대체할 수 있는 집단 지성이라는 패러다임 전환적 아이디어를 바탕으로 앞서 언급한 빅데이터 문제에 대한 주요 솔루션으로서 연합학습의 잠재력을 살펴보았습니다. 다음 장에서는 데이터 과학의 환경에서 연합학습이 어디에 적합하고 어떻게 새로운 ML 시대를 열 수 있는지 살펴보겠습니다.

더 읽을거리

이 장에서 다룬 주제에 대해 자세히 알아보려면 다음 참고자료를 참조하시길 바랍니다:

- Algorithmia. (2021). 2021 Enterprise Trends in Machine Learning. Seattle: Algorithmia.
- Mayer-Schönberger, V. and Cukier, K. (2013). Big Data: A Revolution That Will Transform How We Live, Work, and Think. Boston/New York: Eamon Dolan/Houghton Mifflin Harcourt.
- The Economist. (2010, February 27). Data, data everywhere. The Economist.
- Data Privacy Manager. (2021, October 1). Data Privacy vs. Data Security [definitions and comparisons]. Data Privacy Manager.
- IBM. (2021). Cost of a Data Breach Report 2021. New York: IBM.
- Burgess, M. (2020, March 24). What is GDPR? The summary guide to GDPR compliance in the UK. Wired.
- TrustArc. (2021). Global Privacy Benchmarks Survey 2021. Walnut Creek: TrustArc.
- Auxier, B., Rainie, L., Anderson, M., Perrin, A., Kumar, M. and Turner, E. (2019, November 15). Americans and Privacy: Concerned, Confused and Feeling Lack of Control Over Their Personal Information. Pew Research Center.
- Hes, R. and Borking, J. (1995). Privacy-Enhancing Technologies: The Path to Anonymity. Hague: Information and Privacy Commissioner of Ontario.
- Goldsteen, A., Ezov, G., Shmelkin, R., Moffie, M. and Farkash, A. (2021). Data minimization for GDPR Compliance in machine learning models. AI and Ethics, 1-15.
- Knight, W. (2019, November 19). The Apple Card Didn't 'See' Gender—and That's the Problem. Wired.
- Gebru, T. and Denton, E. (2020). Tutorial on Fairness Accountability Transparency and Ethics in Computer Vision at CVPR 2020. Available online at https://sites.google.com/ view/fatec

v-tutorial/home.

- Ukanwa, K. (2021, May 3). Algorithmic bias isn't just unfair — it's bad for business. The Bost on Globe.
- O'Neil, C. (2016). Weapons of Math Destruction: How Big Data Increases Inequality and Th reatens Democracy. New York: Crown.
- Blackman, R. (2020, October 15). A Practical Guide to Building Ethical AI. Harvard Business Review.
- Ginsberg, J., Mohebbi, M., Patel, R., Brammer, L., Smolinski, M. S. and Brilliant, L. (2009). Detecting influenza epidemics using search engine query data. Nature 457, 1012–1014.
- Anderson, C. (2008, June 23). The End of Theory: The Data Deluge Makes the Scientific Me thod Obsolete. Wired.
- Butler, D. (2013). When Google got flu wrong. Nature 494, 155–156.
- Harford, T. (2014, March 28). Big data: are we making a big mistake?. Financial Times.
- Dral, E. and Samuylova, E. (2020, November 12). Machine Learning Monitoring, Part 5: Why You Should Care About Data and Concept Drift. Evidently AI Blog.
- Forrester Consulting. (2021). Deploy ML Models To In-Memory: Databases For Blazing Fast Performance. Retrieved from https://redis.com/wp-content/uploads/2021/06/ forrester-ai-op portunity-snapshot.pdf.
- Sato, D., Wider, A. and Windheuser, C. (2019, September 19). Continuous Delivery for Mac hine Learning: Automating the end-to-end lifecycle of Machine Learning applications. Retrie ved from martinFowler.com at https://martinfowler.com/articles/cd4ml.html.
- Verma, D. C. (2021). Federated AI for Real-World Business Scenarios. New York: CRC Press.
- Bostrom, R. P. and Heinen, J. S. (1977). MIS problems and failures: A socio-technical perspec tive. Part I: The causes. MIS Quarterly, 1(3), pp. 17.
- Weld, D. S., Lin, C. H. and Bragg, J. (2015). Artificial intelligence and collective intelligence. Handbook of Collective Intelligence, 89-114.
- Abay, A., Zhou, Y., Baracaldo, N., Rajamoni, S., Chuba, E. and Ludwig, H. Mitigating Bias i n Federated Learning. Available at https://arxiv.org/pdf/2012.02447.pdf.

- Big Data: A Revolution That Will Transform How We Live, Work, and Think (https://www.amazon.com/Big-Data-Revolution-Transform-Think/dp/0544227751)

제2장
연합학습이란 무엇인가?

'1장, 빅데이터와 기존 AI의 과제'에서는 빅데이터와 머신러닝(ML)의 변화하는 흐름이 어떻게 실용적인 ML 애플리케이션에 대한 새로운 접근 방식의 발판을 마련했는지 살펴봤습니다. 이 장에서는 새로운 ML 접근 방식에 대한 해답으로 **연합학습(Federated Learning, FL)**에 대해 설명합니다. 간단하게 연합학습은 데이터를 전송하지 않고도 여러 데이터 소스에서 모델을 병렬로 학습할 수 있는 ML 접근 방식입니다.

이 장의 목표는 연합학습의 기술적 측면과 실제 사용법을 비슷하게 이해할 수 있도록 필요한 개념적 구성 요소에 대한 설명과 함께 연합학습 접근법의 사례를 구축하는 것입니다.

이 장을 읽고 나면 연합학습 프로세스에 대한 높은 수준의 이해와 함께 이 접근 방식이 실질적인 문제 영역에서 어떻게 적용되는지 시각화할 수 있습니다.

이 장에서는 다음 주제를 다룹니다:

- 머신러닝의 현재 상태 이해
- 분산 학습의 특성 - 확장 가능한 AI
- 연합학습 이해하기
- 연합학습 시스템 고려 사항

머신러닝의 현재 상태 이해

연합학습을 적용하여 얻을 수 있는 이점을 이해하려면 ML과 비교하여 복잡한 과정을 수행한다는 이점보다 더 큰 이유를 파악해야 합니다. 현재 ML이 어떻게 실행되고 있는지와 이에 대한 한계에 대해 이해하는 것이 이 장에서의 목표입니다.

모델이란 무엇인가?

"모델"이라는 용어는 다양한 분야에서 사용되지만, 우리가 관심을 갖고 있는 일반화된 정의는 다음과 같이 일부 분야의 원하는 시스템의 역학 관계를 표현하는 것으로 좁혀질 수 있습니다. 간단히 말해, 우리는 B(연합학습)가 제공하는 향상된 상호 작용성을 통해 A(ML)를 더 잘 이해하기 위한 수단으로 어떤 현상 A의 모델 B를 개발합니다. 진공 상태의 어느 지점에서 물체를 떨어뜨리는 현상을 생각해 봅시다. 운동 방정식을 사용하면 물체가 바닥에 닿는데 걸리는 시간을 정확히 계산할 수 있는데, 이것이 바로 앞서 언급한 현상의 모델입니다.

이 접근법은 해당 현상과 상호작용하지 않고도 생성된 모델의 결과를 관찰할 수 있다는 것입니다. 예를 들어, 낙하하는 물체의 모델을 사용하면 실제 진공 상태에서 물체를 특정 높이에서 물리적으로 떨어트리지 않고도 10kg 물체와 50kg 물체 사이의 낙하 시간 차이를 파악할 수 있습니다. 자연 현상의 모델링은 해당 현상에 대한 진정한 이해를 주장할 수 있는 핵심적인 역할을 하는 것이 분명합니다. 현상에 대한 포괄적인 관찰의 필요성을 제거하면 의사결정 과정에서 진정한 일반화가 가능해집니다.

컴퓨터 과학의 맥락에서 모델의 개념은 크게 좁혀집니다. 이러한 맥락에서 모델은 해당 현상에 대한 초기 특성화가 주어지면 현상에 대한 몇 가지 주요 값을 출력할 수 있는 알고리즘입니다. 낙하하는 물체의 예로 돌아가서, 컴퓨터 과학 모델은 물체의 질량과 낙하하는 높이가 주어졌을 때 땅에 닿는 시간, 최대 속도와 같은 값을 계산할 수 있습니다. 이러한 컴퓨터 과학 모델은 컴퓨터의 능력을 통해 무수히 많은 현상에 대한 결과를 계산할 수 있으며 결과를 통해 훨씬 더 큰 이해와 일반화를 얻을 수 있습니다.

그렇다면 이러한 모델은 어떻게 만들 수 있을까요? 가장 간단한 첫 번째 접근 방식은 규칙 기반 시스템 또는 **화이트박스** 모델을 구축하는 것입니다. 화이트박스(유리 상자 또는 투명 상자라고도 함) 모델은 관심 있는 시스템의 기본 기능을 명시적으로 기록하여 만들 수 있습니다. 이는 시스템에 대한 정보를 선험적으로 사용할 수 있을 때만 가능합니다. 이 경우의 기본 함수는 간단합니다. 예를 들어 랜덤으로 선택된 정수를 홀수 또는 짝수로 분류하는 문제는 정수를 2로 나눈 후 나머지를 확인하여 이를 수행하는 알고리즘을 쉽게 작성할 수 있습니다. 가스 탱크가 얼마나 비어 있는지와 갤런당 가격이 주어졌을 때 가스 탱크를 채우는 데 드는 비용을 확인하려면 두 값을 곱하기만 하면 됩니다. 이 예시들은 단순한 알고리즘인데도 불구하고 간단한 모델이 다양한 분야에서 실용적으로 많이 활용될 수 있음을 보여줍니다.

일반적으로 시스템은 너무 복잡해서 안타깝게도 기본 기능의 화이트박스 모델을 구축할 수 없는 경우가 많습니다. 예를 들어, 부동산의 미래 가치를 예측하고 싶다고 가정해 보겠습니다. 부동산의 면적, 연식, 위치, 이자율 등 부동산에 대한 많은 특성이 있습니다. 여러분은 부동산 가치와 이러한 모든 지표 사이에 선형 관계가 있을 것이라고 믿고, 모든 지표의 가중치를 합한 값이 부동산 가치가 될 것이라고 생각합니다. 이제 실제로 이러한 가정 하에 화이트박스 모델을 구축하려고 하면 각 특성의 매개변수(가중치)가 무엇인지 직접 파악해야 하는데, 이는 부동산 가격 시스템의 기본 함수를 알아야 한다는 것을 의미합니다. 일반적으로는 그렇지 않기 때문에 **블랙박스 모델링**이라는 다른 접근 방식이 필요합니다.

머신러닝 – 모델 생성 프로세스 자동화

블랙박스 시스템의 개념은 제2차 세계대전 당시 전기회로 분야에서 처음 도입되었습니다. 블랙박스를 추상적인 개념으로 취급하기 시작한 것은 유명한 인공두뇌학자인 노버트 위너(Norbert Wiener)였으며 1960년대에 마리오 아우구스토 번지(Mario Augusto Bunge)에 의해 일반적인 이론이 정립되었습니다. 앞서 설명한 미래 자산 가치를 추정하는 함수는 블랙박스의 좋은 예입니다. 예상할 수 있듯이 블랙박스 함수는 충분히 복잡하기 때문에 이를 표현하기 위해 화이트박스 모델을 작성하는 것은 비합리적입니다. ML의 등장으로 블랙박스를 활용하여 모델을 만들게 되었습니다.

> **참고**
>
> 블랙박스 모델링은 이 책에서 다루지 않는 중요한 개념인 해석 가능성이 부족하다는 비판을 받아왔는데, 이 주제에 대한 참고 자료로 Serg Masís가 쓴 Packt의 Interpretable Machine Learning with Python을 추천합니다.

머신러닝은 의사결정과 예측을 위해 모델 파라미터를 자동으로 생성하는데 사용되는 인공지능의 한 유형입니다. 그림 2.1은 이를 아주 간단하게 보여줍니다. 알려진 값과 미지수가 선형 관계를 갖는 경우, **최소자승법(Ordinary Least Squares, OLS)**이라는 일반적으로 많이 사용되는 알고리즘을 적용할 수 있습니다. OLS는 알려진 예제 집합(입력 특징값 집합과 실제 출력값의 쌍)에서 가장 가까운 예측을 생성하는 매개변수 집합을 찾아 선형 관계의 미지의 매개변수를 계산합니다:

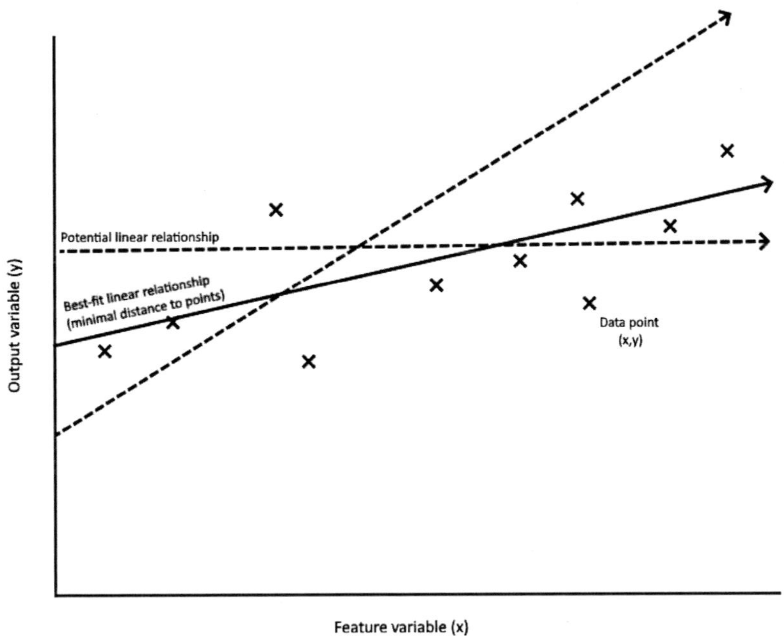

그림 2.1 모델 파라미터를 결정하는 ML

앞의 다이어그램은 하나의 입력(특징) 변수와 하나의 출력 변수가 있는 간단한 2차원 선형회귀 문제를 보여줍니다. 이러한 2차원 선형회귀 사례는 암묵적인 지식이나 다양한 값의 테스트를 통해 가장 잘 맞는 관계를 나타내는 매개변수를 직접 찾아내는 것이 비교적 간단할 수 있습니다. 그러나 특징 변수의 수가 증가함에 따라 점점 더 다루기 어려워집니다. OLS를 사용하면 이 문제를 역방향으로 접근할 수 있습니다. 선형 관계를 생성하고 데이터에서 평가하는 대신 데이터를 사용하여 가장 적합한 관계의 매개변수를 직접 계산하여 선형회귀식을 도출할 수 있습니다.

다시 부동산 문제로 돌아와서, 관련 특성 값과 판매 가격으로 구성된 수많은 부동산 평가 데이터 요소를 수집했다고 가정하겠습니다. 데이터 포인트를 OLS를 적용하여 각 특성과 모든 부동산의 판매 가격 간의 관계를 찾을 수 있습니다(실제 관계가 선형이라는 가정 하에). 이를 통해 부동산의 특성 값을 전달하여 예상 판매 가격을 예측할 수 있습니다.

이 접근법의 강점은 문제에 대한 암묵적인 지식 없이도 관계 계산을 추상화할 수 있다는 점입니다. OLS 알고리즘은 데이터가 무엇을 나타내는지 신경쓰지 않고 주어진 데이터에 가장 적합한 선형만 찾기만 하면 됩니다. 이 접근 방식은 충분한 양의 데이터가 주어지면 내부 관계에 대한 지식이 없어도 선형회귀 모델을 만들 수 있는 것이 ML의 핵심입니다.

간단히 말해, ML을 사용하면 데이터로부터 모델을 생성하는 방법을 학습할 수 있는 알고리즘을 프로그래밍할 수 있으며 이를 통해 복잡한 시스템을 근사화할 수 있습니다. 복잡한 시스템의 기본 기능은 외부 요인으로 인해 시간이 지남에 따라 변경될 수 있으며 오래된 데이터로 만든 모델은 금방 쓸모없어질 수 있다는 점을 명심하는 것이 중요합니다. 예를 들어, 앞의 선형회귀 모델은 먼 미래 또는 먼 지역의 부동산 가치를 추정하는데는 적합하지 않을 수 있습니다. 수십 개의 매개변수만 포함된 모델에서는 이러한 거시적 규모의 분산이 고려되지 않으며, 딥러닝과 같은 훨씬 더 정교한 ML 접근 방식을 사용하지 않는 한 인접한 데이터 포인트의 개별/그룹에 대해 서로 다른 모델이 필요합니다.

딥러닝

그렇다면 딥러닝은 어떻게 일반적으로 ML과 동의어가 되었을까요? 딥러닝은 뇌의 뉴런 간 신호 전달에서 영감을 얻은 고차원의 매개변수화된 모델의 일종인 **심층 신경망(Deep Neural Network, DNN)**을 적용하는 것을 포함합니다. 딥러닝의 기초는 1960년대 초 딥러닝의 아버지로 불리는 프랭크 로젠블랫 (Frank Rosenblatt)에 의해 확립되었습니다. 그의 연구는 1970년대와 1980년대에 제프리 힌튼 (Geoffrey Hinton), 얀 르쿤(Yann LeCun), 요슈아 벤지오(Yoshua Bengio) 등의 컴퓨터 과학자들에 의해 더욱 발전되었으며 딥러닝이라는 용어는 캘리포니아 대학교 어바인 캠퍼스의 저명한 교수인 리나 데흐터(Lina Dechter)에 의해 대중화되었습니다. 딥러닝은 선형회귀와 같은 단순한 머신러닝 알고리즘에 비해 훨씬 더 복잡한 작업을 수행할 수 있습니다. 구체적인 내용은 이 책의 범위를 벗어나지만 딥러닝이 해결할 수 있었던 핵심 문제는 복잡한 비선형 관계의 모델링이었으며 딥러닝이 제공한 향상된 모델링 능력으로 인해 ML 전체가 여러 분야의 선두에 서게 되었습니다.

이 기능은 다양한 모델 크기 사례에 대한 특정 범용적인 수학적인 근사 정리를 통해 입증되었습니다. 딥러닝이나 ML을 처음 접하는 분이라면 Sebastian Raschka와 Vahid Mirjalili가 쓴 Python Machine Learning 3판을 참고하여 이 주제에 대해 자세히 알아보시길 바랍니다.

'1장 빅데이터와 기존 AI의 과제'에서 설명한 것처럼, 지난 10년 동안 거대한 테크 기업들은 빅데이터를 배경으로 점점 더 강력한 모델을 구축해 왔습니다. 오늘날의 최첨단 딥러닝 모델을 살펴보면 최대 수조 개의 매개변수를 가질 수 있으며 이를 통해 복잡한 기능을 모델링하여 비교할 수 없는 유연성을 제공하고 있습니다. 딥러닝 모델이 이전에 사용되던 다른 ML 모델 유형과 달리 임의로 확장하여 성능을 높일 수 있는 이유는 '**이중 하강(Double Descent)**'이라는 현상 때문입니다. 이는 특정 매개변수화, 학습 임계값이 **표준 편향-편차 트레이드 오프(Standard**

Bias-Variance Trade-Off : 복잡성이 증가하면 학습 데이터에 대한 미세 조정으로 이어져 편향은 감소하지만 분산은 증가하는 현상)를 극복하고 성능을 지속적으로 향상시킬 수 있는 능력을 말합니다.

핵심은 딥러닝 모델의 성능은 컴퓨팅의 발전과 데이터를 수집하는 디바이스 및 소프트웨어의 지속적인 증가로 인해 지난 10년 동안 급격히 성장한 두 가지 요소인 사용 가능한 컴퓨팅 성능과 데이터만으로는 한계가 있다는 것입니다. 딥러닝은 ML과 밀접하게 연관되어 있으며 현재 ML과 빅데이터에서 딥러닝은 중요한 역할을 담당하고 있습니다.

이 장에서는 현재 ML 기법이 수행하는 모델링의 중요성에 대한 사례를 제시하는데 중점을 두었습니다. 연합학습이 정확히 무엇을 하는지에 대해 자세히 살펴볼 수 있습니다.

분산학습 특성 - 확장 가능한 AI

이 장에서는 분산 컴퓨팅 설정을 소개하고 이 설정과 ML 접근 방식의 교차점에 대해 논의하여 연합학습이 필요한 이유에 대한 지원을 완전히 확립합니다. 이 장의 목표는 사용자가 분산 컴퓨팅 설정의 장점과 한계를 모두 이해하여 연합학습이 이러한 한계를 어떻게 해결하는지 이해하는 것입니다.

분산 컴퓨팅

지난 몇 년 동안 분산 컴퓨팅이라는 관점에서 새로운 접근 방식의 개발과 기존 서버 인프라의 전환이 예측 가능한 수준으로 변화되었습니다. 좀 더 일반화하면, 분산 접근 방식 자체가 연구용 구현에서 제품화 환경에서의 광범위한 사용으로 점점 더 많이 전환되고 있으며, 이러한 예로 Amazon의 AWS, Google의 GCP(Google Cloud Platform), Microsoft의 Azure와 같은 클라우드 컴퓨팅 플랫폼의 사용으로 볼 수 있습니다. 병목 현상이 발생할 수 있는 수많은 애플리케이션에서 온디맨드(On-demand) 리소스의 유연성 덕분에 온프레미스(On-premise) 서버와 컴퓨팅 성능이 비용을 절감하고 효율성을 높일 수 있는 것으로 밝혀졌습니다.

클라우드 컴퓨팅과 분산 컴퓨팅의 개념을 정확히 비교할 수는 없지만 분산 특성에서 비롯되는 주요 이점은 비슷합니다. 높은 수준에서 보면 분산 컴퓨팅은 특정 계산 작업에 필요한 작업을 여러 계산 에이전트에 분산시켜 각 에이전트가 거의 자율적으로 작동하도록 하는 것입니다. 다음 그림은 '질문에 대한 답변'이라는 맥락에서 중앙 집중식 접근 방식과 분산식 접근 방식의 차이점을 보여줍니다:

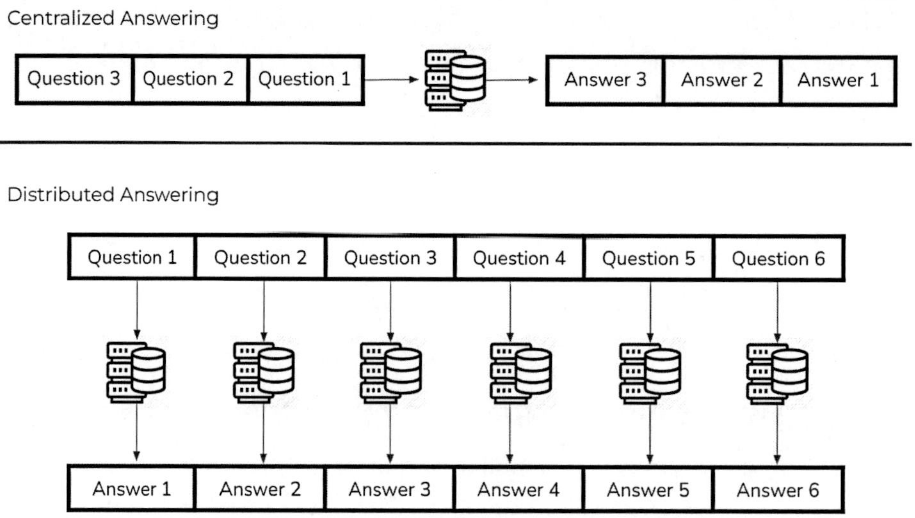

그림 2.2 중앙 집중식 질문 답변과 분산식 질문 답변 비교

예제에서 중앙 집중식 접근 방식은 입력된 문제를 순차적으로 처리하는 반면, 분산식 접근 방식은 각 문제를 병렬로 동시에 처리할 수 있습니다. 하지만, 병렬로 처리할 경우, 응답 속도 향상을 위해 계산 리소스 사용량을 희생한다는 점을 분명히 알 수 있습니다. 그렇다면 이러한 방식이 실제 애플리케이션에 도움이 되는지에 대한 의문이 생기는 것은 자연스러운 일이므로 다음에 설명하겠습니다.

실제 사례 - 전자상거래

분산 컴퓨팅 접근 방식의 실질적인 이점을 이해하기 위해 비즈니스 문제의 예시를 분석해 보겠습니다. 온프레미스 서버를 사용하여 웹사이트를 호스팅하려는 전자상거래 비즈니스에 대해 생각해 봅시다. 이 작업을 수행하는 전통적인 방법은 비즈니스 측면에서 충분한 분석을 수행 후 향후 예상되는 트래픽 양을 결정하고 계산된 양을 처리할 수 있는 큰 서버 머신 하나 또는 두 개를 투자하는 것입니다.

몇 가지 사례를 통해 이러한 접근 방식의 결함을 바로 알 수 있습니다. 웹사이트의 사용량이 초기 예상치를 크게 초과하는 시나리오에 대해 생각해 봅시다. 서버 수가 고정되어 있고, 이를 업그레이드를 하기 위해 하드웨어 업그레이드로 진행해야 하므로 사용하지 않는 오래된 하드웨어를 또 구매해야 합니다. 더 나아가, 현재 증가한 사용량이 고정적으로 유지될 것이라는 보장도 없습니다. 사용량이 더 증가하면 더 많은 확장 비용이 발생하고, 사용량이 감소하면 리소스 낭비(더 작은 컴퓨터로 충분할 수 있는데도 대형 서버를 유지)로 이어집니다. 중요한 점은 호스팅 관리에 사용되는 단일 머신 접근 방식 때문에 추가로 서버를 통합하는 것이 간단하지 않다는 것입니다. 또한 한 대 또는 몇 대의 컴퓨터로 많은 수의 요청을 병렬로 처리하는데에 따른 하드웨어적 한계도 고려해야 합니다. 각 요청을 병렬로 처리할 수 있는 능력은 각 머신마다 제한되어 있으며, 상당한 양의 트래픽은 각 서버의 가용 전력에 관계없이 결국 병목 현상이 발생할 수 밖에 없습니다.

이와 비교하여 이 문제에 대한 분산 컴퓨팅 기반 솔루션을 생각해 보겠습니다. 초기 비즈니스 예측에 따라 여러 대의 소형 서버를 구입하고 각 서버가 일정량의 트래픽을 처리하도록 설정합니다. 유입되는 트래픽이 프로젝트를 초과하는 시나리오가 발생하면 기존 시스템을 수정할 필요 없이 비슷한 크기의 서버를 더 구입하여 지정된 양의 새로운 트래픽을 처리하도록 구성할 수 있습니다. 들어오는 트래픽이 감소하면 그에 상응하는 수의 서버를 종료하거나 다른 작업을 처리하도록 전환할 수 있습니다. 즉, 동일한 하드웨어를 다양한 트래픽 볼륨으로 사용할 수 있습니다.

언제든 필요한 계산 작업을 처리할 수 있도록 빠르게 확장할 수 있는 능력이 바로 분산 컴퓨팅 접근 방식입니다. 이를 통해 계산 에이전트가 해당 작업을 원활하게 시작하고 중단할 수 있기 때문입니다. 또한, 소수의 대형 컴퓨터를 사용하는 대신 다수의 소형 컴퓨터를 병렬로 사용하면 동시에 처리할 수 있는 요청의 수가 현저히 증가합니다. 이 경우 분산 컴퓨팅 접근 방식은 기존 방식과 비교할 수 없는 비용 절감과 유연성을 제공하는 것은 분명합니다.

분산 컴퓨팅의 이점

일반적으로 분산 컴퓨팅 접근 방식은 모든 컴퓨팅 작업에 확장성, 처리량, 복원력이라는 세 가지 주요 이점을 제공합니다. 앞선 웹 호스팅 사례에서 확장성은 들어오는 트래픽의 양에 따라 배포된 서버의 수를 확장할 수 있는 기능을 의미하며, 처리량은 소규모 서버의 고유한 병렬 처리 기능을 통해 요청 처리 지연 시간을 줄일 수 있는 기능을 의미합니다. 이 예에서 복원력은 작동이 중지된 서버의 부하를 다른 배포된 서버가 분담하여 호스팅이 비교적 안정적으로 지속될 수 있도록 하는 기능을 의미합니다.

분산 컴퓨팅은 대량의 데이터 저장소로 작업할 때, 특히 단일 시스템을 사용해 데이터에 대한 분석을 수행하는 것이 계산적으로 불가능하거나 바람직하지 않은 경우에 자주 사용됩니다. 이러한 경우 확장성을 통해 원하는 런타임과 데이터 양 등의 요인에 따라 다양한 수의 에이전트를 배치할 수 있으며 각 에이전트가 자율적으로 데이터의 하위 집합을 병렬로 처리하는 기능을 통해 단일 고성능 머신으로는 달성할 수 없는 처리량을 처리할 수 있습니다. 하드웨어 가격 대비 성능 비율이 선형적이지 않은 경우가 많기 때문에 최첨단 하드웨어에 대한 의존도를 낮추면 비용을 더욱 절감할 수 있습니다.

분산 컴퓨팅 환경에서 작동하도록 병렬화된 소프트웨어를 개발하는 것은 쉬운 일이 아니지만, 이러한 접근 방식을 통해 달성할 수 있는 확장성과 처리량으로 인해 많은 실용적인 계산 작업이 큰 이점을 얻을 수 있습니다.

분산 머신러닝

실제 애플리케이션에서 가치가 있는 것으로 입증되고 확장성과 처리량 증가의 직접적인 이점을 얻을 수 있는 계산 작업의 유형을 생각해 보면 빠르게 성장하고 있는 ML 분야가 최상위에 있습니다. 실제 처리되는 데이터와 수행되는 분석의 성격에 중점을 두고 앞서 언급한 대규모 데이터 저장소를 분석하는 작업의 구체적인 예로 ML 작업을 정의할 수 있습니다. 저렴한 컴퓨팅 성능(예: 스마트 기기)과 데이터 분석 및 모델링의 입증된 이점이 함께 성장하면서 기업들은 과도한 양의 데이터를 저장하고 있으며, 이러한 데이터에서 의미 있는 인사이트를 예측하고 추출할 수 있습니다.

두 번째 부분은 바로 ML이 해결하는 부분이며, 이미 다양한 영역에서 이를 위한 많은 양의 작업이 완료되었습니다. 그러나 다른 연산 작업과 마찬가지로, 대용량 데이터 저장소에 대해 ML을 수행하면 합리적인 시간 내에 이러한 작업을 수행하기 위해 고성능의 시간-계산 처리하는 능력을 가진 컴퓨터를 필요한 경우가 많습니다. 수십억 개의 매개변수가 있는 최신 딥러닝 모델과 같이 ML 알고리즘의 연산 및 메모리 집약도가 높아짐에 따라 하드웨어 병목 현상으로 인해 연산 능력을 높이는 것이 불가능해졌습니다. 따라서 현재의 ML 작업은 사용 가능한 시간 내에 결과를 도출하는 동시에 최첨단 상태를 유지하기 위해 분산 컴퓨팅 접근 방식을 적용해야 합니다.

엣지 추론

앞서 설명한 딥러닝의 보급과 '1장 빅데이터와 기존 AI의 과제'에서 논의한 빅데이터에서 집단 지성으로의 패러다임 전환이 분산형 ML에 대한 충분한 동기를 부여하지만, 그 물리적 기반은 최근의 **엣지 컴퓨팅**의 발전에서 비롯되었습니다. 엣지는 배포된 솔루션 주변의 근접성을 의미하며, 엣지 컴퓨팅은 데이터 소스 위치 또는 그 근처에서 데이터를 처리하는 것을 의미합니다. 컴퓨팅의 개념을 ML로 확장하면 모델이 엣지 디바이스에 직접 통합되는 **엣지 AI**라는 개념으로 이어집니다. 대표적인 예로 엣지 AI가 음성 인식을 처리하는 Amazon Alexa와 실제 데이터를 수집하고 엣지 AI를 통해 점진적으로 개선하는 자율 주행 자동차를 들 수 있습니다.

가장 보편적인 예는 스마트폰으로 사용자에게 콘텐츠 추천, 음성 지원 및 자동 완성을 통한 검색, 사진을 앨범으로 자동 정렬하고 갤러리를 검색하는 등의 잠재적인 용도로 사용할 수 있습니다. 이러한 잠재력을 활용하기 위해 스마트폰 제조업체들은 이미 삼성의 뉴럴 프로세싱 유닛과 구글 텐서 칩의 텐서 프로세싱 유닛 등 최신 휴대폰에 탑재하는 칩과 머신러닝에 초점을 맞춘 프로세서 구성 요소를 통합하기 시작했습니다. 또한 구글은 안드로이드 ML Kit SDK를 통해 안드로이드 애플리케이션을 위한 머신러닝 중심 API를 개발하기 위해 노력하고 있습니다. 이런 다양한 예시를 통해 ML 애플리케이션이 엣지 컴퓨팅 패러다임으로 전환되고 있음을 알 수 있습니다.

스마트폰에서 단어 추천을 위해 딥러닝 모델을 사용해야 한다고 가정해 보겠습니다. 이는 사용자가 휴대폰에 단어를 입력할 때 다음 단어를 추천하여 시간을 절약할 수 있도록 하기 위한 것입니다. 중앙 집중식 컴퓨팅 프로세스에서 중앙 서버는 텍스트 예측 모델에 접근할 수 있는 유일한 구성 요소이며, 어떤 휴대폰도 로컬에 모델을 저장하지 않습니다. 중앙 서버는 휴대폰에서 전송된 모든 요청을 처리하여 단어 추천을 반환합니다. 사용자가 입력할 때 휴대폰은 입력한 내용과 함께 사용자에 대한 몇 가지 개인 정보를 중앙 서버로 전송해야 합니다. 서버는 이 정보를 수신하고 딥러닝 모델을 사용하여 예측한 다음 그 결과를 다시 휴대폰으로 보냅니다. 다음 그림은 이 시나리오를 반영한 것입니다:

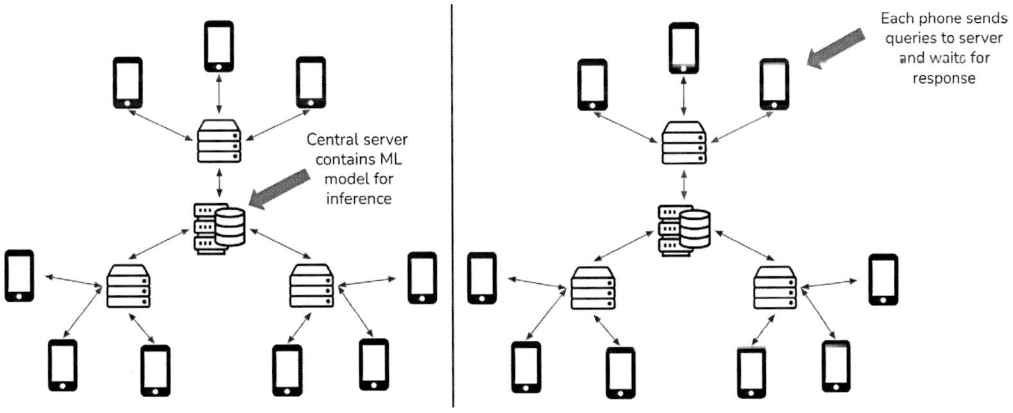

그림 2.3 중앙 집중식 추론 시나리오

이 시나리오를 살펴보면 몇 가지 문제가 분명해집니다. 첫째, 대기 시간이 0.5초에서 1초만 길어져도 모든 것을 직접 입력하는 것보다 추천 속도가 느려져 시스템이 쓸모 없어집니다. 또한 인터넷에 연결되어 있지 않으면 추천이 작동하지 않습니다. 이 방식의 또 다른 한계는 중앙 서버가 이러한 모든 요청을 처리해야 한다는 점입니다. 전 세계에서 얼마나 많은 스마트폰이 사용되고 있는지 상상해 보면 이 솔루션의 방대한 요청 규모로 인해 실현 가능성이 부족하다는 것을 알 수 있습니다.

이제 동일한 문제를 엣지 컴퓨팅의 관점에서 살펴봅시다. 스마트폰 자체에 딥러닝 모델이 내장되어 있다면 어떨까요? 중앙 서버는 학습된 최신 모델을 관리하고 이 모델은 각 스마트폰과 통신하는 역할만 담당합니다. 이제 사용자가 타이핑을 시작할 때마다 스마트폰은 로컬에서 수신된 모델을 사용하여 사용자가 입력한 내용을 바탕으로 추천을 할 수 있습니다. 다음 그림은 이 시나리오를 반영한 것입니다:

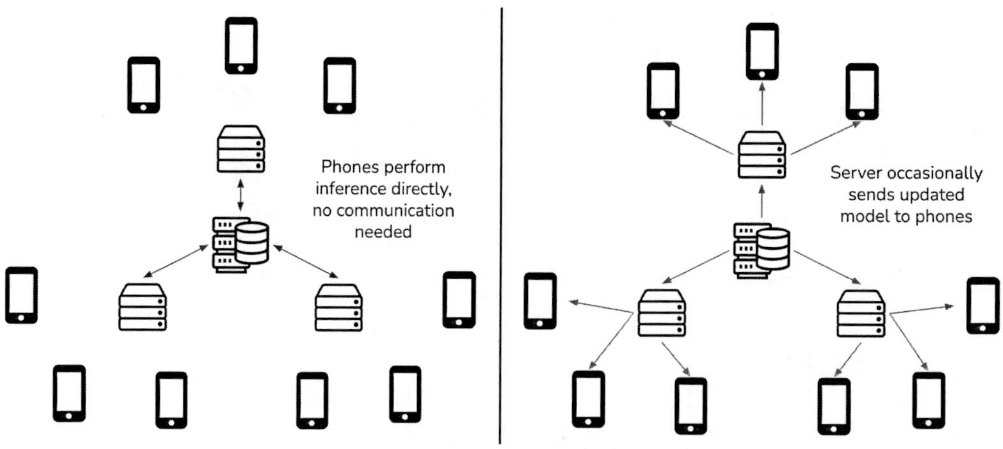

그림 2.4 엣지 추론 시나리오

이렇게 하면 대기 시간 문제가 해결되고 중앙 위치에서 들어오는 추론 요청을 처리할 필요가 없습니다. 또한 휴대폰은 더 이상 추천을 위해 서버와의 연결을 유지할 필요가 없습니다. 각 휴대폰은 사용자의 요청을 처리합니다. 이것이 바로 엣지 컴퓨팅의 핵심입니다. 컴퓨팅 부하를 중앙 서버에서 엣지 디바이스/서버로 옮겼기 때문입니다.

엣지 트레이닝

기존과 같이 중앙 집중식 컴퓨팅과 분산 컴퓨팅의 구분은 모델 학습의 개념으로 확장할 수 있습니다. 스마트폰의 예시를 가지고 예측 모델을 어떻게 학습할지 생각해 보겠습니다. 먼저, 중앙 집중식 머신러닝 프로세스에서는 추천 모델을 학습시키는데 사용되는 모든 데이터를 사용자의 디바이스에서 수집하여 중앙 서버에 저장해야 합니다. 그다음, 수집된 데이터를 사용하여 모델을 학습시키고 최종적으로 모든 휴대폰으로 전송합니다. 즉, 중앙 서버는 모델 학습을 위해 유입되는 대량의 사용자 데이터를 처리하고 효율적인 방식으로 저장할 수 있어야 합니다.

이러한 설계는 중앙 집중식 컴퓨팅 접근 방식의 문제를 야기합니다. 서버에 연결된 휴대폰의 수가 증가함에 따라 학습 프로세스를 유지하기 위해 들어오는 데이터를 처리하는 서버의 능력을 확장해야 합니다. 또한 이 방식에서는 데이터를 중앙에서 전송하고 저장해야 하므로 전송을 가로채거나 저장된 데이터를 공격할 가능성이 항상 존재합니다. 예를 들어, 금융 및 의료 산업의 애플리케이션에 경우, 데이터 기밀성 및 개인정보 보호가 필요하거나 강력하게 요구되는데 중앙 집중식 컴퓨터 접근 방식으로 처리하기엔 위험합니다. 따라서, 중앙 집중식 모델 학습의 사용 사례를 제한하며 엣지 디바이스에서 직접 데이터로 작업할 수 있는 대안이 필요했습니다. 바로 이 것이 연합학습을 개발해야 하는 동기입니다.

연합학습 이해하기

이 장에서는 이전 장에서 설명한 문제에 대한 해결책으로 연합학습이 실제로 어떻게 적용되는지 높은 수준의 기술적 이해를 제공하는데 중점을 두고 설명합니다. 이 장의 목표는 연합학습이 솔루션으로 어떻게 적합한지 이해하고, 이후 장에서 설명할 개념적 기반을 제공하는 것입니다.

연합학습 정의

연합학습은 엣지에서 학습된 로컬 모델을 글로벌 모델로 합성하는 방법입니다. 2016년 구글은 안드로이드 사용자의 입력 기록의 문맥을 통합하여 사용자에게 문맥 수정사항을 제안하고 문장 다음에 등장하는 단어의 후보를 제공하는 연합학습의 Gboard 애플리케이션을 처음 개발했습니다. 실제로 이것은 '엣지 추론 및 엣지 학습' 장에서 설명한 바로 그 단어 추천 문제입니다. 구글이 개발한 솔루션은 반복적인 프로세스를 통해 각 엣지에서 모델을 학습하여 업데이트하고, 각 엣시의 업데이트를 통합(Aggregation)하여 글로벌 모델을 생성하는 분산형 학습 접근 방식이었습니다. 각 모델을 업데이트 후 통합하는 이 개념은 엣지 학습을 통해 성능이 우수한 단일 모델을 생성하는데 핵심적인 역할을 했습니다.

이 개념을 좀 더 세분화해 보겠습니다. 원하는 모델은 엣지 전체에 분산되어 있으며 엣지에서 로컬로 수집된 데이터에 대해 학습됩니다. 하나의 특정 데이터 소스에 대해 학습된 모델이 전체 데이터셋을 대표하지는 않습니다. 따라서, 각 제한된 데이터로 학습된 모델을 **로컬 모델(Local Model)**이라고 부릅니다. 이 접근 방식의 이점 중 하나는 개인정보 보호 및 효율성 문제로 인해 중앙 집중식 방식에서는 수집할 수 없는 데이터에 대해 머신러닝을 사용할 수 있다는 겁니다.

연합학습의 핵심 이론적 단계인 몇 번의 통합 모델의 반복을 통해 생성된 로컬 모델 집합을 원하는 단일 **글로벌 모델(Global Model)**로 생성할 수 있습니다. 가장 잘 알려진 집계 알고리즘은 단순하지만 높은 성능을 보이는 **연합 평균(FedAvg)**입니다. FedAvg는 로컬 모델 집합에 대해 수행하며 모델 전체에 걸쳐 매개변수별 산술 평균을 계산하여 통합 모델을 생성합니다. 통합을 한 번 수행하는 것으로는 성능이 좋은 글로벌 통합 모델을 생성할 수 없으며, 이전 글로벌 모델을 로컬로 학습하고 생성된 로컬 모델을 새로운 글로벌 모델로 통합하는 반복적인 과정을 거쳐야 글로벌 모델의 학습이 수행된다는 점을 알아야 합니다.

연합학습 프로세스

연합학습의 반복 프로세스 관점을 제대로 이해하기 위해 단일 반복 또는 라운드라는 핵심 개념의 구성 단계로 세분화하여 설명하겠습니다. 라운드의 프로세스는 다음과 같습니다:

1. 통합된 글로벌 모델 파라미터는 각 사용자의 디바이스로 전송됩니다.
2. 사용자 디바이스로 수신된 ML 모델은 로컬 데이터로 학습합니다.
3. 일정량의 학습이 끝나면 로컬 모델의 파라미터가 중앙 서버로 전송됩니다.
4. 중앙 서버는 집계함수를 적용하여 로컬 모델을 통합하여 새로운 통합 글로벌 모델을 생성합니다.

1단계부터 4단계까지의 흐름은 하나의 연합학습 라운드를 구성합니다. 그 다음 라운드는 사용자 서버/ 디바이스 기기가 새로 생성된 통합 모델을 수신하고 로컬 데이터를 이용하여 학습을 수행하면서 시작됩니다.

이러한 단계는 그림 2.5에 설명되어 있습니다:

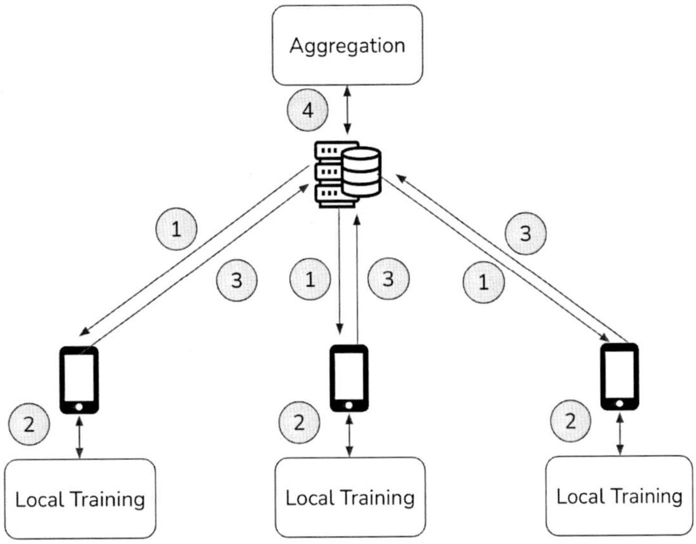

그림 2.5 연합학습 단계

구글의 Gboard에 대한 단어 추천 기능을 다시 살펴봅시다. 각 휴대폰은 특정 시점에 사용자의 입력데이터가 충분히 저장되어 있습니다. 엣지 학습 프로세스는 이로부터 로컬 모델을 생성할 수 있으며, 매개변수는 중앙 서버로 전송됩니다. 서버는 특정 수의 휴대폰으로부터 파라미터를 받은 후 이를 취합하여 글로벌 모델을 생성하고 이를 휴대폰으로 전송합니다. 이렇게 하면 서버에 연결된 모든 휴대폰에 데이터를 직접 전송하지 않고도 모든 휴대폰의 로컬 데이터를 반영하는 모델을 수신할 수 있습니다. 그러면 각 휴대폰은 충분한 데이터가 수집되면 또다시 모델을 재학습하고, 모델을 서버로 전송하고, 새로운 글로벌 모델을 수신합니다. 이러한 사이클은 연합학습 시스템의 구성에 따라 계속 반복되며 글로벌 모델을 지속적으로 모니터링하고 업데이트할 수 있습니다.

사용자 데이터는 엣지를 벗어나지 않고 모델 파라미터만 전송하며, 글로벌 모델을 생성하기 위해 모든 데이터를 중앙 서버에 저장할 필요도 없으므로 데이터를 최소화할 수 있습니다. 또한, 다음 장인 '3장 연합학습 시스템 동작'에서 설명하겠지만 연합학습 방법을 사용하면 모델 편향성을 완화할 수 있습니다. 따라서, 연합학습은 '1장 빅데이터와 기존 AI의 과제'에서 소개한 빅데이터의 세 가지 문제에 대한 솔루션으로 활용할 수 있습니다.

전이학습

연합학습은 **전이학습(Transfer Learning)**이라는 ML 개념과 밀접한 관련이 있습니다. 전이학습을 사용하면 연구자들은 충분한 컴퓨팅 성능과 리소스를 사용하여 일반화된 데이터셋에 대해 학습된 대규모 딥러닝 모델을 활용할 수 있습니다. 이러한 딥러닝 모델은 보다 구체적인 문제에 적용할 수 있습니다.

예를 들어, 이미지에서 특정 객체를 찾아 이름을 지정하도록 학습된 객체 식별 모델을 원본 데이터에 포함되지 않은 관심 있는 특정 개체가 포함된 제한된 데이터셋에 대해 재학습할 수 있습니다. 원본 데이터를 가져와서 관심 있는 객체의 데이터를 추가한 다음 모델을 처음부터 다시 학습시키려면 많은 계산 시간과 연산 능력이 필요합니다. 전이학습을 사용하면 기존의 대규모 일반화 모델에 대한 핵심 사실을 활용하여 프로세스를 빠르게 진행할 수 있습니다. 대규모 DNN의 중간 레이어는 특정 ML 작업을 위해 다음 레이어에서 사용하는 특징을 추출하는데 탁월한 경향이 있습니다. 이러한 계층의 파라미터를 보존함으로써 학습된 특징 추출 능력을 유지할 수 있습니다.

즉, 기존 사전 학습된 모델의 특정 레이어에 있는 파라미터를 보존하여 새로운 객체를 감지하는데 사용할 수 있으므로 같은 작업을 반복할 필요가 없습니다. 이 기술을 **파라미터 고정**(Parameter Freezing)이라고 합니다. 연합학습에서는 모델 학습이 컴퓨팅 성능이 제한된 로컬 디바이스/서버에서 이루어지는 경우가 많습니다. Gboard 시나리오를 사용하는 한 가지 예는 사전 학습된 단어 임베딩 레이어에서 파라미터 프리징을 수행하여 학습이 작업별 정보에 집중할 수 있도록 하고, 임베딩에 대한 사전 학습을 활용하여 학습 가능한 파라미터 수를 크게 줄이는 것입니다.

이 개념에서 한 걸음 더 나아가 연합학습과 전이학습의 교차점을 **연합 전이학습**(Federated Transfer Learning, FTL)이라고 합니다. FTL은 나중에 특정 작업을 위해 확장할 수 있는 모델의 공유 하위 집합에 대해 연합학습을 수행함으로써 로컬 데이터셋의 구조가 다른 경우에도 연합학습 접근 방식을 적용할 수 있게 해줍니다. 예를 들어, 감성 분석 모델과 텍스트 요약 모델은 모두 문장 인코딩 구성 요소를 공유할 수 있으며, 이 구성 요소는 연합학습을 사용하여 학습하고 두 작업 모두에 사용할 수 있습니다. 전이학습(더 나아가 FTL)은 연합학습에서 학습 효율성과 점진적 개선을 실현할 수 있는 핵심 개념입니다.

개인화

엣지 디바이스가 **독립적이고 동일하게 분산**(Independent and Identically Distributed, IID)되지 않은 데이터를 처리하는 경우, 각 디바이스는 글로벌 모델을 사용자 지정할 수 있습니다. 이를 **개인화**라고 하며, 로컬 데이터로 글로벌 모델을 미세 조정하거나 데이터의 편향을 전략적으로 사용하는 것으로 간주할 수 있습니다.

예를 들어, 지역 인구 통계가 서로 다른 두 지역에서 운영되는 쇼핑몰 체인을 생각해 보겠습니다(이 체인은 non-IID 데이터를 취급합니다). 이 체인이 연합학습을 사용하여 두 위치에 대한 추천을 구하는 경우, 단일 글로벌 모델보다 개인화된 모델을 통해 각 위치에 더 나은 서비스를 제공하여 지역 고객을 유치하는데 도움이 될 수 있습니다. 인화된 모델은 로컬 데이터에 대해 미세 조정되거나 편향되어 있기 때문에, 일반 데이터에 대한 성능이 글로벌 모델보다 좋지 않을 것으로 예상할 수 있습니다. 반면에 개인화된 모델은 모델이 개인화된 로컬 데이터에서 글로벌 모델보다 더 나은 성능을 발휘할 것으로 예상할 수도 있습니다. 사용자별 성능과 일반화 가능성 사이에는 절충점이 존재하며, 연합학습 시스템의 강점은 요구사항에 따라 균형을 맞출 수 있는 유연성에서 비롯됩니다.

수평 및 수직 연합학습

연합학습에는 **수평(horizontal)적 또는 동종(homogeneous) 연합학습과 수직(vertical)적 또는 이기종(heterogeneous)** 두 가지 유형이 있습니다. **샘플 기반 연합학습(Sample-based FL)** 이라고도 하는 수평적 연합학습은 집계기 서버에 연결된 모든 로컬 데이터셋이 동일한 기능을 가지고 있지만 서로 다른 샘플을 포함하는 경우에 적용할 수 있습니다. 앞서 설명한 Gboard 애플리케이션은 **크로스 디바이스(Cross-device) 연합학습**, 즉 엣지 디바이스에서 로컬 학습이 이루어지는 형태의 수평적 연합학습의 예시입니다. 모든 안드로이드 폰의 데이터셋은 형식은 동일하지만 사용자의 타이핑 이력을 반영하는 고유한 콘텐츠를 가지고 있습니다. 반면, **특징 기반 연합학습(Feature-based FL)**이라고도 하는 수직적 연합학습은 동일한 샘플에 대해 서로 다른 특징을 가진 당사자들이 협력하여 글로벌 모델을 생성할 수 있는 진보된 기술입니다.

예를 들어, 은행과 이커머스 기업은 모두 한 도시에 거주하는 주민들의 데이터를 저장할 수 있지만, 전자는 시민들의 신용 및 지출 패턴을, 후자는 쇼핑 행태를 파악하는 등 서로 다른 특징을 가지고 있습니다. 두 기업 모두 고객 데이터를 공유하지 않고도 가치 있는 인사이트를 공유함으로써 이익을 얻을 수 있습니다. 먼저, 은행과 이커머스 기업은 RSA(Rivest-Shamir-Adleman) 암호화를 사용하여 데이터 프라이버시를 보호하면서 PSI(Private Set Intersection)이라는 기술을 통해 공통 사용자를 식별할 수 있습니다. 다음으로, 각 당사자는 고유한 특징이 포함된 로컬 데이터로 예비 모델을 학습시킵니다. 그다음, 이러한 모델을 취합하여 글로벌 모델을 구축합니다. 일반적으로 수직적 연합학습은 여러 데이터 사일로를 포함하고 있으면 **크로스 사일로 연합**

학습(Cross-Silo FL)이라고도 합니다. 중국에서는 **연합 인공지능 에코시스템(Federated Ai Ecosystem, FATE)**이 WeBank와 관련된 수직적 연합학습의 예시로 잘 알려져 있습니다. 연합학습에 대한 자세한 개념에 관심이 있으시면, Cloudera Fast Forward Labs에서 작성한 매우 잘 설명된 보고서(https://federated.fastforwardlabs.com/)를 참고하시기 바랍니다.

이 장에 포함된 연합학습에 대한 정보는 심도 있게 살펴볼 다음 장을 이해하기에 충분할 것입니다. 이 장의 마지막 내용에는 연합학습의 실제 적용에 초점을 맞춘 몇 가지 보조 개념을 다루는 것을 목표로 설명합니다.

연합학습 시스템 고려 사항

이 장에서는 주로 이론적 보안 조치와 완전한 탈중앙화 접근 방식을 포함한 연합학습의 다자간 계산 측면에 초점을 맞춥니다. 이 장의 목표는 실제 연합학습 적용 시 고려해야 할 몇 가지 실용적인 고려 사항을 숙지하는 것입니다.

연합학습 시스템을 위한 보안

아직은 생소한 기술이지만 몇몇 분야에서 실험적으로 연합학습을 사용하고 있습니다. 특히, 금융 업계의 **자금세탁방지(Anti-Money Laundering, AML)**와 신약 개발 및 진단 분야에서 활용되고 있습니다. 의료 업계에서 컨실리언트와 오우킨과 같은 회사들이 해당 분야의 개념 증명을 성공적으로 수행하면서 유망한 결과를 보였습니다. AML 사용 사례에서 은행은 서로 협력하여 계좌 데이터를 공유하지 않고도 사기 거래를 효율적으로 식별할 수 있으며, 병원은 환자 데이터를 자체적으로 보관하면서 건강 문제를 감지하기 위한 ML 모델을 개선할 수 있습니다.

이러한 솔루션은 '연합학습 이해' 장에서 설명한 대로 비교적 간단한 수평 크로스사일로 연합학습의 장점을 활용하며, 다른 분야로 적용 범위가 넓어지고 있습니다. 예를 들어, 영국에 본사를 둔 Edgify는 인텔 및 휴렛팩커드와 협력하여 소매점의 계산원 자동화에 기여하고 있습니다. 독일 뮌헨의 또 다른 영국 기업 Fetch.ai는 연합학습 기반 기술로 스마트 시티 인프라를 개발하고 있습니다. 연합학습의 실제 적용이 빠르게 증가하고 있는 것은 분명합니다.

연합학습은 프라이버시 바이 디자인(모델 매개변수가 개인정보를 노출하지 않음)과 데이터 미니멀리즘(중앙 서버에 데이터를 수집하지 않음) 접근 방식 덕분에 데이터 프라이버시에 대한 우려를 피할 수 있지만, 1장 '빅데이터와 기존 AI의 과제'에서 설명한 대로 연합학습 프로젝트 참여자 간의 불신이라는 잠재적 장애물이 있습니다. A은행과 B은행이 협업 AML 솔루션을 개발하기 위해 연합학습을 사용하기로 합의한 상황을 생각해 봅시다. 두 은행은 공통 모델 아키텍처를 결정하여 각자의 데이터로 로컬 모델을 학습하고 그 결과를 취합하여 두 은행이 모두 사용할 글로벌 모델을 만들 수 있습니다.

연합학습을 순진하게 구현하면 한 은행이 로컬 모델과 통합 모델을 사용하여 다른 은행의 로컬 모델을 재구성할 수 있습니다. 이로부터 은행은 다른 은행의 모델을 학습하는데 사용된 데이터의 주요 정보를 추출할 수 있습니다. 결과적으로 로컬 모델을 통합하기 위해 서버를 호스팅해야 하는 주체가 누구인지에 대한 분쟁이 발생할 수 있습니다. 한 가지 가능한 해결책은 제3자가 서버를 호스팅하고 모델 통합을 책임지는 것입니다. 하지만 제3자가 B은행과 공모하지 않는지, 또는 그 반대의 경우인지 A은행은 어떻게 알 수 있을까요? 한 걸음 더 나아가, 연합학습 시스템을 보안 중심 도메인에 통합하면 각 시스템 구성 요소의 보안과 안정성에 관한 새로운 문제가 발생합니다. 서로 다른 연합학습 시스템 접근 방식과 관련된 알려진 보안 문제는 접근 방식의 이점을 능가하는 공격에 대한 추가적인 잠재적 약점을 초래할 수 있습니다.

참가자들이 서로를 신뢰하지 않고도 연합학습 협업을 가능하게 하는 몇 가지 보안 조치가 있습니다. **차등 개인정보 보호**(Differential Privacy, DP)라는 통계적 방법을 사용하면 각 참가자가 로컬 모델 파라미터에 랜덤 노이즈를 추가하여 전송된 파라미터에서 학습 데이터 분포 또는 특정 요소에 대한 정보를 수집하지 못하도록 할 수 있습니다. 평균이 0이고 분산이 상대적으로 낮은 대칭 분포(예: 가우스, 라플라스)에서 랜덤 노이즈를 샘플링하면 모델 통합이 수행될 때 로컬 모델에 추가된 랜덤 차이가 상쇄될 것으로 예상됩니다. 결과적으로 글로벌 모델은 DP를 사용하지 않고 생성되었을 때와 매우 유사할 것으로 예상할 수 있습니다.

그러나 이 접근 방식에는 중요한 한계가 있는데, 추가된 랜덤 노이즈의 합이 0으로 수렴하려면 충분한 수의 당사자가 연합에 참여해야 한다는 것입니다. 소수의 은행이나 병원만 참여하는 프로젝트의 경우 그렇지 않을 수 있으며, 이러한 경우 DP를 사용하면 글로벌 모델의 무결성과 같은 문제가 발생할 수 있습니다.

예를 들어, 각 참여자가 로컬 모델의 사본을 여러 개 전송하여 모델 수를 늘려 노이즈가 상쇄되도록 하는 등 몇 가지 추가 조치가 필요할 수 있습니다. 특징 기반 탈중앙화 연합학습 시스템에서 또 다른 가능성은 **안전한 다자간 계산**(Multi-Party Computation, MPC)**입니다**. MPC 기반 통합을 사용하면 에이전트가 신뢰할 수 있는 타사 서버의 개입 없이도 서로 통신하고 통합 모델을 계산하여 모델 매개변수 프라이버시를 유지할 수 있습니다.

참여자들은 외부 공격으로부터 시스템을 어떻게 보호할 수 있을까요? 암호화 전반에 걸쳐 데이터에 대한 덧셈과 곱셈의 효과를 보존하는 **동형 암호화**(Homomorphic encryption, HE)를 사용하면 로컬 모델을 암호화된 형태로 글로벌 모델에 통합할 수 있습니다. 따라서 복호화 키를 갖고 있지 않은 외부인에게 모델 매개변수가 노출되는 것을 방지할 수 있습니다. 하지만 참여자 간의 통신을 보호하는 HE의 효과는 엄청나게 높은 계산 비용을 수반되는데 HE 알고리즘으로 데이터 연산을 처리하면 그렇지 않은 경우보다 수백 조 배나 더 오래 걸릴 수 있습니다!

이러한 문제를 완화하기 위한 해결책은 부분 HE를 사용하는 것인데, 이는 암호화 전반에 걸쳐 덧셈 또는 곱셈 연산 중 하나만 호환되므로 완전 동형에 비해 계산적으로 훨씬 가볍습니다. 이 방식을 사용하면 연합의 각 참여자가 자신의 로컬 모델을 암호화하여 모델 통합에게 보내면 통합은 모든 로컬 모델을 합산하여 통합된 모델을 다시 참여자에게 보내고, 참여자는 모델을 복호화하여 파라미터를 참여자 수로 나누어 글로벌 모델을 받게 됩니다.

HE와 DP는 모두 연합학습의 실제 적용에 필수적인 기술입니다. 실제 시나리오에서 연합학습을 구현하는데 관심이 있는 사람은 IBM 연구원인 Dinesh C. Verma가 작성한 '실제 비즈니스 시나리오를 위한 연합 AI(Federated AI for Real-World Business Scenarios)'에서 많은 것을 배울 수 있습니다.

탈중앙화 연합학습과 블록체인

지금까지 설명한 연합학습의 아키텍처는 클라이언트-서버 네트워크, 즉 엣지 디바이스가 중앙 집계기 서버와 모델을 교환하는 방식을 기반으로 합니다. 하지만 앞서 설명한 연합학습 연합 참여자 간의 신뢰와 관련된 문제로 인해 집계기를 별도의 중앙 기관으로 두고 시스템을 구축하는 것은 문제가 될 수 있습니다. 집계기 호스트가 자신의 데이터에 대해 공평하고 편견 없이 처리하기 어려울 수 있습니다. 또한 중앙 서버가 있으면 필연적으로 연합학습 시스템에서 단일 장애 지점이 발생하여 복원력이 낮아집니다. 또한, 집계기가 클라우드 서버에 설치되어 있는 경우 이러한 연합학습 시스템을 구현하려면 숙련된 DevOps 엔지니어가 필요하며, 이러한 엔지니어를 구하기 어렵고 고용하는데 많은 비용이 들 수 있습니다.

이러한 우려를 감안하여 나카야마 키요시(주저자)는 블록체인 기술을 사용한 완전 탈중앙화 연합학습 시스템의 최초 실험에 관한 기사를 공동 집필했습니다(http://www.kiyoshi-nakayama.com/ publications/BAFFLE.pdf). **스마트 컨트랙트**(Smart Contract)를 활용하여 모델 업데이트와 통합을 조율하고, 서버리스 방식으로 연합학습을 수행하기 위해 프라이빗 이더리움 네트워크를 구축했습니다. 실험 결과, 피어 투 피어(Peer-to-peer) 분산형 연합학습이 모델 통합 기반의 중앙집중형 연합학습보다 훨씬 더 효율적이고 확장성이 뛰어나다는 것을 알 수 있었습니다. 분산형 아키텍처의 우수성은 최근에 수행된 실험에서도 확인되었습니다. 휴렛팩커드와 독일 연구기관이 블록체인 기술이 적용된 탈중앙화 연합학습에 **스웜 학습**(Swarm Learning)이라는 독특한 이름을 붙인 것입니다.

연합학습 분야의 연구 개발이 탈중앙화 모델로 전환되고 있지만, 이 책의 나머지 부분에서는 집계기 서버가 있는 중앙 집중식 아키텍처로 가정합니다. 이러한 설계에는 두 가지 이유가 있습니다. 첫째, 블록체인은 아직 초기 단계의 기술이기 때문에 AI와 머신러닝 연구자들에게는 익숙하지 않습니다. 피어 투 피어 통신 체계를 통합하면 주제가 지나치게 복잡해질 수 있습니다. 둘째, 연합학습의 로직 자체는 네트워크 아키텍처와 독립적이며, 연합학습의 작동 방식을 설명하는데 중앙 집중식 모델로 설명해도 무방하기 때문입니다.

요약

이 장에서는 최근 모든 수준에서 접근 가능한 컴퓨팅 파워의 증가로 인해 발생한 두 가지 주요 발전 사항을 살펴보았습니다. 먼저, 계산 능력의 향상으로 수작업으로 만든 화이트박스 시스템을 능가하는 강력한 모델을 지속적으로 생성할 수 있게 되면서 모델의 중요성과 이로 인해 ML이 실제 사용 분야에서 어떻게 크게 성장할 수 있었는지 살펴봤습니다. 우리는 이를 연합학습의 'what'이라고 불렀습니다. ML은 연합학습을 사용하여 수행하려는 작업입니다.

그다음, 한 걸음 물러나서 휴대폰의 텍스트 추천 모델과 같은 실제 애플리케이션에서 복잡한 계산을 합리적인 시간 내에 수행할 수 있는 단계에 엣지 디바이스가 어떻게 도달했는지 살펴보았습니다. 우리는 이를 ML을 수행하고자 하는 설정인 연합학습의 'where'이라고 부릅니다.

무엇을 어디에서 사용하느냐에서 우리는 엣지 디바이스에서 직접 ML 모델을 사용한다는 두 가지 발전의 교차점을 발견할 수 있습니다. ML 모델의 표준 중앙 학습 접근 방식은 엣지 ML의 경우 모든 데이터를 중앙에서 수집해야 하기 때문에 효율적인 통신이나 데이터 프라이버시가 필요한 애플리케이션을 구현할 수 없다는 큰 단점이 있습니다. 연합학습은 모든 학습을 엣지에서 수행하여 필수 데이터 저장소와 동일한 위치에서 로컬 모델을 생성함으로써 이 문제를 직접적으로 해결한다는 것을 보여주었습니다. 집계 알고리즘은 이러한 로컬 모델을 가져와서 글로벌 모델을 생성합니다. 연합학습은 로컬 학습과 통합을 반복적으로 전환함으로써 데이터를 중앙에서 수집할 필요 없이 모든 데이터 저장소에서 효과적으로 학습된 모델을 생성할 수 있습니다.

이 장에서는 효과적인 모델 통합에 대한 이론에서 벗어나 모델 프라이버시 및 완전한 탈중앙화와 같은 측면에 관한 시스템 및 아키텍처 설계 고려 사항을 살펴보면서 이 장을 마무리했습니다. 이 장을 읽고 나면 ML, 엣지 컴퓨팅의 현재 상태와 실제 연합학습 애플리케이션의 초기 성장세를 볼 때 가까운 미래에 연합학습이 크게 성장할 것이라는 점을 분명히 알 수 있을 것입니다. 다음 장에서는 시스템 수준의 관점에서 연합학습의 구현에 대해 살펴보겠습니다.

더 읽을거리

이 장에서 다룬 주제에 대해 자세히 알아보려면 다음 참고자료를 참조하시길 바랍니다:

- Ruiz, N. W. (2020, December 22). The Future is Federated. Medium.
- Contessa, G. (2010). Scientific Models and Fictional Objects. Synthese, 172(2): 215–229.
- Frigg, R. and Hartmann, S. (2020). Models in Science. In Zalta, E. N. (ed.). The Stanford Encyclopedia of Philosophy.
- Bunge, M. (1963). A General Black Box Theory. Philosophy of Science, 30(4): 346-358.
- Moore, S. K., Schneider, D. and Strickland, E. (2021, September 28). How Deep Learning Works: Inside the neural networks that power today's AI. IEEE Spectrum.
- Raschka, S. and Mirjalili, V. (2019). Python Machine Learning: Machine Learning and Deep Learning with Python, scikit-learn, and TensorFlow 2 (3rd Ed.). Birmingham: Packt Publishing.
- McMahan, B., Moore, E., Ramage, D., Hampson, S., and y Arcas, B. A. (2016). Communication-efficient learning of deep networks from decentralized data. JMLR WandCP, 54.
- Huang, X., Ding, Y., Jiang, Z. L. and Qi, S. (2020). DP-FL: a novel differentially private federated learning framework for the unbalanced data. World Wide Web, 23: 2529–254.
- Yang, Q., Liu, Y., Chen, T., and Tong, Y. (2019). Federated Machine Learning: Concept and Applications. ACM Transactions on Intelligent Systems and Technology (TIST), 10(2), 1-19.
- Verma, D. C. (2021). Federated AI for Real-World Business Scenarios. Florida: CRC Press.
- Ramanan, P., and Nakayama, K. (2020). Baffle: Blockchain Based Aggregator Free Federated Learning. 2020 IEEE International Conference on Blockchain, 72-81.
- Warnat-Herresthal, S., Schultze, H., Shastry, K. L., Manamohan, S., Mukherjee, S., Garg, V.,

and Schultze, J. L. (2021). Swarm Learning for decentralized and confidential clinical machin
e learning. Nature, 594(7862), 265-270.

제3장

연합학습 시스템 동작

이 장에서는 **연합학습**(Federated Learning, FL) 시스템의 아키텍처, 작동 흐름, 메시지 순서 및 모델 통합의 기본 사항에 대한 개요를 제공합니다. '2장. 연합학습이란 무엇인가?'에서 설명한 바와 같이, 연합학습 프레임워크의 개념적 기본 사항은 매우 간단하고 이해하기 쉽습니다. 하지만 연합학습 프레임워크를 실제로 구현하려면 AI와 분산 시스템을 모두 잘 이해해야 합니다.

이 장의 내용은 책 뒷부분의 실습에서 사용되는 연합학습 시스템의 가장 표준적인 기초를 기반으로 합니다. 먼저 연합학습 서버가 있는 집계기, 연합학습 클라이언트가 있는 에이전트, 데이터베이스 서버, 이러한 구성 요소 간의 통신과 같은 연합학습 시스템의 기본 구성 요소를 소개합니다. 이 장에서 소개하는 아키텍처는 분리된 방식으로 설계되었기 때문에 하나의 시스템에 모든 것이 포함된 연합학습 시스템보다 상대적으로 쉽게 시스템을 개선할 수 있습니다. 그 다음, 초기화부터 모델 통합까지 연합학습의 작동 흐름에 대해 설명합니다. 마지막으로, 분산형 연합학습 설정의 수평적 설계를 통해 연합학습 시스템을 확장하는 방법을 살펴봅니다.

이 장에서는 다음 주제를 다룹니다:

- 연합학습 시스템 아키텍처
- 연합학습 시스템 흐름 이해 - 초기화부터 지속적인 작동까지
- 모델 통합 기초
- 수평적 설계를 통한 확장성

연합학습 시스템 아키텍처

연합학습 시스템은 서버와 분산 클라이언트로 분리된 분산 시스템입니다. 여기서는 연합학습 서버가 있는 집계기, 연합학습 클라이언트가 있는 에이전트, 데이터베이스로 구성된 연합학습 시스템의 대표적인 아키텍처를 정의해 보겠습니다:

- **클러스터 집계기(Cluster Aggregator 또는 Aggregator)**: 여러 분산된 에이전트에서 학습된 **머신러닝(Machine Learning, ML)** 모델을 수집 및 통합하고 에이전트로 다시 전송하여 글로벌 ML 모델을 생성하는 연합학습 서버가 있는 시스템입니다. 이 시스템은 클러스터 집계기 또는 더 간단하게는 연합학습 시스템의 집계기 역할을 합니다.
- **분산 에이전트(Distributed Agent 또는 Agent)**: 로컬 엣지 디바이스, 모바일 애플리케이션, 태블릿 또는 분산 클라우드 환경과 같은 연합학습 클라이언트가 있는 분산 학습 환경으로, ML 모델이 분산된 방식으로 학습되어 집계기로 전송됩니다. 에이전트는 연합학습 클라이언트 통신 모듈을 통해 집계기의 연합학습 서버에 연결할 수 있습니다. 연합학습 클라이언트 코드에는 개별 머신러닝 엔지니어와 데이터 과학자가 설계 및 구현하는 로컬 ML 애플리케이션에 통합할 수 있는 라이브러리들이 포함되어 있습니다.
- **데이터베이스 서버(Database Server 또는 Database)**: 집계기, 에이전트, 글로벌 및 로컬 ML 모델과 관련된 데이터 및 해당 성능 메트릭을 저장하는 데이터베이스와 해당 서버입니다. 데이터베이스 서버는 집계기로 들어오는 쿼리를 처리하고 필요한 데이터를 집계기로 다시 보냅니다. 에이전트를 데이터베이스 서버에 직접 연결할 필요가 없으므로 연합학습 시스템 설계가 간소화됩니다.

연합학습 시스템 아키텍처의 한 가지 장점은 사용자가 비공개 원시 데이터, 특히 제3자가 소유한 원시 데이터를 서버로 전송할 필요가 없다는 점입니다. 대신 로컬에서 학습된 모델만 집계기로 전송하면 됩니다. 로컬에서 학습된 모델은 전체 ML 모델의 가중치, 가중치의 변화인 경사 기울기(gradient) 또는 그 하위 집합 등 다양한 형식이 될 수 있습니다. 또 다른 장점은 사용자가 일반적으로 원시 데이터보다 훨씬 가벼운 모델만 교환하면 되기 때문에 통신 부하가 줄어든다는 점입니다.

그림 3.1은 단일 클러스터 집계기와 데이터베이스 서버, 그리고 여러 분산 에이전트로 구성된 일반적인 전체 아키텍처를 보여줍니다:

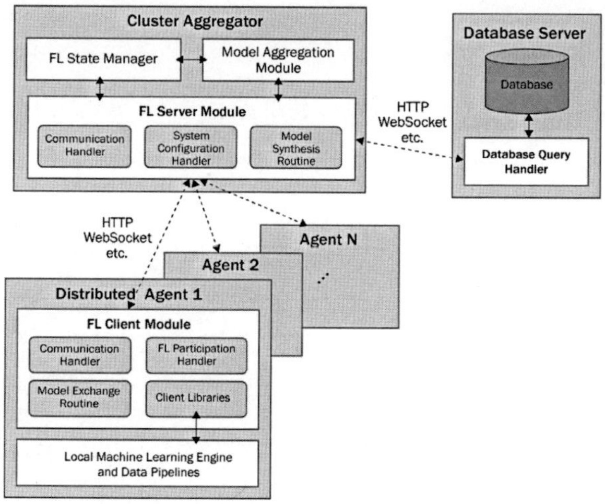

그림 3.1 연합학습 시스템의 전체 아키텍처

클러스터 집계자

클러스터 집계기는 그림 3.1과 같이 연합학습 서버 모듈, 연합학습 상태 관리자 모듈, 모델 통합 모듈로 구성됩니다. 우리는 연합학습 서버가 있는 클러스터 집계기를 간단하게 집계기라고 부릅니다. 이러한 모듈은 집계기의 기초가 되지만, 고급 모듈을 추가하여 ML 모델 통합의 보안과 유연성을 더욱 강화할 수 있습니다. 이 책의 주요 목적은 연합학습 시스템의 기본 구조와 시스템 흐름을 이해하는 것이기 때문에 일부 고급 모듈은 이 책에서 연습 문제와 함께 제공하는 simple-fl GitHub 레포지토리에 구현되어 있지 않습니다. 집계기 시스템에서 연합학습 서버, 연합학습의 상태 관리자, 모델 통합와 관련된 다음 모듈은 집계기 측 기능을 구현하는데 핵심적인 역할을 합니다.

- **연합학습 서버 모듈**: 연합학습 서버 모듈에는 통신 핸들러, 시스템 구성 핸들러, 모델 통합 루틴 등 세 가지 주요 기능이 있습니다:
  - ▶ **통신 핸들러**: 에이전트 및 데이터베이스와의 통신을 지원하는 집계기의 모듈 역할을 합니다. 일반적으로 이 모듈은 에이전트에서 polling 메시지를 수신하고다시 응답을 보냅니다. 통신 처리기가 수신하는 메시지 유형에는 보안 자격 증명 및 인증 메커니즘을 사용한 에이전트 자체 등록, 향후 모델 통합 프로세스의 초기 모델 역할을 하는 ML 모델 초기화, 에이전트의 라운드 참여 여부에 대한 확인, 모바일 기기 및 로컬 엣지 머신과 같은 분산된 에이전트에서 재학습되는 로컬 ML 모델 등이 포함됩니다. 또한 통신 핸들러는 데이터베이스 서버를 쿼리하여 데이터베이스의 시스템 데이터와 ML 모델에 접근

할 수 있으며, 집계기가 새 모델을 수신하거나 생성하면 이 데이터와 해당 모델을 push 하고 저장할 수도 있습니다. 이 모듈은 구현을 위해 HTTP, WebSocket 또는 기타 통신 프레임워크를 활용할 수 있습니다.

▸ **시스템 구성 핸들러:** 에이전트 등록과 연결된 에이전트 연결 및 상태를 추적하고 처리합니다. 집계기는 에이전트와 연결되었는지 인식하고, 등록 상태를 확인합니다. 에이전트가 설정된 인증 메커니즘에 등록되어 있으면 메시지를 수락하고 그에 따라 처리합니다. 등록되어 있지 않다면 이 모듈은 에이전트가 보낸 토큰의 유효성을 검사하는 등의 인증 프로세스를 거쳐 다음에 이 에이전트가 연합학습 서버에 연결될 때 시스템이 에이전트를 제대로 인식할 수 있도록 합니다.

▸ **모델 합성 루틴:** 로컬 ML 모델의 수집 상태를 확인하고 수집 기준이 충족되면 합성하는 기능을 지원합니다. 수집 기준은 연결된 에이전트가 수집한 로컬 모델의 수를 포함하는 것이 기준입니다. 예를 들어, 연결된 에이전트의 80%가 학습된 로컬 모델을 집계기로 보내면 모델 통합이 이루어질 수 있습니다. 이를 위한 설계 패턴 중 하나는 에이전트가 업로드한 ML 모델의 수를 주기적으로 확인하여 연합학습 서버가 가동되는 동안 계속 실행되도록 하는 것입니다. 모델 합성 루틴은 데이터베이스 또는 로컬 버퍼에 주기적으로 접근하여 로컬 모델 컬렉션의 상태를 확인하고 해당 모델을 통합하여 데이터베이스 서버에 저장된 후 에이전트에게 다시 전송할 글로벌 모델을 생성합니다.

- **연합학습 상태 관리자:** 상태 관리자는 집계기와 연결된 에이전트의 상태 정보를 추적합니다. 에이전트가 제공하는 로컬 및 글로벌 모델, 데이터베이스에서 가져온 클러스터 모델, 연합학습 라운드 정보 또는 집계기에 연결된 에이전트 등 집계기에 대한 휘발성 정보를 저장합니다. 버퍼링된 로컬 모델은 모델 통합 모듈에서 집계기에 연결된 각 활성 에이전트에게 다시 전송되는 글로벌 모델을 생성하는데 사용됩니다.
- **모델 통합 모듈:** 모델 통합 모듈은 이 장의 '모델 통합 기초' 절과 '7장. 모델 통합'에서 더 자세히 소개한 모델 통합 알고리즘 리스트입니다. 가장 일반적인 집계 알고리즘은 연합평균(federated averaging)으로, 각 모델이 로컬 학습에 사용한 샘플 수를 고려하여 수집된 ML 모델의 가중치를 평균화하는 것입니다.

분산 에이전트

분산 에이전트는 통신 핸들러와 클라이언트 라이브러리를 포함하는 연합학습 클라이언트 모

듈과 연합학습 클라이언트 라이브러리를 통해 연합학습 시스템에 연결된 로컬 ML 애플리케이션으로 구성됩니다:

- **연합학습 클라이언트 모듈**: 연합학습 클라이언트 모듈에는 통신 핸들러, 에이전트 참여 핸들러, 모델 교환 루틴, 클라이언트 라이브러리 등 크게 네 가지 주요 기능이 있습니다:
  - ▶ **통신 핸들러**: 에이전트에게 할당된 집계기와 통신하는 채널 역할을 합니다. 집계기로 전송되는 메시지에는 에이전트 자체 등록 페이로드와 통합된 모델의 기초가 되는 초기 모델이 포함됩니다. 메시지에는 로컬로 학습된 모델과 해당 모델의 성능 데이터도 함께 포함됩니다. 이 모듈은 push 및 polling 메커니즘을 모두 지원하며 구현을 위해 HTTP 또는 WebSocket 프레임워크를 활용할 수 있습니다.
  - ▶ **에이전트 참여 핸들러**: 연합학습 플랫폼에 등록할 에이전트 정보가 포함된 메시지를 집계기에 전송하여 에이전트가 연합학습 프로세스 및 주기에 참여하는 것을 처리하고, 필요한 경우 연합학습 프로세스를 초기화합니다. 응답 메시지는 에이전트가 지속적이고 진행중인 연합학습 프로세스에 대비할 수 있도록 설정하며, 종종 에이전트가 로컬에서 활용하고 학습할 수 있도록 가장 최신의 글로벌 모델을 포함합니다.
  - ▶ **모델 교환 루틴**: 새로운 글로벌 모델을 사용할 수 있는지 여부를 지속적으로 확인하는 동기화 기능을 지원합니다. 새 글로벌 모델을 사용할 수 있는 경우, 이 모듈은 집계기에서 글로벌 모델을 다운로드하고, 필요한 경우 글로벌 모델이 로컬 모델을 대체합니다. 또한, 이 모듈은 클라이언트 상태를 확인하고 로컬 학습 프로세스가 완료된 경우 재학습된 모델을 전송합니다.
  - ▶ **클라이언트 라이브러리**: 관리 라이브러리 및 일반적인 연합학습 클라이언트 라이브러리를 포함합니다:
    - 관리 라이브러리는 다른 에이전트가 사용할 초기 모델을 등록할 때 사용합니다. 연합학습 시스템에 대한 모든 구성 변경은 더 높은 제어 기능을 갖춘 관리 에이전트를 통해서도 요청할 수 있습니다.
    - 일반 연합학습 클라이언트 라이브러리는 연합학습 클라이언트 코어 스레드 시작, 로컬 모델을 집계기로 전송, 로컬 시스템의 특정 위치에 모델 저장, 클라이언트 상태 조작, 글로벌 모델 다운로드와 같은 기본 기능을 제공합니다. 이 책에서는 주로 이러한 일반적인 유형의 라이브러리에 대해 설명합니다.
- **로컬 ML 엔진 및 데이터 파이프라인**: 이 부분은 머신러닝 엔지니어와 과학자가 설계하며

연합학습 클라이언트 기능과는 독립적으로 작동할 수 있습니다. 이 모듈에는 잠재적으로 더 정확한 추론을 위해 사용자가 즉시 사용할 수 있는 ML 모델, 연합학습 클라이언트 라이브러리에 연결할 수 있는 학습 및 테스트 환경, 데이터 파이프라인 구현이 포함되어 있습니다. 앞서 언급한 모듈과 라이브러리는 일반화되어 모든 ML 애플리케이션을 위한 API 또는 라이브러리로 제공될 수 있지만, 이 모듈은 개발하려는 AI 애플리케이션의 요구사항에 따라 구성됩니다.

데이터베이스 서버

데이터베이스 서버는 데이터베이스 쿼리 핸들러와 저장소인 데이터베이스로 구성됩니다. 데이터베이스 서버는 클라우드와 같은 서버 측에 상주할 수 있으며 집계기와 밀접하게 연결되어 있지만, 시스템의 단순성과 복원력을 향상시키기 위해 이 데이터베이스 서버를 집계기 서버와 분리하여 기능을 분리하는 것이 좋습니다. 데이터베이스 쿼리 핸들러의 기능 및 샘플 데이터베이스 테이블은 다음과 같습니다:

- **데이터베이스 쿼리 핸들러:** 집계기로부터 들어오는 요청을 수락하고 요청된 데이터와 ML 모델을 집계기로 다시 전송합니다.
- **데이터베이스:** 연합학습 프로세스와 관련된 모든 정보를 저장합니다. 여기에는 데이터베이스에 대한 몇 가지 잠재적인 항목이 나열되어 있습니다:
  - ▸ **집계기 정보:** 이 집계기 관련 정보에는 집계기의 ID, IP 주소 및 다양한 포트 번호, 시스템 등록 및 업데이트 시간, 시스템 상태가 포함됩니다. 또한 이 항목에는 연합학습의 라운드와 해당 정보 및 모델 통합 기준과 같은 모델 통합 관련 정보가 포함될 수 있습니다.
  - ▸ **에이전트 정보:** 에이전트 관련 정보에는 에이전트의 ID, IP 주소 및 각종 포트 번호, 시스템 등록 및 업데이트 시간, 시스템 상태 등이 포함됩니다. 이 항목에는 동기식 연합학습에 사용되는 opt-in/out 상태(이 장의 '동기식 및 비동기식 연합학습'에서 설명)와 에이전트가 과거에 악의적인 행위자였는지 여부(예: Poisoning attack에 연루되었거나 결과 반환 속도가 매우 느린 경우)를 기록하는 플래그도 포함할 수 있습니다.
  - ▸ **기본 모델 정보:** 기본 모델 정보는 연합학습 라운드의 전체 프로세스에서 아키텍처와 정보가 사용되는 초기 ML 모델을 등록하는데 사용됩니다.
  - ▸ **로컬 모델:** 로컬 모델의 정보에는 개별 ML 모델에 고유한 모델 ID, 모델의 생성 시간, 모델을 업로드한 에이전트 ID, 에이전트에서 모델을 수신한 집계기 ID 등이 포함됩니다. 일반

적으로 모델 ID는 데이터베이스 서버나 Amazon Web Services의 S3 버킷과 같은 일부 클라우드 스토리지 서비스 등에 저장할 수 있는 실제 ML 모델 파일 경로에 매핑됩니다.

- **클러스터 글로벌 모델**: 클러스터 글로벌 모델의 정보는 모델 ID, 집계기 ID, 모델 생성 시간 등을 포함하며 로컬 모델이 데이터베이스에 기록 정보와 유사합니다. 집계기에 의해 통합된 모델이 생성되면 데이터베이스 서버는 글로벌 모델을 수락하여 데이터베이스 서버 또는 클라우드 스토리지 서비스에 저장합니다. 집계기는 모든 글로벌 모델을 필요할 때마다 요청할 수 있습니다.
- **성능 데이터**: 로컬 및 글로벌 모델의 성능은 해당 모델에 첨부된 메타데이터로 추적할 수 있습니다. 이 성능 데이터는 통합된 모델이 실제로 사용자 ML 애플리케이션에 배포되기 전에 충분히 잘 작동하는지 확인하는데 사용됩니다.

참고

simple-fl 레포지토리의 코드 샘플에서는 전체 연합학습 프로세스에 대한 설명을 간소화하기 위해 로컬 모델 및 클러스터 모델과 관련된 데이터베이스 테이블만 다루고 있습니다.

이제 연합학습 시스템의 기본 아키텍처에 대해 소개했으니, 에이전트 측 디바이스의 컴퓨팅 리소스가 제한되어 있는 경우 연합학습 시스템의 아키텍처를 개선하는 방법에 대해 알아보겠습니다.

계산량이 적은 에이전트 장치를 위한 중간 서버

로컬 사용자 디바이스의 연산 능력이 제한적인 경우가 있는데, 이러한 디바이스에서는 ML 학습이 어려울 수 있지만 글로벌 모델을 다운로드하는 것만으로도 추론이나 예측이 가능할 수 있습니다. 이러한 경우 연합학습 플랫폼은 스마트폰, 태블릿 또는 엣지 서버와 같은 추가적인 중간 서버 계층을 설정할 수 있습니다. 예를 들어, 헬스케어 AI 애플리케이션에서 사용자는 스마트 워치에서 자신의 건강 정보를 관리하고, 이를 스마트 태블릿으로 전송하거나 노트북과 동기화할 수 있습니다. 이러한 디바이스에서는 ML 모델을 재학습하고 분산된 에이전트 기능을 쉽게 통합할 수 있습니다.

따라서 연합학습 시스템이 통합되는 애플리케이션에 따라 시스템 아키텍처를 수정하거나 재설계해야 하며, 분산 에이전트를 사용하여 중간 서버의 개념을 적용하여 연합학습 프로세스를 구현할 수 있습니다. 집계기와 중간 서버 간의 상호 작용 및 통신 메커니즘을 수정할 필요가 없습니다. 사용자 디바이스와 중간 서버 간에 API를 구현하는 것만으로도 대부분의 사용 사례에서 연합학습을 구현할 수 있습니다. 그림 3.2는 집계기, 중간 서버, 사용자 디바이스 간의 상호작용을 보여줍니다:

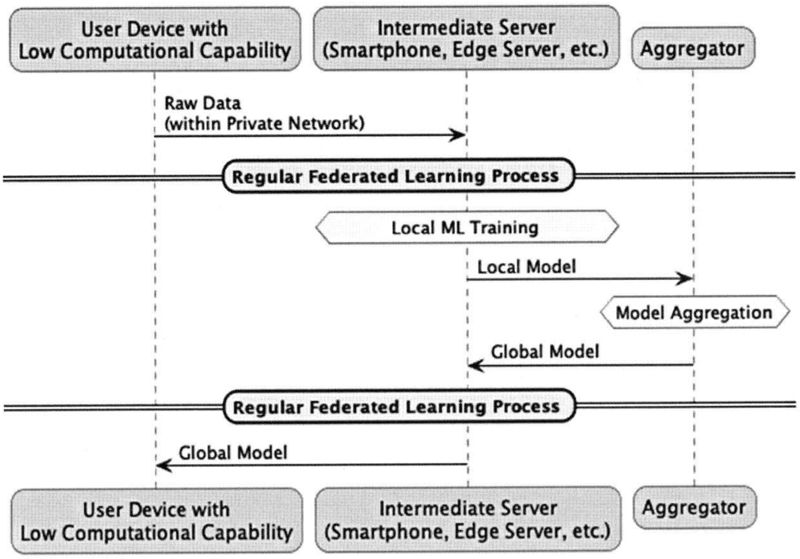

그림 3.2 중간 서버가 있는 연합학습 시스템

이제 연합학습 시스템의 기본 아키텍처와 구성 요소에 대해 알아보았으니 다음 장에서 연합학습 시스템이 어떻게 작동하는지 살펴보겠습니다.

연합학습 시스템 흐름 이해 – 초기화부터 지속적인 작동까지

분산된 각 에이전트는 연합학습 서버에서 관리하는 집계기에 속하며, 이 집계기에서 ML 모델 통합을 수행하여 에이전트로 다시 전송할 글로벌 모델을 합성합니다. 에이전트는 로컬 데이터를 사용하여 ML 모델을 학습한 다음 학습된 모델을 해당 집계기에 업로드합니다. 개념은 간단해 보이지만 이러한 프로세스의 전체 흐름을 구현하기 위해 좀 더 자세히 살펴보겠습니다.

또한 **클러스터 모델** 또는 **글로벌 모델**이라고 간단히 부르는 **클러스터 글로벌 모델**도 정의하는데, 이는 분산된 에이전트에서 수집한 로컬 모델의 통합된 ML 모델입니다.

> **참고**
>
> 다음 두 장에서는 이 장에서 설명한 메시지 처리 절차와 순서를 구현하는 방법을 안내합니다. 단, 전체 연합학습 프로세스에 대한 설명을 간소화하기 위해 데이터베이스의 집계기나 에이전트 시스템 등록과 같은 시스템 운영 관점 중 일부는 simple-fl 레포지토리의 코드 샘플에 소개되지 않았습니다.

데이터베이스, 집계자 및 에이전트 초기화

초기화 프로세스의 순서는 매우 간단합니다. 초기화 및 등록 프로세스는 데이터베이스, 집계기, 에이전트의 순서로 진행해야 합니다. 데이터베이스에 대한 집계기와 에이전트의 전체 등록 순서는 그림 3.3에 다음과 같이 나와 있습니다:

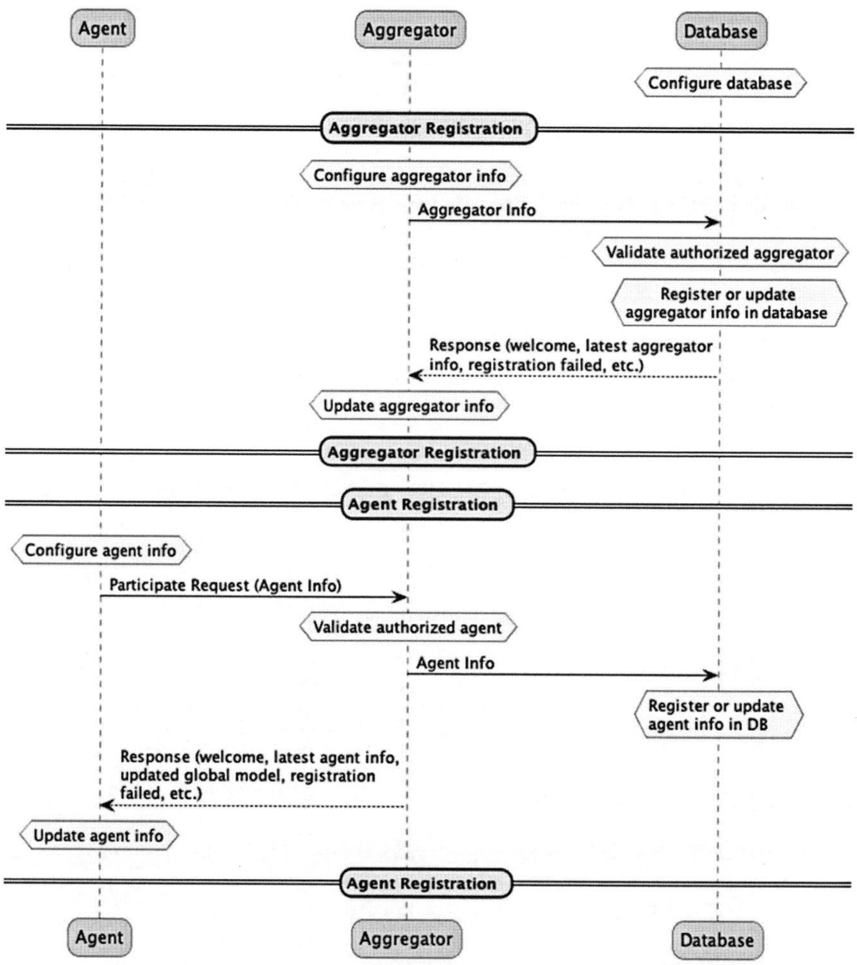

그림 3.3 데이터베이스 서버의 집계기 및 에이전트 등록 프로세스

다음은 연합학습 시스템에서 각 구성 요소의 초기화 및 등록 절차입니다:

- **데이터베이스 서버 초기화**: 연합학습 시스템 운영의 첫 번째 단계는 데이터베이스 서버를 시작하는 것입니다. 여러 조직에서 제공하는 간단한 프레임워크 중에는 데이터베이스나 데이터베이스 서버가 포함되지 않은 것도 있습니다. 하지만 ML 모델을 연합 프로세스에 유지하려면 SQLite 데이터베이스와 같은 가벼운 데이터베이스라도 데이터베이스를 사용하는 것이 좋습니다.
- **집계기 초기화 및 등록**: 에이전트가 ML 모델을 실행하고 업로드하기 전에 집계기를 설정하고 실행해야 합니다. 집계기가 실행을 시작하고 데이터베이스 서버에 처음 연결되면, 집계기가 연결해도 안전한지 여부를 확인하여 등록 프로세스가 자동으로 진행됩니다. 등록 프로세스를 거치지 못하면 데이터베이스에서 등록 실패 메시지를 다시 받습니다. 또한, 집계기가 데이터베이스 연결이 끊긴 후 다시 데이터베이스에 연결을 시도하는 경우 데이터베이스 서버는 항상 집계기가 이미 등록되어 있는지 여부를 확인합니다. 이 경우 데이터베이스 서버의 응답에는 등록된 집계기의 시스템 정보가 포함되어 있으므로 모델 통합이 중단된 지점부터 시작할 수 있습니다. 집계기가 HTTP 또는 WebSocket을 사용하는 경우에는 연결할 에이전트의 IP 주소와 포트 번호를 게시해야 할 수도 있습니다.
- **에이전트 초기화 및 등록**: 일반적으로 에이전트가 연결하려는 집계기를 알고 있는 경우 등록은 집계기가 데이터베이스 서버에 연결하는 방법과 유사합니다. 연결 프로세스는 IP 주소, 집계기의 포트 번호(HTTP나 WebSocket과 같은 일부 프레임워크를 사용하는 경우, 인증 토큰을 사용하여 해당 집계기에 참여 메시지를 보내기만 하면 될 정도로 간단해야 합니다. 에이전트가 집계기와의 연결이 끊어진 후 다시 집계기에 연결을 시도하는 경우 데이터베이스 서버는 항상 에이전트가 이미 등록되어 있는지 여부를 확인합니다. 에이전트가 이미 등록된 경우, 데이터베이스 서버의 응답에는 등록된 에이전트의 시스템 정보가 포함되어 에이전트가 집계기와의 연결이 끊어진 시점부터 시작할 수 있습니다.

  특히, 에이전트에서 참여 메시지를 받으면 그림 3.4와 같이 집계기는 다음과 같은 절차를 거칩니다. 참여 요청을 받은 후의 주요 프로세스는 (i) 에이전트가 신뢰할 수 있는지 여부, 즉 에이전트가 이미 등록되어 있는지 여부를 확인하고, (ii) 초기 글로벌 모델이 이미 등록되어 있는지 여부를 확인하는 것입니다. (i)를 충족하면 등록 프로세스가 계속 진행됩니다. 초기 글로벌 모델이 이미 등록되어 있으면 에이전트가 글로벌 모델을 수신하고 에이전트 측의 로컬 학습 프로세스에 해당 글로벌 모델을 사용할 수 있습니다.

집계기 측의 에이전트 참여 및 등록 프로세스는 그림 3.4에 나와 있습니다:

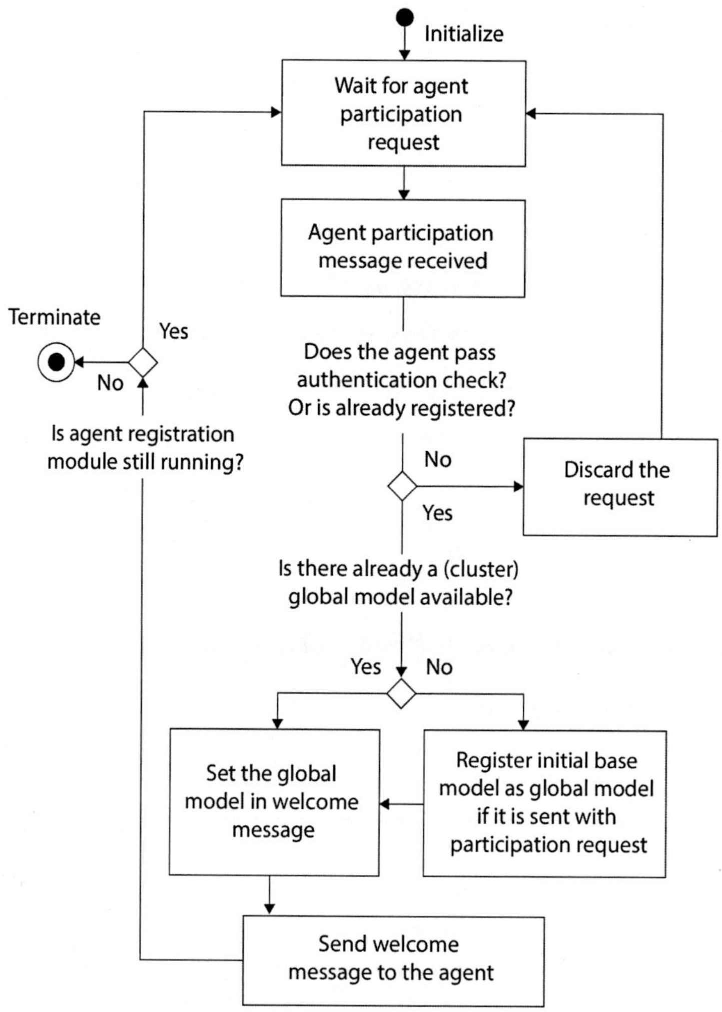

그림 3.4 집계기에 의한 에이전트 등록 프로세스

이제 연합학습 시스템 컴포넌트의 초기화 및 등록 프로세스를 이해했으니, 진행 중인 연합학습 프로세스의 기본 구성인 초기 ML 모델 업로드에 대해 알아보겠습니다.

초기 에이전트별 모델 업로드 프로세스

연합학습 프로세스를 실행하는 다음 단계는 모든 집계기와 에이전트가 연합학습의 전체 및 연속 프로세스에서 사용할 아키텍처가 포함된 초기 ML 모델을 등록하는 것입니다. 초기 모델은 ML 애플리케이션과 연합학습 서버를 소유한 회사에서 배포할 수 있습니다. 이들은 초기 기본 모델을 집계기 구성의 일부로 제공할 가능성이 높습니다.

모델 통합을 위한 참조로 사용되는 초기 ML 모델을 기본 모델이라고 합니다. 또한 초기 기본 모델을 업로드하는 에이전트를 초기 에이전트라고 부릅니다. 기본 모델 정보에는 ML 모델 자체뿐만 아니라 생성된 시간과 초기 성능 데이터도 포함될 수 있습니다. 즉, 기본 모델을 초기화하는 프로세스는 그림 3.5에서 볼 수 있습니다:

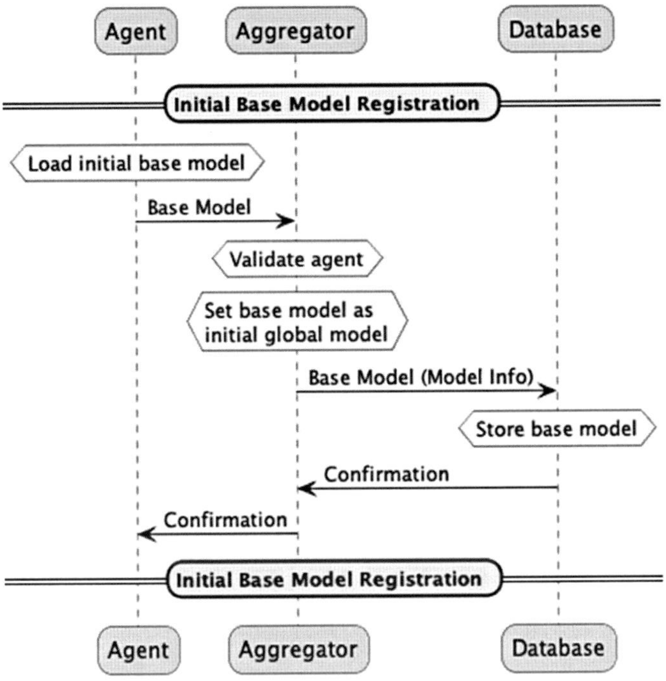

그림 3.5 초기 에이전트를 위한 기본 모델 업로드 프로세스

이제 연합학습 프로세스를 수행할 준비가 되었습니다. 다음으로 연합학습 프로세스의 가장 핵심적인 부분인 연합학습 주기에 대해 알아보겠습니다.

전반적인 연합학습 시스템의 주기 및 프로세스

이 장에서는 단일 에이전트와 집계기를 사용한 예제만 제공하지만 실제 사례와 운영에서는 에이전트 환경이 다양하고 분산된 디바이스로 분산되어 있습니다. 다음은 로컬 모델이 업로드되고, 모델 통합되고, 저장되고, 다시 에이전트에게 글로벌 모델로 전송되는 과정의 리스트입니다:

1. 에이전트 이외의 에이전트는 자신의 애플리케이션에 배포하기 위해 업데이트된 통합된 ML 모델인 글로벌 모델을 요청하게 됩니다.
2. 에이전트가 집계기로부터 업데이트된 모델을 가져와 배포하면, 에이전트는 데이터의 최

신성과 시의성을 반영하기 위해 이후 획득한 새로운 데이터로 로컬에서 ML 모델을 재학습합니다. 에이전트는 로컬의 사례와 경향을 흡수하기 위해 다양한 데이터를 사용하여 여러 라운드에 참여할 수도 있습니다. 로컬 데이터는 집계기와 공유되지 않으며 분산된 디바이스에 로컬로 유지됩니다.

3. 로컬 ML 모델(연합학습의 글로벌 또는 기본 모델과 동일한 아키텍처)을 재학습한 후 에이전트는 연합학습 클라이언트 API를 호출하여 모델을 집계기로 전송합니다.
4. 집계기는 로컬 ML 모델을 수신하고 해당 모델을 데이터베이스로 push합니다. 집계기는 수집된 로컬 모델의 수를 추적하고 연합 라운드가 열려 있는 동안 로컬 모델을 계속 수락합니다. 이 라운드는 집계기가 통합할 충분한 ML 모델을 수신하는 등 정의된 기준에 따라 종료될 수 있습니다. 기준이 충족되면 집계기는 로컬 모델을 통합하고 에이전트에게 다시 보낼 준비가 된 업데이트된 글로벌 모델을 생성합니다.
5. 이 과정에서 에이전트는 글로벌 모델이 준비되었는지 여부를 지속적으로 집계기에 polling하거나, 통신 시스템 설계 및 네트워크 제약에 따라 집계기가 글로벌 모델을 집계기에 연결된 에이전트에 push하는 경우도 있습니다. 그다음, 업데이트된 모델이 다시 에이전트에게 전송됩니다.
6. 업데이트된 글로벌 모델을 수신한 후 에이전트는 준비가 될 때마다 로컬로 글로벌 모델을 배포하고 재교육합니다. 설명한 전체 프로세스는 연합학습 종료 조건이 충족되어 종료될 때까지 반복됩니다. 경우에 따라서는 이 연합학습 주기와 재학습 과정을 중단할 수 있는 종료 조건이 없어 글로벌 모델이 최신 현상, 최신 트렌드 또는 사용자 관련 경향에 대해 지속적으로 학습할 수 있습니다. 연합학습 라운드는 롤아웃 전에 일부 평가를 준비하기 위해 수동으로 중지할 수 있습니다.

그림 3.6은 일반적으로 에이전트, 집계기, 데이터베이스 간에 연합학습이 지속적으로 수행되는 전체 프로세스를 보여줍니다:

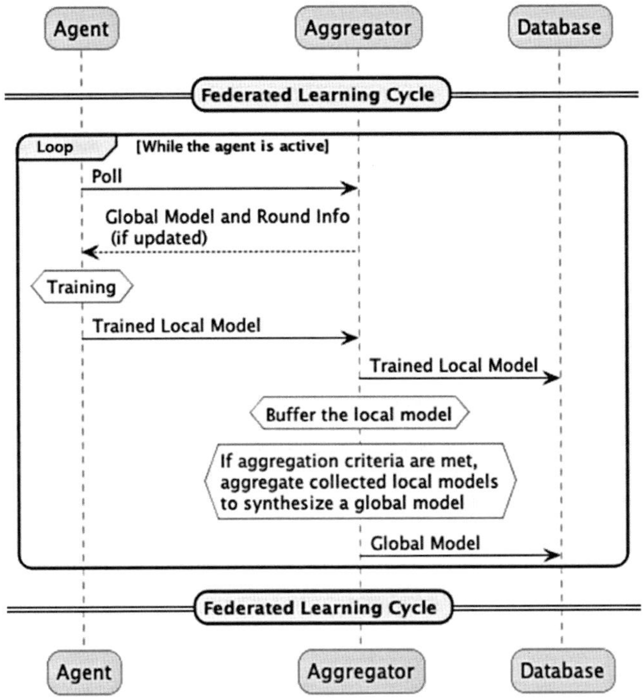

그림 3.6 연속 연합학습 사이클 개요

이제 연합학습 프로세스의 전반적인 절차에 대해 이해했으니 다음에는 연합학습 프로세스의 다양한 라운드 관리 방식인 동기식 연합학습과 비동기식 연합학습에 대해 살펴보겠습니다.

동기식 및 비동기식 연합학습

집계기에서 모델 통합이 이루어질 때, 어떤 에이전트에서 얼마나 많은 로컬 모델을 수집해야 하는지와 관련된 여러 기준이 있습니다. 이 장에서는 https://iqua.ece.toronto.edu/papers/ning-xinsu-iwqos22.pdf 등 많은 문헌에서 논의된 동기식 연합학습과 비동기식 연합학습의 차이점에 대해 간략하게 설명할 예정이므로 해당 개념을 자세히 알아보려면 해당 문헌을 참조하시기 바랍니다.

동기식 연합학습

동기식 연합학습에서는 집계기가 모델 통합을 진행하기 위해 각 라운드에 대해 로컬 모델을 전송해야 하는 에이전트를 선택해야 합니다. 이 동기식 연합학습 접근 방식은 설계 및 구현이 간단하며 명확한 에이전트 선택이 필요한 연합학습 애플리케이션에 적합합니다. 그러나 에이전트 수가 너무 많아지면 에이전트의 계산 능력이 달라질 수 있고 일부 에이전트가 로컬 모델을 업로드하는데 문제가 있거나 업로드에 실패할 수 있기 때문에 집계기가 현재 라운드를 마무리하는데 오랜 시간을 기다려야 할 수 있습니다. 따라서 일부 에이전트는 모델을 집계기로 전송할 때 속도가 느려지거나 완전히 작동하지 않을 수 있습니다. 이러한 느린 에이전트를 분산 머신러닝에서는 낙오자(stragglers)라고 하며, 이러한 이유로 비동기 연합학습 모드를 사용하게 됩니다.

비동기식 연합학습

비동기식 연합학습에서는 집계기가 로컬 모델을 업로드해야 하는 에이전트를 선택할 필요가 없습니다. 대신, 신뢰할 수 있는 모든 에이전트는 언제든지 모델을 업로드할 수 있습니다. 또한 수집해야 하는 최소 로컬 모델 수 또는 해당 라운드에 대한 모델 통합이 이루어질 때까지 집계기가 에이전트에서 로컬 모델을 받기 위해 기다려야 하는 사전 정의된 간격 또는 기한과 같은 기준에 따라 집계기가 글로벌 모델을 생성하고자 할 때마다 연합학습 라운드를 마무리해도 좋습니다. 이러한 비동기식 연합학습 접근 방식은 연합학습 시스템에 각 연합학습 라운드에 대한 모델 통합에 훨씬 더 많은 유연성을 제공하지만, 단순한 동기식 모델 통합 프레임워크보다 설계가 더 복잡할 수 있습니다.

연합학습 라운드를 관리할 때는 지연된 응답에 대한 스케줄링 및 처리, 필요한 최소 참여 수준, 예제의 세부 사항, 엣지 디바이스의 애플리케이션에서 추론 개선을 위해 다운로드 또는 학습된 모델 사용, 불량 또는 느린 에이전트 처리 등 라운드 실행의 현실적인 측면을 고려해야 합니다. 다음에는 집계기 측면에 초점을 맞춰 연합학습 프로세스 및 작동 흐름을 살펴보겠습니다.

집계자의 연합학습 주기 및 프로세스

집계기는 로컬 모델을 수락 및 캐시하고 수집된 로컬 ML 모델을 통합하기 위해 두 개의 스레드를 실행합니다. 이 장에서는 이러한 절차에 대해 설명합니다.

로컬 ML 모델 수락 및 캐싱

로컬 ML 모델을 수락하고 캐싱하는 집계기 측 프로세스는 그림 3.7에 표시되어 있으며 다음과 같이 설명되어 있습니다:

1. 집계기는 에이전트가 로컬 ML 모델을 업로드할 때까지 기다립니다. 이 방법은 비동기식 연합학습처럼 보이지만 집계기가 이미 모델을 수락할 에이전트를 결정한 경우에는 원치 않는 에이전트가 보낸 모델 업로드를 제외하기만 하면 됩니다. 다른 시스템이나 모듈에

서 이미 원치 않는 에이전트에게도 라운드에 참여하지 말라고 지시했을 수도 있습니다.

2. ML 모델이 수신되면 집계기는 해당 모델이 신뢰할 수 있는 에이전트가 업로드한 모델인지 여부를 확인합니다. 로컬 모델을 업로드한 에이전트가 연합학습 운영자가 수락하려는 에이전트 리스트에 없는 경우 집계기는 해당 모델을 제거합니다. 또한 집계기는 사용 가능한 유효한 모델만 필터링할 수 있는 메커니즘이 있어야 하는데 그렇지 않으면 글로벌 모델이 오염되어 전체 연합학습 프로세스가 엉망이 될 위험이 있습니다.
3. 업로드된 로컬 ML 모델이 유효한 경우, 집계기는 해당 모델을 데이터베이스로 push합니다. 데이터베이스가 다른 서버에 있는 경우, 집계기는 모델을 패키징하여 데이터베이스 서버로 보냅니다.
4. 업로드된 모델은 데이터베이스에 저장되지만, NumPy 배열과 같은 적절한 형식으로 집계기의 상태 관리자의 메모리에 버퍼링되어야 합니다. 이 절차는 종료 조건이 충족되거나 연합학습 시스템 운영자가 프로세스를 중지하도록 선택할 때까지 계속 실행됩니다. 그림 3.7은 로컬 ML 모델을 수락하고 캐싱하는 절차를 보여줍니다:

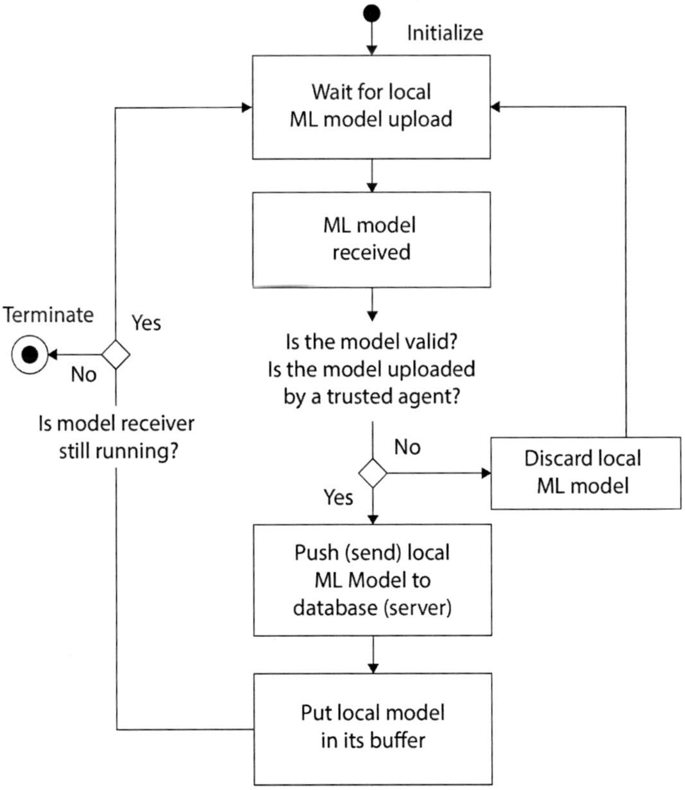

그림 3.7 로컬 ML 모델 수락 및 캐싱 절차

로컬 ML 모델이 수락되고 캐시되면 연합학습 시스템은 다음 절차인 로컬 모델 통합로 넘어갑니다.

로컬 ML 모델 통합

그림 3.8에 표시된 로컬 ML 모델을 통합하는 집계기 측의 절차는 다음과 같습니다:

1. 통합은 기준이 충족되는지 지속적으로 확인합니다. 일반적인 모델 통합 기준은 다음과 같습니다:
   - 연합학습 라운드에서 지금까지 수집된 로컬 모델의 수입니다. 예를 들어 에이전트 수가 10개 노드인 경우 8개 노드(80% 노드를 의미)가 로컬로 학습된 모델을 보고하면 집계기가 모델 통합을 시작합니다.
   - 수집된 모델 수와 연합학습 라운드에 소요된 시간의 조합입니다. 이를 통해 모델 통합 프로세스를 자동화하고 시스템이 멈추는 것을 방지할 수 있습니다.
2. 모델 통합 기준이 충족되면 통합은 모델 통합 프로세스를 시작합니다. 일반적으로 연합 평균은 매우 일반적이지만 강력한 통합 방법입니다. 모델 통합 방법에 대한 자세한 설명은 이 장의 '모델 통합 기초'와 '7장. 모델 통합'에 나와 있습니다. 통합된 모델은 이 연합학습 라운드에서 글로벌 모델로 정의됩니다. 연합학습 라운드 시간이 만료되었으나 라운드에 참여한 에이전트가 모델을 업로드하지 않은 경우, 라운드를 포기하거나 지금까지 수집된 로컬 모델에 대해 강제로 통합을 수행할 수 있습니다.
3. 모델 통합이 완료되면 통합은 통합된 글로벌 모델을 데이터베이스로 push합니다. 데이터베이스가 다른 서버에 있는 경우, 집계기는 글로벌 모델을 패키징하여 데이터베이스 서버로 전송합니다.
4. 그다음, 집계기가 모든 에이전트에게 글로벌 모델을 보내거나, 에이전트가 글로벌 모델이 준비되었는지 확인하기 위해 polling하면 집계기는 에이전트에게 글로벌 모델이 준비되었음을 알리고 에이전트에게 보내는 응답 메시지에 이를 넣습니다.
5. 전체 모델 통합 프로세스가 끝나면 통합은 연합학습 라운드의 수를 증가시키는 방식으로 업데이트합니다.

그림 3.8은 모델 통합 기준 확인부터 충분한 모델이 수집되었을 때 글로벌 모델을 합성하는 집계기의 프로세스를 보여줍니다:

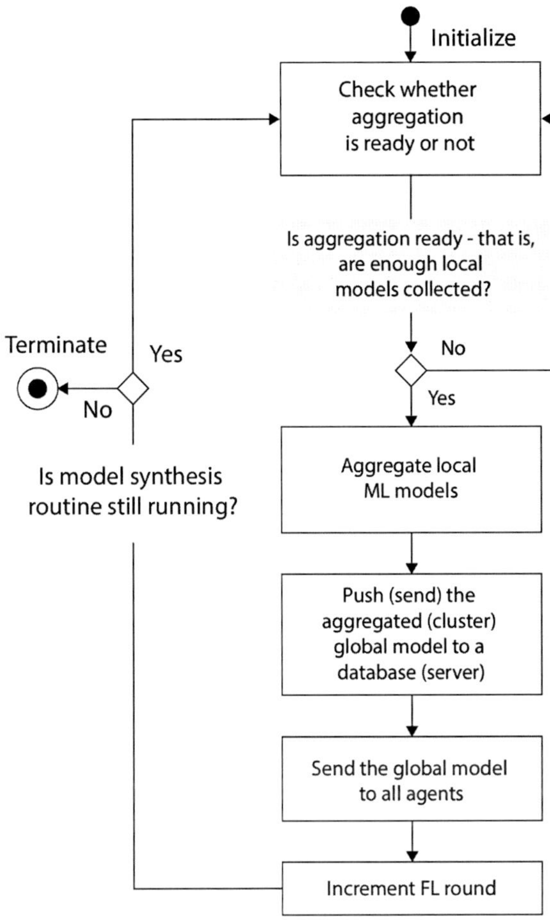

그림 3.8 모델 합성 루틴: 로컬 ML 모델 통합

로컬 모델을 통합하여 글로벌 모델을 생성하는 방법에 대해 설명했습니다. 이제 로컬 ML 모델의 재학습 프로세스를 포함한 에이전트 측면의 연합학습 주기에 대해 살펴보겠습니다.

에이전트의 로컬 재학습 주기 및 프로세스

분산 에이전트에서는 다음과 같은 상태 전환이 발생하며 연합학습 사이클의 지속적인 작동을 위해 반복됩니다:

1. waiting_gm 상태에서 에이전트는 집계기를 polling하여 글로벌 모델과 관련된 모든 업데이트를 수신합니다. 기본적으로 polling 메서드는 업데이트된 글로벌 모델을 정기적으로 쿼리하는데 사용됩니다. 하지만 일부 특정 설정에서는 집계기가 업데이트된 글로벌 모델을 모든 에이전트에게 push할 수 있습니다.

2. gm_ready는 집계기에 의해 글로벌 모델이 형성되고 에이전트가 다운로드한 후의 상태입니다. 모델 매개변수는 에이전트 장치에 캐시됩니다. 에이전트는 로컬 ML 모델을 다운로드한 글로벌 모델로 교체합니다. 로컬 모델을 다운로드한 모델로 완전히 교체하기 전에 에이전트는 글로벌 모델의 출력이 로컬 ML 엔진에 대해 충분한 성능을 발휘하는지 확인할 수 있습니다. 성능이 기대에 미치지 못하면 사용자는 원하는 성능을 가진 글로벌 모델을 받을 때까지 로컬에서 이전 모델을 계속 사용할 수 있습니다.
3. 다음으로 training 상태에서 에이전트는 성능을 극대화하기 위해 모델을 로컬로 학습할 수 있습니다. 학습된 모델은 학습 예제가 보관되는 로컬 데이터 스토리지에 저장됩니다. 에이전트의 연합학습 클라이언트 라이브러리는 비동기 함수 접근로 보호할 수 있는 로컬 모델을 조작할 준비가 되었는지 확인합니다.
4. 로컬 모델이 학습된 후 에이전트는 새 글로벌 모델이 에이전트에게 전송되었는지 여부를 확인합니다. 글로벌 모델이 도착한 경우 로컬로 학습된 ML 모델은 폐기되고 gm_ready 상태로 돌아갑니다.
5. 로컬 학습이 끝나면 에이전트는 업데이트된 로컬 모델을 다시 집계기로 전송하기 위해 전송 상태를 진행하며, 에이전트는 waiting_gm 상태로 돌아갑니다.

그림 3.9는 ML 모델을 적용하고 업데이트하기 위한 에이전트의 상태 전환을 보여줍니다:

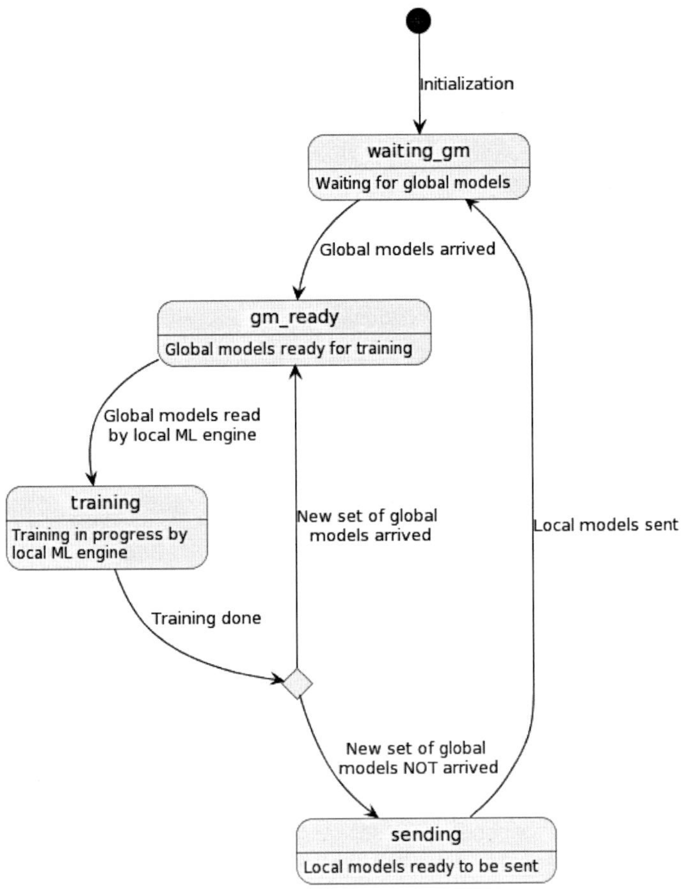

그림 3.9 ML 모델 적용 및 업데이트를 위한 에이전트 측 상태 전환

다음으로, 이상 징후를 감지하고 모델 성능 저하를 방지하는데 사용되는 기준선 출력과의 편차를 기반으로 한 모델 해석에 대해 살펴봅니다.

기준 결과의 편차를 기반으로 한 모델 해석

또한 각 로컬 모델의 출력을 살펴봄으로써 해석 프레임워크를 제공할 수도 있습니다. 로컬 모델을 항상 사용하기에 적합하고 프로덕션에 배포할 수 있도록 하기 위해 다음 절차를 고려할 수 있습니다:

1. 에이전트가 생성한 가장 최근의 ML 출력과 사용자가 준비한 일반적인 원하는 출력일 수 있는 기준 출력을 가져옵니다. 기준 출력에는 운영자, 주제 전문가 또는 규칙 기반 알고리즘에 의해 정의된 과거 창 또는 기준점을 기반으로 한 평균 출력이 포함될 수 있습니다.
2. 로컬 모델의 출력과 기준선 출력 간의 편차가 계산됩니다.

3. 편차가 운영자가 지정한 임계값을 초과하는지 확인하여 이상 징후 또는 성능 저하를 감지할 수 있습니다. 이상 징후가 감지되면 운영자에게 알람을 전송하여 결함이 발생했거나 ML 모델이 비정상적인 상태에 있음을 알릴 수 있습니다.

이제 연합학습의 프로세스에 대해 설명했으니, 연합학습의 중요한 부분을 구성하는 모델 통합에 대한 기본 사항을 살펴보겠습니다.

모델 통합 기초

모델 통합은 연합학습의 핵심 개념입니다. 실제로 모델을 통합하는데 사용되는 전략은 연합학습 시스템 성능의 핵심 이론적 원동력입니다. 이 장의 목적은 연합학습 시스템의 맥락에서 모델 통합에 대한 높은 수준의 개념을 소개하는 것입니다. 모델 통합을 위한 기본 이론과 예제는 '7장, 모델 통합'에서 더 자세히 다룰 것입니다.

모델을 집계한다는 것은 정확히 무엇을 의미할까?

특정 집계기에 할당된 에이전트가 로컬에서 학습을 마치고 해당 모델을 이 집계기로 다시 전송하는 프로세스의 시점에서 '연합학습 시스템 흐름 이해 - 초기화부터 지속적인 작동까지'에서 설명한 집계기 측면의 주기를 다시 살펴보겠습니다. 모든 모델 통합 전략 또는 이러한 모델을 함께 통합하는 모든 방법의 목표는 구성 에이전트가 수집한 모든 데이터에서 점차적으로 성능이 향상되는 새로운 모델을 생성하는 것입니다.

기억해야 할 중요한 점은 연합학습은 정의상 각 에이전트가 로컬에서 수집한 데이터에 다른 에이전트가 직접 접근할 수 없는 제한된 버전의 분산 학습 환경이라는 점입니다. 이러한 제한이 없다면 각 에이전트에서 데이터를 수집하고 공동 데이터셋에 대해 학습함으로써 모든 데이터에서 우수한 성능을 발휘하도록 모델을 만들 수 있으므로 중앙에서 학습된 모델을 연합학습 접근 방식의 목표 모델로 취급하는 것이 합리적입니다. 높은 수준에서 제한 없는 분산 학습 시나리오를 모델 학습 전의 모델 통합으로 간주할 수 있습니다(이 경우 모델 통합은 각 에이전트의 데이터를 결합하는 것을 의미함). 연합학습에서는 다른 에이전트가 데이터에 접근하는 것을 허용하지 않기 때문에 이 시나리오를 모델 학습 후 통합으로 간주합니다. 여기서 모델 통합은 학습된 각 모델이 서로 다른 로컬 데이터셋에서 캡처한 인텔리전스를 결합하는 것을 의미합니다. 요약하자면, 모델 통합 전략의 목표는 결국 중앙에서 학습된 각 모델의 성능에 근접하는 일반화된 모델로 이어지는 방식으로 모델을 결합하는 것입니다.

FedAvg – 연합 평균

이러한 아이디어를 좀 더 구체화하기 위해 가장 잘 알려져 있고 간단한 모델 통합 전략 중 하나인 **연합 평균(FedAvg)**에 대해 먼저 살펴 보겠습니다.

FedAvg 알고리즘은 다음과 같이 수행됩니다: $M_1, M_2, \ldots, M_k$는 각각 $n_1, n_2, \ldots, n_k$의 로컬 데이터셋 크기를 갖는 k개의 에이전트의 모델의 매개변수입니다. 또한, N는 총 데이터셋 크기이며 $N = n_1 + n_2 + \ldots + n_k$와 같이 정의됩니다. FedAvg는 다음과 같은 ML 모델을 통합된 모델로 반환합니다.

$$M_{avg} = \sum_{i=1}^{k} \frac{n_1}{N} M_i$$

기본적으로 모델 학습에 사용된 데이터셋의 크기에 비례하는 가중치를 사용하여 모델의 가중평균을 구하는 방식으로 모델 세트에 대해 FedAvg를 수행합니다. 따라서 FedAvg를 적용할 수 있는 모델 유형은 일부 매개변수 값 집합으로 표현할 수 있는 모델입니다. 현재 이러한 종류의 모델 중 가장 주목할 만한 것은 심층 신경망이며, FedAvg의 성능을 분석한 대부분의 결과는 심층 학습 모델과 함께 작동합니다.

비교적 간단한 접근 방식이 결과 모델에서 일반화로 이어질 수 있다는 것은 다소 놀라운 일입니다. 장난감 2차원 매개변수 공간 내에서 FedAvg가 어떻게 보이는지 시각적으로 살펴보고 모델 통합 전략의 이점을 관찰할 수 있습니다:

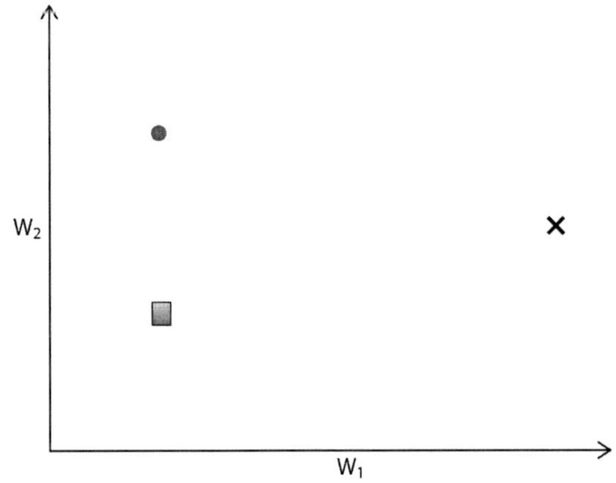

그림 3.10 두 에이전트(원과 사각형)의 로컬 모델과 대상 모델(검은색 X)이 있는 2차원 매개변수 공간

서로 다른 에이전트에 속하는 두 개의 새로 초기화된 모델(원과 사각형 점)이 있는 경우를 생각해 보겠습니다. 앞 그림의 공간은 서로 다른 에이전트에 속한 모델에서 각 장난감 모델은 두 개의 파라미터로 정의됩니다. 모델이 학습됨에 따라 이 점들은 매개변수 공간에서 이동하게 되며, 목표는 일반적으로 앞서 언급한 중앙에서 학습된 모델에 해당하는 매개변수 공간의 로컬 최적점에 접근하는 것입니다:

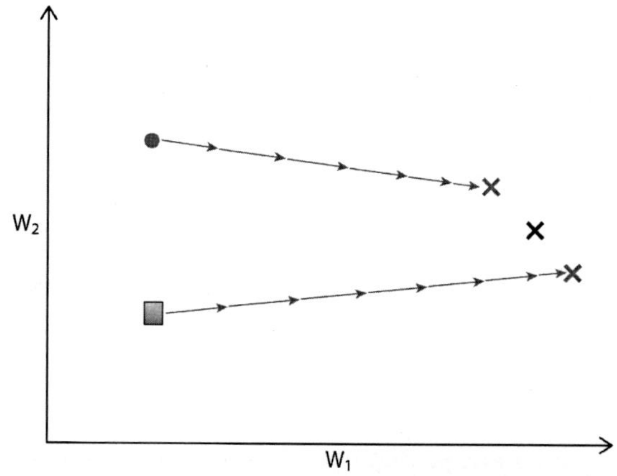

그림 3.11 모델 통합이 없는 로컬 모델 매개변수의 변경 사항

각 모델은 일반화되지 않는 별도의 데이터셋 별 최적점(원과 사각형에서 두 개의 x점)으로 수렴합니다. 각 에이전트는 데이터의 하위 집합에만 접근할 수 있기 때문에 각 모델을 로컬로 학습하여 도달한 로컬 최적값은 실제 로컬 최적값과 다를 수 있으며, 이러한 차이는 각 에이전트의 기본 데이터 분포가 얼마나 유사한지에 따라 달라집니다. 모델이 로컬에서만 학습되는 경우 결과 모델이 모든 데이터에 대해 일반화되지 않을 가능성이 높습니다:

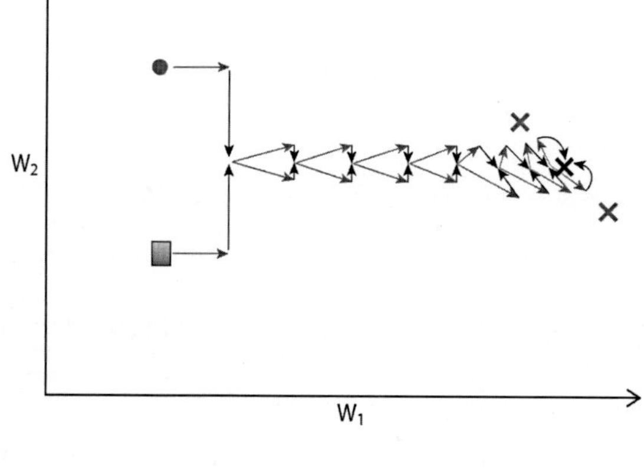

그림 3.12 통합을 추가하면 로컬 모델 매개변수가 각 단계에서 두 모델의 평균으로 이동하여 대상 모델에서 수렴이 이루어짐

각 이동 단계에서 FedAvg를 적용하면 파라미터 공간에서 실제 로컬 최적값에 근접하는 통합 모델을 만들 수 있습니다. 이 예제는 일반화된 모델을 생성하는 FedAvg의 기본 기능을 보여줍니다. 그러나 실제 모델(예: 고도로 매개변수화된 딥러닝 모델)로 작업할 경우, 더 간단한 접근 방식으로는 처리할 수 없는 추가적인 복잡성이 발생하게 됩니다. 예를 들어, 각 로컬 모델을 완전히 학습시키고 마지막에 평균만 내면 되지 않느냐는 의문이 들 수 있는데, 이 접근 방식은 이 토이 예제에서는 효과가 있지만 실제 모델에서 한 번만 평균을 내면 모든 데이터에서 성능이 저하되는 것을 관찰할 수 있습니다. FedAvg 프로세스를 사용하면 고차원 매개변수 공간에서 일반화된 모델에 도달할 수 있는 보다 강력한 방법을 사용할 수 있습니다. 이 장에서는 연합학습의 모델 통합에 대한 개요만 설명하며, '7장, 모델 통합'에서는 다양한 시나리오에서 모델 통합에 대한 자세한 설명과 예제를 담고 있습니다. 이제 연합학습 시스템이 기본 모델 통합와 함께 작동하는 전체 프로세스를 이해했습니다. 일부 애플리케이션에서는 연합학습 시스템의 확장성을 실현하기 위해 엄청난 수의 에이전트를 지원해야 할 수도 있습니다. 다음은 특히 분산형 수평적 설계를 통해 보다 원활하게 확장하는 방법에 대해 설명합니다.

수평적 설계를 통한 확장성

이 장에서는 많은 수의 디바이스와 사용자를 지원해야 할 때 확장성을 강화하는 방법에 대해 살펴봅니다. 중앙 집중식 연합학습을 통해 제어, 유지 관리 및 배포의 용이성, 낮은 통신 오버헤드를 제공하는 실제 사례가 있습니다. 에이전트 수가 많지 않다면 분산형 연합학습보다 중앙집중형 연합학습을 고수하는 것이 더 합리적입니다. 하지만 참여 에이전트의 수가 상당히 많아지면 분산형 연합학습 아키텍처를 통한 수평적 확장을 고려해 볼 수 있습니다. Kubernetes 프레임워크(https://kubernetes.io/)와 같이 최근에 개발된 자동 확장 프레임워크는 이 장에서 논의하는 주제와 잘 통합될 수 있지만, kubernetes와의 실제 통합 및 구현은 이 책의 범위를 벗어나므로 설명하지 않습니다.

세미글로벌 모델의 수평적 디자인

에이전트 그룹을 클러스터링하고 그 위에 글로벌 모델을 만들기 위해 여러 개의 집계기가 필요한 사용 사례가 있을 수 있습니다. 구글은 이를 위해 'Towards Federated Learning at Scale' 문서에서와 같이 중앙 집중식 접근 방식을 사용하지만, 여러 집계기를 관리하기 위해 중앙 집중식 노드를 설정하면 복원력 문제가 발생할 수 있습니다. 아이디어는 간단합니다. 일부 중앙 마스터 노드에서 모든 클러스터 모델을 주기적으로 통합하는 것입니다. 반면에, 여러 집계기가 만든 클러스터 모델을 통합하는 분산형 방식을 실현할 수 있습니다. 이를 위한 아키텍처는 두 가지 중요한 아이디어를 기반으로 합니다:

- 마스터 노드 없이 개별 클러스터 집계기 간에 수행되는 모델 통합
- 다른 집계기에서 생성된 클러스터 모델을 통합하기 위한 세미글로벌 모델 합성

세미글로벌 모델을 생성하기 위해 분산형 클러스터 집계기는 통합된 클러스터 모델을 서로 교환하여 최적의 글로벌 모델을 근사화합니다. 클러스터 집계기는 데이터베이스를 사용하여 다른 클러스터 모델을 주기적으로 수집하여 세미글로벌 모델을 생성할 수도 있습니다. 이 프레임워크는 마스터 노드 개념 없이 가장 최신의 글로벌 모델을 합성함으로써 여러 집계기에 분산된 다양한 사용자 집합의 학습 결과를 흡수할 수 있게 해줍니다.

이러한 분산형 아키텍처를 기반으로 각 클러스터 집계기에서 세미 글로벌 모델을 독립적으로 계산할 수 있기 때문에 전체 연합학습 시스템의 견고성이 향상될 수 있습니다. 각 클러스터 집계기가 해당 집계기의 마스터 노드를 통하지 않고 자체적으로 세미 글로벌 모델을 생성하기 때문에 연합학습 시스템을 더욱 확장할 수 있으며, 따라서 분산형 세미 글로벌 모델 형성에는 탄력성과 이동성이 함께 제공됩니다. 업로드된 로컬 모델, 클러스터 글로벌 모델, 세미 글로벌 모델을 저장하는데이터베이스를 분리할 수도 있습니다. 연합학습 시스템에 분산형 데이터베이스를 도입하면 전체 시스템의 확장성, 복원력, 보안을 강화할 수 있으며 장애 조치 메커니즘을 함께 사용할 수 있습니다.

예를 들어, 각 클러스터 집계기는 클러스터 모델을 분산 데이터베이스에 저장합니다. 클러스터 집계기는 데이터베이스에서 주기적으로 모델을 가져와서 다른 집계기의 클러스터 모델을 검색할 수 있습니다. 각 클러스터 집계기에서는 가져온 모델을 합성하여 세미글로벌 ML 모델을 생성합니다. 그림 3.13은 멀티 집계기 연합학습 시스템의 분산형 수평 설계의 전체 아키텍처를 보여줍니다:

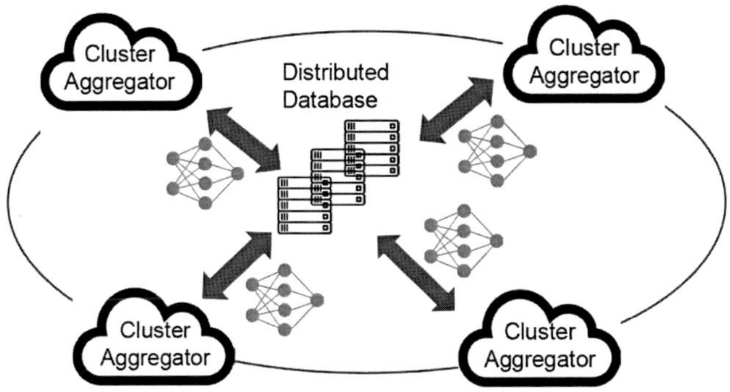

그림 3.13 여러 개의 집계기가 있는 분산형 연합학습 시스템의 아키텍처(수평적 설계)

세미 글로벌 모델 개념을 사용하여 수평적 설계로 연합학습 시스템을 개선하는 방법에 대해 살펴봤으니, 다음에는 확장성과 복원력을 더욱 보장하기 위한 분산 데이터베이스 프레임워크에 대해 살펴보겠습니다.

분산 데이터베이스

또한, 데이터 기반 분산 데이터베이스에 과거 모델 데이터를 저장하여 모델 업데이트의 책임성을 제공할 수 있습니다. IPFS(InterPlanetary File System)과 블록체인은 글로벌 모델 업데이트의 책임성을 보장하는 잘 알려진 분산 데이터베이스입니다. 클러스터 집계기가 다른 클러스터 모델을 기반으로 세미글로벌 모델을 생성한 후, 이 세미글로벌 모델은 분산 데이터베이스에 저장됩니다. 분산 데이터베이스는 고유 식별자를 통해 해당 모델의 정보를 관리합니다. 로컬, 클러스터, 세미글로벌 모델을 포함한 모든 모델을 일관되게 유지하기 위해 각 ML 모델에는 해시값과 같은 전 세계적으로 고유한 식별사가 할당되며, 이는 Chord DHT(Chord Distributed Hash Table)이라는 개념을 사용하여 구현할 수 있습니다. Chord DHT는 인터넷 애플리케이션을 위한 확장이 가능한 peer-to-peer lookup 프로토콜입니다.

클러스터 집계기는 타임스탬프와 해시 식별자 등의 메타데이터를 클러스터 모델에 저장할 수 있습니다. 이를 통해 클러스터 모델이 변경되지 않았는지 확인함으로써 모델 합성에 대한 책임성을 강화할 수 있습니다. 또한 악성 모델이 탐지되면 세미 글로벌 모델을 파괴하기 위해 유해한 클러스터 모델을 전송하는 집계기 세트를 식별할 수 있습니다. 이러한 모델은 클러스터 모델의 가중치 패턴이나 다른 클러스터 모델과의 편차가 너무 커서 신뢰할 수 없는 경우 분석하여 필터링할 수 있습니다.

분산 데이터베이스의 특성은 분산 연합학습 시스템의 모든 휘발성 상태 정보를 저장하는 것입니다. 연합학습 시스템은 장애 발생 시 분산 데이터베이스에서 복원할 수 있습니다. 또한 클러스터 집계기는 시스템 운영자가 정의한 일정 간격에 따라 클러스터 모델을 교환합니다. 따라서 클러스터 모델과 집계기 간의 매핑 테이블은 해당 모델의 생성 시간, 학습 샘플의 크기 등 로컬, 클러스터, 세미글로벌 모델에 대한 메타 정보와 함께 데이터베이스에 기록됩니다.

다중 집계자 시나리오에서 비동기 에이전트 참여

분산된 에이전트는 연합학습 프로세스에 참여하고자 할 때 연결 가능한 집계기에게 참여 메시지를 브로드캐스트 할 수 있습니다. 참여 메시지에는 에이전트의 고유 ID가 포함될 수 있습니다. 그러면 클러스터 집계기 중 하나가 에이전트가 속해야 하는 클러스터 집계기 ID(공통 해시 함수를 기반으로 생성된 값일 가능성이 있음)를 반환합니다. 그림 3.14는 해시 함수를 사용하여 에이전트가 특정 클러스터 집계기에 배정되는 방법을 보여줍니다:

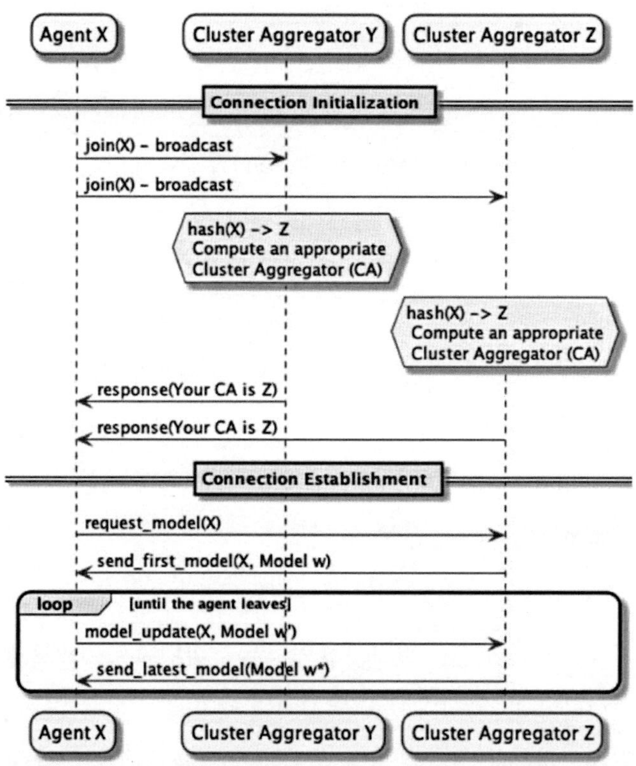

그림 3.14 에이전트가 연합학습 시스템에서 클러스터 집계기 중 하나에 가입하는 순서

다음 장에서는 여러 클러스터 글로벌 모델을 통합하여 세미 글로벌 모델을 생성하는 방법에 대해 살펴봅니다.

세미글로벌 모델 합성

에이전트가 특정 클러스터 집계기에 할당되면 에이전트가 연합학습 프로세스에 참여하기 시작합니다. 기본 ML 모델이 등록되어 있는 경우에는 기본 모델을 요청하고, 그렇지 않으면 로컬 학습을 시작하기 위해 기본 모델을 업로드해야 합니다. 로컬 모델을 업로드하고 클러스터 및 세미글로벌 모델을 생성하는 절차는 에이전트 또는 집계기가 시스템에서 연결이 끊어질 때까지 계속됩니다. 로컬 및 클러스터 모델 업로드 프로세스, 모델 통합 프로세스, 세미글로벌 모델 합성 및 풀링의 순서는 그림 3.15에 나와 있습니다:

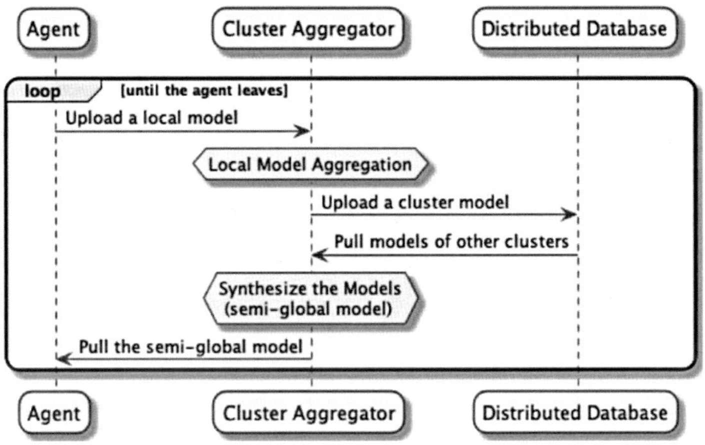

그림 3.15 로컬 모델 업로드부터 세미글로벌 모델 가져오기까지의 세미글로벌 모델 합성 프로세스 순서

에이전트, 집계기, 분산 데이터베이스 간의 순서도를 사용하여 세미글로벌 모델 합성에 대해 살펴보겠습니다. 집계기는 에이전트에서 로컬 모델을 수신합니다. 로컬 모델을 수신하면 모델 필터링 프로세스에서 업로드된 모델을 수락할지 여부를 결정합니다. 이 프레임워크는 글로벌 모델과 로컬 모델의 가중치 차이를 확인하는 기본 방식 등 다양한 방법을 사용하여 구현할 수 있습니다. 모델이 유효하지 않은 경우 로컬 모델을 제거하면 됩니다. 그 다음, 수락된 모든 로컬 모델을 통합하여 클러스터 모델을 생성합니다. 집계기는 클러스터 모델을 데이터베이스에 저장하는 동시에 다른 클러스터 집계기에서 생성된 클러스터 모델을 검색합니다. 이러한 클러스터 모델로부터 세미글로벌 모델이 합성되어 클러스터 집계기에 배정된 에이전트에게 사용됩니다.

그림 3.16은 클러스터 집계기가 분산 데이터베이스를 사용하여 클러스터 및 세미글로벌 모델 합성을 진행하는 방법을 보여줍니다:

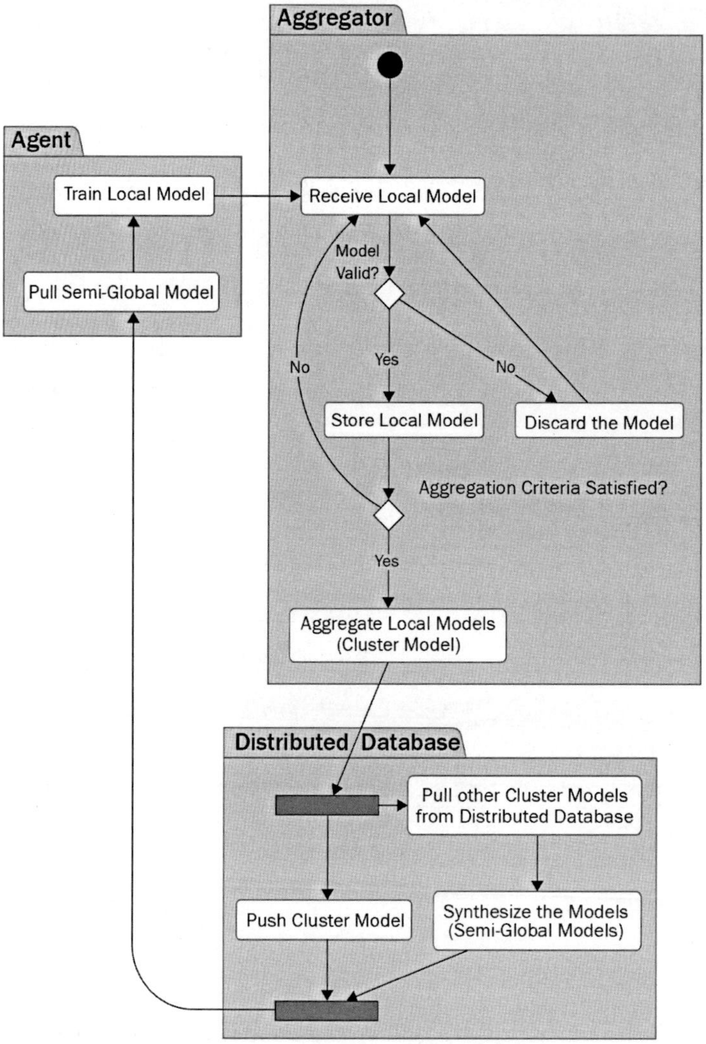

그림 3.16 세미 글로벌 모델 합성의 절차 및 흐름

집계기는 세미글로벌 모델을 생성하기 위해 각 라운드에서 생성된 모든 클러스터 모델을 검색할 필요는 없습니다. 세미 글로벌 모델을 합성하기 위해 각 집계기가 임의로 선택한 모델의 하위 집합을 기반으로 글로벌 모델이 최종적으로 수렴할 수 있습니다. 이 접근 방식을 사용하면 업데이트할 때마다 글로벌 모델을 생성하기 위한 조건을 타협함으로써 집계기의 견고성과 독립성이 향상됩니다. 또한 이 프레임워크는 중앙 집중식 연합학습 시스템에서 흔히 발생하는 계산 및 통신 측면의 병목 현상을 해결할 수 있습니다.

요약

이 장에서는 연합학습 시스템 내의 잠재적인 아키텍처, 작동 흐름 및 메시지 시퀀스에 대해 설명했습니다. 일반적인 연합학습 시스템 아키텍처는 집계기, 에이전트, 데이터베이스 서버로 구성됩니다. 이 세 가지 구성 요소는 서로 지속적으로 통신하며 시스템 정보와 ML 모델을 교환하여 모델 통합을 달성합니다.

우수한 연합학습 시스템 구현의 핵심은 핵심 구성 요소를 분리하고 이들 간의 인터페이스를 신중하게 설계하는 것입니다. 저희는 시스템에 구성 요소를 추가하는 것만으로 성능을 더욱 향상시킬 수 있도록 설계의 단순성 측면에 중점을 두었습니다. 수평적 분산 설계는 확장 가능한 연합학습 시스템을 구현하는데도 도움이 될 수 있습니다.

다음 장에서는 서버 측에서 연합학습을 달성하기 위한 구현 세부 사항에 대해 설명합니다. 이 장에서 기능의 몇 가지 중요한 측면을 소개했으므로 기본 시스템을 구현하고 일부 ML 애플리케이션으로 시뮬레이션을 원활하게 실행할 수 있을 것입니다.

더 읽을거리

이 장에서 설명한 개념 중 일부는 다음 문서를 통해 더 자세히 살펴볼 수 있습니다:

- Keith Bonawitz, Hubert Eichner, Wolfgang Grieskamp, Dzmitry Huba, Alex Ingerman, Vladimir Ivanov, Chloe Kiddon, et al. Towards Federated Learning at Scale: System Design. Proceedings of Machine Learning and Systems 1 (2019): 374-388, (https://arxiv.org/ abs/1902.01046).
- Kairouz, P., McMahan, H. B., Avent, B., Bellet, A., Bennis, M., Bhagoji, A. N., and Zhao, S. (2021). Advances and Open Problems in Federated Learning. Foundations and Trends in Machine Learning, 14 (1 and 2): 1-210, (https://arxiv.org/abs/1912.04977).
- Stoica, I., Morris, R., Liben-Nowell, D., Karger, D., Kaashoek, M., Dabek, F., Balakrishnan, H. (2003). Chord: A Scalable Peer-to-Peer Lookup Protocol for Internet Applications, IEEE/ ACM Transactions on Networking., Vol. 11, No. 1, pp 17-32, (https://resources.mpi-inf. mpg.de/d5/teaching/ws03_04/p2p-data/11-18-writeup1.pdf).
- Juan Benet. (2014). IPFS - Content Addressed, Versioned, P2P File System, (https://arxiv. org/abs/1407.3561).

연합학습 시스템 설계 및 구현

PART 2

이 파트에서는 Python을 사용하여 연합학습(Federated Learning, FL) 시스템의 구현 원리를 설명합니다. 소프트웨어 구성 요소를 설계하고 연합학습 서버와 클라이언트의 필수 기능을 코딩하는 방법을 배웁니다. 또한 자체 머신러닝 프로세스를 연합학습 시스템에 통합하고 연합학습 기반 애플리케이션을 실행 및 분석할 수 있습니다.

이 파트는 다음 장으로 구성되어 있습니다:

- 4장, 파이썬에서 연합학습 서버 구현
- 5장, 연합학습 클라이언트 구현
- 6장, 연합학습 시스템 실행 및 결과 분석
- 7장, 모델 통합

제4장
파이썬에서 연합학습 서버 구현

연합학습(Federated Learning, FL) 시스템의 서버 구현은 연합학습 지원하기 위한 애플리케이션을 구현하는데 매우 중요합니다. 이전 장에서 기본 시스템 아키텍처와 흐름에 대해 설명했습니다. 이 장에서는 다양한 **머신러닝**(Machine Learning, ML) 애플리케이션을 연결하고 테스트할 수 있는 간단한 연합학습 시스템의 서버 및 집계기를 만들기 위해 실무적인 구현에 대해 설명합니다.

이 장에서는 '3장, 연합학습 시스템 동작'에서 설명한 연합학습 서버 구성 요소의 실제 구현에 대해 설명합니다. 이 장에서 설명하는 내용과 GitHub에 제공된 예제 코드를 사용하여 연합학습 시스템의 전체 프로세스가 어떻게 작동하는지에 대해 이해할 수 있고 한 단계 더 나아갈 수 있습니다. 예제 코드를 통해 기본 구현 원리를 이해하고, 자신만의 설계에 따라 연합학습 서버 기능을 향상시킬 수 있습니다.

이 장에서는 다음 주제를 다룹니다:

- 집계기 및 데이터베이스의 주요 소프트웨어 구성 요소
- 연합학습 서버 기능 구현
- 상태 관리자를 이용한 집계기의 모델 유지 관리
- 로컬 모델의 통합
- 연합학습 서버 실행
- 데이터베이스 서버 구현 및 실행
- 연합학습 서버 개선사항

기술 요구 사항

이 장에서 소개하는 모든 코드 파일은 GitHub(https://github.com/tie-set/simple-fl)에서 찾을 수 있습니다.

> **중요 참고 사항**
>
> 코드 파일은 개인 또는 교육 목적으로 사용할 수 있습니다. 단, 상업적 용도의 배포는 지원하지 않으며 코드 사용으로 인해 발생하는 오류, 문제 또는 손해에 대해 책임을 지지 않습니다.

집계기 및 데이터베이스의 주요 소프트웨어 구성 요소

이전 장에서는 연합학습 서버가 있는 집계기의 아키텍처를 소개했습니다. 여기서는 연합학습 시스템의 기본 기능을 구현하는 코드를 소개합니다. 집계기와 데이터베이스 측 파이썬 기반 소프트웨어 컴포넌트는 그림 4.1에서와 같이 fl_main의 aggregator 디렉토리와 lib/util 및 pseudodb 디렉토리와 같이 구성되어 있습니다.

그림 4.1 집계기와 내부 라이브러리 및 pseudo 데이터베이스를 위한 파이썬 소프트웨어 구성 요소

다음은 집계기에 있는 파이썬 코드 파일에 대한 간략한 설명입니다.

집계기 소스코드

이 장에서는 연합학습 서버 스레드(FL server code), 연합학습 상태 관리자(FL state manager) 및 통합 모델(Aggregation)과 관련된 집계기의 주요 파이썬 파일을 다루며 이러한 집계기(Aggregator)의 소스코드 파일들은 aggregator 디렉토리에 있습니다. 여기서 설명하는 파이썬 소스코드는 통합 모델 관점에서만 담고 있으며, 완전한 연합학습 플랫폼을 만드는 데 필요한 전체 엔지니어링 측면은 다루지 않습니다.

FL server code (server_th.py)

집계기와 에이전트, 데이터베이스 간의 통신 프로세스 및 에이전트 참여 조정, ML 모델을 활용한 모델 통합에 이르기까지 연합학습 프로세스의 전체 기본 흐름을 구현하는 메인 코드입니다. 또한, 처음 연결된 에이전트에서 전송된 글로벌 클러스터 모델을 초기화합니다. 로컬 모델의 수신 및 충분히 수집한 후 클러스터 글로벌 모델을 형성하는 클러스터 모델의 합성 루틴을 관리합니다.

FL state manager (state_manager.py)

연합학습의 상태 관리자는 모델 통합 프로세스에 필요한 로컬 모델 및 클러스터 모델 데이터를 버퍼링합니다. 이 버퍼는 집계기가 에이전트에서 로컬 모델을 수신할 때 채워지고 다음 연합학습 프로세스를 진행할 때 지워집니다. 모델 통합 기준의 확인 기능도 이 파일에 정의되어 있습니다.

aggregation code (aggregation.py)

aggregation.py 코드에는 통합 모델의 기본 알고리즘으로 구성되어 있습니다. 이 장에서 사용하는 코드 예제에서는 로컬 데이터셋 크기를 고려하여 수집된 로컬 모델의 가중치를 평균화하여 클러스터 글로벌 모델을 생성하는 FedAvg라는 평균화 방법만 소개합니다.

lib/util 소스코드

내부 라이브러리 util 디렉토리(communication_handler.py, data_struc.py, helpers.py, messengers.py, states.py)는 '부록. 내부 라이브러리 탐색'에서 설명합니다.

데이터베이스 소스코드

데이터베이스의 코드는 pseudo 데이터베이스와 SQLite 데이터베이스 파이썬 코드 파일로 구성되며 pseudodb 디렉토리에서 찾을 수 있습니다. Pseudo 데이터베이스 코드는 서버를 호스팅하여 집계기로부터 메시지를 수신하고 이를 연합학습 프로세스에 활용할 수 있는 ML 모델의 데이터를 처리하기 위해 사용합니다.

Pseudo database code (pseudo_db.py)

Pseudo 데이터베이스 파이썬 코드의 기능은 집계기로부터 로컬 및 글로벌 클러스터 모델과 관련된 메시지를 수신하고 정보를 데이터베이스로 저장하는 것입니다. 또한 로컬 파일 시스템에 ML 모델 바이너리 파일을 저장합니다.

SQLite database code (sqlite_db.py)

SQLite 데이터베이스 파이썬 코드는 지정된 경로에 실제 SQLite 데이터베이스를 생성합니다. 또한 로컬 및 글로벌 클러스터 모델과 관련된 데이터 항목을 데이터베이스에 저장합니다. 이제 집계기와 데이터베이스 측 소프트웨어 컴포넌트를 정의하였으므로 집계기의 구성으로 넘어가겠습니다.

집계기의 구성

다음 코드는 집계기의 구성을 위한 매개변수 예시이며 setups 디렉토리에서 찾을 수 있는 config_aggregator.json 파일로 이동합니다:

```
}
    aggr_ip": "localhost",
    "db_ip": "localhost",
    "reg_socket": "8765",
    "exch_socket": "7890",
    "recv_socket": "4321",
    "db_socket": "9017",
    "round_interval": 5,
    "aggregation_threshold": 1.0,
    "polling": 1
}
```

매개변수에는 aggregator IP(연합학습의 서버 IP), 데이터베이스 서버 IP, 데이터베이스 및 에이전트의 다양한 포트 번호가 포함되어 있습니다. 라운드 간격은 모델 통합 기준을 확인하는 간격의 시간이며, aggregation_threshold은 모델 통합 프로세스를 시작하는데 필요한 수집된 로컬 ML 모델의 비율을 정의합니다. polling 플래그는 모델 통합과 에이전트 간의 통신에 polling 방법을 사용할지 여부와 관련이 있습니다.

이제 집계기의 측의 구성 파일 개념을 살펴봤으니 코드가 어떻게 설계되고 구현되는지 살펴보겠습니다.

연합학습 서버 기능 구현

이 장에서는 aggregator 디렉토리의 server_th.py에 있는 실제 코드 예제를 사용하여 연합학습 서버 시스템으로 집계기의 첫 번째 버전을 구현하는 방법을 설명합니다. 이렇게 하면 연합학습 서버 시스템의 핵심 기능과 구현 방법을 이해하여 더 많은 기능을 직접 향상시킬 수 있습니다. 따라서 여기서는 간단한 연합학습 프로세스를 수행하는데 중요하고 핵심적인 기능만 다룰 것입니다. 잠재적인 개선 사항은 다음 장인 '연합학습 서버 개선사항'에 나열되어 있습니다.

server_th.py는 연합학습 서버와 관련된 기본 기능에 대해 처리하는 방법에 대해 작성되어 있으므로 다음 장에서 살펴보겠습니다.

연합학습 서버 라이브러리

연합학습 서버 코드는 필요한 라이브러리를 가져오는 것으로 시작됩니다. 특히 lib.util은 연합학습을 쉽게 구현할 수 있도록 기본적인 기능을 제공합니다. 코드에 대한 자세한 내용은 GitHub 저장소에서 확인할 수 있습니다.

서버 코드는 연합학습 프로세스를 위해 StateManager와 집계기를 가져옵니다. 상태 관리자 및 모델 통합에 대한 코드는 이 장의 '상태 관리자를 이용한 집계기의 모델 유지 관리'에서 설명합니다.

다음은 필요한 라이브러리를 가져오기 위한 코드입니다:

```
import asyncio, logging, time, numpy as np
from typing import List, Dict, Any
from fl_main.lib.util.communication_handler import init_fl_ server, send, send_websocket,
receive
from fl_main.lib.util.data_struc import convert_LDict_to_Dict
from fl_main.lib.util.helpers import read_config, set_config_ file
from fl_main.lib.util.messengers import generate_db_push_ message, generate_ack_message,
generate_cluster_model_dist_ message, generate_agent_participation_confirmation_message
from fl_main.lib.util.states import ParticipateMSGLocation, ModelUpMSGLocation,
PollingMSGLocation, ModelType, AgentMsgType
from .state_manager import StateManager
from .aggregation import aggregator
```

다음은 필요한 라이브러리를 가져온 후 연합학습 서버 클래스를 설계하는 방법에 대해 설명하겠습니다.

연합학습 서버 클래스 정의

실제로는 다음과 같이 '3장 연합학습 시스템 동작'에 설명된 기능을 갖춘 연합학습 서버의 인스턴스를 생성할 수 있는 Server 클래스를 정의하는 것이 좋습니다:

```
class Server:
    """
    FL Server class defining the functionalities of agent registration,
    global model synthesis, and handling mechanisms of messages by agents.
    """
```

다시 말하지만, 서버 클래스는 주로 에이전트 등록 및 글로벌 모델 합성 기능을 제공하며 업로드된 로컬 모델과 에이전트에서 전송된 polling 메시지의 메커니즘을 처리합니다. 또한 집계기와 데이터베이스, 집계기와 에이전트 간의 인터페이스 역할도 합니다.

이제 연합학습 서버 클래스 기능이 명확해졌습니다. 다음은 서버 초기화 및 구성입니다.

연합학습 서버 초기화

다음 코드는 init 생성자 내부의 서버 인스턴스의 초기화 프로세스의 예시입니다:

```
def __init__(self):
    config_file = set_config_file("aggregator")
    self.config = read_config(config_file)
    self.sm = StateManager()
    self.agg = Aggregator(self.sm)
    self.aggr_ip = self.config['aggr_ip']
    self.reg_socket = self.config['reg_socket']
    self.recv_socket = self.config['recv_socket']
    self.exch_socket = self.config['exch_socket']
    self.db_ip = self.config['db_ip']
    self.db_socket = self.config['db_socket']
    self.round_interval = self.config['round_interval']
    self.is_polling = bool(self.config['polling'])
    self.sm.agg_threshold = self.config['aggregation_threshold']
```

self.config는 앞의 코드 블록에서 설명한 config_aggregator.json 파일의 정보를 저장합니다. self.sm과 self.agg에는 각각 다음과 같이 설명하는 상태 관리자 클래스와 모델 통합 클래스의 인스턴스가 있습니다. self.aggr_ip는 집계기의 configuration 파일에서 IP 주소를 읽습니다. 그 다음, reg_socket과 recv_socket이 설정되는데 reg_socket은 에이전트가 self.aggr_ip로 저장된 aggregator IP 주소와 함께 등록하는데 사용되며 recv_socket은 에이전트에서 로컬 모델을 수신하는데 self.aggr_ip로 저장된 aggregator IP 주소와 함께 사용됩니다. 이 예제 코드의 reg_socket과 recv_socket은 모두 집계기의 구성 파일에서 읽을 수 있습니다. exch_socket은 에이전트 IP 주소와 함께 글로벌 모델을 에이전트에게 다시 보내는데 사용되는 포트 번호이며 초기화 프로세스에서 구성 매개변수를 사용하여 초기화됩니다. 그 다음, 데이터베이스 서버에 연결하기 위한 정보를 구성하는데 여기서 dp_ip와 db_socket은 각각 데이터베이스 서버의 IP 주소와 포트 번호이며 config_aggregator.json 파일에서 읽은 것입니다. round_interval은 모델 통합 프로세스를 시작하기 위한 모델 통합 기준이 충족되는지 여부를 확인하는 간격 시간입니다. is_polling 플래그는 에이전트에서 polling 방법 사용 여부와 관련이 있습니다. polling 플래그는 에이전트의 구성 파일에 사용된 것과 동일해야 합니다. agg_threshold은 또한 수집된 로컬 모델 수에 대한 백분율로, 수집된 모델의 백분율이 agg_threshold보다 크면 연합학습 서버가 로컬 모델의 모델 통합 프로세스를 시작합니다. 이 예제 코드의 구성 파일에서도 self.round_interval과 self.agg_threshold를 모두 읽습니다. 이제 구성이 설정되었으므로 연합학습 프로세스에 참여하려는 에이전트를 등록하는 방법에 대해 설명하겠습니다.

에이전트 함수의 등록

이 장에서는 모델 구조를 지정하는 참여 메시지를 수신하고 향후 모델 교환을 위한 소켓 정보를 반환하는 단순화된 비동기 레지스터 함수에 대해 설명합니다. 또한 에이전트에게 환영 메시지를 응답으로 다시 보냅니다.

에이전트 등록 프로세스는 다음 예제 코드에 설명되어 있습니다:

```
async def register(self, websocket: str, path):
    msg = await receive(websocket)
    es = self._get_exch_socket(msg)
    agent_nm = msg[int(ParticipateMSGLocation.agent_name)]
    agent_id = msg[int(ParticipateMSGLocation.agent_id)]
    ip = msg[int(ParticipateMSGLocation.agent_ip)]
    id, es = self.sm.add_agent(agent_nm, agent_id, ip, es)
    if self.sm.round == 0:
        await self._initialize_fl(msg)
    await self._send_updated_global_model(websocket, id, es)
```

이 예제 코드에서는, 에이전트에서 수신된 메시지(여기서는 msg로 정의함)는 communication_handler 코드로부터 추출한 함수에서 가져옵니다. 특히, self.sm.add_agent(agent_name, agent_id, addr, es) 함수는 에이전트가 일시적으로 연결이 끊겼다가 다시 연결되더라도 이 에이전트의 메시지를 수락하기 위해 메시지에 포함된 에이전트명, 에이전트 ID, 에이전트 IP 주소, exch_socket의 번호를 받습니다. 그 후 register 함수는 self.sm.round로 추적되는 연합학습 라운드에 따라 초기 모델 프로세스 수행 여부를 확인합니다. 연합학습 모델 프로세스가 아직 진행되지 않았다면(즉, self.sm.round가 0인 경우), _initialize_fl(msg) 함수를 호출하여 연합학습 프로세스를 초기화합니다. 그다음, 연합학습 서버는 _send_updated_global_model(websocket, id, es) 함수를 호출하여 업데이트된 글로벌 모델을 에이전트에게 다시 전달합니다. 이 함수는 웹소켓, 에이전트 ID, 교환소켓을 매개변수로 받아 에이전트에게 참여 메시지가 수락되었는지 여부를 알리는 응답 메시지를 생성합니다. 이 예제 코드에서는 에이전트의 연합학습 서버 등록 프로세스가 간소화되어 있습니다. 프로덕션 환경에서는 에이전트의 모든 시스템 정보가 데이터베이스로 저장되므로 연합학습 서버와의 연결이 끊어진 에이전트는 언제든 연합학습 서버에 다시 연결하여 복구할 수 있습니다. 일반적으로 연합학습 서버가 클라우드에 설치되어 있고 에이전트가 로컬 환경에서 연합학습 서버에 연결되어 있는 경우, 방화벽과 같은 보안 설정으로 인해 집계기에서 에이전트로의 push-back 메커니즘이 작동하지 않습니다. 이 책에서는 보안 문제에 대한 주제를 자세히 다루지 않으므로 클라우드 기반 집계기와 로컬 에이전트간의 통신을 위해 simple-fl 코드에 구현된 polling 방법을 사용하는 것이 좋습니다.

글로벌 모델을 에이전트에게 다시 push하기 위한 소켓 정보 가져오기

_get_exch_socket이라는 다음 함수는 에이전트에서 참여 메시지를 받고 메시지의 시뮬레이션 플래그에 따라 에이전트에게 연결하기 위해 사용할 포트를 결정합니다:

```
def _get_exch_socket(self, msg):
    if msg[int(ParticipateMSGLocation.sim_flag)]:
        es = msg[int(ParticipateMSGLocation.exch_socket)]
    else:
        es = self.exch_socket
    return es
```

이제, 데이터베이스와 집계기 및 다중 에이전트의 모든 연합학습 시스템 구성 요소를 하나의 시스템에서 실행할 수 있는 시뮬레이션 구현을 연습합니다.

필요한 경우 연합학습 프로세스 초기화

비동기 _initialize_fl 함수는 연합학습의 라운드가 0일 때만 호출되는 연합학습 프로세스를 초기화하기 위한 함수입니다. 이를 수행하는 코드는 다음과 같습니다:

```
async def _initialize_fl(self, msg):
    agent_id = msg[int(ParticipateMSGLocation.agent_id)]
    model_id = msg[int(ParticipateMSGLocation.model_id)]
    gene_time = msg[int(ParticipateMSGLocation.gene_time)]
    lmodels = msg[int(ParticipateMSGLocation.lmodels)]
    perf_val = msg[int(ParticipateMSGLocation.meta_data)]
    init_flag = bool(msg[int(ParticipateMSGLocation.init_flag)])
    self.sm.initialize_model_info(lmodels, init_flag)
    await self._push_local_models(agent_id, model_id, lmodels, gene_time, perf_val)
self.sm.increment_round()
```

이 장의 뒷부분에서 설명할 상태 관리자 코드의 initialize_model_info 함수를 호출 후, 수신된 메시지(msg)에서 에이전트 ID(agent_id), 모델 ID(model_id), 에이전트에서 로컬 모델(lmodels), 모델 생성 시간(gene_time), 성능 데이터(perf_val), init_flag 값을 추출합니다.

그다음, 이 함수는 이 장에 설명된 _push_local_models 함수를 호출하여 로컬 모델을 데이터베이스에 저장합니다. 데이터베이스에 저장하는 방법은 '로컬 모델을 데이터베이스에 push하기' 장을 참조하시길 바랍니다.

그 후 라운드가 증가하여 연합학습에서 첫 번째 라운드로 진행됩니다.

업데이트된 글로벌 모델로 에이전트 참여 확인하기

클러스터 글로벌 모델을 초기화한 후, 등록 과정을 통해 집계기에 연결된 에이전트에 글로벌 모델을 전송해야 합니다. 비동기 _send_updated_global_model 함수는 웹소켓 정보(websocket), 에이전트 ID(agent_id), 에이전트에 연결할 포트(exch_socket)를 매개변수로 받아 글로벌 모델을 에이전트로 전송하는 프로세스를 처리합니다. 이를 수행하는 코드는 다음과 같습니다:

```
async def _send_updated_global_model(self, websocket, agent_id, exch_socket):
    model_id = self.sm.cluster_model_ids[-1]
    cluster_models = convert_LDict_to_Dict(self.sm.cluster_models)
    reply = generate_agent_participation_confirm_message(self.sm.id, model_id,
            cluster_models, self.sm.round, agent_id, exch_socket, self.recv_socket)
    await send_websocket(reply, websocket)
```

연합학습 프로세스가 이미 시작된 경우(즉, self.sm.round가 0보다 큰 경우)에는 버퍼에서 클러스터 모델을 가져와 convert_LDict_to_Dict 라이브러리 함수를 사용하여 dictonary 형식으로 변환합니다. 그 다음, 응답 메시지를 generate_agent_participation_confirm_message 함수를 사용하여 패키징하고 send_websocket(reply, websocket) 함수를 호출하여 집계기에 즉시 연결하거나 재접속한 에이전트에게 전송합니다. 자세한 내용은 '글로벌 모델의 에이전트송신 함수' 장을 참조하시길 바랍니다. 이제 에이전트 등록 프로세스를 이해했으니 로컬 ML 모델과 polling 메시지를 처리하는 구현하는 방법에 대해 설명하겠습니다.

로컬 에이전트의 메세지 처리 서버

연합학습 서버의 비동기 receive_msg_from_agent 프로세스는 로컬 모델 업데이트를 수신하고 이를 데이터베이스와 메모리 버퍼에 push하여 로컬 모델을 일시적으로 저장하기 위해 지속적으로 실행됩니다. 또한 로컬 에이전트의 polling 메시지에 응답하기도 합니다. 이를 수행하는 코드는 다음과 같습니다:

```
async def receive_msg_from_agent(self, websocket, path):
    msg = await receive(websocket)
    if msg[int(ModelUpMSGLocation.msg_type)] == AgentMsgType.update:
        await self._process_lmodel_upload(msg)
    elif msg[int(PollingMSGLocation.msg_type)] == AgentMsgType.polling:
        await self._process_polling(msg, websocket)
```

그다음, 앞의 코드 블록에 표시된 대로 receive_msg_from_agent 함수가 호출하는 두 가지 함수인 _process_lmodel_upload 및 _process_polling 함수에 대해 살펴보겠습니다.

로컬 에이전트가 업로드한 모델 처리하기

비동기 _process_lmodel_upload 함수는 AgentMsgType, update 메시지를 처리합니다. 다음 코드는 로컬 ML 모델을 수신하여 상태 관리자의 버퍼를 관리 및 수행하는 코드입니다:

```
async def _process_lmodel_upload(self, msg):
    lmodels = msg[int(ModelUpMSGLocation.lmodels)]
    agent_id = msg[int(ModelUpMSGLocation.agent_id)]
    model_id = msg[int(ModelUpMSGLocation.model_id)]
    gene_time = msg[int(ModelUpMSGLocation.gene_time)]
    perf_val = msg[int(ModelUpMSGLocation.meta_data)]
```

```
    await self._push_local_models(agent_id, model_id, lmodels, gene_time, perf_val)
    self.sm.buffer_local_models(lmodels, participate=False, meta_data=perf_val)
```

먼저, 수신된 메시지에서 에이전트 ID(agent_id), 모델 ID(model_id), 에이전트의 로컬 모델(lmodels), 모델의 생성 시간(gene_time), 성능 데이터(perf_val)를 추출한 다음 _push_local_models 함수를 호출하여 로컬 모델을 데이터베이스에 push합니다. 그 다음, buffer_local_models 함수를 호출하여 로컬 모델(lmodel)을 메모리 버퍼에 저장합니다. buffer_local_models 함수는 '상태 관리자를 이용한 집계기의 모델 유지 관리' 장에 설명되어 있습니다.

에이전트별 설문조사 처리

비동기 _process_polling 함수는 AgentMsgType.pooling 메시지를 처리하는 기능을 합니다:

```
async def _process_polling(self, msg, websocket):
    if self.sm.round > int(msg[int(PollingMSGLocation.round)]):
        model_id = self.sm.cluster_model_ids[-1]
        cluster_models = convert_LDict_to_Dict(self.sm.cluster_models)
        msg = generate_cluster_model_dist_message(self.sm.id, model_id,
        self.sm.round, cluster_models)
        await send_websocket(msg, websocket)
    else:
        msg = generate_ack_message()
        await send_websocket(msg, websocket)
```

연합학습의 라운드(self.sm.round)가 로컬의 에이전트 자체에서 유지관리하는 수신 메시지에 포함된 로컬 연합학습 라운드보다 크면, 에이전트가 마지막으로 집계기에 polling한 시간과 현재 사이의 기간 동안 모델 통합이 수행되었음을 의미합니다.

이 경우 Dict 형식으로 변환된 클러스터 모델은 generate_cluster_model_dist_message에 의해 응답 메시지로 패키징되어 send_websocket 함수를 통해 에이전트에게 재전송됩니다. 그렇지 않으면, 집계기는 generate_ack_message 함수에 의해 생성된 ACK 메시지를 에이전트에게 반환합니다.

이제 에이전트에서 받은 로컬 모델을 통합할 준비가 되었으므로 모델 통합 루틴을 살펴보겠습니다.

글로벌 모델 합성 루틴

연합학습 서버에서 비동기식으로 설계된 글로벌 모델 합성 루틴 프로세스 def model_synthesis_routine(self)는 주기적으로 저장된 모델 수를 확인하고 모델 통합 임계값을 충족할 만큼 수집된 로컬 모델이 충분한 경우 글로벌 모델 합성을 실행합니다.

다음 코드는 주기적으로 모델 통합 기준을 확인하고 모델 합성을 실행하는 프로세스에 대해 설명합니다:

```
async def model_synthesis_routine(self):
    while True:
        await asyncio.sleep(self.round_interval)
        if self.sm.ready_for_local_aggregation():
            self.agg.aggregate_local_models()
            await self._push_cluster_models()
            if self.is_polling == False:
                await self._send_cluster_models_to_all()
            self.sm.increment_round()
```

이 프로세스는 비동기식이며 while 루프와 함께 실행됩니다. 특히, ready_for_local_aggregation('상태 관리자를 이용한 집계기의 모델 유지 관리' 장에 설명되어 있음)에 의해 설정된 기준이 충족되면 aggregator.py 파일에서 가져온 aggregate_local_models 함수가 호출되며, 이 함수는 FedAvg에 따라 수집된 로컬 모델의 가중치의 평균을 구합니다. 이 함수에 대한 자세한 설명은 '로컬 모델의 통합' 장에서 확인할 수 있습니다. 그다음, await self._push_cluster_models()가 호출되어 통합된 클러스터 글로벌 모델을 데이터베이스로 push합니다. await self._send_cluster_models_to_all()은 polling 메서드를 사용하지 않는 경우 업데이트된 글로벌 모델을 집계기에 연결된 모든 에이전트에 보내기 위한 함수입니다. 마지막으로, 연합학습의 라운드는 self.sm.increment_round()에 의해 증가합니다. 클러스터 글로벌 모델이 생성되면 다음 장에 설명된 함수를 사용하여 연결된 에이전트에게 모델을 전송합니다.

글로벌 모델의 에이전트 송신 함수

연결된 에이전트에 글로벌 모델을 보내는 기능은 _send_cluster_models_to_all 함수에 의해 처리됩니다. 이 함수는 다음과 같이 이 집계기 아래의 모든 에이전트에게 클러스터 글로벌 모델을 보내는 비동기 함수입니다:

```python
async def _send_cluster_models_to_all(self):
    model_id = self.sm.cluster_model_ids[-1]
    cluster_models = convert_LDict_to_Dict(self.sm.cluster_models)
    msg = generate_cluster_model_dist_message(self.sm.id, model_id,
        self.sm.round, cluster_models)
    for agent in self.sm.agent_set:
        await send(msg, agent['agent_ip'], agent['socket'])
```

클러스터 모델 정보를 가져온 후 generate_cluster_model_dist_message 함수를 사용하여 클러스터 모델, 라운드, 모델 ID, aggregator ID 정보를 포함한 메시지를 생성하고, communication_handler 라이브러리의 send 함수를 호출하여 에이전트 참여 프로세스를 통해 등록된 agent_set의 모든 에이전트에게 글로벌 모델을 전송합니다.

이제 클러스터 글로벌 모델을 연결된 에이전트로 보내는 방법에 대해 설명했습니다. 다음으로 로컬 및 클러스터 모델을 데이터베이스로 push하는 방법을 설명합니다.

로컬 및 글로벌 모델의 데이터베이스 저장 함수

push_local_models와 _push_cluster_model 함수는 모두 내부적으로 호출되어 로컬 모델과 클러스터 글로벌 모델을 데이터베이스에 push하고 전송합니다.

로컬 모델을 데이터베이스에 push하기

다음은 주어진 로컬 모델 집합을 데이터베이스에 push하는 _push_local_models 함수입니다:

```python
async def _push_local_models(self, agent_id: str, model_id: str, local_models:
    Dict[str, np.array], gene_time: float, performance: Dict[str, float]) -> List[Any]:

return await self._push_models( agent_id, ModelType.local, local_models,
    model_id, gene_time, performance)
```

_push_local_model 함수는 에이전트 ID, 로컬 모델, 모델 ID, 모델의 생성 시간, 성능 데이터 등의 파라미터를 받아 응답 메시지가 있는 경우 이를 반환합니다.

클러스터 모델을 데이터베이스에 push하기

_push_cluster_models 함수는 클러스터 글로벌 모델을 데이터베이스에 push하는 함수입니다:

```
async def _push_cluster_models(self) -> List[Any]:

model_id = self.sm.cluster_model_ids[-1]
models = convert_LDict_to_Dict(self.sm.cluster_models)
meta_dict = dict({"num_samples" : self.sm.own_cluster_num_samples})

return await self._push_models(self.sm.id, ModelType.cluster, models,
   model_id, time.time(), meta_dict)
```

상태 관리자의 인스턴스 정보 및 버퍼링된 메모리 데이터에서 매개변수를 얻을 수 있으므로 이 코드의 _push_cluster_models는 매개변수를 받지 않습니다. 예를 들어, self.sm.cluster_model_ids[-1]은 최신 클러스터 모델의 ID를 가져오고, self.sm.cluster_models는 최신 클러스터 모델 자체를 저장하며, 이는 Dict 형식의 모델로 변환되어 데이터베이스로 전송됩니다. 또한 샘플 수를 저장하기 위해 mata_dict를 생성합니다.

ML 모델을 데이터베이스에 push하기

앞에서 설명한 두 함수(_push_local_model, _push_cluster_model)는 다음과 같이 _push_models 함수를 호출합니다:

```
async def _push_models( self, component_id: str, model_type: ModelType,
    models: Dict[str, np.array], model_id: str, gene_time: float,
    performance_dict: Dict[str, float]) -> List[Any]:
    msg = generate_db_push_message(component_id, self.sm.round, model_type,
        models, model_id, gene_time, performance_dict)
    resp = await send(msg, self.db_ip, self.db_socket)
    return resp
```

_push_models 함수는 component_id(집계기 또는 에이전트의 ID), model_type(로컬 또는 클러스터 모델 등), Dict 타입의 모델 자체, model_id, gene_time(모델 생성 시간), performance_dict 등의 파라미터를 모델의 성능 메트릭으로 받습니다. 그 다음, 네이터베이스에 전송할 메시지(send 함수)는 이러한 매개변수와 연합학습의 라운드 정보를 함께 사용하여 generate_db_push_message 함수에 의해 생성됩니다. 이 함수는 데이터베이스에서 응답 메시지(resp)를 반환합니다.

연합학습 서버와 관련된 모든 핵심 기능에 대해 설명했으니 이제 모델 통합 프로세스에 필요한 모든 모델을 관리, 유지하는 상태 관리자의 역할에 대해 설명하겠습니다.

상태 관리자를 이용한 집계기의 모델 유지 관리

이 장에서는 로컬 모델의 통합과 관련된 모델 유지 관리 및 필요한 변동성 정보를 처리하는 state_manager.py에 대해 설명합니다.

상태 관리자 라이브러리

다음과 같은 파이썬의 라이브러리들을 가져와서 정의합니다. data_struc, helper 및 state에 대한 내부 라이브러리들은 '부록, 내부 라이브러리 탐색'에 소개되어 있습니다:

```
import numpy as np
import logging
import time
from typing import Dict, Any
from fl_main.lib.util.data_struc import LimitedDict
from fl_main.lib.util.helpers import generate_id, generate_model_id
from fl_main.lib.util.states import IDPrefix
```

필요한 라이브러리를 가져온 후 상태 관리자 클래스를 정의해 보겠습니다.

상태 관리자 클래스 정의

state_manager.py에서 볼 수 있는 상태 관리자 클래스(Class StateManager)는 다음 코드와 같이 정의되어 있습니다:

```
class StateManager:
    """
    StateManager instance keeps the state of an aggregator.
    Functions are listed with this indentation.
    """
```

이 클래스는 집계기의 상태 정보를 추적합니다. 로컬 모델, 집계기에 연결된 에이전트 정보, 모델 통합 프로세스에서 생성된 클러스터 모델, 현재 라운드 수 등 집계기 및 에이전트의 변화 상태에 대해 저장해야 합니다. 상태 관리자를 정의한 후, 상태 관리자를 초기화하는 방법에 대해 설명하겠습니다.

상태 관리자 초기화

초기화 생성자에서 연합학습 프로세스와 관련된 정보가 구성됩니다. 다음 코드는 상태 관리자

를 구성하는 방법의 예시입니다:

```
def __init__(self):
    self.id = generate_id()
    self.agent_set = list()
    self.mnames = list()
    self.round = 0
    self.local_model_buffers = LimitedDict(self.mnames)
    self.local_model_num_samples = list()
    self.cluster_models = LimitedDict(self.mnames)
    self.cluster_model_ids = list()
    self.initialized = False
    self.agg_threshold = 1.0
```

self.id는 aggregator ID이고 util.helpers 라이브러리의 generate_id() 함수를 사용하여 임의로 생성할 수 있습니다. self.agent_set는 집계기에 연결된 여러 에이전트의 집합이며, 집합의 형식은 에이전트와 관련된 Dict 정보들의 collection으로 구성되어 있습니다. self.mnames는 ML 모델들이 통합할 수 있도록 모델의 각 레이어 이름을 리스트 형식으로 저장합니다. self.round는 연합학습의 라운드가 초기화 되도록 0으로 초기화합니다. local_model_buffers는 메모리 공간에 저장된 에이전트가 수집한 로컬 모델의 리스트입니다. local_model_buffers는 각 연합학습의 라운드에 대해 에이전트가 보낸 로컬 모델을 수락하며 모델 통합 프로세스에 의해 라운드가 완료되면 이 버퍼가 지워지고 다음 라운드의 로컬 모델을 수락하기 시작합니다. self.local_model_num_samples는 버퍼에 수집된 모델에 대한 데이터 샘플 수를 저장하는 리스트입니다. self.cluster_models는 제한된 Dict 형식의 클러스터 글로벌 모델의 집합이고, self.cluster_model_ids는 클러스터 모델의 ID 리스트입니다. self.initialized는 초기 글로벌 모델이 설정되면 True, 그렇지 않으면 False로 설정합니다. self.agg_threshold는 1.0으로 초기화되며, 이 값은 config_aggregator.json 파일을 만듭니다. 상태 관리자를 초기화한 다음에는 글로벌 모델을 초기화하는 방법을 설명하겠습니다.

글로벌 모델 초기화

initialize_model_info 함수는 다른 에이전트가 초기 글로벌 모델을 사용하기 위해 설정하는 코드입니다:

```
def initialize_model_info(self, lmodels, init_weights_flag):
    for key in lmodels.keys():
        self.mnames.append(key)
```

```
    self.local_model_buffers = LimitedDict(self.mnames)
    self.cluster_models = LimitedDict(self.mnames)
    self.clear_lmodel_buffers()
    if init_weights_flag:
        self.initialize_models(lmodels, weight_keep=init_weights_flag)
    else:
        self.initialize_models(lmodels, weight_keep=False)
```

초기 에이전트의 로컬 모델(lmodels)에서 추출된 모델 이름(self.mnames)을 가져옵니다. 모델 이름과 함께 local_model_buffers 및 cluster_models도 다시 초기화합니다. 로컬 모델 버퍼를 지운 후 initialize_models 함수를 호출합니다.

다음 initialize_models 함수는 Dict 형식(str 또는 np.array)의 모델 매개변수로 받은 초기 기본 모델을 기반으로 신경망 구조(numpy. array)를 초기화합니다:

```
def initialize_models(self, models: Dict[str, np.array], weight_keep: bool = False):
    self.clear_saved_models()
    for mname in self.mnames:
        if weight_keep:
            m = models[mname]
        else:
            m = np.zeros_like(models[mname])
        self.cluster_models[mname].append(m)
        id = generate_model_id(IDPrefix.aggregator, self.id, time.time())
        self.cluster_model_ids.append(id)
        self.initialized = True
```

모델의 이름이 정의된 모델의 각 레이어에 대해 모델 파라미터를 채우는 역할을 합니다. weight_keep 플래그에 따라 모델은 0 또는 수신된 파라미터로 초기화됩니다. 초기 클러스터 글로벌 모델이 랜덤 모델 ID와 함께 구성하게 됩니다. 에이전트가 여기에 정의된 모델 아키텍처와 다른 ML 모델을 보내면 집계기는 모델 수락을 거부하고 에이전트에게 오류 메시지를 표시합니다. 이 함수에서는 반환되는 값은 없습니다.

지금까지 글로벌 모델 초기화에 대해 알아보았습니다. 다음 장에서는 연합학습 프로세스의 핵심 부분인 모델 통합 기준 확인에 대해 설명하겠습니다.

집계기 기준 확인

ready_for_local_aggregation 함수는 모델 통합 기준을 확인하기 위한 코드입니다:

```
def ready_for_local_aggregation(self) -> bool:
    if len(self.mnames) == 0:
            return False
    num_agents = int(self.agg_threshold * len(self.agent_set))
    if num_agents == 0: num_agents = 1
    num_collected_lmodels = len(self.local_model_buffers[self.mnames[0]])
    if num_collected_lmodels >= num_agents:
        return True
    else:
        return False
```

이 ready_for_local_aggregation 함수는 모델 통합이 모델 통합 프로세스를 시작할 수 있는지 여부를 식별하기 위해 bool 값을 반환합니다. 모델 통합 기준(예: 통합할 로컬 모델이 충분히 수집되는 경우)을 충족하면 True를 반환하고, 그렇지 않으면 False를 반환합니다. 모델 통합 임계값인 agg_threshold는 config_aggregator.json 파일에서 구성할 수 있습니다.

다음 장에서는 모델 통합 프로세스에 사용되는 로컬 모델 버퍼링에 대해 설명합니다.

로컬 모델의 버퍼

buffer_local_models 함수는 에이전트의 로컬 모델을 로컬 모델 버퍼에 저장하는 코드입니다:

```
def buffer_local_models(self, models: Dict[str, np.array], participate=False,
    meta_data: Dict[Any, Any] = {}):
    if not participate:
        for key, model in models.items():
            self.local_model_buffers[key].append(model)
        try:
            num_samples = meta_data["num_samples"]
        except:
            num_samples = 1 self.local_model_num_samples.append(int(num_samples))
    else:
        pass
    if not self.initialized:
        self.initialize_models(models)
```

매개변수에는 Dict으로 포맷된 로컬 모델과 샘플의 수와 같은 메타 정보가 포함되어 있습니다.

먼저, 이 함수는 participate 플래그를 확인하여 에이전트에서 보낸 로컬 모델이 초기 모델인지 아닌지 확인합니다. 초기 모델인 경우, 앞의 코드 블록에 표시된 것처럼 initialize_model 함수를 호출합니다. 초기 모델이 아니라면, 모델 이름으로 정의된 모델의 각 레이어에 대해 self.local_model_buffers에 numpy 배열을 저장합니다. 여기서 핵심은 모델의 이름이며, 앞의 코드에서 언급된 모델은 모델의 실제 파라미터입니다. 선택적으로 에이전트가 재학습 프로세스에 사용한 샘플 또는 데이터 소스의 수를 받아들여 self.local_model_num_samples 버퍼에 push할 수도 있습니다. 이 함수는 연합학습 서버가 receive_msg_from_agent 함수가 반복하는 동안의 에이전트로부터 로컬 모델을 수신할 때 호출됩니다.

지금까지 로컬 모델 버퍼에 대해 설명했습니다. 다음은 버퍼에 불필요한 모델을 가지고 있지 않고 통합을 계속할 수 있도록 저장된 모델을 지우는 방법에 대해 설명하겠습니다.

저장된 모델 삭제

clear_saved_models 함수는 이번 라운드에 저장된 모든 클러스터 모델을 비우는 코드입니다:

```
def clear_saved_models(self):
    for mname in self.mnames:
        self.cluster_models[mname].clear()
```

이 함수는 연합학습 프로세스를 처음에 초기화할 때 호출되고, 클러스터 글로벌 모델을 비우고 새로운 연합학습 라운드를 다시 시작할 때 호출됩니다. 다음 clear_lmodel_buffers 함수는 버퍼된 로컬 모델을 모두 비우고 다음 연합학습 라운드를 준비하는 코드입니다:

```
def clear_lmodel_buffers(self):
    for mname in self.mnames:
        self.local_model_buffers[mname].clear()
    self.local_model_num_samples = list()
```

연합학습의 라운드를 진행할 때 local_model_buffers의 로컬 모델을 비우는 것은 중요합니다. 이 과정을 수행하지 않으면 통합해야 하는 모델이 다른 라운드에서 관련 없는 모델과 통합하게 되어 연합학습의 성능이 저하되는 경우가 있습니다.

그 다음으로 연합학습 프로세스 중 에이전트를 추가하는 기본 프레임워크에 대해 설명하겠습니다.

에이전트 추가

add_agent 함수는 시스템 메모리를 사용하여 간단하게 에이전트 등록을 수행하는 코드입니다:

```
def add_agent(self, agent_name: str, agent_id: str, agent_ip: str, socket: str):
    for agent in self.agent_set:
        if agent_name == agent['agent_name']:
            return agent['agent_id'], agent['socket']
    agent = {
            'agent_name': agent_name,
            'agent_id': agent_id,
            'agent_ip': agent_ip,
            'socket': socket
            }
    self.agent_set.append(agent)
    return agent_id, socket
```

이 함수는 에이전트와 관련된 정보를 self.agent_set 리스트에 추가하기만 하면 됩니다. 에이전트 정보에는 에이전트 명, agent ID, agent IP 주소, 에이전트에 연결하기 위한 socket 번호가 포함됩니다. Socket 번호는 클러스터 글로벌 모델을 집계기에 연결된 에이전트로 보낼 때와 집계기와 에이전트 간의 통신에 push 방식을 사용할 때 사용할 수 있습니다. 이 함수는 에이전트 등록 프로세스 중에만 호출되며 agent ID와 소켓 번호를 반환합니다. 에이전트가 이미 등록되어 있는 경우(즉, 같은 이름을 가진 에이전트가 이미 agent_set을 입력), 기존 에이전트의 에이전트 ID와 소켓 번호를 반환합니다.

다시 설명드리지만 집계기에서 에이전트에게 보내는 이 push 통신 방법은 특정 보안 상황에서는 작동하지 않습니다. 에이전트가 polling 방법을 사용하여 집계기에 업데이트된 글로벌 모델이 있는지 여부는 지속적으로 확인하는 것이 좋습니다.

에이전트 등록 메커니즘은 데이터베이스를 사용하여 확장할 수 있으므로 분산된 시스템을 이용하여 더 잘 관리할 수 있습니다. 다음은 연합학습 라운드 증가에 대해 알아보겠습니다.

연합학습 라운드 증가

increment_round 함수는 상태 관리자가 정확하게 관리하는 반올림 수를 증가시키는 기능을 합니다:

```
def increment_round(self):
    self.round += 1
```

라운드 증가는 지속적으로 학습 수행을 지원하기 위한 연합학습 프로세스의 중요한 부분입니다. 이 함수는 초기 글로벌 모델을 등록한 이후나 모델의 통합 프로세스 후에만 호출됩니다.

이제 연합학습이 상태 관리자와 함께 작동하는 방식을 이해했으므로 다음 장에서는 모델 통합 프레임워크에 대해 설명하겠습니다.

로컬 모델의 통합

aggregation.py 코드는 여러 가지 집계 알고리즘을 사용하여 로컬 모델 통합을 처리합니다. 이 코드 예제에서는 다음 장에서 설명하는 대로 FedAvg만 지원합니다.

집계기 라이브러리

aggregation.py 코드는 다음과 같은 라이브러리들을 정의합니다:

```
import logging
import time
import numpy as np
from typing import List
from .state_manager import StateManager
from fl_main.lib.util.helpers import generate_model_id
from fl_main.lib.util.states import IDPrefix
```

상태 관리자의 역할과 기능은 '상태 관리자를 이용한 집계기의 모델 유지 관리' 장에서 설명하며, helper 및 상태 라이브러리는 '부록 내부 라이브러리 탐색'에서 소개합니다.

필요한 라이브러리를 가져온 후, 집계기 클래스를 정의해 보겠습니다.

집계기 클래스 정의 및 초기화

다음 집계기 클래스는 통합된 모델을 수학적 함수들을 이용하여 계산하기 위해 제공하는 모델 통합의 핵심 프로세스에 대해 정의합니다:

```
class aggregator:
    """
    aggregator class instance provides a set of
    mathematical functions to compute aggregated models.
    """
```

다음 init 함수는 모델 버퍼에 접근할 수 있도록 집계기의 상태 관리자를 설정합니다:

```
def __init__(self, sm: StateManager):
    self.sm = sm
```

집계기 클래스를 정의하고 초기화했으면 이제 FedAvg 알고리즘 구현을 살펴보겠습니다.

aggregate_local_models 함수 정의

다음은 로컬 모델을 통합하는 코드인 aggregate_local_models 함수입니다:

```
def aggregate_local_models(self):
    for mname in self.sm.mnames:
        self.sm.cluster_models[mname][0] = self._average_aggregate(
                                        self.sm.local_model_buffers[mname],
                                        self.sm.local_model_num_samples)
    self.sm.own_cluster_num_samples = sum(self.sm.local_model_num_samples)
    id = generate_model_id(IDPrefix.aggregator, self.sm.id, time.time())
    self.sm.cluster_model_ids.append(id)
    self.sm.clear_lmodel_buffers()
```

이 함수는 config_aggregator.json 파일에 정의된 모델 통합 임계값과 같은 모델 통합 기준이 충족된 후에 호출할 수 있습니다. 모델 통합 프로세스는 상태 관리자의 메모리에 버퍼링된 로컬 ML 모델을 사용합니다. 이러한 로컬 ML 모델은 등록된 에이전트에서 전송됩니다. mname으로 정의된 모델의 각 세층에 대해 모델의 가중치가 평균하여 계산됩니다.

_average_aggregate 함수를 다음과 같이 사용하여 FedAvg를 구현합니다. 모든 레이어의 모델 파라미터를 평균화한 후 cluster_models가 업데이트되어 모든 에이전트에게 전송됩니다.

그다음, 로컬 모델 버퍼가 비워지고 다음 단계의 연합학습 프로세스를 준비합니다.

FedAvg 함수

앞의 aggregate_local_models 함수에 의해 호출된 다음, 다음과 같이 함수 _average_aggregate는 FedAvg 통합하는 방법을 구현하는 코드입니다:

```
def _average_aggregate(self, buffer: List[np.array], num_samples: List[int]) -> np.array:
    denominator = sum(num_samples)
```

```
    model = float(num_samples[0])/denominator * buffer[0]
    for i in range(1, len(buffer)):
        model += float(num_samples[i]) / denominator * buffer[i]
    return model
```

_average_aggregate 함수는 주어진 ML 모델 리스트의 각 버퍼에 대해 모델의 평균 매개변수를 사용할 정도로 계산이 간단합니다. 모델 통합에 대한 기본 사항은 '3장, 연합학습 시스템 동작'에 설명되어 있습니다. 이 함수는 np.array를 사용하여 가중치가 적용된 통합된 모델을 반환합니다.

이제 연합학습 서버와 집계기의 모든 필수 기능을 살펴보았으니, 이제 연합학습 서버 자체를 실행하는 방법에 대해 설명하겠습니다.

연합학습 서버 실행

다음은 연합학습 서버를 실행하는 예제입니다. 연합학습 서버를 실행하려면 다음과 같이 정의합니다:

```
if __name__ == "__main__":
    s = Server()
    init_fl_server(s.register, s.receive_msg_from_agent, s.model_synthesis_routine(),
                   s.aggr_ip, s.reg_socket, s.recv_socket)
```

연합학습 서버 인스턴스의 register, receive_msg_from_agnet, model_synthesis_routine 함수는 에이전트 등록 프로세스 시작, 에이전트에서 메시지 수신, 글로벌 모델 생성을 위한 모델 합성 프로세스 시작을 위한 것으로, 모두 communication_handler 라이브러리의 init_fl_server 함수를 사용하여 시작됩니다.

연합학습 서버로 집계기의 모든 핵심 모듈을 다루었습니다. 다음 장에서 설명할 데이터베이스 서버와 함께 작동할 수 있는 방법에 대해 설명하겠습니다.

데이터베이스 서버 구현 및 실행

데이터베이스 서버는 집계기 서버와 동일한 컴퓨터에서 호스팅하거나 집계기 서버와 별도로 호스팅할 수 있습니다. 데이터베이스 서버가 동일한 컴퓨터에서 호스팅하거나 되지 않아도, 여기에 소개된 코드는 두 경우 모두 적용됩니다. 데이터베이스 관련 코드는 이 책과 함께 제공되는 GitHub 레포지토리의 fl_main/pseudodb 디렉토리에 있습니다.

데이터베이스 구성

다음 코드는 config_db.json으로 저장된 데이터베이스의 구성 매개변수의 예시입니다:

```
{
    "db_ip": "localhost",
    "db_socket": "9017",
    "db_name": "sample_data",
    "db_data_path": "./db",
    "db_model_path": "./db/models"
}
```

특히 db_data_path는 SQLite 데이터베이스의 위치이고 db_model_path는 ML 모델 바이너리 파일의 위치입니다. config_db.json 파일은 설정 디렉토리에서 찾을 수 있습니다.

다음은 데이터베이스 서버를 정의하고 필요한 라이브러리를 가져옵니다.

데이터베이스 서버 정의

pseudo_db.py 코드의 주요 기능은 로컬 및 클러스터 글로벌 모델이 포함된 메시지를 수신하는 것입니다.

pseudo 데이터베이스용 라이브러리 가져오기

먼저 pseudo_db.py 코드는 다음과 같이 정의합니다:

```
import pickle, logging, time, os
from typing import Any, List
from .sqlite_db import SQLiteDBHandler
from fl_main.lib.util.helpers import generate_id, read_config, set_config_file
from fl_main.lib.util.states import DBMsgType, DBPushMsgLocation, ModelType
from fl_main.lib.util.communication_handler import init_db_ server, send_websocket, receive
```

이 함수의 기본 라이브러리는 SQLiteDBHandler('SQLite 데이터베이스용 라이브러리 가져오기' 장에서 설명)와 '부록, 내부 라이브러리 탐색'에서 설명하는 lib/util 라이브러리의 함수를 사용합니다.

PseudoDB 클래스 정의

PseudoDB 클래스는 모델과 해당 데이터를 집계기에서 수신 후 데이터베이스(SQLite)로 push 하여 인스턴스를 생성하도록 정의합니다:

```
class PseudoDB:
    """
    PseudoDB class instance receives models and their data
    from an aggregator, and pushes them to database
    """
```

이제 PseudoDB 인스턴스를 초기화하는 방법을 정리하겠습니다.

pseudo DB 초기화

초기화 프로세스인 init은 다음과 같이 정의됩니다:

```
def __init__(self):
    self.id = generate_id()
    self.config = read_config(set_config_file("db"))
    self.db_ip = self.config['db_ip']
    self.db_socket = self.config['db_socket']
    self.data_path = self.config['db_data_path']
    if not os.path.exists(self.data_path):
        os.makedirs(self.data_path)
    self.db_file = f'{self.data_path}/model_data{time.time()}.db'
    self.dbhandler = SQLiteDBHandler(self.db_file)
    self.dbhandler.initialize_DB() self.db_model_path = self.config['db_model_path']
    if not os.path.exists(self.db_model_path):
        os.makedirs(self.db_model_path)
```

초기화 프로세스는 인스턴스의 ID를 생성하고 데이터베이스 소켓(db_socket), 데이터베이스 IP 주소(db_ip), 데이터베이스 경로(data_path), 데이터베이스 파일(db_file) 등 다양한 파라미터를 설정하며, 모두 config_db.json에서 구성합니다. dbhandler는 SQLiteDBHandler의 인스턴스를 저장하고 initialize_DB 함수를 호출하여 SQLite 데이터베이스를 생성합니다. data_path 및 db_model_path에 대한 디렉토리가 없는 경우에는 디렉토리를 생성합니다. PseudoDB의 초기화 과정이 끝나면, 집계기로부터 메시지를 수신하는 통신 모듈을 설계해야 합니다. 여기서는 다시 웹소켓을 사용하여 집계기와 통신하고 이 모듈을 서버로 시작하여 집계기의 메시지를 수락하고 응답합니다. 여기서는 연합학습 메커니즘을 더 단순하게 만들기 위해 데이터베이스 서버에서 집계기/에이전트의 메시지는 push하지 않습니다.

집계기에서 메시지 처리하기

다음은 웹소켓(websocket)을 매개변수로 받아 집계기로부터 메시지를 수신하고 요청된 정보를 반환하는 async def handler 함수에 대한 코드입니다:

```
async def handler(self, websocket, path):
    msg = await receive(websocket)
    msg_type = msg[DBPushMsgLocation.msg_type]
    reply = list()
    if msg_type == DBMsgType.push:
        self._push_all_data_to_db(msg)
        reply.append('confirmation')
    else:
        raise TypeError(f'Undefined DB Message Type:  {msg_type}.')
    await send_websocket(reply, websocket)
```

핸들러 함수는 집계기에서 수신한 메시지를 디코딩한 후 메시지 유형이 push인지 여부를 확인합니다. push인 경우 _push_all_data_to_db 함수를 호출하여 로컬 또는 클러스터 모델을 데이터베이스로 push하려고 시도합니다. 그렇지 않으면, 오류 메시지가 표시됩니다. 그 다음, 모델을 데이터베이스로 push하는 것에 대한 확인 메시지를 집계기로 다시 보낼 수 있습니다.

여기서는 push 메시지의 유형에 대해서만 정의했지만, 데이터베이스 스키마 및 설계 개선 등 가능한 많은 유형 및 기능에 대해 정의할 수 있습니다.

모든 데이터를 데이터베이스로 push하기

다음 _push_all_data_to_db 함수는 모델의 정보를 데이터베이스로 push하는 방법을 설명하는 코드입니다:

```
def _push_all_data_to_db(self, msg: List[Any]):
    pm = self._parse_message(msg)
    self.dbhandler.insert_an_entry(*pm)
    model_id = msg[int(DBPushMsgLocation.model_id)]
    models = msg[int(DBPushMsgLocation.models)]
    fname = f'{self.db_model_path}/{model_id}.binaryfile'
    with open(fname, 'wb') as f:
```

```
        pickle.dump(models, f)
```

모델의 정보는 _parse_message 함수에 의해 추출되어 _insert_an_entry 함수를 호출합니다. 그 다음, 모델은 로컬 서버 파일시스템에 저장되고, 모델의 파일 이름과 경로는 db_model_path와 fname으로 정의되어 저장됩니다.

메시지 구문 분석하기

parse_message 함수는 수신된 메시지에서 매개변수만 추출하도록 정의합니다:

```
def _parse_message(self, msg: List[Any]):
    component_id = msg[int(DBPushMsgLocation.component_id)]
    r = msg[int(DBPushMsgLocation.round)]
    mt = msg[int(DBPushMsgLocation.model_type)]
    model_id = msg[int(DBPushMsgLocation.model_id)]
    gene_time = msg[int(DBPushMsgLocation.gene_time)]
    meta_data = msg[int(DBPushMsgLocation.meta_data)]
    local_prfmc = 0.0
    if mt == ModelType.local:
        try: local_prfmc = meta_data["accuracy"]
        except: pass
    num_samples = 0
    try: num_samples = meta_data["num_samples"]
    except: pass
    return component_id, r, mt, model_id, gene_time, local_prfmc, num_samples
```

이 함수는 수신된 메시지를 에이전트 ID 또는 aggregator ID(component_id), 라운드 번호(r), 메시지 유형(mt), model_id, 모델 생성 시간(gene_time), Dict 형식의 성능 데이터(meta_data)와 관련된 파라미터로 파싱합니다. 모델 유형이 로컬인 경우, 로컬 성능 데이터인 local_prfmc가 추출됩니다. 로컬 디바이스에서 사용된 샘플 데이터의 양은 meta_dect에서 추출됩니다. 추출된 모든 파라미터는 마지막에 반환됩니다.

다음 장에서는 SQLite 프레임워크를 사용하여 데이터베이스를 구현하는 방법을 설명합니다.

SQLite를 이용한 데이터베이스 정의

sqlite_db.py 코드는 SQLite 데이터베이스를 생성하고 데이터베이스의 데이터 저장 및 검색을 처리합니다.

SQLite 데이터베이스용 라이브러리 가져오기

sqlite_db.py는 다음과 같이 기본 라이브러리와 ModelType을 정의합니다:

```
import sqlite3
import datetime
import logging
from fl_main.lib.util.states import ModelType
```

lib/util의 ModelType은 로컬 모델과 클러스터(또는 글로벌) 모델 등 모델의 유형을 정의합니다.

SQLiteDBHandler 클래스 정의 및 초기화하기

SQLiteDBHandler 클래스는 SQLite 데이터베이스를 생성 및 초기화하고 모델을 SQLite 데이터베이스에 삽입하도록 정의합니다:

```
class SQLiteDBHandler:
    """
    SQLiteDB Handler class that creates and initialize
    SQLite DB, and inserts models to the SQLiteDB
    """
```

초기화는 PseudoDB에서 전달된 db_file 파라미터만 설정하면 되고 인스턴스는 self.db_file에 저장합니다:

```
def __init__(self, db_file):
    self.db_file = db_file
```

데이터베이스 초기화하기

initialize_DB 함수에서 데이터베이스 테이블은 SQLite(sqlite3)를 사용하여 로컬 및 클러스터 모델을 정의합니다:

```
def initialize_DB(self):
    conn = sqlite3.connect(f'{self.db_file}')
    c = conn.cursor()
    c.execute('''CREATE TABLE local_models(model_id, generation_time, agent_id, round,
               performance, num_samples)''')
```

```
    c.execute('''CREATE TABLE cluster_models(model_id, generation_time, aggregator_id,
              round, num_samples)''')
    conn.commit()
    conn.close()
```

이 예제에서는 업로드된 로컬 모델과 성능, 집계기가 생성한 글로벌 모델을 쉽게 추적할 수 있도록 표를 단순화했습니다. local_models 테이블에는 모델 ID(model_id), 모델 생성 시간(generation_time), 로컬 모델에 업로드된 에이전트 ID(agent_id), 라운드 정보(round), 로컬 모델의 성능 데이터(performance), FedAvg 모델 통합에 사용된 샘플의 수(num_samples)가 있습니다. cluster_models에는 모델 ID(model_id), 모델 생성 시간(generation_time), aggregator ID(aggregator _id), 라운드 정보(round), 샘플의 수(num_samples)가 포함됩니다.

데이터베이스에 항목 삽입하기

insert_an_entry 함수는 sqlite3 라이브러리를 사용하여 매개변수로 받은 데이터를 삽입하는 코드입니다:

```
def insert_an_entry(self, component_id: str, r: int, mt: ModelType, model_id: str, gtime:
float,
local_prfmc: float, num_samples: int):
    conn = sqlite3.connect(self.db_file)
    c = conn.cursor()
    t = datetime.datetime.fromtimestamp(gtime)
    gene_time = t.strftime('%m/%d/%Y %H:%M:%S')
    if mt == ModelType.local:
        c.execute('''INSERT INTO local_models VALUES (?, ?, ?, ?, ?, ?);''',
                  (model_id, gene_time, \ component_id, r, local_prfmc, num_samples))
    elif mt == ModelType.cluster:
        c.execute('''INSERT INTO cluster_models VALUES (?, ?, ?, ?, ?);''',
                  (model_id, gene_time, \ component_id, r, num_samples))
    conn.commit()
    conn.close()
```

이 함수는 데이터베이스 SQLite 라이브러리의 실행 함수에 component_id(Agent ID 또는 aggregator ID), 라운드 번호(r), 메시지 유형(mt), 모델 ID(model_id), 모델 생성 시간(gtime), 로컬 모델의 성능 데이터(local_prfmc), 샘플의 수(num _samples)의 파라미터 각 항목을 삽입합니다.

모델 유형이 로컬인 경우는 모델 정보가 local_models 테이블에 삽입하고, 모델 유형이 클러스터인 경우에는 모델 정보가 cluster_models 테이블에 삽입됩니다.

데이터베이스에서 데이터를 업데이트(update) 및 삭제(delete) 등의 다른 함수는 이 예제 코드에서 구현되어 있지 않으므로 추가적으로 작성하는 것은 사용자의 책임입니다.

다음 장에서는 데이터베이스 서버를 실행하는 방법에 대해 설명합니다.

데이터베이스 실행

다음은 SQLite 데이터베이스에서 데이터베이스 서버를 실행하는 코드입니다:

```
if __name__ == "__main__":
    pdb = PseudoDB()
    init_db_server(pdb.handler, pdb.db_ip, pdb.db_socket)
```

PseudoDB 클래스의 인스턴스는 pdb로 생성됩니다. pdb.handler, 데이터베이스의 IP 주소(pdb.db_ip), 데이터베이스 소켓(pdb.db_socket)은 util/lib 디렉토리의 communication_handler 라이브러리에서 init_db_server로 활성화된 집계기로부터 로컬 및 클러스터 모델을 수신하는 프로세스를 시작하기 위해 사용됩니다.

이제 데이터베이스 서버를 구현하고 실행하는 방법을 이해했습니다. 여기서 설명하는데이터베이스 테이블과 스키마는 연합학습 서버 프로세스의 기본을 이해할 수 있도록 최소한으로 설계되었습니다. 다음 장에서는 연합학습 서버의 잠재적인 개선 사항에 대해 논의할 것입니다.

연합학습 서버 개선사항

이 장에서 설명하는 연합학습 서버의 주요 잠재적 개선 사항은 다음과 같습니다.

데이터베이스 재설계

이 책에서 데이터베이스는 의도적으로 최소한의 테이블 정보로 설계되었으며 데이터베이스, 집계기, 에이전트, 초기 기본 모델, 프로젝트 정보 등의 테이블을 포함하는 등 확장할 필요가 있습니다. 예를 들어, 이 장에서 설명하는 연합학습 시스템은 서버 및 에이전트 프로세스의 종료와 재시작을 지원하지 않습니다. 따라서 시스템 중 하나가 중지되거나 실패하면 대부분의 정보가 손실되므로 연합학습 서버 구현으로는 완전하지 않습니다.

초기 모델 등록 자동화

초기 모델을 등록하는 과정에 대한 설명을 간소화하기 위해 모델 이름을 사용하여 ML 모델의 레이어에 대해 정의했습니다. 시스템에 모델을 등록하는 작업을 자동화할 수 있으므로 파일 확장자가 .pt/.pth 및 .h5인 PyTorch 또는 Keras 모델과 같은 특정 ML 모델을 로드하기만 하면 연합학습 시스템 사용자가 프로세스를 시작할 수 있습니다.

로컬 및 글로벌 모델에 대한 성능 지표

말하자면, 연합학습 서버와 데이터베이스 측 기능에 대한 설명을 단순화하기 위해 정확도 값은 모델의 성능 기준 중 하나로만 사용됩니다. 일반적으로 ML 애플리케이션에는 성능 데이터로 추적해야 할 더 많은 메트릭이 있으며 데이터베이스 및 통신 프로토콜 설계와 함께 개선되어야 합니다.

집계기의 미세조정

로컬 모델을 통합하는 프로세스를 간소화하기 위해 가중 평균화 방법인 FedAvg를 사용했습니다. 샘플 수는 로컬 환경에 따라 동적으로 변경될 수 있으며, 이러한 측면은 사용자가 개선할 수 있습니다. 이 밖에도 다양한 모델 통합 방법이 있으며, 이 책의 '7장, 모델 통합'에서 간단하게 설명합니다. 이를 이용하여 연합학습 시스템에 통합할 ML 애플리케이션에 따라 최적의 통합 방법을 적용할 수 있습니다.

요약

이 장에서는 연합학습 서버 구현의 기본과 원칙을 실제 코드 예제를 통해 설명했습니다. 이 장의 내용을 이해했다면 이제 모델 통합 메커니즘으로 연합학습 서버 기능을 구성할 수 있습니다.

여기서 소개한 서버의 구성 요소는 기본적인 통신과 에이전트 및 초기 모델의 등록, 모델 통합에 사용되는 상태 정보 관리, 클러스터 글로벌 모델을 생성하기 위한 모델 통합 메커니즘을 포함합니다. 또한 머신러닝 모델의 정보를 저장하기 위한 데이터베이스 구현에 대해서도 설명했습니다. 서버 기능의 원리를 이해할 수 있도록 코드가 간소화하였습니다. 보다 지속 가능하고 탄력적이며 확장할 수 있는 연합학습 시스템을 구축하기 위한 많은 다른 측면에 대한 추가 개선은 여러분의 몫입니다.

다음 장에서는 연합학습 클라이언트와 에이전트의 기능을 구현하는 원칙에 대해 설명하겠습니다. 클라이언트 부분에서는 플러그인 사용을 위해 ML 애플리케이션을 제대로 설계한 몇 가지 API를 제공받아 사용해야 합니다. 연합학습 클라이언트의 핵심 기능과 라이브러리, 그리고 전체 연합학습 프로세스를 활성화하기 위해 매우 간단한 ML 애플리케이션에 라이브러리를 통합하는 방법에 대해 설명합니다.

제5장

연합학습 클라이언트 구현

연합학습(Federated Learning, FL) 시스템의 클라이언트 모듈은 '3장 연합학습 시스템 동작'에 설명한 시스템 아키텍처, 시퀀스 및 절차 흐름에 따라 구현할 수 있습니다. 연합학습 클라이언트의 기능은 클라이언트 라이브러리에 내장된 통신 모듈을 통해 로컬 학습 및 테스트를 수행한 각 분산된 **머신러닝**(Machine Learning, ML) 애플리케이션을 집계기와 연결할 수 있습니다.

로컬 ML 엔진에서 연합학습 클라이언트 라이브러리를 사용하는 예제에서는 이 장에서 설계한 연합학습 클라이언트 라이브러리와의 통합 프로세스를 이해하기 위해 더미 ML 모델과 함께 최소한의 엔진 패키지 예제에 대해 설명합니다. 통합 예제 코드를 따라가다 보면 '3장, 연합학습 시스템 동작'에서 설명한 대로 연합학습 클라이언트 측과 관련된 전체 프로세스를 실제로 활성화하는 방법에 대해 이해할 수 있습니다. 연합학습의 클라이언트 측과 연결 시 어떤 일이 발생하는지에 대한 분석은 '6장, 연합학습 시스템 실행 및 결과 분석'에서 예제를 통해 설명하겠습니다.

이 장에서는 로컬 ML 엔진에서 사용되는 연합학습 클라이언트 기능의 설계 및 구현 원리에 대해 설명합니다. 이 장을 통해 **컨볼루션 신경망**(Convolutional Neural Networks, CNN)을 사용한 이미지 분류와 같은 분산된 로컬 ML 엔진 뿐만 아니라 연합학습 클라이언트의 모듈 및 라이브러리를 코딩할 수 있습니다.

이 장에서는 다음 주제를 다룹니다:

- 연합학습 클라이언트 구성 요소 개요
- 연합학습 클라이언트 기능 구현
- 연합학습 클라이언트 라이브러리 설계

- 연합학습 시스템의 로컬 머신러닝 엔진 통합
- 연합학습 시스템의 이미지 분류 통합 예제

기술 요구 사항

이 장에서 소개하는 모든 코드 파일은 GitHub(https://github.com/tie-set/simple-fl)에서 찾을 수 있습니다.

> **중요 참고 사항**
>
> 코드 파일은 개인 또는 교육 목적으로 사용할 수 있습니다. 상업적 용도의 배포는 지원하지 않으며, 코드 사용으로 인해 발생하는 오류, 문제 또는 손해에 대해 책임을 지지 않는다는 점에 유의하시길 바랍니다.

연합학습 클라이언트 구성 요소 개요

에이전트로서의 연합학습 클라이언트의 아키텍처는 '3장, 연합학습 시스템 동작'에서 소개했습니다. 여기서는 연합학습 클라이언트의 기본 기능을 구현하는 코드를 소개합니다. 소프트웨어 아키텍처의 클라이언트 측을 단순화하여, 그림 5.1과 같이 이 예제에서는 lib/util 디렉토리의 지원 기능과 함께 client.py 파일만 사용할 수 있습니다:

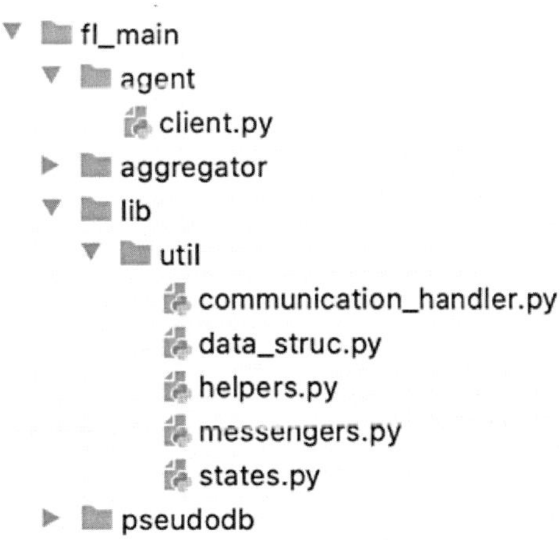

그림 5.1 에이전트로서의 연합학습 클라이언트를 위한 파이썬 소프트웨어 구성 요소

다음 장에서는 연합학습 시스템의 에이전트에 대한 파이썬 파일에 대해 간략하게 설명합니다.

분산 에이전트 소스코드

에이전트의 경우, fl_main/agent 디렉토리에 연합학습 클라이언트 기능의 대부분을 처리하는 하나의 메인 파일 client.py가 있습니다.

연합학습 클라이언트 코드(client.py)

에이전트 디렉토리의 client.py 파일에는 연합학습 사이클에 참여하는 함수, 집계기와의 ML 모델 교환 프레임워크, 집계기와의 통신을 위한 push 및 polling 메커니즘이 있습니다. 클라이언트의 함수는 로컬 ML 애플리케이션과 연합학습 시스템 자체 간의 인터페이스 역할도 수행하여 ML 엔진에 연합학습 클라이언트 라이브러리를 제공할 수 있습니다. 이것은 로컬에서 학습된 ML 모델을 연합학습 서버 및 집계기에 연결하는 주요 코드입니다. 로컬 ML 애플리케이션은 직접 준비해야 하며, 이 장의 또 다른 주요 주제인 연합학습 클라이언트 라이브러리를 사용하여 ML 엔진을 연합학습 시스템에 통합하는 방법을 이해하는데 도움이 될 것입니다.

lib/util 코드

내부 라이브러리로 지원되는 파이썬 코드(communication_handler.py, data_struc.py, helpers.py, messengers.py, states.py)에 대한 설명은 '부록, 내부 라이브러리 탐색'에서 다룰 예정입니다.

에이전트 구성

다음은 사용 중인 코드에서 config_agent.json으로 저장된 클라이언트 구성 매개변수의 예입니다:

```
{
    "aggr_ip": "localhost",
    "reg_socket": "8765",
    "model_path": "./data/agents",
    "local_model_file_name": "lms.binaryfile",
    "global_model_file_name": "gms.binaryfile",
    "state_file_name": "state",
    "init_weights_flag": 1,
    "polling": 1
}
```

집계기의 IP(aggr_ip)와 포트 번호(reg_socket)는 로컬 모델의 모델 통합이 이루어지는 연합학습 서버에 연결할 때 사용됩니다. 또한 모델 경로 매개변수인 model_path는 로컬 모델(local_model_file_name)과 글로벌 모델(global_model_file_name)의 위치를 모두 지정합니다. 로컬 모델과 글로벌 모델은 바이너리 파일(예시에서는 lms.binaryfile 및 gms.binaryfile)로 저장됩니다. 상태 파일(state_file_name)은 글로벌 모델 대기, 모델 학습, 학습된 모델 전송 등을 정의하는 클라이언트의 로컬 상태를 기록합니다. init_weights_flag는 시스템 운영자가 특정 가중치로 글로벌 모델을 초기화하고자 할 때 사용됩니다. 플래그가 1이면 에이전트가 미리 구성된 모델을 전송하고, 그렇지 않으면 집계기 측에서 모델을 0으로 채웁니다. polling 플래그는 에이전트와 집계기 간의 통신에 polling 방법을 사용할지 여부와 관련이 있습니다.

이제, 연합학습 클라이언트 모듈에 대해 설명했으니 실제 구현과 연합학습 클라이언트의 기능을 구현하는 몇 가지 코드를 살펴보겠습니다.

연합학습 클라이언트 기능 구현

이 장에서는 에이전트 디렉토리의 client.py 파일에 설명된 기본 연합학습 클라이언트 코드를 구현하는 방법을 설명합니다. 연합학습 클라이언트 아키텍처, 시퀀스 및 절차 흐름에 대한 설명은 '3장, 연합학습 시스템 동작'을 참조하시길 바랍니다. 이 클라이언트 코드를 학습함으로써 에이전트의 등록 프로세스, 모델 교환 동기화, push/polling 메커니즘, 에이전트와 집계기 간의 통신 프로토콜을 구현하는 방법과 다른 ML 애플리케이션에서 API(Application Programming Interfaces)로 호출되는 일부 함수를 이해할 수 있습니다.

먼저 연합학습 클라이언트 기능을 구현하기 위해 어떤 라이브러리를 가져올지 살펴보겠습니다.

에이전트 라이브러리

이 client.py 파일 예제를 통해 에이전트는 asyncio 및 time 라이브러리를 가져옵니다:

```
import asyncio, time, logging, sys, os
from typing import Dict, Any
from threading import Thread
from fl_main.lib.util.communication_handler import init_client_server, send, receive
from fl_main.lib.util.helpers import read_config, init_loop, save_model_file,
load_model_file,
    read_state, write_state, generate_id, set_config_file, get_ip,
compatible_data_dict_read,
    generate_model_id, create_data_dict_from_models, create_meta_data_dict
from fl_main.lib.util.states import ClientState, AggMsgType,
    ParticipateConfirmationMSGLocation, GMDistributionMsgLocation, IDPrefix
from fl_main.lib.util.messengers import generate_lmodel_update_message,
```

```
    generate_agent_participation_message, generate_polling_message
```

연합학습 일반 기능을 활성화하기 위해 fl_main.lib.util에서 가져온 communication_handler, helpers, states 및 messengers 라이브러리에 대해서는 '부록 내부 라이브러리 탐색'을 참조하시길 바랍니다.

필요한 라이브러리를 가져온 후 클라이언트 클래스를 정의합니다.

클라이언트 클래스 정의

에이전트 자체의 참여 메커니즘, 모델 교환 프레임워크, 에이전트와 집계기 간의 통신 인터페이스, 에이전트 측 로컬 ML 엔진에서 사용할 수 있도록 제공되는 라이브러리 등 연합학습 클라이언트의 핵심 기능을 구현하는 클라이언트 클래스(Client)를 정의해 보겠습니다:

```
class Client:
    """
    Client class instance with FL client-side functions
    and libraries used in the agent's ML engine
    """
```

그 다음, 다음 장에서 설명하는 대로 __init__ 함수에서 Client 클래스를 초기화합니다.

클라이언트 초기화

__init__ 생성자 내부의 다음 코드는 클라이언트 초기화 과정의 예시입니다:

```
def __init__(self):
    self.agent_name = 'default_agent'
    self.id = generate_id()
    self.agent_ip = get_ip()
    self.simulation_flag = False
    if len(sys.argv) > 1:
        self.simulation_flag = bool(int(sys.argv[1]))
    config_file = set_config_file("agent")
    self.config = read_config(config_file)
    self.aggr_ip = self.config['aggr_ip']
    self.reg_socket = self.config['reg_socket']
    self.msend_socket = 0
    self.exch_socket = 0
```

```
    if self.simulation_flag:
        self.exch_socket = int(sys.argv[2])
        self.agent_name = sys.argv[3]
    self.model_path = f'{self.config["model_path"]} /{self.agent_name}'
    if not os.path.exists(self.model_path):
        os.makedirs(self.model_path)
    self.lmfile = self.config['local_model_file_name']
    self.gmfile = self.config['global_model_file_name']
    self.statefile = self.config['state_file_name']
    self.round = 0
    self.init_weights_flag = bool(self.config['init_weights_flag'])
    self.is_polling = bool(self.config['polling'])
```

먼저, 클라이언트는 연합학습을 수행하기 위해 여러 시나리오에서 사용되는 식별자로 고유 ID를 생성합니다. 둘째, 클라이언트는 get_ip() 함수를 사용하여 자체 IP 주소를 가져옵니다. 또한 이 구현 연습에서는 데이터베이스, 서버 및 여러 에이전트의 모든 연합학습 시스템 구성 요소를 하나의 시스템 내에서 실행할 수 있는 시뮬레이션 실행이 지원됩니다. 시뮬레이션을 수행해야 하는 경우 simulation_flag 매개변수가 True여야 합니다(시뮬레이션 모드를 설정하는 방법은 GitHub의 README 파일을 참조하시길 바랍니다). 그 다음, self.cofig는 config_agent.json의 정보를 읽고 저장합니다. 그다음, 클라이언트는 서버에 연결하도록 집계기의 정보를 구성하는데, 여기서 self.aggr_ip는 에이전트 구성 파일에서 집계기 머신 또는 인스턴스의 IP 주소를 읽습니다. 그 후 reg_socket 포트가 설정되며, 이 포트는 self.aggr_ip로 저장된 aggregator IP 주소와 함께 에이전트 등록에 사용됩니다. 이 예의 reg_socket 값은 에이전트 구성 파일에서도 읽을 수 있습니다. 모델 교환 루틴에서 로컬 ML 모델을 집계기로 전송하는데 사용되는 msend_socket은 연합학습 서버에 메시지를 보내고 응답을 수신하여 연합학습 프로세스에 참여한 후 구성됩니다. exch_socket은 통신이 polling 모드가 아닐 때 self.agent_ip로 저장된 에이전트 IP 주소와 함께 집계기에서 전송된 글로벌 모델을 수신하기 위해 사용됩니다. 이 예제의 exch_socket은 시뮬레이션 모드에 따라 명령줄의 인수에서 읽거나 집계기에서 결정할 수 있습니다. 이 예제에서는 polling 모드가 켜져 있을 때와 달리 연결된 에이전트에게 메시지를 전달할 수 있도록 집계기가 설정되어 있는 경우, 집계기에서 exch_socket을 동적으로 구성할 수 있습니다. self.model_path는 로컬 및 글로벌 모델의 경로를 저장하며, 시뮬레이션 모드에 따라 에이전트 구성 파일이나 명령줄에서 인수를 통해 읽을 수 있습니다. 해당 모델 파일을 저장할 디렉토리가 없는 경우 디렉토리를 생성합니다.

self.lmfile, self.gmfile, self.statefile은 각각 로컬 모델, 글로벌 모델, 클라이언트 상태의 파일 이름

으로 에이전트의 구성 파일에서 읽습니다. 특히 self.statefile에는 ClientState의 값이 저장됩니다. ClientState는 클라이언트 자체의 열거 값으로 글로벌 모델을 기다리는 상태(waiting_gm), 로컬 학습 상태(training), 로컬 모델을 보내는 상태(sending), 업데이트된 글로벌 모델을 보유한 상태(gm_ready)가 있습니다. self.round로 정의되는 연합학습 프로세스의 라운드 정보는 0으로 초기화되고 나중에 모델 통합이진행되면서 업데이트되며 일반적으로 집계기가 라운드 변경을 알립니다. self.init_weights_flag는 에이전트 구성에 설명된 대로 시스템 운영자가 특정 파라미터로 글로벌 모델을 초기화하고자 할 때 사용되는 플래그입니다. self.is_polling 플래그는 에이전트와 집계기 간의 통신에서 polling 방법을 사용할지 여부와 관련이 있습니다. Polling 플래그는 집계기 측에서 설정한 것과 동일해야 합니다. 여기서 __init__ 생성자에 대한 코드는 client.py의 fl_main/agent 디렉토리(https://github.com/tie-set/simple-fl)에 있습니다.

이제 클라이언트 모듈을 초기화하는 방법에 대해 설명했으니 다음 장에서는 몇 가지 샘플 코드를 통해 참여 메커니즘이 어떻게 작동하는지 살펴보겠습니다.

연합학습 주기의 에이전트 참여

참여 또는 등록 프로세스는 에이전트가 다른 에이전트와 함께 연합학습 프로세스에 참여할 수 있도록 하기 위해 필요합니다. 따라서 로컬에서 학습된 ML 모델을 집계기로 보낼 수 있는 권한이 부여된 에이전트 리스트에 에이전트를 추가해야 합니다.

비동기 참여 함수는 연합학습 주기에 참여하기 위해 집계기에 첫 번째 메시지를 보내고 집계기로부터 소켓 번호와 같은 상태 및 통신 정보를 수신합니다.

에이전트는 config_agent.json 파일을 통해 연합학습 플랫폼에 참여할 IP 주소와 포트 번호를 알고 있습니다. 연합학습 플랫폼에 참여할 때 에이전트는 다음 정보가 포함된 참여 메시지를 보냅니다:

- agent_name: 에이전트 자체의 고유 이름
- id: 에이전트 자체의 고유 식별자
- model_id: 집계기로 전송할 모델의 고유 식별자
- models: 모델 이름으로 키가 지정된 모델 사전. 모델의 가중치는 집계기에서 모델의 모양을 기억하는데만 사용되므로 init_flag가 False인 경우 학습할 필요가 없음
- init_weights_flag: 전송된 모델 가중치를 기본 모델로 사용할지 여부를 나타내는 bool 플래그. True이고 준비된 글로벌 모델이 없는 경우 집계기는 이 로컬 모델 집합을 첫 번째

글로벌 모델로 설정하고 모든 에이전트에게 보냄

- simulation_flag: 시뮬레이션 실행인 경우 참이고, 그렇지 않으면 거짓
- exch_socket: 집계기에서 글로벌 모델을 기다리는 포트 번호
- gene_time: 모델이 생성되는 시간
- performance_dict: dict 형식의 모델 관련 성능 데이터
- agent_IP: 에이전트 자체의 IP 주소

앞서 언급한 모든 참여 메시지가 정의되었으므로 에이전트는 집계기와 모델을 교환할 준비가 되었으며, 참여 프로세스를 구현하는 코드는 다음과 같습니다:

```
async def participate(self):
    data_dict, performance_dict = load_model_file(self.model_path, self.lmfile)
    _, gene_time, models, model_id = compatible_data_dict_read(data_dict)
    msg = generate_agent_participation_message(self.agent_name, self.id, model_id,
models, self.init_weights_flag, self.simulation_flag, self.exch_socket, gene_time,
performance_dict, self.agent_ip)
    resp = await send(msg, self.aggr_ip, self.reg_socket)
self.round = resp[int(ParticipateConfirmaMSGLocation.round)]
    self.exch_socket = resp[int(ParticipateConfirmationMSGLocation.exch_socket)]
    self.msend_socket = resp[int(ParticipateConfirmationMSGLocation.recv_socket)]
    self.id = resp[int(ParticipateConfirmationMSGLocation.agent_id)]
    self.save_model_from_message(resp, ParticipateConfirmationMSGLocation)
```

에이전트는 로컬 모델을 읽어 ML 모델의 구조를 집계기에 알려주며, 초기 모델은 반드시 학습될 필요가 없습니다. data_dict 및 performance_dict는 각각 모델과 해당 성능 데이터를 저장합니다. 그 다음, ML 모델 및 model_id와 같은 정보가 포함된 msg를 generate_agent_participation_message 함수를 사용하여 패키징합니다. 메시지를 보낼 때, 이 예제에서는 집계기의 IP 주소(aggr_ip)와 집계기에 연결할 등록 포트 번호(reg_socket)를 사용하여 웹소켓을 구성합니다. communication_handler에서 가져온 비동기 전송 함수를 통해 집계기에 메시지를 보낸 후, 에이전트는 집계기로부터 응답 메시지인 resp를 받습니다. 응답에는 라운드 정보, 글로벌 모델의 exch_socket을 수신할 포트 번호, 로컬 모델을 집계기의 msend_socket으로 전송할 포트 번호, 업데이트된 에이전트 ID가 포함됩니다. 마지막으로, 응답 메시지 내 글로벌 모델은 save_model_from_message 함수를 호출하여 로컬에 저장됩니다.

에이전트의 참여 메커니즘에 대해 설명했습니다. 다음 장에서는 모델 교환 동기화 프레임워크

에 대해 알아보겠습니다.

모델 교환 동기화

다음 코드에서 볼 수 있듯이 모델 교환 동기화는 에이전트의 상태를 확인하고 상태에 따라 적절한 함수를 호출하기 위한 것입니다:

```
Async def model_exchange_routine(self):
    while True:
        await asyncio.sleep(5)
        state = read_state(self.model_path, self.statefile)
        if state == ClientState.sending:
            await self.send_models()
        elif state == ClientState.waiting_gm:
            if self.is_polling == True:
                await self.process_polling()
            else: pass
        elif state == ClientState.training: pass
        elif state == ClientState.gm_ready: pass
        else: pass
```

기본적으로 이 프로세스는 클라이언트가 살아있는 동안 항상 실행되는 반면, 동안 루프는 주기적으로 클라이언트의 상태를 확인하고 필요한 경우 다음 단계를 진행하기 위해 사용됩니다.

while 루프에서는 몇 초간 기다린 후 먼저 read_state 함수를 통해 클라이언트 상태를 확인합니다. read_state 함수의 매개변수는 로컬 환경에 저장된 상태 파일을 찾기 위한 것입니다. 앞서 언급했듯이 ClientState에는 클라이언트 상태 자체의 열거값이 있으며, 로컬 모델을 보내는 상태(sending), 글로벌 모델을 기다리는 상태(waiting_sgm), 로컬 학습 상태(training), 업데이트된 글로벌 모델을 받는 상태(gm_ready)를 정의합니다. 클라이언트가 sending(state == ClientState.sending)일 경우, 로컬로 학습된 모델을 집계기로 전송할 준비가 되었다는 의미입니다. 따라서 에이전트는 send_models 함수를 호출하여 로컬로 학습된 ML 모델을 집계기로 전송합니다. 상태가 waiting_gm(state == ClientState.waiting_gm)일 때, polling 모드가 켜져 있으면 에이전트에서 집계기로 polling하기 위해 process_polling을 진행하거나 polling 모드가 꺼져 있으면 아무 작업도 수행하지 않습니다. 클라이언트가 training 상태(state == ClientState.training)에 있으면 클라이언트가 지금 로컬 모델을 학습 중이며 필요한 경우 학습 상태를 인쇄하면서 몇 초 동안 기다린다는 의미입니다. 필요한 경우 프로시저를 추가할 수도 있습니다. 클라이언트가 gm_ready 상태

(상태 == ClientState.gm_ready)에 있으면 클라이언트가 글로벌 모델을 수신했음을 의미합니다. 이 상태는 로컬 ML 애플리케이션에서 처리하며, 글로벌 모델의 준비 상태를 표시하는 것 외에는 아무것도 하지 않습니다.

다음 장에서는 연합학습 사이클에 대해 push 및 polling 메커니즘을 구현하는 방법에 대해 설명합니다.

Push 및 Polling 구현

에이전트가 초기화되고 연합학습 프로세스 참여가 확인되면 집계기에서 보낸 글로벌 모델을 기다리기 시작합니다. 집계기로부터 글로벌 모델을 수신하는 방법에는 push 방법과 polling 방법의 두 가지가 있습니다. 여기서는 간소화를 위해 **SSL(Secure Sockets Layer)** 또는 **전송 계층 보안(Transport Layer Security, TSL)** 프레임워크가 연합학습 클라이언트 코드에 구현되어 있지 않지만, 지속적인 통신을 보장하기 위해 이를 지원하는 것이 좋습니다.

각 커뮤니케이션 프레임워크의 메커니즘을 살펴보겠습니다.

집계기에서 에이전트로의 push 방법

Push 방식을 사용하면 집계기는 글로벌 모델이 생성된 직후 연결된 모든 에이전트에게 글로벌 모델이 포함된 메시지를 push합니다.

다음 코드는 집계기에서 글로벌 모델을 수락하고 저장하는 push 메커니즘을 보여줍니다:

```
async def wait_models(self, websocket, path):
    gm_msg = await receive(websocket)
    self.save_model_from_message(gm_msg, GMDistributionMsgLocation)
```

wait_models 비동기 함수는 websocket을 매개변수로 받습니다. 집계기가 에이전트에게 메시지를 보내면 await receive(websocket)를 통해 gm_msg 메시지를 수신하고, '연합학습 클라이언트 라이브러리 설계 방향'에서 정의한 대로 save_model_from_message 함수를 호출하여 글로벌 모델을 로컬로 저장합니다.

에이전트에서 집계기로의 polling 방법

Polling 방식을 사용하면 에이전트가 집계기에 글로벌 모델이 이미 형성되었는지 여부를 계속 요청(polling)합니다. 글로벌 모델이 생성되어 연결된 에이전트에게 전송할 준비가 되면 polling

된 메시지가 응답에 업데이트된 글로벌 모델과 함께 에이전트에게 반환됩니다.

process_polling 비동기 함수에 대한 다음 코드는 polling을 설명합니다.

메서드:

```
async def process_polling(self):
    msg = generate_polling_message(self.round, self.id)
    resp = await send(msg, self.aggr_ip, self.msend_socket)
    if resp[int(PollingMSGLocation.msg_type)] == AggMsgType.update:
        self.save_model_from_message(resp, GMDistributionMsgLocation)
    else: pass
```

먼저 generate_polling_message 함수로 polling 메시지를 생성하여 집계기로 전송합니다. 집계기로부터 응답 메시지인 resp를 받은 후, 메시지 유형이 AggMsgType.update인 경우, 즉 응답 메시지에 업데이트된 글로벌 모델이 포함되어 있는 경우, save_model_from_message 함수를 호출합니다. 그렇지 않으면 아무 작업도 수행하지 않습니다.

앞서 언급한 기능은 연합학습 클라이언트의 기본적이지만 핵심적인 기능이며, 이러한 기능은 사용자 측 ML 애플리케이션에서 라이브러리 형태로 효율적으로 사용해야 합니다.

초기화, 참여, 모델 교환을 포함한 연합학습 클라이언트 설계에 대해 설명했으니 이제 연합학습 클라이언트 라이브러리를 설계하는 방법에 대해 알아보겠습니다.

연합학습 클라이언트 라이브러리 설계

이 장에서는 사용자에게 라이브러리로 제공할 필수 기능을 패키징하는 방법에 대해 설명합니다. 예제에서는 라이브러리로 패키징하는 가장 간단한 방법에 대해 설명합니다. 필요에 따라, 그리고 자체 연합학습 클라이언트 프레임워크의 설계에 따라 이 방법을 확장해야 합니다. 연합학습 클라이언트 모듈을 라이브러리로 패키징하면 개발자는 연합학습 클라이언트의 기능을 로컬 ML 엔진에 쉽게 통합할 수 있습니다.

연합학습 클라이언트를 시작하고 등록할 라이브러리를 정의하는 방법부터 시작해 보겠습니다.

연합학습 클라이언트 코어 스레드 실행

로컬 ML 애플리케이션 개발자가 연합학습 클라이언트 관련 기능을 통합하려면 해당 기능을 스레딩 기능으로 패키징해야 하는 경우가 있습니다.

연합학습 시스템에 에이전트를 등록하는 다음 코드는 asyncio.get_event_loop 함수의 run_until_complete 함수에 participate 함수를 작성합니다:

```
def register_client(self):
    asyncio.get_event_loop().run_until_complete(self.participate())
```

또한 다음 코드 블록에 표시된 것처럼 start_wait_model_server 함수가 패키지화되어 있으며, 여기서 Thread 함수가 상시 실행을 처리합니다. 이렇게 하면 로컬 ML 모듈을 병렬로 실행하고 연합학습 시스템이 push 통신 모드에 있을 때 wait_models 스레드에서 글로벌 모델을 수신할 수 있습니다:

```
def start_wait_model_server(self):
    th = Thread(target = init_client_server,
        args=[self.wait_models, self.agent_ip, self.exch_socket])
th.start()
```

마찬가지로 start_model_exchange_server 함수는 로컬 ML 모듈이 병렬로 실행되는 동안 로컬 모델과 글로벌 모델을 동기화하기 위해 모델 교환 루틴을 실행하는 스레드가 될 수 있습니다. 이 기능을 활성화하려면 다음 start_model_exchange_server 함수를 라이브러리로 호출하기만 하면 됩니다:

```
def start_model_exchange_server(self):
    self.agent_running = True
    th = Thread(target = init_loop, args=[self.model_exchange_routine()])
    th.start()
```

마지막으로, 이 세 가지 함수를 모두 패키징하여 클라이언트 클래스 외부에서 호출할 때 동시에 실행되도록 하는 것이 도움이 될 수 있습니다. 따라서 에이전트 등록, 글로벌 모델 대기, 모델 교환 루틴을 통합하여 연합학습 클라이언트 핵심 기능을 시작하는 start_fl_client와 관련된 다음 코드를 소개합니다:

```
def start_fl_client(self):
    self.register_client()
    if self.is_polling == False:
        self.start_wait_model_server()
    self.start_model_exchange_server()
```

이제 연합학습 클라이언트의 시작이 start_fl_client에 패키지화되었습니다. 다음으로 저장된 ML 모델의 라이브러리를 정의합니다.

글로벌 모델 저장

모델 로드 및 저장 함수는 나중에 '부록, 내부 라이브러리 탐색'에서 설명할 lib/util의 helper 함수에 의해 제공되지만, ML 개발자가 집계기에서 보낸 메시지에서 글로벌 모델을 저장할 수 있는 인터페이스를 제공하는 것이 도움이 됩니다.

다음 save_model_from_message 함수는 에이전트에서 글로벌 모델을 추출하여 저장하고 클라이언트 상태도 gm_ready로 변경하는 함수입니다. 이 함수는 메시지(msg) 및 메시지 위치(MSG_LOC) 정보를 매개변수로 받습니다:

```
def save_model_from_message(self, msg, MSG_LOC):
    data_dict = create_data_dict_from_models(msg[int(MSG_LOC.model_id)],
                msg[int(MSG_LOC.global_models)], msg[int(MSG_LOC.aggregator_id)])
    self.round = msg[int(MSG_LOC.round)]
    save_model_file(data_dict, self.model_path, self.gmfile)
    self.tran_state(ClientState.gm_ready)
```

글로벌 모델, 모델 ID, aggregator ID는 메시지에서 추출되며, create_data_dict_from_models 라이브러리를 사용하여 Dict에 넣습니다. 수신된 메시지를 기반으로 라운드 정보도 업데이트됩니다.

그다음, 수신된 글로벌 모델은 데이터 사전, 모델 경로 및 글로벌 모델 파일 이름을 지정하여 모델을 저장하는 save_model_file 라이브러리를 사용하여 로컬 파일에 저장됩니다.

글로벌 모델을 수신한 후에는 클라이언트 상태를 다음 장에서 설명할 tran_state 함수를 호출하여 글로벌 모델을 로컬 ML에서 활용할 준비가 되었음을 나타내는 상태인 gm_ready로 변경합니다.

글로벌 모델 저장 기능이 정의되었으므로 다음 장에서 클라이언트 상태를 조작하는 방법을 설명하겠습니다.

클라이언트 상태 조작

로컬 및 글로벌 모델을 논리적으로 처리할 수 있도록 클라이언트 상태를 조작하기 위해 코드 내부와 외부에서 모두 접근할 수 있는 read_state 및 tran_state 함수를 준비합니다.

다음 read_state 함수는 model_path로 지정된 위치에 저장된 statefile에 기록된 값을 읽습니다. ClientState의 열거된 값은 클라이언트 상태를 변경하는데 사용됩니다:

```
def read_state(self) -> ClientState:
    return read_state(self.model_path, self.statefile)
```

다음 tran_state 함수는 에이전트의 상태를 변경합니다. 이 코드 샘플에서는 상태가 로컬 상태 파일에만 유지됩니다:

```
def tran_state(self, state: ClientState):
    write_state(self.model_path, self.statefile, state)
```

다음으로 로컬 모델을 집계기로 전송할 수 있는 함수를 정의해 보겠습니다.

로컬 모델의 집계기 송신 함수

다음 비동기 send_models 함수는 로컬에 저장된 모델을 집계기로 전송하는데 사용됩니다:

```
async def send_models(self):
    data_dict, performance_dict = load_model_file(self.model_path, self.lmfile)
    , _, models, model_id = compatible_data_dict_read(data_dict)
    msg = generate_lmodel_update_message(self.id, model_id, models, performance_dict)
await send(msg, self.aggr_ip, self.msend_socket)
    self.tran_state(ClientState.waiting_gm)
```

먼저 load_model_file의 helper 함수를 사용하여 data_dict와 performance_dict를 추출하고, compatible_data_dict_read 함수를 기반으로 data_dict에서 모델과 해당 ID를 가져옵니다. 그 다음, 메시지는 generate_lmodel_update_message 라이브러리와 함께 패키징되어 communication_handler의 send 함수를 통해 집계기로 전송됩니다. 그 후 클라이언트 상태는 tran_state 함수에

의해 waiting_gm으로 변경됩니다. 다시 말하지만, SSL/TSL 프레임워크를 추가하여 통신을 보호할 수 있지만, 여기서는 연합학습 클라이언트 코딩을 단순하게 설명하고 위해 구현하지 않았습니다.

등록 목적으로 초기 기본 모델을 모델 아키텍처의 집계기로 전송하려는 경우 다음 send_initial_model 함수가 호출됩니다. 이 함수는 초기 모델, 샘플 수, 성능 값을 입력으로 받고 이 장의 뒷부분에서 설명하는 setup_sending_model을 호출합니다:

```
def send_initial_model(self, initial_models, num_samples=1, perf_val=0.0):
    self.setup_sending_models(initial_models, num_samples, perf_val)
```

연합학습 주기 동안 학습된 로컬 모델을 집계기로 전송하려는 경우 다음 send_trained_model 함수가 호출됩니다. 이 함수는 학습된 모델, 샘플 수, 성능 값을 입력으로 받고 클라이언트 상태가 gm_ready가 아닌 경우에 setup_sending_model을 호출합니다:

```
def send_trained_model(self, models, num_samples, perf_value):
    state = self.read_state()
    if state == ClientState.gm_ready:
        pass
    else:
        self.setup_sending_models(models, num_samples, perf_value)
```

다음 setup_sending_models 함수는 로컬로 학습된 모델을 집계기로 전송하도록 설정하는 내부 라이브러리 역할을 하도록 설계되었습니다. 이 함수는 모델의 매개변수를 np.array로, 샘플 수를 정수로, 성능 데이터를 실수 값으로 받습니다:

```
def setup_sending_models(self, models, \ num_samples, perf_val):
    model_id = generate_model_id(IDPrefix.agent, self.id, time.time())
    data_dict = create_data_dict_from_models(model_id, models, self.id)
    meta_data_dict = create_meta_data_dict(perf_val, num_samples)
    save_model_file(data_dict, self.model_path, self.lmfile, meta_data_dict)
    self.tran_state(ClientState.sending)
```

기본적으로, 이 함수는 generate_model_id의 helper 함수로 고유한 모델 ID를 생성하고, create_data_dict_from_models의 helper 함수로 생성한 로컬 ML 모델 데이터를 저장하는

data_dict을 생성하고 create_meta_data_dict의 helper 함수로 생성한 성능 데이터 저장은 meta_data_dict를 생성합니다. 그다음, 앞서 언급한 모델 및 성능과 관련된 모든 데이터는 save_model_file 함수를 사용하여 self.model_path로 지정된 위치에 로컬로 저장합니다. 그 다음, mode_exchange_routine 함수가 클라이언트 상태의 변경 사항을 기록하고 학습된 로컬 모델을 집계기로 전송하기 시작할 수 있도록 클라이언트 상태를 전송으로 변경합니다.

이제 ML 모델을 집계기로 전송하는 라이브러리에 대해 알아봤으니, 에이전트 측에서 글로벌 모델을 기다리는 중요한 기능에 대해 알아보겠습니다.

집계기의 글로벌 모델 대기

연합학습 주기를 일관되게 수행하려면 다음 wait_for_global_model 함수가 매우 중요합니다:

```
def wait_for_global_model(self):
    while (self.read_state() != ClientState.gm_ready):
        time.sleep(5)
    data_dict, _ = load_model_file(self.model_path, self.gmfile)
    global_models = data_dict['models']
    self.tran_state(ClientState.training)
    return global_models
```

이 함수는 클라이언트 상태가 gm_ready가 될 때까지 기다리는 것이 원칙입니다. 클라이언트 상태가 gm_ready로 전환되는 것은 에이전트 측에서 글로벌 모델을 수신할 때 발생합니다. 클라이언트 상태가 gm_ready로 변경되면 load_model_file 함수로 추출한 data_dict에서 글로벌 모델을 로드하고 클라이언트 상태를 학습으로 변경한 다음 글로벌 모델을 로컬 ML 모듈로 반환합니다.

지금까지 연합학습 클라이언트 함수 라이브러리를 설계하는 방법에 대해 설명했습니다. 다음 장에서는 이러한 라이브러리를 로컬 ML 프로세스에 통합하는 방법에 대해 설명하겠습니다.

연합학습 시스템의 로컬 머신러닝 엔진 통합

연합학습 클라이언트 라이브러리를 로컬 ML 엔진에 성공적으로 통합하는 것은 나중에 분산 환경에서 연합학습을 실행하는데 핵심적인 역할을 합니다.

그림 5.2에 표시된 것처럼 GitHub 레포지토리(https://github.com/tie-set/simple-fl)의 examples/minimal 디렉토리에 있는 minimal_MLEngine.py 파일은 연합학습 클라이언트 라이브러리를

최소한의 ML 엔진 패키지에 통합하는 예제를 제공합니다:

그림 5.2 최소한의 ML 엔진 패키지

다음 장에서는 로컬 ML 엔진으로 가져와야 하는 라이브러리에 대해 설명합니다.

로컬 머신러닝 엔진 라이브러리

다음 코드는 numpy, time, Dict와 같은 일반 라이브러리를 먼저 정의합니다. 이 프로세스의 핵심은 fl_main.agent 디렉토리의 client.py 파일에서 클라이언트를 가져오는 것입니다. 이렇게 하면 개발자는 연합학습 시스템 내부의 코드에 대해 너무 많이 알 필요 없이 '연합학습 클라이언트 라이브러리 설계' 장에서 설명한 대로 라이브러리로 정의된 중요한 기능만 호출하면 됩니다.

이 책에서는 pip 설치 패키징에 대해서는 다루지 않지만, private 또는 public PyPI 서버로 클라이언트 코드를 호스팅할 수 있습니다:

```
import numpy as np
import time, logging, sys
from typing import Dict
from fl_main.agent.client import Client
```

필요한 라이브러리를 가져온 후 로컬 학습 및 테스트를 위해 정의된 함수를 살펴보겠습니다.

머신러닝 모델, 학습, 테스트 함수 정의

먼저 연합학습 시스템에 통합할 모델, 학습 및 테스트 함수를 정의합니다. 이 코드 예제에서는 더미 모델과 학습/테스트 함수를 사용하여 사용자가 특정 ML 복잡성에 구애받지 않고 최소한의 연합학습 절차를 이해할 수 있도록 할 것입니다.

다음 init_models 함수는 ML 모델 구조를 알려주는 모델 템플릿(Dict 형식)을 반환합니다. 모델을 반드시 학습시킬 필요는 없습니다. 이 경우 모델에는 model1과 model2로 정의된 두 개의 레이어가 있으며, 다음과 같이 각 레이어에 임의의 NumPy 배열이 할당됩니다:

```
def init_models() -> Dict[str,np.array]:
    models = dict()
    models['model1'] = np.array([[1, 2, 3], [4, 5, 6]])
    models['model2'] = np.array([[1, 2], [3, 4]])
    return models
```

모델을 초기화한 후에는 각 ML 애플리케이션의 자리 표시자 함수가 될 수 있는 다음 학습 함수를 설계합니다:

```
def training(models: Dict[str,np.array], init_flag: bool = False) -> Dict[str,np.array]:
    # return templates of models to tell the structure
    # This model is not necessarily actually trained
    if init_flag:
        return init_models()
    # ML Training. In this example, no actual training.
    models = dict()
    models['model1'] = np.array([[1, 2, 3], [4, 5, 6]])
    models['model2'] = np.array([[1, 2], [3, 4]])
    return models
```

이 함수의 로직은 모델을 입력으로 받고, 학습시키고, 학습된 로컬 모델을 반환하는 순서로 이루어져야 합니다. 입력 매개변수로 Dict[str,np.array] 형식의 모델과 초기화 단계인지 아닌지를 나타내는 init_flag bool 값을 받습니다.

미리 정의된 init_models를 호출하고 반환하려는 경우 init_flag는 True이고 실제 학습 단계의 경우는 False입니다. 이 함수는 예제에서 Dict[str,np.array] 형식의 Dict를 사용하여 NumPy 배열로 분해된 학습된 모델을 반환합니다. 이 더미 예시에서는 실제 학습 과정을 생략한 더미 모델을 제공합니다.

그 다음, 모델 세트와 테스트 데이터셋이 주어지면 모델의 성능을 계산하는 다음 compute_performance 함수를 설계합니다:

```
def compute_performance(models: Dict[str,np.array], testdata) -> float:
    # replace with actual performance computation logic
    accuracy = 0.5
    return
```

이 예제에서는 간단하게 하기 위해 더미 정확도 값인 0.5만 지정했습니다. 그 다음, 다음과 같이 judge_termination 함수를 정의하여 학습 프로세스를 완료하고 연합학습 프로세스를 종료하는 기준을 결정할 수 있습니다:

```
def judge_termination(training_count: int = 0, global_arrival_count: int = 0) -> bool:
    # Depending on termination criteria, change the return bool value
    # Call a performance tracker to check
    # if the current models satisfy the required performance
return True
```

이 종료 조건을 설계하는 방법은 사용자에게 달려 있습니다. 이 함수는 완료된 학습 프로세스 수(training_count), 글로벌 모델을 수신한 횟수(global_arrival_count) 등의 매개변수를 받아 연합학습 프로세스를 계속 진행하면 플래그가 True이고 중지하면 False인 bool 값을 반환합니다. 여기서는 True bool 값을 반환하므로 에이전트가 이 함수 외부에서 강제로 중지되지 않는 한 연합학습 프로세스가 중지되지 않습니다.

테스트 데이터를 준비해야 하는 경우 prep_test_data와 같은 함수를 정의할 수 있습니다:

```
def prep_test_data():
    testdata = 0
    return
```

이 예제에서는 0으로 설정되어 있습니다. 이제 테스트 및 학습에 필요한 기능이 정의되었으므로 클라이언트 라이브러리를 로컬 ML 엔진에 통합하여 집계기 및 데이터베이스와 같은 연합학습 서버의 구성 요소와 함께 작동하는 연합학습 에이전트를 실행합니다.

로컬 머신러닝 엔진의 클라이언트 라이브러리 통합

이제 모델, 학습 및 테스트 함수가 더미 변수로 설정되었지만 첫 번째 연합학습 프로세스를 시작할 준비가 모두 완료되었습니다. 가장 먼저 해야 할 일은 다음과 같이 클라이언트 인스턴스를 생성하여 해당 라이브러리를 호출하는 것입니다:

```
# Step1: Create Client instance
cl = Client()
```

둘째, 다음과 같이 학습 함수를 사용하여 initial_models를 생성합니다:

```
# Step2: Create template models (to tell the shapes)
initial_models = training(dict(), init_flag=True)
```

그 후, 초기 모델을 매개변수로 사용하여 cl.send_initial_model을 호출하여 initial_models을 연합학습 집계기로 보냅니다:

```
# Step3: Send initial models
cl.send_initial_model(initial_model)
```

그다음, cl.start_fl_client()를 호출하여 클라이언트 연합학습 프로세스를 시작하겠습니다. 앞서 '연합학습 클라이언트 코어 스레드 시작하기' 장에서 설명한 대로 이 함수는 에이전트 등록, 글로벌 모델 대기, 모델 교환 루틴의 세 가지 프로세스를 동시에 시작할 수 있습니다:

```
# Step4: Start the FL client
cl.start_fl_client()
```

그다음, 다음과 같이 여러 연합학습 클라이언트 라이브러리를 효과적으로 통합하여 로컬 학습/테스트 및 모델 송/수신에 대한 클라이언트의 연합학습 주기를 설계합니다:

```
# Step5: Run the local FL loop
training_count, gm_arrival_count = 0, 0
while judge_termination(training_count, gm_arrival_count):
    global_models = cl.wait_for_global_model()
    gm_arrival_count += 1
    global_model_performance_data = compute_performance(global_models, prep_test_data())
    models = training(global_models)
    training_count += 1
    perf_value = compute_performance(models, prep_test_data())
    cl.send_trained_model(models, 1, perf_value)
```

시스템이 루프를 벗어나야 하는지 여부를 확인하기 위해 while 루프와 judge_termination 함수를 사용합니다. training_count 및 gm_arrival_count를 사용하여 연합학습 사이클의 종료를 판단하는 것은 사용자의 몫입니다. 그다음, 에이전트는 cl.wait_for_global_model()을 사용하여 글로벌 모델을 기다립니다. 집계기에서 글로벌 모델이 도착하면 global_models를 추출하고 gm_arrival_count를 증가시킨 다음 wait_for_global_model 함수의 클라이언트 상태를 학습 상태로 설정합니다. 다음으로, global_model_performance_data는 compute_performance을 사용하여 계산됩니다. 함수를 호출하여 global_models 및 prep_test_data를 입력으로 받습니다. 학습 상태에서 training(global_models)을 실행하는 동안 클라이언트는 집계기로부터 새로운 글로벌 모델을 받을 수 있습니다. 이 시나리오는 클라이언트의 로컬 학습이 너무 느려서 집계기가 다른 로컬 모델을 활용하여 새로운 글로벌 모델 세트를 만들기로 결정한 경우에 발생합니다. 새 글로벌 모델이 이미 에이전트에게 도착한 경우 클라이언트의 상태가 gm_ready로 변경되고 현재 학습 중인 ML 모델은 폐기됩니다. training(global_models)에 의해 생성된 모델로 로컬 학습 단계가 완료되면 에이전트는 training_count를 증가시키고 compute_performance 함수를 사용하여 현재 ML 모델의 성능 데이터인 perf_value를 계산합니다. 그 다음, 에이전트는 학습된 모델과 이전에 계산된 성능 값을 매개변수로 사용하여 cl.send_trained_model을 통해 학습된 로컬 모델을 집계기에 업로드하려고 시도합니다. send_trained_model 함수에서 클라이언트 상태는 전송으로 설정됩니다. 클라이언트의 model_exchange_routine이 전송 상태로 상태가 전환되는 것을 관찰하면 학습된 로컬 모델(바이너리 파일로 저장)을 집계기로 전송합니다. 모델을 전송한 후에는 send_models 함수의 waiting_gm 상태로 돌아갑니다. 로컬 모델을 전송한 후 집계기는 업로드된 로컬 모델을 버퍼에 저장하고 에이전트가 로컬 모델을 충분히 업로드할 때까지 또 다른 라운드의 글로벌 모델 통합을 기다립니다. 다음 장에서는 이미지 분류 ML을 앞서 설명한 연합학습 시스템에 통합하는 방법에 대해 간략하게 설명하겠습니다.

연합학습 시스템의 이미지 분류 통합 예제

최소한의 예제를 통해 연합학습 프로세스를 시작하는 방법에 대해 알아보았습니다. 이 장에서는 CNN을 사용한 이미지 분류를 통한 연합학습의 간단한 예시를 보여드리겠습니다.

먼저, 그림 5.3과 같이 이미지 분류 예제 코드가 포함된 패키지는 GitHub(https://github.com/tie-set/simple-fl)의 examples/image_classification/ 디렉토리에서 찾을 수 있습니다:

그림 5.3 이미지 분류 패키지

이미지 분류 알고리즘을 연합학습 시스템에 통합하는 주요 코드는 classification_engine.py 파일입니다.

라이브러리를 가져올 때 이미지 분류 알고리즘과 관련된 CNN 모델, 변환기 함수 및 데이터 관리자가 포함된 몇 가지 추가 파일을 사용합니다. 자세한 내용은 GitHub(https://github.com/tie-set/simple-fl)에서 확인할 수 있습니다.

다음으로, 앞서 설명한 연합학습 코드에서 몇 가지 표준 ML 라이브러리와 클라이언트 라이브러리를 정의해 보겠습니다:

```
import logging
import numpy as np
import torch
import torch.nn as nn
import torch.optim as optim
from typing import Dict
from .cnn import Net
from .conversion import Converter
from .ic_training import DataManger, execute_ic_training
from fl_main.agent.client import Client
```

이 경우, TrainingMetaData를 정의하는데, 이 함수는 집계기로 전송되어 FedAvg 알고리즘을 수행할 때 사용될 학습 데이터의 양만 제공합니다. 집계 알고리즘은 '4장, 파이썬에서 연합학습 서버 구현'과 '7장, 모델 통합'에서 설명했습니다.

```
class TrainingMetaData:
    # The number of training data used for each round
    # This will be used for the weighted averaging
```

```
    # Set to a natural number > 0
    num_training_data = 8000
```

이제 init_models 함수의 콘텐츠가 NumPy 배열로 변환된 CNN으로 대체됩니다. 이 함수는 구조를 파악하기 위해 CNN의 템플릿을 dict 형식으로 반환합니다:

```
def init_models() -> Dict[str,np.array]:
    net = Net()
    return Converter.cvtr().convert_nn_to_dict_nparray(net)
```

학습 함수인 training은 이제 CIFAR-10 데이터셋을 사용한 실제 학습 알고리즘으로 채워집니다. 이 함수는 모델과 init_flag를 매개변수로 받아 학습된 모델을 Dict[str,np.array]로 반환합니다. init_flag는 bool 값으로, 초기 단계에 있으면 True이고 실제 학습 단계에 있으면 False입니다. 학습 데이터를 준비할 때 배치 크기 때문에 학습에 특정 임계값을 사용합니다. 여기서는 임계값은 4를 사용합니다. 그 다음, net = Converter.cvtr().convert_ dict_nparray_to_nn(models)을 사용하여 CNN 기반 클러스터 글로벌 모델을 생성합니다.

손실 함수와 옵티마이저를 다음과 같이 정의합니다:

```
criterion = nn.CrossEntropyLoss()
optimizer = optim.SGD(net.parameters(), lr=0.001, momentum=0.9)
```

그다음, 실제 학습은 trained_net = execute_ic_training(DataManger.dm(), net, criterion, optimizer)으로 수행되며, 이미지 분류 학습의 실제 코드는 ic_training.py 파일에서 확인할 수 있습니다.

학습이 끝나면 변환된 모델이 반환됩니다. 알고리즘은 다음과 같이 같습니다:

```
def training(models: Dict[str,np.array], init_flag: bool=False) -> Dict[str,np.array]:
    if init_flag:
        DataManger.dm(int(TrainingMetaData.num_training_data / 4))
    return init_models()
    net = Converter.cvtr().convert_dict_nparray_to_nn(models)
    criterion = nn.CrossEntropyLoss()
    optimizer = optim.SGD(net.parameters(), lr=0.001, momentum=0.9)
```

```
    trained_net = execute_ic_training(DataManger.dm(), net, criterion, optimizer)
    models = Converter.cvtr().convert_nn_to_dict_nparray(trained_net)
    return models
```

정확도를 계산하는 알고리즘은 다음과 같이 간단하며, 결과의 수를 전체 레이블의 수로 나누기만 하면 됩니다. 이 함수는 주어진 모델 세트와 테스트 데이터셋을 사용하여 모델과 테스트 데이터를 매개변수로 모델의 성능을 계산합니다:

```
def compute_performance(models: Dict[str,np.array], testdata, is_local: bool) -> float:
    # Convert np arrays to a CNN
    net = Converter.cvtr().convert_dict_nparray_to_nn(models)
    correct, total = 0, 0
    with torch.no_grad():
        for data in DataManger.dm().testloader:
            images, labels = data
            _, predicted = torch.max(net(images).data, 1)
            total += labels.size(0)
            correct += (predicted == labels).sum().item()
    acc = float(correct) / total
    return acc
```

judge_termination 및 prep_test_data 함수는 최소 예제의 함수와 동일합니다.

클라이언트 라이브러리 통합 IC 예제

이제 이미지 분류 알고리즘을 시작할 준비가 모두 완료되었으며, 앞의 기능을 통합하는 모든 코드는 이전의 클라이언트 라이브러리를 로컬 ML 엔진에 통합하기 장에서 사용한 것과 동일합니다. classification_engine.py 파일을 살펴보고 실제 전송할 데이터 샘플 수를 표시하는 부분을 제외하고는 코드가 동일한지 확인하시길 바랍니다. 이렇게 하면 앞의 함수를 다시 작성하는 것만으로 로컬 ML 애플리케이션을 여기서 설명한 연합학습 시스템에 쉽게 연결할 수 있습니다. 이 장에서 설명한 코드를 실행한 결과를 확인하려면 '6장, 연합학습 시스템 실행 및 결과 분석'장을 참조하시길 바랍니다.

요약

이 장에서는 연합학습 클라이언트 구현에 대해 설명했습니다. 연합학습 프로세스에 참여하고,

push 또는 polling 메커니즘을 통해 집계기에서 전송된 글로벌 모델을 수신하고, 로컬 학습 프로세스를 거친 후 로컬 모델을 집계기로 전송하는 세 가지 기본적이지만 중요한 기능이 있습니다. 연합학습 집계기와 협력하는 클라이언트 ML 엔진을 효과적으로 구현하려면 클라이언트 상태를 이해하는 것이 중요합니다. 클라이언트 상태에는 글로벌 모델을 기다리는 상태, 로컬 학습이 진행 중임을 나타내는 상태, 로컬 모델을 전송할 준비가 된 상태, 업데이트된 글로벌 모델을 보유한 상태가 포함됩니다. 또한 ML 개발자와 엔지니어에게 사용자 친화적인 인터페이스를 제공하기 위해 핵심 기능을 효과적으로 패키징해야 하는 연합학습 클라이언트 라이브러리의 설계 철학에 대해서도 논의했습니다. 마지막으로 연합학습 클라이언트 라이브러리를 사용하여 로컬 ML 엔진을 연합학습 시스템에 통합하는 방법을 배웠는데, 최소한의 더미 예제와 이미지 분류 예제를 사용하여 통합 프로세스 자체를 이해했습니다. 다음 장에서는 이 장과 이전 장에서 소개한 코드를 실제로 실행하여 최소한의 예제와 IC 예제를 통해 통합된 모델에서 어떤 일이 일어나는지 살펴볼 것입니다.

제6장
연합학습 시스템 실행 및 결과 분석

이 장에서는 이전 장에서 설명한 **연합학습(Federated Learning, FL)** 시스템을 실행하고 시스템 동작과 통합된 모델의 결과를 분석합니다. 먼저 시스템을 제대로 실행하기 위한 연합학습 시스템 구성 요소의 구성에 대해 설명하겠습니다. 기본적으로 GitHub 샘플에서 제공하는 간단한 연합학습 시스템을 설치한 후, 먼저 데이터베이스와 집계기 모듈을 실행할 서버 머신 또는 인스턴스를 선택해야 합니다. 그 다음, 에이전트를 실행하여 이미 실행 중인 집계기에 연결할 수 있습니다. 각 에이전트 구성에서 집계기의 IP 주소가 올바르게 설정되어 있어야 합니다. 또한 시뮬레이션 모드가 있어 동일한 컴퓨터나 노트북에서 모든 구성 요소를 실행하여 연합학습 시스템의 기능을 테스트할 수 있습니다. 연합학습 시스템의 모든 모듈을 성공적으로 실행하면 데이터베이스 서버와 에이전트에서 설정한 경로에 생성된 데이터 디렉토리와 데이터베이스를 볼 수 있습니다. 학습 및 통합된 로컬 모델과 글로벌 모델을 모두 확인할 수 있으므로 데이터 디렉토리에서 최근 모델이나 가장 성과가 좋은 모델을 다운로드할 수 있습니다.

또한 최소한의 엔진과 이미지 분류로 연합학습 시스템을 실행한 예시도 확인할 수 있습니다. 생성된 모델의 결과와 성능 데이터를 검토함으로써 집계 알고리즘은 물론 모델 통합과 에이전트 간의 실제 모델 상호 작용을 이해할 수 있습니다.

이 장에서는 다음과 같은 주요 주제를 다룹니다:

- 연합학습 시스템 구성 및 실행
- 최소 개수의 에이전트 동작 이해
- 이미지 분류 실행 및 결과 분석

기술 요구 사항

이 장에서 소개하는 모든 코드 파일은 GitHub(https://github.com/tie-set/simple-fl)에서 찾을 수 있습니다.

> **중요 참고 사항**
> 코드 파일은 개인 또는 교육 목적으로 사용할 수 있습니다. 상업적 용도의 배포는 지원하지 않으며, 코드 사용으로 인해 발생하는 오류, 문제 또는 손해에 대해 책임을 지지 않는다는 점에 유의하시길 바랍니다.

연합학습 시스템 구성 및 실행

연합학습 시스템을 구성하고 환경을 설치하는 것은 간단합니다. 다음 하위 장의 가이드를 참고하세요.

연합학습 환경 설치

먼저 이전 장에서 설명한 연합학습 시스템을 실행하려면 다음 명령을 사용하여 다음 레포지토리에 연합학습을 실행하려는 머신에 다운로드 또는 클론합니다:

```
git clone https://github.com/tie-set/simple-fl
```

클론 프로세스가 완료되면 명령줄에서 디렉토리를 simple-fl 디렉토리로 변경합니다. 시뮬레이션 실행은 한 대의 시스템 또는 여러 대의 시스템을 사용하여 수행할 수 있습니다. 연합학습 서버인 집계기(Aggregator), 연합학습 클라이언트(Agent), 데이터베이스 서버가 포함된 하나 또는 여러 대의 시스템에서 연합학습 프로세스를 실행하려면 콘다 가상 환경을 생성하고 이를 활성화해야 합니다.

macOS에서 콘다 환경을 만들려면 다음 명령을 입력해야 합니다:

```
conda env create -n federatedenv -f ./setups/federatedenv.yaml
```

Linux 머신을 사용하는 경우 다음 명령을 사용하여 콘다 환경을 만들 수 있습니다:

```
conda env create -n federatedenv -f ./setups/federatedenv_linux.yaml
```

그 다음, 코드를 실행할 때 콘다 환경 federatedenv를 활성화합니다. 참고로, federatedenv.yaml 및 federatedenv_linux.yaml 파일은 simple-fl GitHub 레포지토리 설정 디렉토리에서 찾을 수 있으며 이 책의 코드 예제에서 사용된 라이브러리를 포함합니다.

GitHub 레포지토리의 README 파일에 명시된 대로 실행해야 할 구성 요소는 크게 데이터베이스 서버, 집계기, 에이전트의 세 가지입니다. 하나의 머신 내에서 시뮬레이션을 수행하려면 해당 머신에 conda 기반의 가상환경(federatedenv)을 설치하면 됩니다.

분산 환경을 만들려면 클라우드 인스턴스의 데이터베이스 서버, 클라우드 인스턴스의 집계기 서버, 로컬 클라이언트 머신 등 사용하려는 모든 머신에 가상환경을 설치해야 합니다.

이제 전체 연합학습 프로세스에 대한 설치 프로세스가 준비되었으므로 구성 파일을 사용하여 연합학습 시스템을 구성해 보겠습니다.

JSON 파일을 이용한 각 요소에 대한 연합학습 시스템의 구성

먼저 제공된 GitHub 레포지토리의 설정 디렉토리에서 구성 JSON 파일을 편집합니다. 데이터베이스 서버, 집계기 및 에이전트가 JSON 파일을 읽어서 초기 설정을 구성합니다. 구성 세부사항은 다음과 같이 설명되어 있습니다.

config_db.json

config_db.json 파일은 데이터베이스 서버 구성을 다룹니다. 서버를 올바르게 작동하려면 다음 정보를 참조하시길 바랍니다:

- db_ip: 데이터베이스 서버의 IP 주소(예: localhost). AWS(Amazon Web Services) EC2 인스턴스와 같은 클라우드 인스턴스에서 데이터베이스 서버를 실행하려는 경우 인스턴스의 비공개 IP 주소를 지정
- db_socket: 데이터베이스와 모델 통합 간에 사용되는 소켓 번호(예: 9017).
- db_name: SQLite 데이터베이스의 이름(예: sample_data).
- db_data_path: SQLite 데이터베이스의 경로(예: ./db).
- db_model_path: 모든 머신러닝(Machine Learning, ML) 모델을 저장할 디렉토리 경로 (예: ./db/models)

config_aggregator.json

config_aggregator.json 파일은 연합학습 서버에서 집계기를 구성하는 방법을 다룹니다. 다음 정보를 사용하여 집계기를 올바르게 작동하시길 바랍니다:

- aggr_ip: 집계기의 IP 주소(예: localhost). AWS EC2 인스턴스와 같은 클라우드 인스턴스에서 집계기 서버를 실행하려는 경우 인스턴스의 프라이빗 IP 주소를 지정
- db_ip: 데이터베이스 서버의 IP 주소(예: localhost). 다른 클라우드 인스턴스에서 호스팅되는 데이터베이스 서버에 연결하려는 경우 데이터베이스 인스턴스의 공인 IP 주소를 지정. 데이터베이스 서버를 집계기 인스턴스와 동일한 클라우드 인스턴스에서 호스팅하는 경우, 인스턴스의 동일한 프라이빗 IP 주소를 지정
- reg_socket: 에이전트가 집계기에 처음 연결할 때 사용하는 소켓 번호(예: 8765)
- recv_socket: 에이전트에서 집계기로 로컬 모델 또는 polling을 업로드하는데 사용되는 소켓 번호. 에이전트는 집계기와 통신하여 이 소켓 정보를 학습(예: 7890)
- exch_socket: push 메서드가 사용될 때 집계기에서 에이전트에게 글로벌 모델을 다시 보내는 데 사용되는 소켓 번호. 에이전트는 집계기와 통신하여 이 소켓 정보를 학습(예: 4321)
- db_socket: 데이터베이스와 모델 통합 간에 사용되는 소켓 번호(예: 9017)
- round_interval: 에이전트가 모델 통합 단계를 시작하기에 충분한 모델이 있는지 확인하는 기간(단위: 초, 예: 5)
- aggregation_threshold: 모델 통합 단계를 시작하는데 필요한 수집된 로컬 모델의 백분율(예: 0.85)
- polling: polling 방법을 사용할지 여부를 지정하는 플래그. 플래그가 1이면 polling 메서드를 사용하고, 플래그가 0이면 push 메서드를 사용. 이 값은 집계기와 에이전트 간에 동일해야 함.

config_agent.json

config_agent.json 파일은 연합학습 클라이언트에서 에이전트 구성을 다룹니다. 에이전트를 올바르게 작동하려면 다음 정보를 사용하시길 바랍니다:

- aggr_ip: 집계기 서버의 IP 주소(예: localhost). AWS EC2 인스턴스와 같은 클라우드 인스턴스에서 호스팅되는 집계기 서버에 연결하려는 경우 집계기 인스턴스의 공인 IP 주소를

지정

- reg_socket: 에이전트가 처음으로 집계기에 가입할 때 사용하는 소켓 번호(예: 8765).
- model_path: 로컬 및 글로벌 모델과 일부 상태 정보를 저장할 에이전트 컴퓨터의 로컬 경로(예: ./data/agents)
- local_model_file_name: 에이전트 컴퓨터에 로컬 모델을 저장할 파일 이름(예: lms.binaryfile).
- global_model_file_name: 에이전트 컴퓨터에 로컬 모델을 저장할 파일 이름(예: gms.binaryfile).
- state_file_name: 에이전트 컴퓨터에 에이전트 상태를 저장할 파일 이름(예: state).
- init_weights_flag: 가중치가 특정 값으로 초기화되면 1, 그렇지 않으면 0으로 초기화되며 가중치는 0으로 초기화
- polling: polling 방법을 사용할지 여부를 지정하는 플래그. 플래그가 1이면 polling 메서드를 사용하고, 플래그가 0이면 push 메서드를 사용. 이 값은 집계기와 에이전트 간에 동일해야 함

이제 이 장에서 설명한 구성 파일을 사용하여 연합학습 시스템을 구성할 수 있습니다. 다음으로 연합학습 서버 측에서 데이터베이스와 집계기를 실행합니다.

연합학습 서버에서 데이터베이스 및 집계기 실행

이 장에서는 연합학습 서버 측에서 데이터베이스와 집계기를 구성합니다. 그다음, simple-fl의 GitHub 레포지토리의 설정 디렉토리에서 구성 파일을 편집합니다. 그다음, 다음과 같이 pseudo_db를 먼저 실행한 다음 server_th를 실행합니다:

```
python -m fl_main.pseudodb.pseudo_db
python -m fl_main.aggregator.server_th
```

중요 참고 사항

데이터베이스 서버와 집계기 서버가 서로 다른 컴퓨터에서 실행 중인 경우 데이터베이스 서버 또는 집계기 인스턴스의 IP 주소를 지정해야 합니다. 데이터베이스 서버의 IP 주소는 설정 디렉토리의 config_aggregator.json 파일에서 수정할 수 있습니다. 또한 데이터베이스 및 집계기 인스턴스가 모두 퍼블릭 클라우드 환경에서 실행되는 경우, 해당 서버의 구성 파일의 IP 주소는 프라이빗 IP 주소여야 합니다. 에이전트는 공용 IP 주소를 사용하여 집계기에 연결해야 하며, 인바운드 메시지를 수신할 수 있도록 연결 소켓(포트 번호)이 열려 있어야 합니다.

데이터베이스 및 집계기 서버를 시작하면 콘솔에 다음과 같은 메시지가 표시됩니다:

```
# Database-side Console Example
INFO:root:--- Pseudo DB Started ---
```

콘솔의 집계기 부분에 다음과 같은 내용이 표시됩니다:

```
# Aggregator-side Console Example
INFO:root:--- aggregator Started ---
```

집계기 서버 뒤에서 모델 합성 모듈이 5초마다 실행되며, 수집된 로컬 모델의 수가 집계기 임계값이 정의한 수보다 많은지 확인하기 시작합니다.

이제 데이터베이스 및 집계기 모듈을 실행하고 연합학습 클라이언트로 최소한의 예제를 실행할 준비가 되었습니다.

연합학습 클라이언트의 예제 실행

이전 장에서는 로컬 ML 엔진을 연합학습 시스템에 통합하는 방법에 대해 설명했습니다. 여기서는 실제 학습 데이터가 없는 최소한의 샘플을 사용하여 앞서 설명한 연합학습 시스템을 실행해 보겠습니다. 이로써 최소한의 예제는 로컬에 분산된 ML 엔진을 구현할 때 템플릿으로 사용할 수 있습니다.

최소한의 예제를 실행하기 전에 데이터베이스 및 집계기 서버가 이미 실행 중인지 확인해야 합니다. 그다음, 명령을 실행합니다:

```
python -m examples.minimal.minimal_MLEngine
```

이 경우 최소한의 ML 엔진이 있는 에이전트 하나만 연결됩니다. 따라서 이 기본 에이전트가 로컬 모델을 업로드할 때마다 모델 통합이 이루어집니다. 집계기 서버가 다른 컴퓨터에서 실행 중인 경우 집계기 서버 또는 인스턴스의 공인 IP 주소를 지정해야 합니다. 집계기의 IP 주소는 설정 디렉토리의 config_agent.json 파일에서 수정할 수 있습니다. 또한 클라우드 인스턴스에서 집계기와 데이터베이스를 실행할 때는 polling 플래그를 1로 설정하는 것이 좋습니다.

그림 6.1은 데이터베이스 서버를 실행할 때의 콘솔 화면의 예입니다:

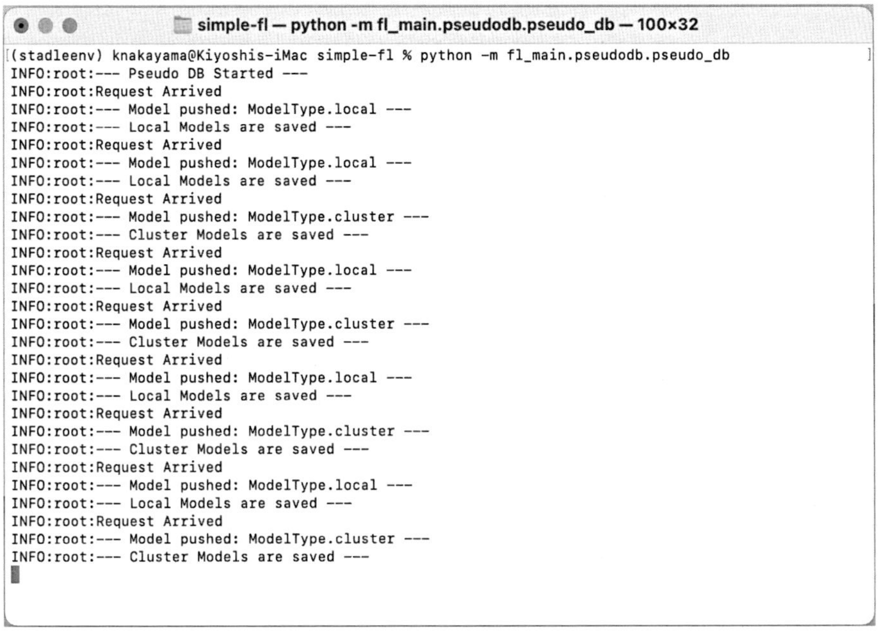

```
simple-fl — python -m fl_main.pseudodb.pseudo_db — 100×32
(stadleenv) knakayama@Kiyoshis-iMac simple-fl % python -m fl_main.pseudodb.pseudo_db
INFO:root:--- Pseudo DB Started ---
INFO:root:Request Arrived
INFO:root:--- Model pushed: ModelType.local ---
INFO:root:--- Local Models are saved ---
INFO:root:Request Arrived
INFO:root:--- Model pushed: ModelType.local ---
INFO:root:--- Local Models are saved ---
INFO:root:Request Arrived
INFO:root:--- Model pushed: ModelType.cluster ---
INFO:root:--- Cluster Models are saved ---
INFO:root:Request Arrived
INFO:root:--- Model pushed: ModelType.local ---
INFO:root:--- Local Models are saved ---
INFO:root:Request Arrived
INFO:root:--- Model pushed: ModelType.cluster ---
INFO:root:--- Cluster Models are saved ---
INFO:root:Request Arrived
INFO:root:--- Model pushed: ModelType.local ---
INFO:root:--- Local Models are saved ---
INFO:root:Request Arrived
INFO:root:--- Model pushed: ModelType.cluster ---
INFO:root:--- Cluster Models are saved ---
INFO:root:Request Arrived
INFO:root:--- Model pushed: ModelType.local ---
INFO:root:--- Local Models are saved ---
INFO:root:Request Arrived
INFO:root:--- Model pushed: ModelType.cluster ---
INFO:root:--- Cluster Models are saved ---
```

그림 6.1 데이터베이스 측 콘솔의 예시

그림 6.2는 집계기를 실행할 때의 콘솔 화면의 예입니다:

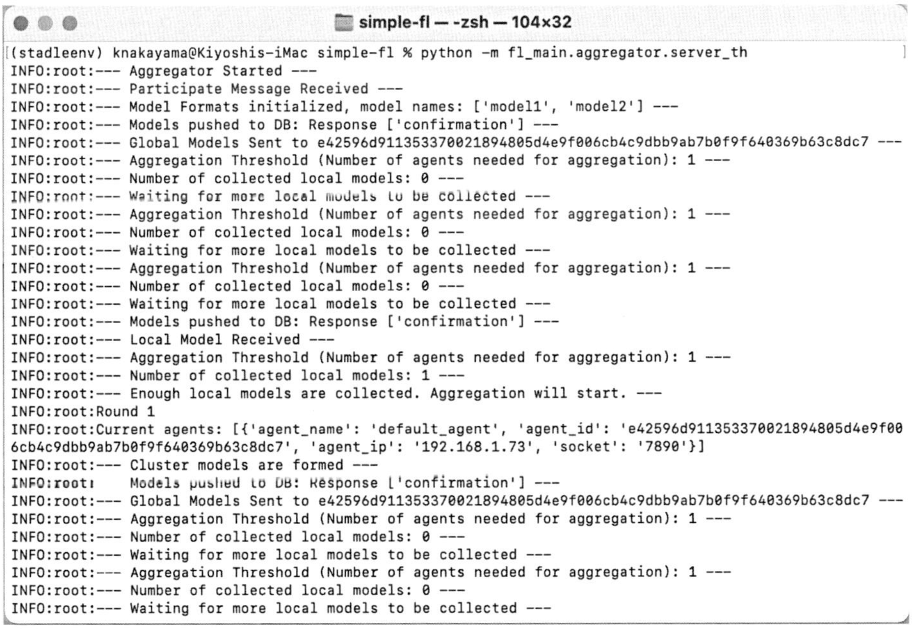

```
simple-fl — -zsh — 104×32
(stadleenv) knakayama@Kiyoshis-iMac simple-fl % python -m fl_main.aggregator.server_th
INFO:root:--- Aggregator Started ---
INFO:root:--- Participate Message Received ---
INFO:root:--- Model Formats initialized, model names: ['model1', 'model2'] ---
INFO:root:--- Models pushed to DB: Response ['confirmation'] ---
INFO:root:--- Global Models Sent to e42596d911353370021894805d4e9f006cb4c9dbb9ab7b0f9f640369b63c8dc7 ---
INFO:root:--- Aggregation Threshold (Number of agents needed for aggregation): 1 ---
INFO:root:--- Number of collected local models: 0 ---
INFO:root:--- Waiting for more local models to be collected ---
INFO:root:--- Aggregation Threshold (Number of agents needed for aggregation): 1 ---
INFO:root:--- Number of collected local models: 0 ---
INFO:root:--- Waiting for more local models to be collected ---
INFO:root:--- Aggregation Threshold (Number of agents needed for aggregation): 1 ---
INFO:root:--- Number of collected local models: 0 ---
INFO:root:--- Waiting for more local models to be collected ---
INFO:root:--- Models pushed to DB: Response ['confirmation'] ---
INFO:root:--- Local Model Received ---
INFO:root:--- Aggregation Threshold (Number of agents needed for aggregation): 1 ---
INFO:root:--- Number of collected local models: 1 ---
INFO:root:--- Enough local models are collected. Aggregation will start. ---
INFO:root:Round 1
INFO:root:Current agents: [{'agent_name': 'default_agent', 'agent_id': 'e42596d911353370021894805d4e9f00
6cb4c9dbb9ab7b0f9f640369b63c8dc7', 'agent_ip': '192.168.1.73', 'socket': '7890'}]
INFO:root:--- Cluster models are formed ---
INFO:root:--- Models pushed to DB: Response ['confirmation'] ---
INFO:root:--- Global Models Sent to e42596d911353370021894805d4e9f006cb4c9dbb9ab7b0f9f640369b63c8dc7 ---
INFO:root:--- Aggregation Threshold (Number of agents needed for aggregation): 1 ---
INFO:root:--- Number of collected local models: 0 ---
INFO:root:--- Waiting for more local models to be collected ---
INFO:root:--- Aggregation Threshold (Number of agents needed for aggregation): 1 ---
INFO:root:--- Number of collected local models: 0 ---
INFO:root:--- Waiting for more local models to be collected ---
```

그림 6.2 집계기 측 콘솔의 예시

그림 6.3은 에이전트를 실행할 때의 콘솔 화면의 예입니다:

```
simple-fl — -zsh — 100×32
(stadleenv) knakayama@Kiyoshis-iMac simple-fl % python -m examples.minimal.minimal_MLEngine
INFO:root:--- This is a minimal example ---
INFO:root:--- Agent initialized ---
INFO:root:--- Your IP is 192.168.1.73 ---
INFO:root:--- Model template generated ---
INFO:root:--- Local (Initial/Trained) Models saved ---
INFO:root:--- Client State is now sending ---
INFO:root:--- Init Response: [<AggMsgType.welcome: 0>, 'c5a038a9dc8947bd08d11e648c87aeacf33555107638
46538fa989cb191df26a', '217e561f88a78fb9b02399664f1389a07b96c697939cbbaeb76703e809c9a404', {'model1'
: array([[1, 2, 3],
       [4, 5, 6]]), 'model2': array([[1, 2],
       [3, 4]])}, 1, 'e42596d91135337002189480 5d4e9f006cb4c9dbb9ab7b0f9f640369b63c8dc7', '7890', '43
21'] ---
INFO:root:--- Global Model Received ---
INFO:root:--- Global Models Saved ---
INFO:root:--- Client State is now gm_ready ---
INFO:root:--- Global Models read by Agent ---
INFO:root:--- Client State is now training ---
Global Models: {'model1': array([[1, 2, 3],
       [4, 5, 6]]), 'model2': array([[1, 2],
       [3, 4]])}
INFO:root:--- Training ---
INFO:root:--- Training is happening ---
INFO:root:--- Training Done ---
Trained models: {'model1': array([[1, 2, 3],
       [4, 5, 6]]), 'model2': array([[1, 2],
       [3, 4]])}
INFO:root:--- Training is happening ---
INFO:root:--- Local (Initial/Trained) Models saved ---
INFO:root:--- Client State is now sending ---
INFO:root:--- Local Models Sent ---
INFO:root:--- Client State is now waiting_gm ---
```

그림 6.3 에이전트 측 콘솔 예시

이제 데이터베이스, 집계기, 에이전트 등 모든 연합학습 구성 요소를 실행하는 방법을 알아봤습니다. 다음 장에서는 연합학습 시스템을 실행하여 출력이 어떻게 생성되는지 살펴보겠습니다.

데이터 및 데이터베이스 폴더

연합학습 시스템을 실행하면 데이터베이스 및 에이전트의 구성 파일에서 지정한 위치 아래에 데이터베이스 디렉토리와 데이터 디렉토리가 생성된 것을 확인할 수 있습니다.

예를 들어, db 디렉토리는 config_db.json 파일에 작성된 db_data_path 아래에 생성됩니다. 데이터베이스 디렉토리에는 로컬 및 클러스터 글로벌 모델의 메타데이터가 저장되는 model_data12345.db와 같은 SQLite 데이터베이스와 에이전트가 업로드한 모든 실제 로컬 모델과 집계기가 만든 글로벌 모델이 포함된 models 디렉토리가 있습니다.

그림 6.4는 최소한의 예제 코드를 실행하여 생성된 db 디렉토리에 저장된 바이너리 파일 형식의 SQLite 데이터베이스 및 ML 모델 파일을 보여줍니다:

그림 6.4 db 디렉토리에 저장된 바이너리 파일 형식의 SQLite 데이터베이스 및 ML 모델 파일

데이터 디렉토리는 config_agent.json에 정의된 문자열 값인 model_path 위치의 에이전트 장치 아래에 만들어집니다. 예제를 통해 data/agent/defalut-agent 디렉토리 아래에 다음 파일이 만들어집니다:

- lms.binaryfile: 에이전트가 만든 로컬 모델이 포함된 바이너리 파일
- gms.binaryfile: 집계기가 생성한 글로벌 모델이 포함된 바이너리 파일로, 에이전트로 다시 전송됨
- state: 클라이언트 자체의 상태를 나타내는 정수값이 있는 파일

그림 6.5는 바이너리 파일 형식으로 표현되는 글로벌 및 로컬 ML 모델과 연합학습 클라이언트 상태를 반영하는 파일을 포함하는 에이전트의 데이터의 구조를 보여줍니다:

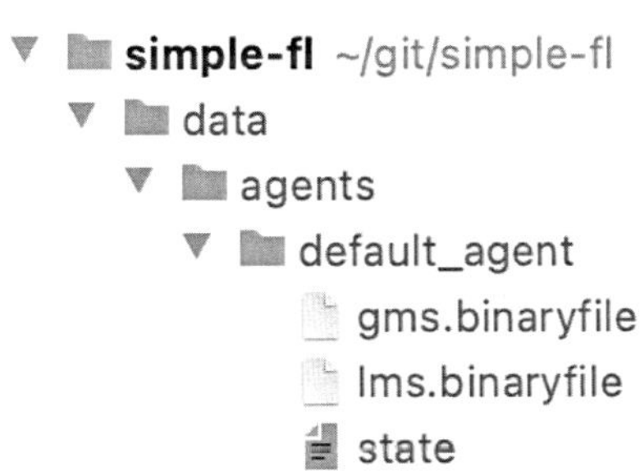

그림 6.5 바이너리 파일 형식의 글로벌 및 로컬 ML 모델과 클라이언트 상태를 포함한 에이전트의 데이터

이제 글로벌 및 로컬 모델과 같은 주요 데이터가 어디에 저장되는지 이해했습니다. 다음으로 SQLite를 사용하여 데이터베이스를 자세히 살펴보겠습니다.

SQLite 데이터베이스

db 디렉토리에 생성된 데이터베이스는 ***.db 형식의 파일을 열 수 있는 SQLite 데이터베이스를 표시하는 모든 도구를 사용하여 볼 수 있습니다. 데이터베이스 테이블은 다음 장에 정의되어 있습니다.

데이터베이스의 로컬 모델

그림 6.6은 업로드된 로컬 모델과 관련된 샘플 데이터베이스 항목을 보여 주며, 각 항목에는 로컬 모델 ID, 모델 생성 시간, 로컬 모델을 업로드한 에이전트의 ID, 라운드 정보, 성능 지표 및 데이터 샘플 수가 나열되어 있습니다:

	model_id	generation_time	agent_id	round	performance	num_samples
	Filter	Filter	Filter	Filter	Filter	Filter
1	8ec6a90bb6225c0bd01aea5244fd79a9...	07/21/2022 11:01:24	e42596d911353370021894805...	0	0.0	1
2	f9b81b121841ec7d9e5a91f8b1d6e4be...	07/21/2022 11:01:41	e42596d911353370021894805...	1	0.5	1
3	7b2c84c970d5c6561c50048939eee6ad...	07/21/2022 11:02:01	e42596d911353370021894805...	2	0.5	1
4	fc5e05187c4b322ec63c06e5957632e5...	07/21/2022 11:02:21	e42596d911353370021894805...	3	0.5	1
5	ba68f2d98ed083be81582e2ff33b2789f...	07/21/2022 11:02:41	e42596d911353370021894805...	4	0.5	1

그림 6.6 업로드된 로컬 모델과 관련된 데이터베이스 항목 샘플

데이터베이스의 클러스터 모델

그림 6.7은 업로드된 클러스터 모델과 관련된 샘플 데이터베이스 항목을 보여 주며, 각 항목에는 클러스터 모델 ID, 모델이 생성된 시간, 이 클러스터 모델을 생성한 집계기의 ID, 라운드 정보, 데이터 샘플 수가 나열되어 있습니다:

	model_id	generation_time	aggregator_id	round	num_samples
	Filter	Filter	Filter	Filter	Filter
1	eedb9f6d572c6f83722f96...	07/21/2022 11:01:41	c5a038a9dc8947bd08d11...	1	1
2	f126a92f34ba81c9a40be...	07/21/2022 11:02:02	c5a038a9dc8947bd08d11...	2	1
3	9464a7a5f4dff3cde12da6...	07/21/2022 11:02:22	c5a038a9dc8947bd08d11...	3	1
4	935e4a701feaf61aefbf02...	07/21/2022 11:02:42	c5a038a9dc8947bd08d11...	4	1

그림 6.7 업로드된 클러스터 모델과 관련된 데이터베이스 항목 샘플

최소한의 예제를 통해 연합학습 시스템을 구성하고 실행하는 방법과 결과를 확인하는 방법을

배웠습니다. 다음 장에서는 예제를 사용하여 연합학습 시스템이 어떻게 동작하는지 알아보겠습니다.

최소 개수의 에이전트 동작 이해

전체 연합학습 시스템의 동작을 단계별로 이해하면 연합학습이 활성화된 애플리케이션을 설계하고 연합학습 시스템 자체를 더욱 개선하는데 도움이 됩니다. 먼저 에이전트 및 집계기 모듈의 몇 가지 절차를 인쇄하여 하나의 에이전트만 실행할 때 어떤 일이 발생하는지 살펴보겠습니다.

최소 1개의 에이전트 실행

데이터베이스 및 집계기 서버를 실행한 후 최소한의 에이전트를 실행하여 어떤 일이 발생하는지 살펴보겠습니다. 최소한의 ML 엔진으로 에이전트가 시작되면 에이전트 콘솔에 다음과 같은 메시지가 표시됩니다:

```
# Agent-side Console Example
INFO:root:--- This is a minimal example ---
INFO:root:--- agent initialized –
INFO:root:--- Your IP is xxx.xxx.1.101 ---
```

에이전트가 연합학습에 사용할 모델을 초기화하면 이 메시지가 표시되며, 상태 파일을 보면 전송 상태가 되어 연합학습 클라이언트가 시작될 때 집계기로 모델 전송이 트리거됩니다:

```
# Agent-side Console Example
INFO:root:--- Model template generated ---
INFO:root:--- Local (Initial/Trained) Models saved ---
INFO:root:--- Client State is now sending ---
```

그 다음, start_fl_client 함수로 클라이언트가 시작된 후 참여 메시지가 집계기로 전송됩니다. 다음은 집계기로 전송되는 참여 메시지입니다:

```
[
        <AgentMsgType.participate: 0>, # agent Message Type
        'A89fd1c2d9*****', # agent ID
        '047b18ddac*****',    # Model ID
        {
               'model1': array([[1, 2, 3], [4, 5, 6]]),
               'model2': array([[1, 2], [3, 4]])
        }, # ML Models
        True,    # Init weights flag
        False, # Simulation flag
        0, # Exch Port
        1645141807.846751, # Generated Time of the models
        {'accuracy': 0.0, 'num_samples': 1}, # Meta information
        'xxx.xxx.1.101' # agent's IP Address
]
```

집계기에 대한 참여 메시지에는 메시지 유형, 에이전트 ID, 모델 ID, NumPy가 포함된 ML 모델, 초기화 가중치 플래그, 시뮬레이션 플래그, 교환 포트 번호, 모델이 생성된 시간, 성능 메트릭 및 에이전트의 IP 주소와 같은 메타 정보가 포함되어 있습니다. 에이전트는 다음 정보도 포함된 이 에이전트의 연결을 확인하는 환영 메시지를 집계기로부터 받습니다:

```
# Agent-side Console Example
INFO:root:--- Init Response: [
        <AggMsgType.welcome: 0>, # Message Type
        '4e2da*****', # aggregator ID
        '23487*****', # Model ID
        {'model1': array([[1, 2, 3], [4, 5, 6]]),
        'model2': array([[1, 2], [3, 4]])}, # Global Models
        1, # FL Round
        'A89fd1c2d9*****', # agent ID
        '7890', # exch_socket number
        '4321' # recv_socket number
] ---
```

집계기 측에서는 이 에이전트가 집계기에 참여 메시지를 보내면 집계기의 참여를 확인하고 이 초기 모델을 데이터베이스에 push합니다:

```
# Aggregator-side Console Example
INFO:root:--- Participate Message Received ---
INFO:root:--- Model Formats initialized, model names: ['model1', 'model2'] ---
INFO:root:--- Models pushed to DB: Response ['confirmation'] ---
INFO:root:---  Global Models Sent to A89fd1c2d9***** ---
INFO:root:--- aggregation Threshold (Number of agents needed for aggregation): 1 ---
INFO:root:--- Number of collected local models: 0 ---
INFO:root:--- Waiting for more local models to be collected ---
```

데이터베이스 서버 콘솔에서 집계기에서 로컬 모델이 전송되고 모델이 데이터베이스에 저장되는지 확인할 수 있습니다:

```
# DB-side Console Example
INFO:root:Request Arrived
INFO:root:--- Model pushed: ModelType.local ---
INFO:root:--- Local Models are saved ---
```

집계기가 글로벌 모델을 에이전트에게 다시 보내면 에이전트가 이를 수신하여 저장하고 클라이언트 상태를 waiting_gm에서 gm_ready로 변경하여 글로벌 모델을 로컬에서 재학습할 준비가 되었음을 나타냅니다:

```
# Agent-side Console Example
INFO:root:--- Global Model Received ---
INFO:root:--- Global Models Saved ---
INFO:root:--- Client State is now gm_ready ---
```

다음은 글로벌 모델을 포함하여 집계기에서 에이전트에게 보내는 메시지입니다. 메시지 내용에는 메시지 유형, 집계기 ID, 클러스터 모델 ID, 연합학습의 라운드 및 NumPy를 사용한 ML 모델이 포함됩니다:

```
[
        <AggMsgType.sending_gm_models: 1>, # Message Type
        '8c6c946472*****', # aggregator ID
        'ab633380f6*****', # Global Model ID
        1, # FL Round Info
        {
                'model1': array([[1., 2., 3.],[4., 5., 6.]]),
                'model2': array([[1., 2.],[3., 4.]])
        } # ML models
]
```

그 다음, 에이전트는 글로벌 모델을 읽어서 로컬 학습에 사용하고 클라이언트 상태를 training으로 변경합니다:

```
# Agent-side Console Example
INFO:root:--- Global Models read by agent ---
INFO:root:--- Client State is now training ---
INFO:root:--- Training ---
INFO:root:--- Training is happening ---

INFO:root:--- Training is happening ---
INFO:root:--- Training Done ---
INFO:root:--- Local (Initial/Trained) Models saved ---
INFO:root:--- Client State is now sending ---
INFO:root:--- Local Models Sent ---
INFO:root:--- Client State is now waiting_gm ---
INFO:root:--- Polling to see if there is any update (shown only when polling) ---
INFO:root:--- Global Model Received ---
INFO:root:--- The global models saved ---
```

앞의 로컬 학습 프로세스가 끝나면 에이전트는 학습된 로컬 모델을 집계기로 전송하고 클라이언트 상태를 waiting_gm으로 변경하여 polling 메커니즘으로 글로벌 모델을 기다리는 것을 의미합니다.

다음은 학습된 로컬 모델 메시지로 집계기에 전송되는 메시지입니다. 메시지 내용에는 메시지 유형, 에이전트 ID, 모델 ID, ML 모델, 모델의 생성 시간, 성능 데이터 등의 메타데이터가 포함됩니다:

```
[
        <AgentMsgType.update: 1>, # agent's Message Type
        'a1031a737f*****', # agent ID
        'e89ccc5dc9*****', # Model ID
        {
                'model1': array([[1, 2, 3],[4, 5, 6]]),
                'model2': array([[1, 2],[3, 4]])
        }, # ML Models
            1645142806.761495, # Generated Time of the models
        {'accuracy': 0.5, 'num_samples': 1} # Meta information
]
```

그 다음, 집계기에서 로컬 모델이 데이터베이스로 push된 후 버퍼의 변화를 표시하고, 수집된 로컬 모델의 수가 0에서 최대 1로 증가하여 통합을 시작하기에 충분한 로컬 모델이 수집되었음을 확인할 수 있습니다:

```
# Aggregator-side Console Example
INFO:root:--- Models pushed to DB: Response ['confirmation'] ---
INFO:root:--- Local Model Received ---
INFO:root:--- aggregation Threshold (Number of agents needed for aggregation): 1 ---
INFO:root:--- Number of collected local models: 1 ---
INFO:root:--- Enough local models are collected. aggregation will start. ---
```

라운드 1에 대한 모델 통합이 이루어지고 클러스터 글로벌 모델이 형성되어 데이터베이스에 push된 후 에이진드에서 polling 베시시가 노착하년 에이전트에게 전송됩니다. 집계기는 push 메서드를 통해 에이전트에게 메시지를 다시 전달할 수도 있습니다:

```
# Aggregator-side Console Example
INFO:root:Round 1
INFO:root:Current agents: [{'agent_name': 'default_agent', 'agent_id': 'A89fd1c2d9*****',
'agent_ip': 'xxx.xxx.1.101', 'socket': 7890}]
INFO:root:--- Cluster models are formed ---
INFO:root:--- Models pushed to DB: Response ['confirmation'] ---
INFO:root:--- Global Models Sent to A89fd1c2d9***** ---
```

데이터베이스 서버에서는 클러스터 글로벌 모델을 수신하여 데이터베이스로 push합니다:

```
# DB-side Console Example
INFO:root:Request Arrived
INFO:root:--- Model pushed: ModelType.cluster ---
INFO:root:--- Cluster Models are saved ---
```

이 장의 프로세스는 클러스터 모델이 생성되고 다음 연합학습 라운드를 위해 저장된 후 이 상호작용 메커니즘을 통해 연합학습 라운드가 진행되면 반복됩니다.

로컬 모델과 클러스터 글로벌 모델을 모두 살펴보면 다음과 같습니다:

```
{
    'model1': array([[1, 2, 3],[4, 5, 6]]),
    'model2': array([[1, 2],[3, 4]])
}
```

즉, 모델 통합이 발생하더라도 항상 하나의 고정된 모델만 사용되므로 더미 학습 프로세스가 사용되기 때문에 글로벌 모델은 초기 모델과 완전히 동일합니다.

이제 다음 장에서 두 개의 최소 에이전트를 실행했을 때의 결과를 살펴보겠습니다.

최소 2개의 에이전트 실행

데이터베이스 및 집계기 서버가 실행 중인 상태에서 simple-fl/exples/minimal 디렉토리에 있는 minimal_ MLEngine.py 파일을 사용하여 여러 에이전트를 실행할 수 있습니다.

집계기의 IP 주소를 지정하여 서로 다른 로컬 컴퓨터에서 두 개의 개별 에이전트를 실행하여 해당 에이전트를 최소한의 ML 예제와 연결해야 합니다.

개별 에이전트에 대해 서로 다른 포트 번호를 지정하여 시뮬레이션 목적으로 동일한 컴퓨터에서 여러 에이전트를 실행할 수도 있습니다.

GitHub의 simple-fl 레포지토리에 제공된 코드에서 다음 명령을 사용하여 여러 에이전트를 실행할 수 있습니다:

```
python -m examples.minimal.minimal_MLEngine [simulation_flag] [gm_recv_port] [agent_name]
```

시뮬레이션을 수행하려면 simulation_flag를 1로 설정해야 합니다. gm_recv_port는 집계기로부터 글로벌 모델을 수신할 포트 번호입니다. 에이전트는 참여 메시지 응답을 통해 집계기로부터 포트 번호를 전달받게 됩니다. 또한 agent_name은 로컬 에이전트의 이름이자 상태 및 모델 파일을 저장하는 디렉토리 이름입니다. 이는 모든 에이전트가 고유한 이름이여야 합니다.

다음 명령으로 첫 번째 및 두 번째 에이전트를 실행할 수 있습니다:

```
# First agent
python -m examples.minimal.minimal_MLEngine 1 50001 a1
# Second agent
python -m examples.minimal.minimal_MLEngine 1 50002 a2
```

필요한 경우 설정 디렉토리에서 구성 JSON 파일을 편집할 수 있습니다. 이 경우, agg_threshold를 1로 설정합니다. 여러 에이전트가 있는 최소한의 예제를 실행하는 데이터베이스 서버에서 시뮬레이션을 실행하면 콘솔 화면이 그림 6.1과 비슷하게 표시됩니다.

그림 6.8은 더미 ML 모델을 사용하여 최소한의 예제를 실행하는 집계기 서버에서 시뮬레이션의 콘솔 화면을 보여줍니다:

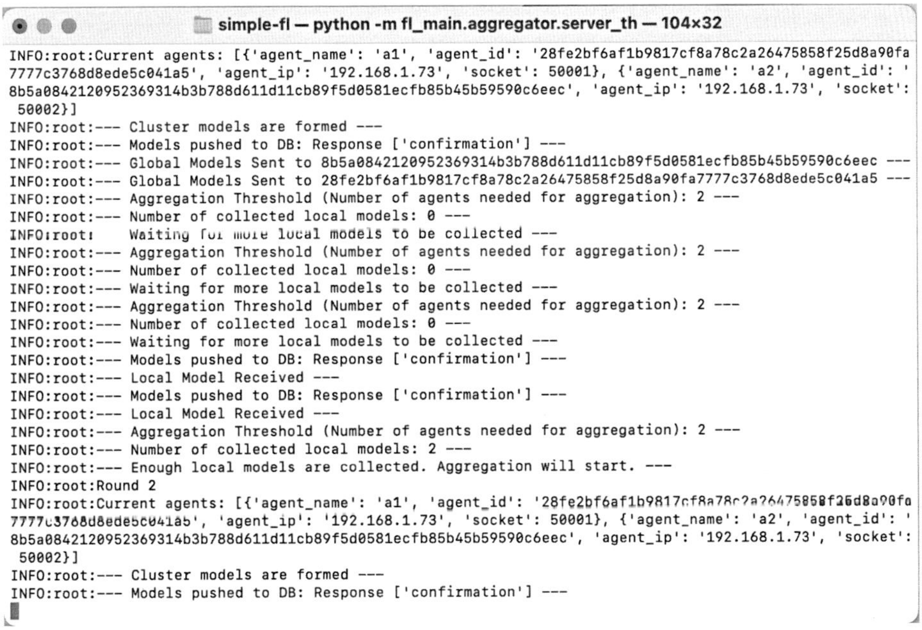

그림 6.8 두 개의 에이전트를 연결하는 최소한의 예제를 실행하는 집계기 콘솔의 예제

그림 6.9는 더미 ML 모델을 사용하여 최소한의 예제를 실행하는 에이전트 중 하나에서 시뮬레이션의 콘솔 화면을 보여줍니다:

```
simple-fl — python -m examples.minimal.minimal_MLEngine 1 50001 a1 — 104×32
INFO:root:--- Global Model Received ---
INFO:root:--- Global Models Saved ---
INFO:root:--- Client State is now gm_ready ---
INFO:root:--- Global Models read by Agent ---
INFO:root:--- Client State is now training ---
Global Models: {'model1': array([[1, 2, 3],
       [4, 5, 6]]), 'model2': array([[1, 2],
       [3, 4]])}
INFO:root:--- Training ---
INFO:root:--- Training is happening ---
INFO:root:--- Training Done ---
Trained models: {'model1': array([[1, 2, 3],
       [4, 5, 6]]), 'model2': array([[1, 2],
       [3, 4]])}
INFO:root:--- Local (Initial/Trained) Models saved ---
INFO:root:--- Client State is now sending ---
INFO:root:--- Local Models Sent ---
INFO:root:--- Client State is now waiting_gm ---
INFO:root:--- Polling to see if there is any update ---
INFO:root:--- Global Model is NOT ready (ACK) ---
INFO:root:--- Polling to see if there is any update ---
INFO:root:--- Global Model is NOT ready (ACK) ---
INFO:root:--- Polling to see if there is any update ---
INFO:root:--- Global Model Received ---
INFO:root:--- Global Models Saved ---
INFO:root:--- Client State is now gm_ready ---
INFO:root:--- Global Models read by Agent ---
INFO:root:--- Client State is now training ---
Global Models: {'model1': array([[2., 3., 4.],
       [5., 6., 7.]]), 'model2': array([[2., 3.],
       [4., 5.]])}
INFO:root:--- Training ---
```

그림 6.9 더미 ML 모델을 사용하여 최소한의 예제를 실행하는 에이전트 1의 콘솔 예제

그림 6.10은 더미 ML 모델을 사용하여 최소한의 예제를 실행하는 다른 에이전트에서 시뮬레이션의 콘솔 화면을 보여줍니다:

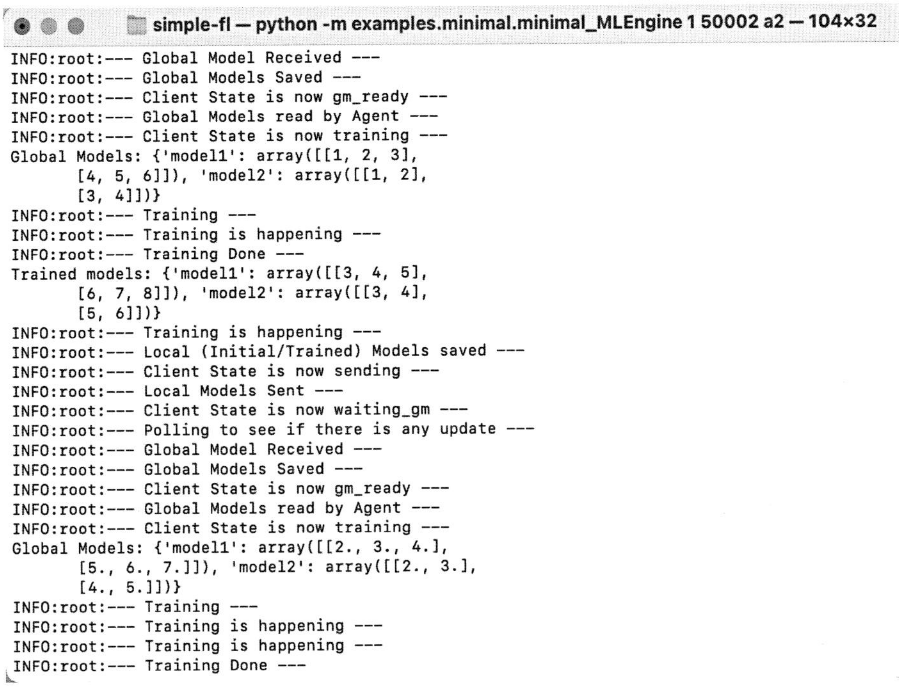
```
simple-fl — python -m examples.minimal.minimal_MLEngine 1 50002 a2 — 104×32
INFO:root:--- Global Model Received ---
INFO:root:--- Global Models Saved ---
INFO:root:--- Client State is now gm_ready ---
INFO:root:--- Global Models read by Agent ---
INFO:root:--- Client State is now training ---
Global Models: {'model1': array([[1, 2, 3],
       [4, 5, 6]]), 'model2': array([[1, 2],
       [3, 4]])}
INFO:root:--- Training ---
INFO:root:--- Training is happening ---
INFO:root:--- Training Done ---
Trained models: {'model1': array([[3, 4, 5],
       [6, 7, 8]]), 'model2': array([[3, 4],
       [5, 6]])}
INFO:root:--- Training is happening ---
INFO:root:--- Local (Initial/Trained) Models saved ---
INFO:root:--- Client State is now sending ---
INFO:root:--- Local Models Sent ---
INFO:root:--- Client State is now waiting_gm ---
INFO:root:--- Polling to see if there is any update ---
INFO:root:--- Global Model Received ---
INFO:root:--- Global Models Saved ---
INFO:root:--- Client State is now gm_ready ---
INFO:root:--- Global Models read by Agent ---
INFO:root:--- Client State is now training ---
Global Models: {'model1': array([[2., 3., 4.],
       [5., 6., 7.]]), 'model2': array([[2., 3.],
       [4., 5.]])}
INFO:root:--- Training ---
INFO:root:--- Training is happening ---
INFO:root:--- Training is happening ---
INFO:root:--- Training Done ---
```

그림 6.10 더미 ML 모델을 사용하여 최소한의 예제를 실행하는 에이전트 2의 콘솔 예제

이제 두 개의 에이전트로 최소한의 예제를 실행하는 방법을 알았습니다. 이 예제를 사용하여 연합학습 절차를 자세히 살펴보기 위해 다음 질문에 답해 보겠습니다:

- 간단한 사례에 대한 모델 통합이 제대로 수행되었나요?
- FedAvg 알고리즘이 제대로 적용되었나요?
- 연결된 에이전트에게 모델 통합 임계값이 작동하나요?

두 에이전트를 실행하고 연결한 후 집계기는 다음과 같이 연결된 두 에이전트에서 두 개의 모델을 수신하기 위해 대기합니다:

```
# Aggregator-side Console Example
INFO:root:--- aggregation Threshold (Number of agents needed for aggregation): 2 ---
INFO:root:--- Number of collected local models: 0 --- INFO:root:--- Waiting for more local
models to be collected ---
```

이 경우에는 설정 디렉토리의 config_aggregator.json 파일에서 모델 통합 임계값이 1.0으로 설정되어 있으므로 통합은 연결된 에이전트에서 모든 모델을 수집해야 하며, 이는 모델 통합에 연결된 모든 에이전트에서 로컬 ML 모델을 수신해야 한다는 의미입니다.

그 다음, 에이전트 중 하나에서 하나의 모델을 받으면 수집된 로컬 모델의 수가 1로 증가합니다. 그러나 통합은 여전히 하나의 로컬 모델이 누락되어 있기 때문에 아직 통합을 시작하지 않습니다:

```
# Aggregator-side Console Example
INFO:root:--- Local Model Received ---
INFO:root:--- aggregation Threshold (Number of agents needed for aggregation): 2 ---
INFO:root:--- Number of collected local models: 1 ---
INFO:root:--- Waiting for more local models to be collected ---
```

에이전트 측에서는 로컬 모델이 집계기로 전송된 후 집계기에서 클러스터 글로벌 모델이 생성되어 에이전트로 다시 전송될 때까지 기다립니다. 이러한 방식으로 에이전트 측에서 연합학습 프로세스를 동기화하고 글로벌 모델이 에이전트로 다시 전송되어 재교육할 준비가 되면 로컬 교육 절차를 자동화할 수 있습니다.

집계기가 다른 로컬 모델을 받으면 모델 통합 프로세스를 시작하기에 충분한 모델이 수집됩니다:

```
# Aggregator-side Console Example
INFO:root:--- Local Model Received ---
INFO:root:--- aggregation Threshold (Number of agents needed for aggregation): 2 ---
INFO:root:--- Number of collected local models: 2 ---
INFO:root:--- Enough local models are collected. aggregation will start. ---
```

마침내 다음과 같이 첫 번째 라운드에 대한 모델 통합이 시작되는 것을 확인할 수 있습니다:

```
# Aggregator-side Console Example
INFO:root:Round 1
INFO:root:Current agents: [{'agent_name': 'a1', 'agent_id': '1f503*****', 'agent_ip':
'xxx.xxx.1.101', 'socket': 50001}, {'agent_name': 'a2', 'agent_id': '70de8*****',
'agent_ip': 'xxx.xxx.1.101', 'socket': 50002}]
INFO:root:--- Cluster models are formed ---
INFO:root:--- Models pushed to DB: Response ['confirmation'] ---
INFO:root:--- Global Models Sent to 1f503***** ---
INFO:root:--- Global Models Sent to 70de8***** ---
```

여기서는 로컬에서 학습된 에이전트 측 ML 모델에 대해 살펴보겠습니다:

```
# agent 1's Console Example
INFO:root:--- Training ---
INFO:root:--- Training is happening ---
INFO:root:--- Training Done ---
Trained models: {'model1': array([[1, 2, 3], [4, 5, 6]]), 'model2': array([[1, 2], [3, 4]])}
INFO:root:--- Local (Initial/Trained) Models saved ---
```

또한 로컬에서 학습된 다른 에이전트의 ML 모델도 살펴보겠습니다:

```
# agent 2's Console Example
INFO:root:--- Training ---
INFO:root:--- Training is happening ---
INFO:root:--- Training Done ---
Trained models: {'model1': array([[3, 4, 5], [6, 7, 8]]), 'model2': array([[3, 4], [5, 6]])}
INFO:root:--- Local (Initial/Trained) Models saved ---
```

에이전트 1과 2에서 집계기로 전송된 모델에서와 같이 FedAvg가 올바르게 적용되면 글로벌 모델은 이 두 모델의 평균값이 되어야 합니다. 이 경우 에이전트 1과 2의 데이터 샘플 수는 모두 동일하므로 글로벌 모델은 두 모델의 평균이 되어야 합니다.

이제 집계기에서 생성되는 글로벌 모델을 살펴보겠습니다:

```
# agent 1 and 2's Console Example
Global Models: {'model1': array([[2., 3., 4.], [5., 6., 7.]]),
                'model2': array([[2., 3.], [4., 5.]])}
```

수신된 모델은 두 로컬 모델의 평균이므로 평균화가 올바르게 수행되었습니다. 데이터베이스 및 데이터 디렉토리는 에이전트 구성 파일에 지정된 model_path에 만들어집니다. SQLite 뷰어 애플리케이션으로 데이터베이스 값을 보고 모델 ID를 기준으로 일부 모델을 찾을 수 있습니다. 이제 최소한의 예제 실행으로 이떤 일이 일어나는지 이해했으니, 다음 장에서는 CNN(Convolutional Neural Network)을 사용한 이미지 분류 모델을 사용하여 실제 ML 애플리케이션을 실행해 보겠습니다.

이미지 분류 실행 및 결과 분석

이 예제는 이미지 분류 작업에서 연합학습 프레임워크를 사용하는 방법을 보여줍니다. 유명한 이미지 데이터셋인 CIFAR-10(URL: https://www.cs.toronto.edu/~kriz/cifar. html)을 사용하여 시간이 지남에 따라 연합학습 프로세스를 통해 ML 모델이 어떻게 성장하는지 보여드리겠습니다. 그러나 이 예제는 지금까지 설명한 연합학습 시스템을 사용하기 위한 목적으로만 제공되며 이미지 분류 작업의 성능을 극대화하는데는 초점을 두지 않습니다.

CIFAR-10 데이터셋 준비

다음은 데이터셋 크기, 학습 및 테스트 데이터, 클래스 수, 이미지 크기와 관련하여 필요한 정보입니다:

- 데이터셋 크기: 60,000개 이미지
- 학습 데이터: 50,000개 이미지
- 테스트 데이터: 10,000개 이미지
- 클래스 수: 10개(비행기, 자동차, 새, 고양이, 사슴, 개, 개구리, 말, 배, 트럭)
- 각 클래스 개수: 6,000개
- 이미지 크기: 32x32픽셀, 컬러

그림 6.11은 데이터셋에 있는 10개의 서로 다른 클래스에 대한 샘플 사진 모음과 각각에 대해 10개의 랜덤 이미지를 보여줍니다:

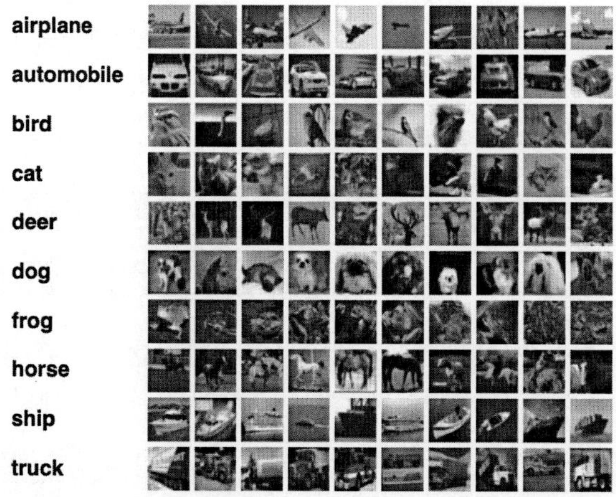

그림 6.11 데이터셋의 클래스와 각 카테고리에 대한 10개의 랜덤 이미지
(이미지는 https://www.cs.toronto.edu/~kriz/cifar.html에서 가져옴)

이제 데이터셋이 준비되었으므로 연합학습 프로세스에 사용되는 CNN 모델에 대해 알아보겠습니다.

이미지 분류를 위한 연합학습 머신러닝 모델

다음은 이 이미지 분류 예제에 사용된 CNN 모델의 ML 모델 아키텍처에 대한 설명입니다. CNN에 대해 자세히 알아보려면 https://cs231n.github.io/convolutional-networks/ 등의 유용한 학습 리소스를 참조하시길 바랍니다:

- Conv2D
- MaxPool2D(최대 풀링)
- Conv2D
- 완전히 연결된 3개의 레이어

CNN 모델을 정의하는 스크립트는 이미 설계되어 있으며, GitHub의 simple-fl 레포지토리에 있는 examples/ image_classification의 cnn.py에서 찾을 수 있습니다. 다음으로 연합학습 시스템으로 이미지 분류 애플리케이션을 실행해 보겠습니다.

CNN을 이용한 이미지 분류 방법 실행 예제

이 장의 시작 부분의 설치 단계에서 언급했듯이 먼저 federatedenv로 필요한 라이브러리를 설치한 다음, 그 후에 torch와 torchvision을 설치합니다:

```
pip install torch
pip install torchvision
```

GitHub의 simple-fl 레포지토리의 설정 디렉토리에 있는 JSON 설정 파일을 통해 많은 설정을 구성할 수 있습니다. 자세한 내용은 설정 문서(https://github.com/tie-set/simple-fl/tree/master/setups)에서 설정 파일에 대한 일반적인 설명을 참조하시길 바랍니다.

먼저 두 개의 에이전트를 실행할 수 있습니다. 적절한 포트 번호를 지정하여 동일한 기기에서 실행되는 에이전트 수를 늘릴 수 있습니다.

먼저, 데이터베이스와 집계기를 실행해야 합니다:

```
# FL server side
python -m fl_main.pseudodb.pseudo_db
python -m fl_main.aggregator.server_th
```

그 다음, 첫 번째 및 두 번째 에이전트를 시작하여 이미지 분류 예제를 실행합니다:

```
# First agent
python -m examples.image_classification.classification_engine 1 50001 a1
# Second agent
python -m examples.image_classification.classification_engine 1 50002 a2
```

실제 연합학습 시나리오를 시뮬레이션하기 위해 각 에이전트가 접근할 수 있는 학습 데이터의 양을 특정 수로 제한할 수 있습니다. 이는 classification_engine.py의 num_training_data 변수로 지정해야 합니다. 기본적으로 각 라운드에 8,000개의 이미지(2,000개 배치)가 사용됩니다.

이제 두 에이전트를 실행하여 CNN 모델을 사용하여 연합학습 프로세스를 테스트할 수 있게 되었으므로 이미지 분류 예제를 실행하여 결과를 자세히 살펴보겠습니다.

CNN을 이용한 이미지 분류 검증 예제

성능 데이터(각 로컬 모델 클러스터 모델의 정확도)는 데이터베이스에 저장됩니다. 해당 .db 파일에 접근하여 성능 기록을 확인할 수 있습니다.

DataManager 인스턴스(ic_training.py에 정의됨)에는 이미지 일괄 처리와 해당 레이블을 반환하는 함수(get_random_images)가 있습니다. 이 함수를 사용하여 특정 이미지에 대해 학습된 CNN에 의해 실제 라벨과 예측된 라벨을 표시할 수 있습니다.

그림 6.12는 당사 측에서 실험적으로 실행한 학습 성능의 플롯을 보여 주며, 자체 설정으로 실행하면 결과가 다르게 나타날 수 있습니다:

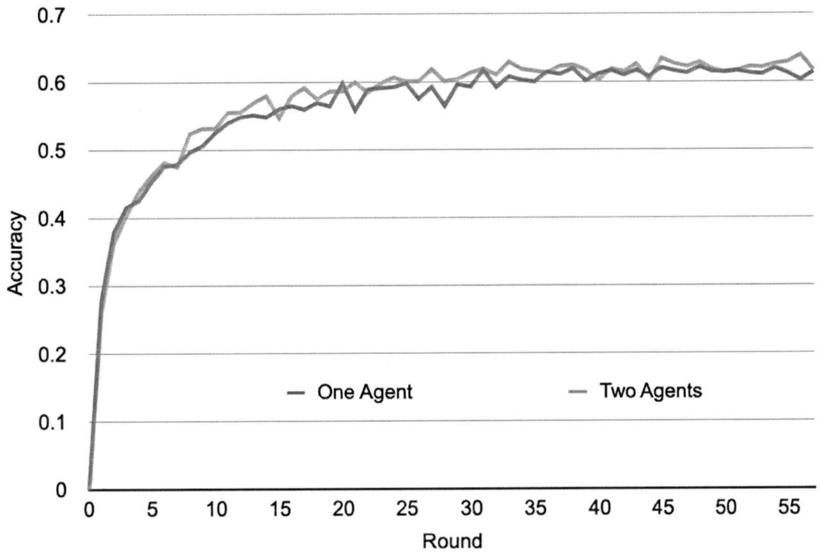

그림 6.12 이미지 분류를 위해 CNN을 사용한 연합학습의 실험 실행에서 얻은 학습 성능 플롯

여기서는 두 개의 에이전트만 사용했기 때문에 결과가 약간 다르게 보일 뿐입니다. 하지만 적절한 하이퍼파라미터 설정, 데이터 양, 에이전트 수를 사용하면 의미 있는 결과를 도출하는 연합학습 평가를 수행할 수 있으며, 여기서는 실제 ML 모델을 이 연합학습 환경에 연결하는 방법에 중점을 두었으므로 직접 살펴보시기 바랍니다.

5개의 에이전트 실행

터미널에서 서로 다른 포트 번호와 에이전트 명을 지정하기만 하면 이미지 분류 애플리케이션을 위한 5개의 에이전트를 쉽게 실행할 수 있습니다. 결과는 실제 ML 모델이 연결되어 있다는 점을 제외하면 이전 장에서 설명한 것과 비슷합니다(이 경우 통합되는 ML 모델은 CNN).

다섯 개의 에이전트를 실행한 후 데이터 및 데이터베이스 디렉토리는 그림 6.13과 같습니다:

그림 6.13 에이전트의 고유 이름과 함께 각 디렉토리에 저장되는 결과

그림 6.14는 데이터베이스에 업로드된 로컬 모델을 로컬 모델 ID, 모델이 생성된 시간, 로컬 모델을 업로드한 에이전트의 ID, 성능 지표, 라운드 정보와 함께 보여줍니다:

	model_id	generation_time	agent_id	round	performance	num_samples
	Filter	Filter	Filter	Filter	Filter	Filter
1	6e702bf3b511bd0cbeb014ee...	07/21/2022 11:56:14	bb0432396af718742b7f79...	0	0.0	1
2	971757226a544f7037f423f7...	07/21/2022 11:57:01	bb0432396af718742b7f79...	1	0.2939	8000
3	2e716ead91eab2fbfb00ef0c1...	07/21/2022 11:57:26	b380961bdc84c678fed568...	1	0.2967	8000
4	e2d450b6c6a6735e9981dc0...	07/21/2022 11:57:39	f35261f7afa60e111ce576b...	1	0.2927	8000
5	3f87af7a53c91722caa27492...	07/21/2022 11:57:43	fa7df45a3e61b340c9cdb6...	1	0.233	8000
6	4d52e524548b532dc1cb247...	07/21/2022 11:58:55	f35261f7afa60e111ce576b...	2	0.38	8000
7	e4cdd53d3a8194b2fec139d6...	07/21/2022 11:58:56	bb0432396af718742b7f79...	2	0.3743	8000
8	0fa45f9e142a387cada08e6fb...	07/21/2022 11:58:57	b380961bdc84c678fed568...	2	0.3562	8000
9	41a9dd50cd099770f31f4a71...	07/21/2022 11:58:59	fa7df45a3e61b340c9cdb6...	2	0.3549	8000
10	68eeba9316b6dd17d2a107e...	07/21/2022 11:59:15	7be42ea5ee7c4b9036137...	2	0.3726	8000
11	b0b1e10adeec0bf05bebd35c...	07/21/2022 12:00:30	f35261f7afa60e111ce576b...	3	0.4029	8000
12	3e6c28ac5701345f143a5f91...	07/21/2022 12:00:31	7be42ea5ee7c4b9036137...	3	0.4106	8000
13	2c08cf03738167a1f4e53cc3...	07/21/2022 12:00:37	bb0432396af718742b7f79...	3	0.4222	8000
14	d8775082c0966a6fa38e6c67...	07/21/2022 12:00:37	b380961bdc84c678fed568...	3	0.3972	8000
15	055bdcf32eedbfbdc23b1e4f0...	07/21/2022 12:00:39	fa7df45a3e61b340c9cdb6...	3	0.434	8000

그림 6.14 데이터베이스의 로컬 모델에 대한 정보

그림 6.14의 데이터베이스를 보면 5개의 에이전트가 로컬 성능 데이터로 수집한 5개의 모델이 있습니다.

그림 6.15에 표시된 것처럼 각 라운드마다 이 5개의 로컬 모델이 통합되어 데이터베이스의 cluster_models 테이블에서와 같이 클러스터 글로벌 모델을 생성합니다. 클러스터 모델을 저장하는 데이터베이스에는 클러스터 모델 ID, 모델이 생성된 시간, 클러스터 모델을 생성한 집계기의 ID, 라운드 정보에 대한 정보가 있습니다:

	model_id	generation_time	aggregator_id	round	num_samples
	Filter	Filter	Filter	Filter	Filter
1	c04de56d868d2bd75d90f3...	07/21/2022 11:57:44	801241c037c1f6cc217a0...	1	32000
2	a86567fe25a526986ec3b2...	07/21/2022 11:59:19	801241c037c1f6cc217a0...	2	40000
3	df5c009531c34063817fb97...	07/21/2022 12:00:39	801241c037c1f6cc217a0...	3	40000
4	7b22e69618d0c8175e3926...	07/21/2022 12:02:00	801241c037c1f6cc217a0...	4	40000

그림 6.15 데이터베이스의 클러스터 모델에 대한 정보

이러한 방식으로 가능한 한 많은 에이전트를 연결할 수 있습니다. 로컬 ML 알고리즘의 설정을 최적화하여 연합학습 시스템에서 최고 성능의 연합 모델을 얻는 것은 사용자의 몫입니다.

요약

이 장에서는 연합학습 시스템의 실행과 집계기와 에이전트 간의 상호작용에 따라 시스템이 어떻게 작동하는지에 대해 자세히 설명했습니다. 콘솔 예제의 결과를 바탕으로 연합학습 시스템 동작을 단계별로 설명하여 FedAvg 알고리즘의 모델 통합 프로세스를 이해할 수 있도록 안내합니다. 또한 이미지 분류 예제를 통해 CNN 모델이 연합학습 시스템에 연결되는 방식과 연합학습 프로세스가 통합을 통해 정확도를 높이는 과정을 보여줬는데, 이는 학습 결과를 극대화하기 위해 최적화한 것이 아니라 CNN을 사용한 통합을 검증하기 위해 단순화한 것입니다.

이 장에서 배운 내용을 바탕으로 이 책에서 소개한 원리와 프레임워크를 통합하여 자신만의 연합학습 애플리케이션을 설계할 수 있으며, 더 나아가 연합학습 동작을 직접 평가하여 연합학습 프로세스 및 모델 통합의 전체 흐름이 올바르고 일관되게 진행되고 있는지 확인할 수 있을 것입니다.

다음 장에서는 다양한 모델 통합 방법을 다루고 연합학습이 이러한 집계 알고리즘과 어떻게 제대로 작동하는지 보여드리겠습니다.

제7장

모델 통합

'3장, 연합학습 시스템 동작' 장에서 **연합학습**(Federated Learning, FL) 프로세스 내에서 통합이라는 개념을 높은 수준에서 소개했습니다. 모델 통합은 연합학습 접근 방식에서 각 에이전트가 로컬로 학습한 모델을 사용하여 강력한 글로벌 성능을 가진 모델을 생성하는 수단이라는 점을 기억해야 합니다. 사용된 통합 방법의 강도와 견고성은 최종 글로벌 모델의 결과 성능과 직접적인 상관관계가 있다는 것을 분명히 알 수 있습니다.

따라서 로컬 데이터셋, 에이전트, 연합학습 시스템 계층 구조에 따라 적절한 통합 방법을 선택하는 것이 연합학습로 우수한 성능을 달성하기 위한 핵심입니다. 실제로 이 분야의 많은 출판물은 다양한 이론적 시나리오에서 이러한 방법에 대해 수학적으로 뒷받침되는 수렴 보장을 제공하는데 초점을 맞추고 있습니다.

이 장의 목표는 이상적인 경우와 그렇지 않은 경우 모두에서 통합 방법과 그 수렴에 대해 수행된 일부 연구를 다루고, 이러한 방법을 연합학습의 실제 적용에서 발생하는 다양한 시나리오에서의 강점과 연결시키는 것입니다. 이 장을 읽고 나면 연합학습 시나리오의 다양한 특성이 어떻게 서로 다른 통합 방법을 필요로 하는지 이해할 수 있을 것이며, 이러한 알고리즘이 실제로 어떻게 구현될 수 있는지에 대한 아이디어를 얻을 수 있을 것입니다.

이 장에서는 다음 주제를 다룹니다:

- 집계기 다시 살펴보기
- FedAvg 이해
- 비이상적 사례의 집계기

기술 요구 사항

이 책에 소개된 파이썬 알고리즘 구현은 모두 ch7 디렉토리(https://github.com/PacktPublishing/Federated-Learning-with-Python/tree/main/ch7)에서 찾을 수 있습니다.

> **중요 참고 사항**
>
> 코드 파일은 개인 또는 교육 목적으로 사용할 수 있습니다. 상업적 용도의 배포는 지원하지 않으며, 코드 사용으로 인해 발생하는 오류, 문제 또는 손해에 대해 책임을 지지 않는다는 점에 유의하시길 바랍니다.

순수 집계 알고리즘의 경우, 사전 설정된 로컬 파라미터의 예시 출력을 표시하는 보조 코드가 포함되어 있습니다. 로컬 학습 프로세스를 수정하는 통합 방법은 작동하기 위해 연합학습 시스템이 필요하며, 이를 위해 STADLE을 사용한 전체 구현이 포함되어 있습니다. 또한 통합 방법을 구성하여 순수 집계 알고리즘을 STADLE로 직접 테스트할 수 있습니다. 예제를 실행하는 방법에 대한 정보는 관련 README 파일에서 확인할 수 있습니다.

전체 연합학습 프로세스 예제를 실행하려면 pip를 통해 STADLE 클라이언트 패키지를 설치해야 합니다. 다음 명령을 사용하여 이 설치를 수행할 수 있습니다:

```
pip install stadle-client
```

시스템의 다른 설치에서 stadle-clientd와 함께 설치된 특정 패키지 버전을 각각 관리하려면 가상 환경을 사용하는 것이 좋습니다.

집계기 다시 살펴보기

연합학습 내에서 모델 통합에 대한 명확한 맥락을 파악하기 위해 먼저 연합학습을 적용하는데 필요한 시스템 구성 요소를 설명합니다.

- 연합학습의 로컬 학습 부분을 수행하는 계산 에이전트 집합입니다.
- 각 에이전트는 로컬 데이터셋(정적 또는 동적)를 소유하고 있으며, 가장 엄격한 연합학습 시나리오에서는 이 중 어떤 부분도 다른 에이전트와 통신할 수 없습니다.
- 각 에이전트는 로컬 데이터셋에서 학습할 수 있는 파라미터화된 모델을 보유하고 있으

며, 이 프로세스를 통해 모델에 대한 로컬 최적 파라미터 세트를 생성합니다.

- 에이전트에서 각 반복마다 로컬로 학습된 모델을 수신하고 사용하도록 선택된 통합 방법으로 생성된 결과 모델을 다시 전송하는 매개변수 서버 또는 모델 통합입니다.

그 다음, 모든 연합학습 커뮤니케이션 라운드는 다음 두 단계로 나눌 수 있습니다:

- 로컬 학습 단계: 에이전트가 로컬 데이터셋에서 로컬 모델을 몇 번의 반복을 통해 학습하는 단계입니다.
- 모델 통합 단계: 에이전트가 이전 단계에서 학습된 로컬 모델을 모델 통합으로 보내고 다음 라운드의 로컬 학습 단계에서 시작 모델로 사용할 통합된 모델을 받습니다.

그렇다면 에이전트가 모델 통합 단계에서 로컬로 학습된 모델을 전송한다는 것은 정확히 무엇을 의미할까요? 일반적인 접근 방식은 로컬 모델을 정의하는 파라미터 세트를 사용하여 이러한 방식으로 파라미터화할 수 있는 모든 모델에 대해 어느 정도 일반화할 수 있도록 하는 것입니다. 하지만 두 번째 접근 방식은 경사 하강법(Gradient) 기반 최적화 접근 방식을 사용할 때 로컬 학습 중에 축적된 local gradient를 집계기로 전송하고, 에이전트는 라운드가 끝날 때 수신된 모델 통합 경사 하강법을 사용하여 모델을 업데이트하는 방식입니다. 이 접근 방식은 경사 하강법 기반 로컬 학습 방법을 사용하는 모델에만 사용하도록 제한하지만, 딥러닝 모델을 학습할 때 이러한 방법이 널리 사용되면서 그라디언트 모델 통합에 기반한 통합 방법의 하위 집합이 생겨났습니다. 이 장에서는 FedAvg 알고리즘의 렌즈를 통해 모델 통합을 구성하기로 했습니다.

FedAvg 이해

'3장, 연합학습 시스템 동작'에서는 일반적인 구조를 명확히 하고 앞서 설명한 추상적인 개념을 구체적인 예를 통해 표현하기 위해 FedAvg라는 집계 알고리즘을 소개했습니다. 기본 알고리즘의 단순성과 그라디언트 기반 접근 방식보다 더 많은 모델 유형에 대한 일반화 가능성이라는 두 가지 이유로 FedAvg가 사용되었습니다. 또한 연구자들이 새로운 통합 방법을 제안할 때 FedAvg를 기준으로 다양한 이론적 시나리오에서의 성능 분석을 통해 광범위한 레퍼런스를 활용할 수 있다는 장점도 있습니다. 연구 커뮤니티에서 이러한 관심이 집중되는 이유는 FedAvg의 최초 논문이 연합학습의 개념과 이점을 처음 소개한 구글 팀에 의해 발표되었기 때문일 가능성이 높습니다. 자세한 내용은 이 논문(https://arxiv.org/abs/1602.05629?context=cs)에서 확인할 수 있습니다.

FedAvg는 **연합확률 경사 하강법(Federated Stochastic Gradient Descent, FedSGD)**으로 알려진 모델 통합 방식이 그 이전 버전입니다. FedSGD는 FedAvg가 평균화한 모델 파라미터의 경사도 모델 통합과 유사하다고 볼 수 있습니다. 또한, 모델 파라미터 평균화 개념은 FedAvg 이전에 연합학습의 맥락에서 벗어나 병렬화된 SGD 접근법에 대해 검토되었습니다. 본질적으로 이러한 병렬화된 SGD 접근법의 분석은 FedAvg의 **독립항등분포(Independently and Identically Distributed, IID)** 사례를 반영하며, 이 개념은 이 장의 뒷부분에서 설명합니다. FedAvg의 단순성, 일반화 가능성, 대중성은 FedAvg를 기반으로 하거나, 그렇지 않으면 FedAvg를 개선한 이후 장에서 논의되는 수많은 모델 통합 접근법의 필요성을 맥락화하여 더 깊이 파고들 수 있는 좋은 기반이 됩니다.

이전에는 FedAvg가 모델 $M_1, M_2, \ldots, M_k$ 와 각각의 로컬 데이터셋 크기가 $n_1, n_2, \ldots, n_k$ 이고 합이 N인 모델을 취하여 반환하는 알고리즘으로만 제시되었습니다:

$$M_{avg} = \sum_{i=1}^{k} \frac{n_1}{N} M_i$$

'4장. 파이썬에서 연합학습 서버 구현' 장에 나와 있는 것처럼 simple-fl은 다음 함수를 사용하여 각 모델을 로컬로 학습하는데 사용된 데이터 양에 따라 버퍼링된 모델(현재 라운드 동안 클라이언트에서 보낸 모델)의 가중치 평균을 계산합니다:

```
def _average_aggregate(self, buffer: List[np.array], num_samples: List[int]) -> np.array:
    """
    Given a list of models, compute the average model (FedAvg).
    This function provides a primitive mathematical operation.
    :param buffer: List[np.array] - A list of models to be aggregated
    :return: np.array - The aggregated models
    """
    denominator = sum(num_samples) # weighted average
    model = float(num_samples[0]) / denominator * buffer[0]
    for i in range(1, len(buffer)):
        model += float(num_samples[i]) / denominator * buffer[i]
    return model
```

원래 알고리즘은 이 설명과 크게 다르지 않습니다. 알고리즘의 높은 수준의 단계는 다음과 같습니다:

1. 서버는 $K* C$ 클라이언트를 랜덤로 샘플링하며, 여기서 K는 총 클라이언트 수이고 C는 0

에서 1 사이의 매개변수입니다.

2. 선택한 $K^* C$ 클라이언트는 가장 최근의 통합 모델을 수신하고 로컬 데이터에 대한 모델 학습을 시작합니다.
3. 각 클라이언트는 원하는 만큼의 학습이 완료되면 로컬에서 학습된 모델을 서버로 다시 전송합니다.
4. 서버는 수신된 모델의 매개변수별 산술 평균을 계산하여 최신 통합 모델을 계산합니다.

이 공식적인 표현과 연합학습 프로세스에 대한 프레젠테이션의 유사점을 바로 찾아볼 수 있는데, ClientUpdate는 에이전트에 대한 로컬 학습을 수행하고 서버는 동일한 가중 평균 알고리즘을 사용하여 통합을 수행합니다. 한 가지 중요한 점은 각 라운드에서 로컬 학습과 모델 전송을 수행하기 위해 클라이언트 하위 집합을 샘플링하는 것으로, 이 매개변수는 다양한 클라이언트 집합 크기의 수렴율을 실험적으로 결정하기 위해 포함되며, 이상적인 시나리오에서는 1로 설정됩니다.

앞서 언급했듯이 FedAvg는 본질적으로 병렬화된 확률적 경사 하강법에 대한 접근 방식을 반영하는 이상적인 연합학습 시나리오입니다. **병렬화된** SGD(parallelized Stochastic Gradient Descent, pSGD)에서는 하드웨어 병렬화(예: 여러 코어에서 병렬로 실행)를 활용하여 속도를 높이는 것이 목표입니다.

특정 머신러닝 작업에 대한 SGD 수렴 하는데 이 작업에 대한 한 가지 접근 방식은 각 코어가 데이터의 일부 하위 집합에 대한 기본 모델을 몇 번의 반복을 통해 병렬로 학습한 다음 부분적으로 학습된 모델을 통합하고 통합된 모델을 다음 학습의 기본으로 사용하는 것입니다. 이 경우 코어가 연합학습 시나리오에서 에이전트로 간주되는 경우 병렬화된 SGD 접근 방식은 이상적인 시나리오의 FedAvg와 동일합니다. 즉, 이상적인 연합학습 시나리오를 가정할 때 pSGD에 대해 수행한 모든 수렴 보장 및 각 분석을 FedAvg에 직접 적용할 수 있습니다. 따라서 이러한 선행 연구를 통해 FedAvg가 강력한 수렴율을 보인다는 것을 알 수 있습니다.

FedAvg에 대한 이러한 찬사를 들으면 왜 더 복잡한 통합 방법이 필요한지 의문이 드는 것은 당연합니다. FedAvg 수렴을 논의할 때 "이상적인 연합학습 시나리오"라는 문구가 여러 번 사용되었다는 점을 상기해 보십시오. 안타까운 현실은 대부분의 실제 연합학습 애플리케이션이 이 문구에 명시된 조건 중 하나 이상을 충족하지 못한다는 것입니다.

이상적인 연합학습 시나리오는 세 가지 주요 조건으로 나눌 수 있습니다:

- 학습에 사용되는 로컬 데이터셋은 IID(데이터셋은 동일한 데이터 분포에서 독립적으로 추출됨).
- 계산 에이전트의 계산 능력은 비교적 동질적
- 모든 에이전트는 적대적이지 않은 것으로 가정

고수준에서 이러한 조건이 연합학습 시나리오에서 바람직한 이유는 분명합니다. 이 세 가지 조건이 필요한 이유를 더 자세히 이해하기 위해 각 조건이 없을 때 FedAvg의 성능에 대해 다음 하위 장에서 살펴볼 것입니다.

데이터셋 분포

Non-IID 사례에서 FedAvg를 검토하려면 먼저 데이터 집합의 분포가 정확히 무엇을 가리키는지 정의하는 것이 중요합니다. 분류 문제에서 데이터 분포는 종종 각 데이터 요소와 연관된 실제 클래스의 분포를 나타냅니다. 예를 들어, 각 이미지가 0에서 9까지의 손으로 쓴 숫자인 MNIST 데이터 집합을 생각해 보겠습니다. 이 데이터셋에서 1,000개의 이미지를 균일한 랜덤 샘플로 추출한다면, 각 클래스에서 예상되는 이미지 수는 동일할 것이며, 이는 균일한 데이터 분포로 간주될 수 있습니다. 또는 숫자 0의 이미지 910개와 다른 숫자의 이미지 10개가 포함된 샘플은 심하게 왜곡된 데이터 분포가 될 수 있습니다.

분류 작업 외의 용도로 일반화하기 위해, 이 정의를 확장하여 데이터셋 전체에 존재하는 특징의 분포를 나타낼 수 있습니다. 이러한 특징은 수동으로 만들어서 모델에 제공하거나(선형 회귀 등), 모델 파이프라인의 일부로 원시 데이터에서 추출할 수도 있습니다(심층 CNN 모델 등). 분류 문제의 경우, 특징이 클래스를 정확하게 예측하는데 충분하다는 암묵적인 믿음 때문에 일반적으로 클래스 분포가 특징 분포에 포함됩니다. 특징 분포를 살펴볼 때의 장점은 클래스에 대한 작업 중심이 아닌 특징에 대한 데이터 중심이므로 머신러닝 작업 전반에서 일반화가 가능하다는 점입니다.

그러나 실험 분석의 맥락에서, 데이터셋에서 non-IID 샘플을 쉽게 구성할 수 있기 때문에 분류 작업은 연합학습 컨텍스트 내에서 FedAvg 및 다양한 통합 방법의 견고성을 테스트하는데 이상적입니다. 이 장에서 FedAvg를 살펴보기 위해 각 에이전트가 앞서 설명한 MNIST 데이터셋에서 가져온 데이터 샘플로 CNN을 학습하는 간단한 연합학습 시나리오를 고려해 보겠습니다. 두 가지 주요 사례가 있으며 다음에 자세히 설명합니다.

IID 케이스

모델의 수렴은 모델 매개변수 공간을 사용하여 나타낼 수 있습니다. 매개변수가 n개인 모델의 매개변수 공간은 n차원 유클리드 공간으로 생각할 수 있으며, 각 매개변수는 공간의 한 차원에 해당합니다. 초기화된 모델을 생각해 보면, 이 모델의 초기 파라미터는 파라미터 공간의 한 점으로 표현할 수 있습니다. 로컬 학습 및 모델 통합이 이루어지면 이 대표 포인트는 매개변수 공간에서 이동하게 되며, 최종 목표는 손실 또는 오류 함수의 로컬 최적점에 해당하는 공간의 한 지점으로 수렴하여 최소가 되는 것입니다.

이러한 함수의 한 가지 핵심은 로컬 학습 과정에서 사용되는 데이터에 대한 의존성입니다. 에이전트 전반의 데이터셋이 IID인 경우 일반적으로 매개변수 공간에서 각 손실/오류 함수의 최적값이 상대적으로 가까워지는 경향이 있습니다. 데이터셋이 IID이고 모든 모델이 동일한 파라미터로 초기화되는 간단한 경우를 생각해 보겠습니다. '3장 연합학습 시스템 동작' 장에 나와 있는 것처럼 파라미터 공간의 단순화된 버전을 나타낼 수 있습니다:

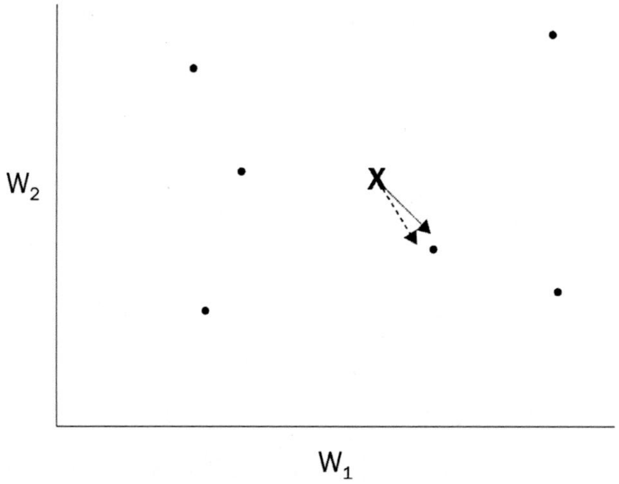

그림 7.1 초기화 및 IID 데이터셋이 동일한 모델

두 모델이 동일한 지점(보라색 x)에서 시작하여 동일한 최적점(보라색 점)을 향해 이동하여 두 모델이 공유하는 최적점에 가까운 통합 모델을 생성하는 과정을 관찰합니다.

결과적으로 에이전트 간 오류/손실 함수의 유사성으로 인해 모델은 학습 중에 공간에서 동일하거나 유사한 최적값을 향해 수렴하는 경향이 있습니다. 즉, 각 모델 통합 단계 이후 모델의 변화가 상대적으로 작기 때문에 수렴률이 단일 로컬 모델 사례를 반영하게 됩니다. 기본 데이터 분포가 실제 데이터 분포를 대표하는 경우(예: MNIST의 경우 10개의 서로 다른 숫자에 걸쳐 균일함), 결과적으로 통합된 모델은 강력한 성능을 발휘합니다.

다음으로 각 모델이 개별적으로 초기화되는 일반화된 IID 사례를 살펴봅니다:

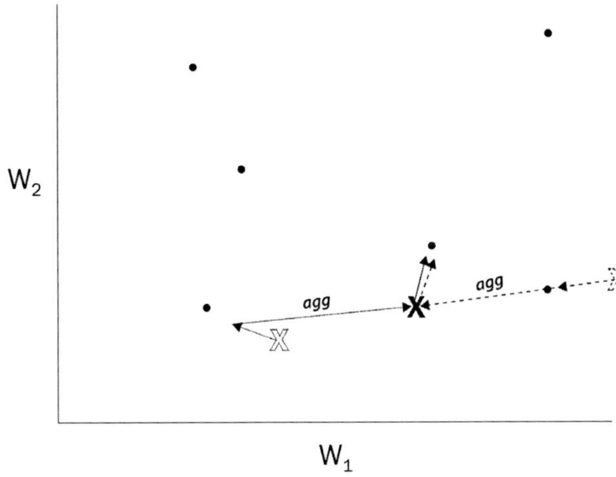

그림 7.2 초기화 및 IID 데이터셋이 다른 모델

이 시나리오에서는 두 모델이 서로 다른 지점(굵은선/점선 X)에서 시작하여 처음에는 서로 다른 최적점을 향해 이동하여 첫 번째 모델이 어떻게 불량하게 생성되는지 관찰합니다. 그러나 첫 번째 모델 통합 후에는 두 모델이 모두 같은 지점에서 시작하여 같은 최적점을 향해 이동하므로 첫 번째 경우와 유사하게 수렴됩니다.

각 모델이 통합된 파라미터로 두 번째 라운드를 시작하기 때문에 첫 번째 모델 통합 단계 이후에는 이전 사례로 줄어든다는 것을 분명히 알 수 있습니다. 결과적으로 앞서 설명한 수렴 속성은 IID 로컬 데이터셋이 있는 FedAvg의 일반적인 경우로 확장할 수 있습니다.

non-IID 케이스

IID 로컬 데이터셋의 경우 단일 모델 사례와 같은 수렴 속도를 허용하는 핵심 속성은 유사한 데이터 분포로 구성되기 때문에 손실/오류 함수의 로컬 최적값이 유사하다는 점입니다. 비 IID 사례에서는 일반적으로 최적값의 유사성이 더 이상 관찰되지 않습니다.

MNIST의 예를 사용하여 첫 번째 에이전트에는 0에서 4까지의 숫자만 있고 두 번째 에이전트에는 5에서 9까지의 숫자만 있는 이미지, 즉 데이터셋이 IID가 아닌 두 개의 에이전트가 있는 연합학습 시나리오를 고려해 보겠습니다. 이러한 데이터셋은 원래의 10등급 분류 문제와 달리 로컬 학습 수준에서 완전히 다른 두 개의 5등급 분류 작업으로 이어지며, 이는 첫 번째 에이전트와 두 번째 에이전트 간에 완전히 다른 파라미터 공간 최적값을 초래하게 됩니다. 이 파라미터 공간의 단순화된 표현은 다음과 같으며, 두 모델 모두 초기화가 동일합니다:

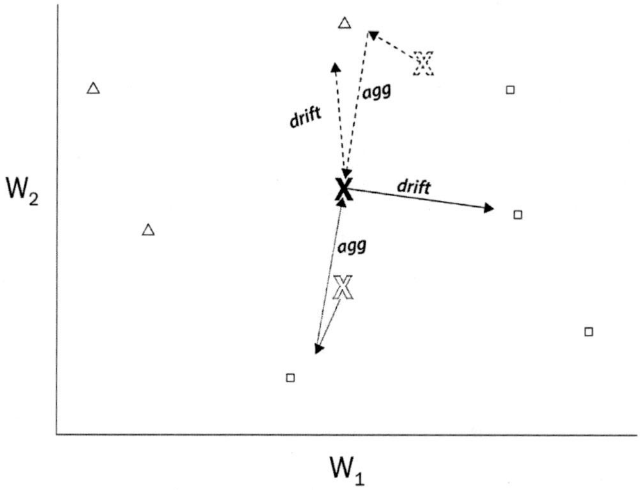

그림 7.3 초기화가 다른 모델 및 non-IID 데이터세트

이제 최적값이 더 이상 공유되지 않으므로(굵은선/점선 모델의 경우 각각 삼각형/사각형이 최적값을 나타냄), 반복적으로 모델을 통합해도 두 모델의 최적값에 가까운 통합 모델을 만들 수 없습니다. 각 라운드의 목표 최적값이 다르기 때문에 각 로컬 학습 단계에서 모델이 갈라지거나 드리프트(drift)됩니다.

두 에이전트의 손실/오류 함수 간에 최적값의 작은 부분 집합만 공유됩니다. 결과적으로 각 모델이 로컬 학습 중에 공유되지 않는 최적점을 향해 움직일 확률이 높으며, 이로 인해 모델이 매개변수 공간에서 서로 멀어지게 됩니다. 그러면 각 모델 통합 단계가 모델을 잘못된 최적값으로 끌어당겨 로컬 학습 동안의 진행 상황을 되돌리고 수렴을 방해하게 됩니다. 서로 다른 에이전트의 최적값의 평균을 구하는 것만으로는 파라미터 공간의 어떤 에이전트의 최적값에 근접할 가능성이 매우 낮으므로, 이 경우 계속 통합한 결과는 일반적으로 전체 데이터셋에서 성능이 떨어지는 모델이 된다는 점에 유의하시길 바랍니다. 로컬 학습 중에 관찰된 확률성으로 인해 결국 공유 최적점으로의 수렴이 발생하여 매개변수 공간에서 통합 모델의 이동을 유도할 수 있지만, 이는 이론적으로 보장되지 않으며 수렴이 발생하는 경우 IID 사례의 수렴보다 훨씬 느립니다.

> **중요 참고 사항**
>
> 이 MNIST의 예는 non-IID 데이터셋의 이론적 극단적인 예입니다. 실제로 non-IID 데이터셋은 에이전트 간 데이터 분포에서 서로 다른 왜곡을 나타낼 수 있습니다(예: 숫자가 0-4인 이미지가 5-9보다 두 배 더 많거나 그 반대의 경우). 차이의 심각도는 FedAvg의 성능과 상관관계가 있으므로 덜 심각한 경우에도 적절한 성능에 도달할 수 있습니다. 그러나 이러한 경우, FedAvg의 성능은 일반적으로 모든 로컬 데이터셋에 대해 단일 모델을 한 번에 학습하는 유사한 중앙 집중식 학습 작업(연합학습로 달성 가능한 이론적 최적 모델)에 비해 항상 열등할 것입니다.

이 장에서는 non-IID 데이터셋에서 발생하는 문제에 대한 통계적 근거에 초점을 맞추었다면, 다음 장에서는 특히 대규모로 배포할 때 발생할 수 있는 훨씬 더 직접적인 문제를 살펴봅니다.

컴퓨팅 성능 분포

연합학습에 참여하는 에이전트에 대해 명시되지 않은 가정은 각 에이전트가 무한한 시간이 주어질 경우 로컬 학습을 수행할 수 있다는 것입니다. 계산 능력(메모리 및 속도)이 제한된 에이전트는 로컬 학습을 완료하는데 다른 에이전트보다 훨씬 더 많은 시간이 걸리거나 모델 및 학습 프로세스를 지원하기 위해 정량화와 같은 기술이 필요할 수 있습니다. 그러나 일부 라운드에서 로컬 학습을 완료할 수 없는 에이전트는 연합학습 프로세스를 지연시켜 수렴을 방지할 수 있습니다.

일반적으로 수렴 한계와 실험 결과는 일정 수준의 성능에 도달하는데 필요한 통신 라운드 수에 초점을 맞춥니다. 이 측정 기준과 앞서 언급한 가정에 따르면, 계산 능력은 한 라운드를 완료하는데 필요한 실제 시간에만 영향을 미치기 때문에 수렴 속도는 각 에이전트에 제공되는 계산 능력과는 완전히 독립적입니다. 그러나 실제 애플리케이션에서 수렴 속도는 완료된 통신 라운드 수가 아닌 실제 소요 시간으로 측정되며, 이는 각 라운드를 완료하는데 걸리는 시간이 라운드 수만큼이나 중요하다는 것을 의미합니다. 이 총 소요 시간 메트릭은 연합학습에 참여하는 에이전트에서 이질적인 계산 능력이 관찰될 때 순진한 FedAvg의 성능이 좋지 않음을 보여주는 부분입니다.

특히 각 라운드를 완료하는데 걸리는 시간은 라운드에 참여하는 가장 느린 에이전트의 로컬 학습 시간으로 인해 병목 현상이 발생하는데, 이는 대부분의 경우 모델 통합이 학습에 비해 매우 빠르며 모든 에이전트가 로컬 학습을 완료할 때까지 기다려야 하기 때문입니다. 모든 에이전트가 라운드에 참여하면 이 병목 현상이 전체 에이전트 중 가장 느린 에이전트가 됩니다. 계산 능력이 동질적인 경우, 가장 빠른 에이전트와 가장 느린 에이전트 간의 로컬 학습 시간 차이는 상대적으로 미미합니다. 이질적인 경우, 하나의 병목 현상이 발생하면 FedAvg의 수렴 시간이 크게 줄어들고 통합된 모델을 받기 위해 기다리는 더 빠른 에이전트에서 상당한 유휴 시간이 발생합니다.

에이전트가 완전히 참여하는 FedAvg를 수정하는 두 가지 방법이 처음에는 이 문제를 해결하는 것처럼 보일 수 있지만, 두 가지 방법 모두 최적의 성능을 내지 못하는 단점이 있습니다:

- 첫 번째 접근 방식은 에이전트 수와 각 라운드에서 취한 샘플 크기에 따라 각 라운드에서 스트래글러 효과가 발생할 확률이 달라집니다. 이 방법은 낙오 에이전트가 적은 경우에는 충분할 수 있지만, 그 수가 증가함에 따라 비례적으로 문제가 악화되며 문제 발생을 완전히 제거하지는 못합니다. 또한 샘플 크기가 작으면 더 많은 에이전트를 대상으로 통합할 때 얻을 수 있는 견고한 이점을 잃게 됩니다.
- 두 번째 접근 방식은 모든 에이전트가 각 라운드가 시작될 때 로컬 학습을 시작하고 일정 수의 모델이 수신된 후 조기에 통합을 시작하도록 허용하는 것입니다. 이 방법은 각 라운드 동안 모델 통합에 참여하는 에이전트의 수를 크게 제한하지 않고도 지체 효과를 완전히 제거할 수 있다는 장점이 있습니다. 하지만 속도가 가장 느린 에이전트는 모든 라운드에서 모델 통합에 참여하지 못하기 때문에 기본적으로 활성 에이전트의 수가 줄어들고 학습 중에 사용되는 데이터의 종류가 제한될 수 있습니다. 또한 너무 느려 모델 통합에 참여하지 못하는 에이전트는 아무런 이득도 없는 계산 작업을 수행하게 됩니다.

각 라운드가 끝날 때 수신된 모델에 적용되는 최종 통합 방법에 관계없이 통합을 효율적으로 수행하려면 사용 가능한 계산 능력에 따라 일부 로컬 조정이 필요하다는 것은 분명합니다.

Non-IID 사례와 이기종 컴퓨팅 파워 사례는 모두 일반적으로 관찰하기 쉽고 어느 정도 관리가 가능한 연합학습 시스템의 특성에 초점을 맞추고 있습니다. 다음 사례는 실제 연합학습 시스템을 고려할 때 핵심 가정에 이의를 제기함으로써 이와는 다른 접근 방식을 취합니다.

적대적 에이전트로부터 보호

지금까지는 연합학습 시나리오에 참여하는 모든 에이전트가 항상 원하는 방식으로, 즉 수신된 모델을 로컬에서 능동적으로 올바르게 학습하고 집계기와의 모델 전송에 참여하는 방식으로 행동한다고 가정해 왔습니다. 이는 연합 환경이 시뮬레이션되고 에이전트가 단일하게 제어되는 연구 환경에서는 쉽게 달성할 수 있지만, 에이전트가 올바르게 행동한다는 가정이 실제로는 항상 지켜지는 것은 아닙니다.

악의적인 의도와 관련이 없는 한 가지 예는 에이전트가 집계기로 전송하는 모델 가중치의 에러입니다. 이는 에이전트가 사용하는 데이터셋에 결함이 있거나 학습 알고리즘이 잘못 구현된 경우 발생할 수 있습니다(전송 중 매개변수 데이터가 손상될 수도 있음). 최악의 경우 하나 또는 여러 모델의 파라미터가 통계적으로 랜덤 노이즈와 동일하게 될 수 있습니다. 랜덤 노이즈의 L2 norm(n차원 텐서의 벡터 크기 확장)이 유효한 모델의 범위보다 크게 크지 않은 경우, FedAvg는 전체 에이전트 대비 결함이 있는 에이전트의 비율에 비례하는 성능 손실이 발생하지만 이 비율이 작을 때는 상대적으로 허용 가능한 수준입니다. 그러나 에이전트 노이즈의 표준값이 상당히 높으면 결함이 있는 에이전트가 하나라도 있으면 거의 랜덤에 가까운 통합 모델을 유도할 수 있습니다. 이는 FedAvg의 모델 통합 중에 내부적으로 수행되는 산술 평균의 특성 때문입니다.

악의적인 공격자가 에이전트를 제어할 수 있다면 문제는 더욱 심각해집니다. 충분한 정보를 가진 단일 악성 에이전트는 제출하는 모델의 파라미터를 크게 수정하여 모델 통합 후 원하는 모델을 생성할 수 있습니다. 다른 에이전트의 모델 파라미터와 관련 가중치를 직접 알지 못하더라도 악성 에이전트는 이후 라운드에서 로컬 모델과 통합 모델 간의 상대적으로 작은 변경 사항을 활용하여 이전 통합 모델을 예상 로컬 모델 파라미터의 추정치로 사용할 수 있습니다.

따라서 FedAvg는 연합학습 환경에서 랜덤 공격자와 통제된 공격자 모두에 대해 견고성을 거의 제공하지 않습니다. 한 가지 잠재적인 완화 수단은 에이전트를 별도로 모니터링하고 적대적인 에이전트가 모델을 전송하지 못하도록 하는 것이지만, 이러한 에이전트를 식별하는데 필요한 시간 동안 최종 모델의 수렴에 상당한 손상이 이미 발생했을 수 있습니다.

이제 FedAvg가 이러한 이상적이지 않은 경우의 견고성을 계산의 단순성과 교환한다는 사실을 분명히 알 수 있습니다. 안타깝게도 이러한 견고성은 연구 환경과 비교하여 통제력이 부족하기 때문에 연합학습의 실제 적용에 있어 핵심적인 고려 사항입니다. 다음 장에서는 이 장에서 제시된 세 가지 비이상적 사례에 대해 견고성을 달성하는 방법에 대해 중점적으로 설명합니다.

비이상적 사례의 집계기

실제 연합학습 애플리케이션에서는 이상적인 연합학습 시나리오를 구성하는 앞서 언급한 가정 중 하나 이상이 충족되지 않는 경우가 많으므로, 연합학습을 가장 잘 수행하기 위해서는 대체 통합 방법을 사용해야 할 수도 있습니다. 이 장의 목표는 이질적인 계산 능력, 적대적인 에이전트, non-IID 데이터셋을 대상으로 하는 통합 방법의 예를 난이도 순으로 다루는 것입니다.

이기종 컴퓨팅 성능 처리

앞서 언급했듯이, 이 경우 이상적인 모델 통합 방식은 연합학습에 참여하는 에이전트 수를 최대화하고 계산 능력 차이에 관계없이 모든 에이전트가 어느 정도 기여할 수 있도록 하면서도 낙오자 효과를 지속적으로 방지합니다. 에이전트는 로컬 학습에 대다수 에이전트보다 훨씬 더 많은 시간이 걸리는 경우 라운드 중에 낙오자가 됩니다. 따라서 이 문제를 효과적으로 해결하려면 실제로 각 에이전트가 사용할 수 있는 계산 능력에 따라 로컬 교육 프로세스에서 에이전트 수준에서 어느 정도의 적응력이 필요합니다.

수동 조정

이를 달성하는 간단한 방법 중 하나는 각 반복에 필요한 시간을 기준으로 로컬 학습 반복 횟수를 변경하는 것입니다. 즉, 로컬 학습 시간을 고정하고 각 에이전트가 고정된 횟수의 반복을 수행하는 대신 이 시간 내에 가능한 한 많은 반복을 수행합니다. 이렇게 하면 지체 문제를 간단히 해결할 수 있지만, 빠른 에이전트가 로컬 학습 반복을 너무 많이 수행하여 모델 드리프트가 발생하여 느린 에이전트가 의미 있게 기여하기 위해 많은 양의 로컬 학습 시간을 할당해야 하는 경우 성능이 저하될 수 있습니다. 로컬 학습 반복의 최대 횟수를 설정하면 이 문제를 완화할 수 있습니다. 그러나 느린 에이전트가 적절한 모델을 생성할 수 있는 충분한 시간을 확보하는 동시에 빠른 에이전트가 최대 반복 횟수에 도달한 후 유휴 상태가 되는 것을 방지하기 위해 할당된 로컬 학습의 균형을 신중하게 찾아야 합니다. 또한 최적의 구성을 찾기 위해 실험 결과에 의존하는 대신 최적의 성능을 달성하기 위해 이러한 임계값을 선제적으로 결정할 수 있는 방법도 불분명합니다.

자동 조정 - FedProx

FedProx라고 알려진 통합 방법은 계산 능력에 따라 각 에이전트의 로컬 학습 프로세스를 동적으로 조정하는 동일한 방법론을 따르면서, 수렴에 대한 이론적 분석을 돕기 위해 로컬 학습의 종료 조건을 수정합니다. 특히, 고정된 로컬 학습 반복 횟수는 다양한 수준의 계산 능력을 가진 에이전트를 수용하는 학습 루프의 종료 조건으로 대체됩니다.

이 종료 조건의 기본 개념은 γ-정확한 해법이며, γ-정확한 최적점의 기울기 크기가 로컬 학습 시작 시 기울기 크기의 γ배보다 작을 때 충족됩니다. 직관적으로 γ는 0과 1 사이의 값으로, 0에 가까울수록 종료 조건이 더 엄격해져 로컬 학습 반복 횟수가 늘어납니다. 따라서 γ를 통해 에이전트의 계산 능력을 파라미터화할 수 있습니다.

종료 조건 접근법의 한 가지 잠재적인 문제는 엄격한 조건으로 인해 로컬 학습을 여러 번 반복한 후 로컬 학습된 모델이 통합 모델과 차이가 발생한다는 것입니다. 이 문제를 해결하기 위해 FedProx는 다음과 같이 최소화되는 목적 함수에 근사항을 추가합니다:

$$\frac{\mu}{2}|w - w_{agg}|^2$$

여기서 w_{agg}은 수신된 종합 모델 가중치를 나타냅니다.

근사항은 현재 가중치와 통합된 모델 가중치 간의 차이에 페널티를 부여하여 앞서 언급한 로컬 모델 발산을 μ로 매개변수화된 강도로 제한합니다. 이 두 가지 개념을 통해 FedProx는 반복 횟수를 수동으로 조정할 필요 없이 각 에이전트가 계산 능력에 비례하여 가변적인 반복 횟수를 수행하거나 또는 할당된 학습 시간으로 설정할 수 있습니다. 근사항이 추가되었기 때문에 FedProx가 작동하려면 기울기 기반 최적화 방법을 사용해야 하며, 기본 이론 및 FedAvg와의 비교에 대한 자세한 내용은 원본 논문(https://arxiv.org/abs/1812.06127)에서 확인할 수 있습니다.

FedProx 구현

FedAvg에 대한 FedProx의 수정은 모두 클라이언트 측에서 이루어지므로, FedProx의 실제 구현은 전적으로 로컬 학습 프레임워크의 수정으로 이루어집니다. 특히 FedProx에는 로컬 학습에 대한 새로운 종료 조건과 로컬 손실 함수에 대한 제약 조건이 추가됩니다. 따라서 로컬 학습 코드의 예시를 사용하여 FedProx를 통합하는 방법을 정확히 파악하는 것이 도움이 됩니다.

PyTorch를 사용하는 다음의 일반적인 교육 코드를 살펴보겠습니다:

```
agg_model = ... # Get aggregate model - abstracted out of example
model.load_state_dict(agg_model.state_dict())
for epoch in range(num_epochs):
    for batch_idx, (inputs, targets) in enumerate(trainloader):
        inputs, targets = inputs.to(device), targets.to(device)
        optimizer.zero_grad()
        outputs = model(inputs)
        loss = criterion(outputs, targets)
        loss.backward()
        optimizer.step()
```

각 라운드에 대해 수신된 통합 모델을 사용하여 로컬 데이터셋에 대해 num_epochs 만큼의 학습을 수행하는 코드가 됩니다. FedProx에 필요한 첫 번째 수정 사항은 고정된 epoch 수를 동적 종료 조건으로 대체하여 통합된 모델을 초기 모델로 사용하여 γ-정확한 해를 찾았는지 확인하는 것입니다. 이를 위해서는 통합 모델과 현재 로컬 모델에 대한 전체 학습 데이터셋의 총 경사기울기(gradient)를 저장해야 하며, 이는 다음과 같이 수행할 수 있습니다:

```
agg_model = ... # Get aggregated model from aggregator
model.load_state_dict(agg_model.state_dict())
agg_grad = None
curr_grad = None
gamma = 0.9
mu = 0.001
```

gamma 및 mu, 두 개의 FedProx 매개변수 값이 설정되고 통합 모델과 최신 로컬 모델의 기울기를 저장하는 변수가 정의됩니다.

그 다음, 이러한 기울기 변수를 사용하여 로컬 학습에 대한 γ-정확하지 않은 새로운 종료 조건을 정의합니다:

```
def gamma_inexact_solution_found(curr_grad, agg_grad, gamma):
    if (curr_grad is None):
        return False
    return curr_grad.norm(p=2) < gamma * agg_grad.norm(p=2)
```

이제 각 학습 루프 반복 전에 이 조건을 확인하여 로컬 학습을 중지할 시기를 결정합니다. total_grad 변수는 역전파 중에 각 미니배치에서 생성된 누적 경사기울기를 저장하기 위해 생성됩니다:

```
model.train()

while (not gamma_inexact_solution_found(curr_grad, agg_grad, gamma)):
    total_grad = torch.cat([torch.zeros_like(param.data. flatten()) for param in
model.parameters()])
    for batch_idx, (inputs, targets) in enumerate(trainloader):
        inputs, targets = inputs.to(device), targets.to(device)
        optimizer.zero_grad()
        outputs = model(inputs)
        loss = criterion(outputs, targets)
```

근사항(prox_term)을 계산하기 위해 통합 모델과 최신 로컬 모델의 가중치가 모두 계산됩니다. 이 가중치에서 근사항을 계산하여 손실항(loss)에 더합니다:

```
curr_weights = torch.cat([param.data.flatten() for param in model.parameters()])
agg_weights = torch.cat([param.data.flatten() for param in agg_model.parameters()])
prox_term = mu * torch.norm(curr_weights - agg_weights, p=2)**2
loss += prox_term
```

경사기울기 값이 계산되어 total_grad에 저장된 누적 합계에 더합니다:

```
loss.backward()
grad = torch.cat([param.grad.flatten() for param in model.parameters()])
total_grad += grad
optimizer.step()
```

마지막으로, 경사기울기가 통합 모델의 가중치로 계산된 경우에 agg_grad를 업데이트하고 현재 로컬 학습 반복이 완료된 후 curr_grad를 반환합니다:

```
if (agg_grad == None):
    agg_grad = total_grad
curr_grad = total_grad
```

이러한 수정을 통해 FedAvg 위에 FedProx를 구현할 수 있습니다. FedProx를 사용한 전체 연합 학습 예제는 https://github.com/PacktPublishing/Federated-Learning-with-Python/tree/main/ch7/agg_fl_examples/cifar_fedprox_example에서 확인할 수 있습니다.

가벼운 이기종만 관찰되는 경우 계산 효율성에 도움이 되는 이질적인 계산 능력 시나리오를 처리하기 위한 보조적인 접근 방식은 통합 모델 보상(compensation in aggregation)이라는 개념입니다. 수신된 모델 수가 특정 임계값(일반적으로 참여 에이전트 수보다 적은 임계값)을 초과하면 모델 통합이 발생하는 경우를 생각해 보십시오. 이 임계값을 사용하면 지체 효과를 완화할 수 있지만, 속도가 느린 에이전트가 수행한 작업은 매 라운드마다 폐기되어 학습 비효율로 이어집니다.

보상의 핵심 아이디어는 한 라운드에서 느린 에이전트가 수행한 로컬 학습이 다음 라운드의 모델 통합에 포함되도록 허용하는 것입니다. 이 후속 라운드에서 모델의 연령은 가중 평균에 사용된 가중치와 모델 통합시 페널티 기간을 곱하여 보정됩니다. 이렇게 하면 느린 에이전트에게 빠른 에이전트보다 두세 배 많은 학습 시간을 제공하면서도 낙오자 효과를 피할 수 있습니다. 느린 에이전트가 학습에 너무 많은 추가 시간을 필요로 하는 경우를 방지하기 위해 약간의 이질성이 필요합니다. 이는 여러 라운드가 지나면 모델에 페널티가 주어지는데, 이는 사실상 기여도가 없어지고 보상 없이 통합을 줄일 수 있을 정도로 가혹하며, 너무 오래된 모델이 통합 모델의 수렴을 방해하는 것을 방지하기 위해 필요합니다.

마지막으로, 에이전트의 일부 하위 집합이 공격자에 의해 제어되거나 그렇지 않은 경우 바람직하지 않은 방식으로 작동하는 세 번째 비이상적 속성을 해결하는데 도움이 되는 방법을 살펴봅니다.

적대적 에이전트

이전 장에서 적대적 에이전트가 있을 때 FedAvg의 핵심 문제는 모델 통합시 사용되는 기본 산술 평균의 이상값에 대한 견고성이 부족하다는 점을 살펴보았습니다. 이는 자연스럽게 이러한 견고성을 제공하는 방식으로 이 평균을 추정할 수 있는지에 대한 의문을 제기합니다. 이에 대한 답은 견고한 평균 추정기 클래스입니다. 견고성, 실제 산술 평균과의 거리, 계산 효율성 사이에서 다양한 절충안을 제공하는 많은 추정기가 있습니다.

다음 모델 통합 메서드 구현의 기본으로 사용하려면 다음과 같은 일반 집계함수를 고려해야 합니다 :

```
def aggregate(parameter_vectors):
    # Perform some form of aggregation
    return aggregated_parameter_vector
```

이 함수는 매개변수 벡터의 리스트를 받아 그 결과로 통합된 매개변수 벡터를 반환합니다. 이제 강력한 평균 추정기의 세 가지 구현 예제를 살펴보겠습니다.

기하 평균을 사용한 모델 통합

포인트의 기하학적 중앙값은 포인트와 포인트 사이의 L1 거리의 합을 최소화하는 지점입니다. 이는 자신과 포인트 사이의 L2 거리의 합을 최소화하는 지점인 산술 평균과 개념적으로 유사합니다. L1 거리를 사용하면 이상값에 대한 견고성을 높일 수 있습니다. 실제로 기하평균에서는 임의의 점이 적어도 절반 이상 적대적인 에이전트의 점일 경우에만 임의의 점이 유도될 수 있습니다. 그러나 기하학적 중앙값은 직접 계산할 수 없으며, 수치 근사치 또는 반복 알고리즘을 사용하여 계산해야 합니다.

기하평균을 반복적으로 계산하려면 다음과 같이 Weiszfeld's 알고리즘을 사용할 수 있습니다:

```
def geometric_median_aggregate(parameter_vectors, epsilon):
    vector_shape = parameter_vectors[0].shape
    vector_buffer = list(v.flatten() for v in parameter_ vectors)
    prev_median = np.zeros(vector_buffer[0].shape)
    delta = np.inf
    vector_matrix = np.vstack(vector_buffer)
    while (delta > epsilon):
        dists = np.sqrt(np.sum((vector_matrix - prev_median[np. newaxis, :])**2, axis=1))
        curr_median = np.sum(vector_matrix / dists[:, np.newaxis], axis=0) / np.sum(1 /
    dists)
        delta = np.linalg.norm(curr_median - prev_median)
        prev_median = curr_median
    return prev_median.reshape(vector_shape)
```

이 알고리즘은 점 집합의 기하학적 중앙값이 집합에 대한 유클리드 거리의 합을 최소화하는 점이라는 사실을 이용하여 각 반복에서 점과 현재 중앙값 추정치 사이의 유클리드 거리에 반비례하는 가중치가 있는 최소 제곱을 수행합니다.

좌표 기준 중앙값을 사용한 모델 통합

좌표 기준 중앙값은 이름에서 알 수 있듯이 표본 전체에서 각 좌표의 중앙값을 구하여 구성됩니다. 이 중앙값은 기하학적 중앙값과 달리 직접 계산할 수 있으며, 단변량 통계에서 중앙값의 특성으로 인해 직관적으로 이상값과 유사한 강건성(Robustness)을 제공합니다. 그러나 결과 모델이 데이터셋의 성능 및 수렴과 관련하여 산술 평균과 이론적 유사성을 보이는지 여부는 불분명합니다.

NumPy를 사용하면 다음과 같이 이 함수를 아주 간단하게 구현할 수 있습니다:

```
def coordinate_median_aggregate(parameter_vectors):
    return np.median(parameter_vectors, axis=0)
```

좌표 기준 중앙값이 기하학적 중앙값보다 계산 효율이 훨씬 높기 때문에 이론적 보장과 속도를 맞바꿀 수 있다는 것은 분명합니다.

Krum 알고리즘을 사용한 모델 통합

또 다른 접근 방식은 통합하기 전에 이상 지점을 적대적인 에이전트에서 분리하는 것입니다. 이 접근법의 가장 잘 알려진 예는 Kurm 알고리즘으로, 이 알고리즘은 모델 통합 전에 거리 기반 점수를 계산하여 이상값을 찾아내는 수단으로 사용합니다.

구체적으로, Krum 알고리즘은 먼저 각 포인트 사이의 쌍별 L2 거리를 계산한 다음, 이 거리를 사용하여 가장 작은 L2 거리의 *n-f-2*의 합과 같은 각 포인트의 점수를 계산합니다(설정된 매개변수인 *f*). 그 다음, Krum은 수신된 점수 중 가장 낮은 점수를 출력하여, 무시되는 이상점 *f*를 포함한 총 L2 거리가 최소인 점수를 효과적으로 반환합니다. 또는 Krum에서 사용하는 채점 방식을 사용하여 산술 평균을 계산하기 전에 이상 점수를 트리밍할 수 있습니다. 두 경우 모두 충분히 큰 *n* 및 *2f+2 <n*의 경우, 비적대적인 경우의 FedAvg와 유사한 수렴 비율을 얻을 수 있습니다. Krum 알고리즘에 대한 자세한 내용은 https://papers.nips.cc/paper/2017/hash/f4b9ec30ad9f68f89b29639786cb62ef-Abstract.html의 논문을 통해 확인할 수 있습니다.

Krum 알고리즘은 다음과 같이 통합을 수행하는데 사용할 수 있습니다:

```
def krum_aggregate(parameter_vectors, f, use_mean=False):
    num_vectors = len(parameter_vectors)
    filtered_size = max(1, num_vectors-f-2)
    scores = np.zeros(num_vectors)

    for i in range(num_vectors):
        distances = np.zeros(num_vectors)
        for j in range(num_vectors):
            distances[j] = np.linalg.norm(parameter_vectors[i] - parameter_vectors[j])
        scores[i] = np.sum(np.sort(distances)[:filtered_size])

    if (use_mean):
        idx = np.argsort(scores)[:filtered_size]
        return np.mean(np.stack(parameter_vectors)[idx], axis=0)
    else:
        idx = np.argmin(scores)
        return parameter_vectors[idx]
```

두 가지 Krum 모델 통합 방식(단일 선택 방식과 절사 평균 방식) 중 어떤 방식을 사용할지 결정하는 플래그가 포함되었습니다. 매개변수 벡터가 크고 에이전트 수가 적을 것으로 예상되므로 거리 계산을 벡터화하는 방식보다 반복적인 방식으로 접근하는 것이 좋습니다.

Non-IID 데이터셋

IID 데이터셋로 작업함으로써 연합학습에 부여된 이론적 토대는 연합학습을 통해 성능이 우수한 통합 모델을 달성하는데 중요한 역할을 합니다. 높은 수준에서 이는 서로 다른 데이터셋에서 모델이 수행한 학습 간의 불일치로 설명할 수 있습니다. 데이터셋에 구애받지 않는 통합 방법을 적용할 경우, 데이터셋의 non-IID 특성에 대한 제약 조건이 적용되지 않는 한 이러한 모델의 수렴을 이론적으로 보장할 수 없습니다. 이를 방해하는 주요 요인은 로컬 모델이 매개변수 공간에서 공유되지 않는 최적점을 향해 이동할 확률이 높기 때문에 각 로컬 학습 단계 후에 로컬 모델과 통합 모델 간에 일관된 드리프트가 발생한다는 점입니다.

로컬 머신러닝 작업을 기반으로 통합 모델에 대한 수정을 제한하는 방법에는 딥러닝 모델의 오버파라미터화에 의존하여 각 작업의 통합 모델을 최적화하기 위해 상대적으로 단절된 매개변수 하위 집합을 찾는 방식이 있습니다. 이러한 모델 통합 접근 방식 중 하나는 이전 통합 모델의 피셔 정보 행렬을 사용하여 로컬 학습 중 보조 매개변수 수정을 위한 조절기 역할을 하는 FedCurv입니다. 그러나 실제 애플리케이션에서 극단적인 non-IID 사례에 대한 이 접근법의 견고성은 허용 가능한 성능을 보장하기 위해 추가 테스트가 필요할 수 있습니다.

FedCurv 구현

FedCurv의 구현에는 표준 FedAvg 접근 방식에 대한 두 가지 주요 수정 사항이 포함됩니다. 첫째, 이전 라운드에서 통합된 피셔 정보를 통합하는 정규화한 항을 포함하도록 로컬 손실 함수를 수정해야 합니다. 둘째, 다음 라운드에서 사용할 수 있도록 파라미터의 피셔 정보 행렬을 올바르게 계산하고 모델 통합해야 합니다.

FedProx 구현하기 장에 표시된 로컬 학습 예제 코드를 다시 사용하여 FedCurv의 구현을 시연할 것입니다. '4장, 파이썬에서 연합학습 서버 구현'에서 모델 변환 계층을 통해 집계기에서 프레임워크에 구애받지 않는 모델 표현을 작동할 수 있음을 살펴보았습니다. 이전에는 이러한 표현이 원래 모델의 각 매개변수만 포함했지만, 프레임워크에 구애받지 않는 표현을 사용하면 실제 모델 매개변수와 느슨하게만 연결된 매개변수를 포함하여 원하는 모든 매개변수를 통합할 수 있습니다. 즉, 보조 파라미터를 로컬 모델과 함께 번들로 묶어 전송하고 모델을 통합한 다음 라운드에서 통합 모델에서 분리할 수 있습니다.

FedCurv에는 다음 라운드에서 사용하기 위해 로컬에서 계산하고 모델을 통합해야 하는 두 가지 파라미터 세트가 있으므로, 예제 코드의 간결성을 위해 이러한 파라미터는 학습 후 로컬 모델과 함께 전송되고 학습 전에 통합 모델에서 분리된다고 가정할 수 있습니다(이 기능의 구현은 간단합니다). 결과적으로 앞서 언급했듯이 FedCurv의 두 가지 주요 수정 사항은 모델을 로컬로 학습한 후 피셔 정보 파라미터를 계산하고 수신된 통합 피셔 정보 파라미터를 사용하여 정규화 항을 계산하는 것으로 단순화할 수 있습니다.

피셔 정보 행렬은 매개변수에 대한 모델의 로그 확률 함수의 기울기 공분산을 나타내며, 종종 존재하는 데이터에 대해 경험적으로 평가됩니다. FedCurv는 이 행렬의 대각선 항목, 기울기 매개변수 간의 분산 및 예상 값인 0만 활용합니다.

높은 수준에서 이 분산 항은 데이터에 대한 모델의 성능을 변경하는데 매개변수가 얼마나 영향을 미치는지 추정하는 것으로 간주할 수 있습니다. 이 정보는 다른 에이전트를 로컬로 학습하는 동안 한 데이터셋의 우수한 성능에 핵심적인 매개변수가 수정되는 것을 방지하는데 필수적이며, 이는 FedCurv의 근본적인 아이디어입니다.

모델 성능의 척도를 로그 확률의 기울기에서 목적 함수의 기울기로 완화하면 딥러닝 모델과 같은 기울기 기반 최적화 방법을 사용하는 모델의 분산 항을 계산할 때 역전파 중에 계산된 기울기 항을 직접 사용할 수 있습니다. 특히 매개변수의 분산항은 해당 기울기 항의 제곱과 같으므로 로컬 학습 중에 계산된 순 기울기로부터 항을 직접 계산할 수 있습니다.

먼저 에이전트의 가장 최근 피셔 정보 파라미터(fisher_info_params)와 수신된 종합 피셔 정보 파라미터 (agg_fisher_info_params)를 저장하는 두 개의 변수를 생성하여 다른 에이전트의 피셔 정보를 결정하는데 사용합니다. FedCurv의 람다 매개변수 값은 고정되어 있으며, total_grad는 각 학습 루프의 누적 기울기를 위한 컨테이너로 초기화됩니다:

```
agg_model = ... # Get aggregated model from aggregator
model.load_state_dict(agg_model.state_dict())

fisher_info_params = ... # Initialize at start, then maintain to store past round parameters
agg_fisher_info_params = ... # Separate aggregate Fisher information parameters
                             # from aggregate model parameters

# Only consider other agents, and convert to PyTorch tensor
agg_fisher_info_params = {k:torch.tensor(agg_fisher_info_ params[k] -
fisher_info_params[k])
                    for k in fisher_info_params. keys()}

# Scaling parameter for FedCurv regularization term
```

```
fedcurv_lambda = 1.0

total_grad = {i:torch.zeros_like(param.data) for i,param in enumerate(model.parameters())}
```

그 다음, 모델 가중치와 총 피셔 정보 매개변수에서 FedCurv 정규화 항을 계산합니다. 이 항은 람다에 의해 가중치가 부여되고 그라디언트를 계산하기 전에 손실항에 추가됩니다:

```
model.train()

for epoch in range(num_epochs):
    for batch_idx, (inputs, targets) in enumerate(trainloader):
        inputs, targets = inputs.to(device), targets.to(device)
        optimizer.zero_grad()
        outputs = model(inputs)
        loss = criterion(outputs, targets)

        for i,param in enumerate(model.parameters()):
            # Factor out regularization term to use saved fisher info parameters
            reg_term = (param.data ** 2) * agg_fisher_info_ params[f'fedcurv_u_{i}']
            reg_term += 2 * param.data * agg_fisher_info_ params[f'fedcurv_v_{i}']
            reg_term += (agg_fisher_info_params[f'fedcurv_v_ {i}'] ** 2) /
                        agg_fisher_info_params[f'fedcurv_u_{i}']
            loss += fedcurv_lambda * reg_term.sum()
```

그 다음, 모델 가중치를 업데이트하기 전에 그라디언트를 계산하여 total_grad에 저장합니다:

```
    loss.backward()

    for i,param in enumerate(model.parameters()):
        total_grad[i] += param.grad

    optimizer.step()
```

마지막으로 다음 라운드에서 사용할 에이전트의 가장 최근 피셔 정보 파라미터를 계산하여 저장합니다:

```
for i,param in enumerate(model.parameters()):
    fisher_info_params[f'fedcurv_u_{i}'] = (total_grad[i] ** 2).numpy()
    fisher_info_params[f'fedcurv_v_{i}'] = ((total_grad[i] ** 2) * param.data).numpy()
```

따라서 프레임워크에 구애받지 않는 통합을 사용하여 FedAvg 위에 FedCurv를 구현할 수 있습니다. FedCurv를 사용한 전체 연합학습 예제는 https://github.com/PacktPublishing/Federated-Learning-with-Python/tree/main/ch7/agg_fl_examples/cifar_fedcurv_example에서 확인할 수 있습니다.

데이터 공유 접근 방식

더 많은 진전을 이루기 위해서는 연합학습 시나리오의 외부 측면을 변경해야 합니다. 예를 들어, 데이터 프라이버시 제한이 완화되어 각 에이전트의 로컬 데이터셋의 작은 하위 집합을 다른 에이전트와 공유할 수 있다고 가정해 보겠습니다. 이 데이터 공유 방식을 사용하면 공유되는 데이터의 양에 비례하여 로컬 데이터 분포의 균질성을 달성할 수 있지만, 많은 개인정보 보호 지향 애플리케이션에서 바람직한 연합학습의 주요 고정 데이터 속성을 희생할 수 있습니다. 따라서 데이터 공유 접근 방식은 일반적으로 대부분의 애플리케이션에 적합하지 않습니다.

미세 조정을 통한 개인화

데이터셋이 IID인 경우 로컬 데이터셋 전반에서 강력한 성능을 발휘하는 단일 모델을 생성하는 것이 쉽지 않다는 것은 분명합니다. 하지만 연합학습 프로세스에서 단일 모델 제한을 제거하면 어떻게 될까요? 학습이 수행되는 동일한 엣지 디바이스에서 우수한 성능을 발휘하는 로컬 모델을 생성하는 것이 목표라면, 단일 모델 제한을 제거하면 추론이 적용되는 정확한 데이터 분포에 대해 학습된 다양한 로컬 모델을 사용할 수 있습니다.

이 개념을 개인화라고 하며, 에이전트는 로컬 데이터 분포에 맞게 조정된 통합 모델 버전을 사용하여 강력한 성능을 달성합니다. 이 접근 방식의 핵심은 로컬로 학습된 모델의 로컬 성능과 각 라운드에서 받은 통합 모델의 글로벌 성능 및 그 결과인 견고함의 균형을 맞추는 것입니다. 이를 달성하는 한 가지 방법은 각 에이전트가 여러 라운드에 걸쳐 로컬 모델을 유지하면서 각 라운드 동안 이전 로컬 모델과 수신된 통합 모델의 가중 평균으로 로컬 모델을 업데이트하는 것입니다.

또는 각 라운드에서 여러 개의 통합 모델을 생성할 수 있도록 허용하는 완화 방법을 고려할 수 있습니다. 로컬 데이터 분포를 몇 개의 분리된 그룹으로 군집화할 수 있는 경우, 분포 인식 통합을 사용하면 동일한 분포 클러스터에 속하는 모델 그룹에 통합 방법을 선택적으로 적용할 수 있습니다.

이 접근 방식의 한 가지 예로, 에이전트가 다른 에이전트에서 로컬로 학습된 모델을 받아 첫 번째 단계에서 자체 로컬 데이터셋에서 테스트하는 **성능 기반 이웃 선택**(Performance-Based Neighbor Selection, PENS) 알고리즘을 들 수 있습니다. 유사한 데이터셋에 대해 학습된 모델이 다른 데이터셋에 대해 학습된 모델보다 더 나은 성능을 발휘할 것이라는 가정을 바탕으로 에이전트는 유사한 데이터 분포를 가진 다른 에이전트 집합을 결정하여 두 번째 단계에서 유사한 에이전트로만 통합을 수행할 수 있도록 합니다.

두 번째 접근 방식은 로컬 모델과 글로벌 통합 모델 사이에 클러스터 모델이라는 중간 모델 통합 단계를 추가하는 것입니다. 에이전트 데이터 분포에 대한 지식을 활용하거나 동적 할당 방법을 통해 유사한 데이터 분포를 가진 에이전트를 클러스터 모델 통합에 할당할 수 있으며, 이 클러스터 통합은 IID 데이터셋을 가진 에이전트들로 인해 강력한 모델을 생성하는 것으로 알려져 있습니다.

클러스터 모델의 성능과 글로벌 모델 통합의 견고성 간의 균형을 맞추면 세미 글로벌 모델이라는 개념으로 이어지며, 이 모델에서는 클러스터 모델의 하위 샘플을 선택(잠재적으로 데이터 분포에 기반)하여 성능과 견고성을 유지하는 부분 글로벌 통합 모델의 작은 집합을 생성할 수 있습니다. 따라서 클러스터 및 세미 글로벌 모델 접근 방식은 모델 통합과 완전히 분산된 연합학습 시스템을 달성하는데 모두 유용합니다.

요약

이 장의 목표는 각 에이전트가 수행하는 개별적인 학습을 최소한의 전송으로 함께 pulling할 수 있도록 하는 연합학습의 핵심 이론적 단계인 모델 통합에 대한 현재 지식에 대한 개념적 개요를 제공하는 것이었습니다. FedAvg는 간단하지만 놀랍도록 강력한 집계 알고리즘으로, 이상적인 연합학습 시나리오에서 잘 작동합니다. 이 시나리오는 비슷한 수준의 계산 능력을 갖추고 적대적이거나 잘못 작동하는 에이전트가 없는 머신을 사용하여 IID 데이터셋에서 학습을 수행할 때 달성할 수 있습니다.

안타깝게도 실제 연합학습 시스템을 배포할 때 이러한 조건이 충족되지 않는 경우가 많습니다. 이러한 경우를 해결하기 위해 수정된 모델 통합 접근법을 도입하고 구현했습니다: FedProx, FedCurv, 그리고 세 가지 강력한 평균 추정입니다. 이 장을 읽고 나면 실제 연합학습 애플리케이션에서 고려해야 할 사항을 확실히 이해하고, 앞서 언급한 알고리즘을 이러한 애플리케이션에 통합할 수 있을 것입니다.

다음 장에서는 몇 가지 토이 예제를 통해 기존 연합학습 프레임워크에 대해 자세히 살펴보고 각 프레임워크가 제공하는 기능을 시연해 보겠습니다.

연합학습 애플리케이션

PART 3

이 파트에서는 텐서플로우 federation(tensorflow Federated, TFF), 파이시프트(PySyft), 플라워(flower), 스태들(STADLE) 등 기존의 연합학습(Federated Learning, FL) 프레임워크에 대해 소개하고, 해당 프레임워크의 라이브러리와 실제 실행 방법에 대해 알아본다. 또한 전 세계 산업, 특히 Global 엔터프라이즈 기업에서 구현되고 있는 현재 및 잠재적 사용 사례에 대해 학습함으로써 실제 세계에서 연합학습이 어떻게 사용되고 있는지 이해할 수 있습니다. 마지막으로 이 책은 지혜 중심의 미래를 구상하기 위해 AI 기술 자체가 어디로 향하고 있는지 이해하기 위해 연합학습의 미래 동향과 발전 방향을 살펴보는 것으로 마무리합니다.

이 파트는 다음 장으로 구성되어 있습니다:

- 8장, 연합학습 프레임워크 이용
- 9장, 연합학습 애플리케이션의 분야별 사례 연구
- 10장, 미래 트렌드 및 발전

제8장
연합학습 프레임워크 이용

이 장의 목적은 기존의 **연합학습**(Federated Learning, FL) 프레임워크와 플랫폼을 소개하고, 각각을 **머신러닝**(Machine Learning, ML) 토이 문제와 관련된 연합학습 시나리오에 적용하는 것입니다. 이 장에서 중점적으로 다루는 플랫폼은 Flower, Tensorflow Federated, OpenFL, IBM FL, STADLE이며, 이 플랫폼들을 선택한 배경에는 기존 연합학습 플랫폼을 폭넓게 다뤄 여러분에게 도움을 주기 위해서입니다.

이 장이 끝나면 각 플랫폼을 연합학습에 사용하는 방법을 기본적으로 이해하고, 연합학습 애플리케이션과 관련된 장단점에 따라 플랫폼을 선택할 수 있어야 합니다.

이 장에서는 다음 주제를 다룹니다:

- 연합학습 프레임워크 종류
- 예제 - NLP 모델의 연합학습
- 예제 - non-IID 데이터의 이미지 분류를 위한 연합학습

기술 요구 사항

이 장의 코드 파일은 책의 GitHub 레포지토리에서 찾을 수 있습니다:

https://github.com/PacktPublishing/Federated-Learning-with-Python

중요 참고 사항

코드 파일은 개인 또는 교육 목적으로 사용할 수 있습니다. 상업적 용도의 배포는 지원하지 않으며, 코드 사용으로 인해 발생하는 오류, 문제 또는 손상에 대해 책임을 지지 않는다는 점에 유의하시길 바랍니다.

이 장의 각 구현 예제는 우분투 20.04를 실행하는 x64 시스템에서 실행되었습니다. NLP 예제에 대한 학습 코드를 구현하려면 다음 라이브러리를 실행해야 합니다:

- 파이썬 3(버전 3.8 이상)
- NumPy
- Tensorflow(버전 2.9.1 이상)
- Tensorflow Hub(pip 설치 tensorflow-hub)
- Tensorflow Datasets(pip 설치 tensorflow-datasets)
- Tensorflow Text(pip 설치 tensorflow-text)

모델의 크기에 따라 NLP 예제의 학습 시간을 줄이기 위해서는 tensorflow가 설치된 적절한 GPU를 사용하는 것이 좋습니다.

Non-IID(비독립적이고 동일한 분포) 컴퓨터비전 예제에 대한 학습 코드를 구현하려면 다음 라이브러리를 실행해야 합니다:

- Python 3(버전 3.8 이상)
- NumPy
- PyTorch(버전 1.9 이상)
- Torchvision(버전 0.10.0 이상, PyTorch 버전과 연동)

각 연합학습 프레임워크에 대한 설치 가이드는 다음과 같이 나열되어 있습니다.

TensorFlow Federated (TFF)

다음 라이브러리를 설치하여 TFF를 사용할 수 있습니다:

- tensorflow_federated (pip install tensorflow_federated 명령 사용)
- nest_asyncio(pip install nest_asyncio 명령 사용)

OpenFL

```
git clone https://github.com/intel/openFL.git
cd openfl
pip install .
```

pip install openFL을 사용하여 OpenFL을 설치할 수 있습니다. 또는 다음 명령을 사용하여 소스에서 빌드할 수 있습니다:

IBM FL

로컬에서 호스팅되는 IBM FL 버전을 설치하려면 소스코드 저장소에 있는 .whl 설치 파일이 필요합니다. 이 설치를 수행하려면 다음 명령을 실행합니다:

```
git clone https://github.com/IBM/federated-learning-lib.git
cd federated-learning-lib
pip install federated_learning_lib-*-py3-none-any.whl
```

Flower

pip install flwr 명령을 사용하여 flower를 설치할 수 있습니다.

STADLE

pip install stadle-client 명령을 사용하여 STADLE의 클라이언트 라이브러리를 설치할 수 있습니다.

연합학습 프레임워크 종류

먼저, 구현에 초점을 맞춘 연합학습 프레임워크와 플랫폼을 소개합니다.

Flower

Flower(https://flower.dev/)는 오픈 소스이자 ML 프레임워크에 구애받지 않는 연합학습 프레임워크로, 사용자가 접근할 수 있는 것을 목표로 합니다. Flower는 표준 클라이언트-서버 아키텍처를 따르며 클라이언트가 서버로부터 모델 파라미터를 수신하고 로컬 데이터를 학습한 후 새로운 로컬 모델 파라미터를 다시 서버로 전송하도록 설정되어 있습니다.

연합학습 프로세스의 높은 수준의 오케스트레이션은 클라이언트 선택 및 매개변수 집계기와 같은 측면을 위해 서버에서 사용하는 flower가 전략이라고 부르는 것에 의해 결정됩니다.

Flower는 서버가 전송한 메시지를 클라이언트 측에서 실행 후 오케스트레이션을 수행하기 위해 **원격 프로시저 호출**(Remote Procedure Calls, RPC)을 사용합니다. 이 프레임워크의 확장성

덕분에 연구자들은 새로운 집계 알고리즘이나 통신 방법(예: 모델 압축)과 같은 새로운 접근 방식으로 실험할 수 있습니다.

TensorFlow Federated(TFF)

TFF(https://www.tensorflow.org/federated)는 연구자들이 기존 tensorflow/Keras 모델 및 학습 파이프라인으로 연합학습을 쉽게 시뮬레이션할 수 있도록 하는 것을 목표로 tensorflow 위에 구축된 오픈소스 연합학습/컴퓨팅 프레임워크입니다. TFF는 다음과 같이 구성됩니다.

일반적인 연합학습을 구현할 수 있는 코어 레이어와 그 위에 구축되어 연합학습 전용 프로세스를 위한 인터페이스를 제공하는 연합학습 레이어가 있습니다.

TFF는 래퍼를 사용해 표준 텐서플로우에 상응하는 TFF 전용 데이터셋, 모델, 연합 계산(연합학습 프로세스 중에 수행되는 핵심 클라이언트 및 서버 계산)을 생성하는 단일 머신 로컬 시뮬레이션에 중점을 둡니다. 일반적인 연합 계산에서 모든 것을 구축하는데 중점을 두어 연구자가 원하는 대로 각 단계를 구현할 수 있으므로 여러 실험을 지원합니다.

OpenFL

OpenFL(https://github.com/intel/openFL)은 인텔에서 개발한 오픈 소스 연합학습 프레임워크로, 사일로 간 프라이버시 보호 ML을 수행하는데 중점을 두고 있습니다. OpenFL은 원하는 전체 연합학습 시스템의 수명에 따라 두 가지 워크플로우를 허용합니다.

Aggregator(집계기) 기반 워크플로우에서는 단일 실험 및 관련 연합학습 계획이 집계기에서 참여 공동 작업자(에이전트)에게 전송되어 연합학습 프로세스의 로컬 학습 단계로 실행되며, 실험이 완료되면 연합이 중지됩니다. Director 기반 워크플로우에서는 수명이 긴 구성 요소를 대신 사용하여 필요에 따라 실험을 실행할 수 있습니다. 다음 다이어그램은 director 기반 워크플로우의 아키텍처와 사용자를 보여줍니다:

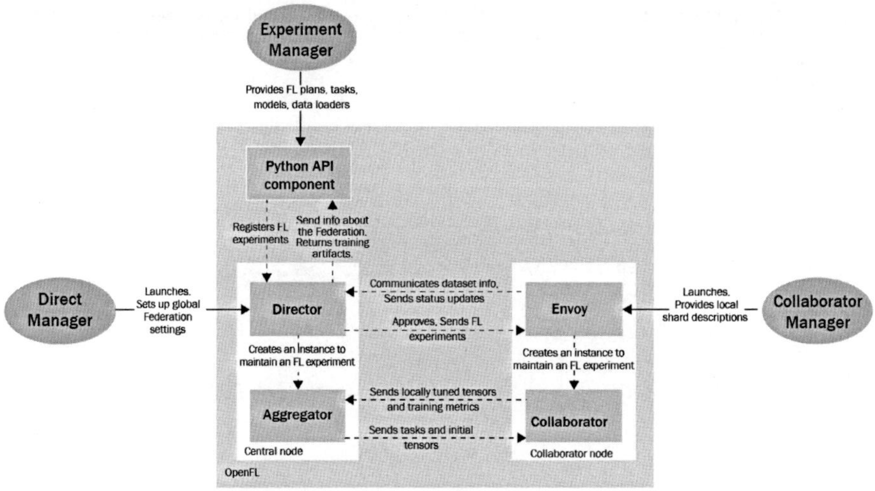

그림 8.1 Director 기반 워크플로우의 아키텍처
(Refer: https:// openFL.readthedocs.io/en/latest/source/openFL/components.html)

Director 매니저(Direct Manager)는 각 실험의 수명이 짧은 구성 요소(Collaborator + Aggregator)를 관리하기 위해 공동 작업자 노드에 상주하는 수명이 긴 Envoy 구성 요소와 함께 작업하면서 실험 실행을 감독합니다. 사일로 간 데이터 시나리오를 대상으로 할 때, OpenFL은 사일로 간에 데이터 표현이 다른 경우를 포함해 데이터 베이스 아키텍처(shard) 관리에 고유한 초점을 맞춥니다.

IBM FL

IBM FL은 엔터프라이즈 연합학습에 초점을 맞춘 프레임워크입니다. 이 프레임워크는 간단한 Aggregator-party(집계기 파티) 설계를 따르며, 로컬 데이터를 보유한 일부 파티가 점진적 모델 학습 결과를 집계기로 전송하고 생성된 통합 모델을 사용하여 다른 파티와 협업합니다(표준 클라이언트-서버 연합학습 아키텍처에 따름). IBM FL은 공식적으로 여러 가지 집계 알고리즘과 편향성 방지를 위한 특정 공정성 기법을 지원하며, 이러한 알고리즘에 대한 자세한 내용은 https://github.com/IBM/federated-learning-lib에 있는 레포지토리에서 확인할 수 있습니다. IBM FL의 구체적인 목표 중 하나는 확장성이 뛰어나 사용자가 특정 기능을 원할 경우 필요한 수정을 쉽게 할 수 있도록 하는 것입니다. 또한, 연합학습 실험을 오케스트레이션하는데 도움이 되는 Jupyter-Notebook 기반 대시보드도 지원합니다.

STADLE

이전 프레임워크와 달리 STADLE(https://stadle.ai/)은 ML 프레임워크에 영향을 받지 않는 연합학습 및 분산 학습 SaaS 플랫폼으로, 연합학습을 프로덕션 지원 애플리케이션과 ML 파이프라인에 원활하게 통합할 수 있도록 지원하는 것을 목표로 합니다. STADLE의 목표는 통합에 필요한 연합학습 관련 코드의 양을 최소화하여 연합학습을 처음 접하는 사람도 쉽게 사용할 수 있도록 하는 동시에 실험을 원하는 사람에게도 유연성을 제공하는 것입니다.

STADLE SaaS 플랫폼을 사용하면 다양한 기술 능력을 가진 사용자가 모든 규모의 연합학습 프로젝트에서 협업할 수 있습니다. 성능 추적 및 모델 관리 기능을 통해 사용자는 강력한 성능의 검증된 연합 모델을 생성할 수 있으며, 직관적인 구성 패널을 통해 연합학습 프로세스를 세부적으로 제어할 수 있습니다. STADLE은 2단계 구성 요소 계층 구조를 사용하여 여러 집계기가 병렬로 작동하여 수요에 맞게 확장할 수 있습니다. 다음 그림은 고수준의 아키텍처를 보여줍니다:

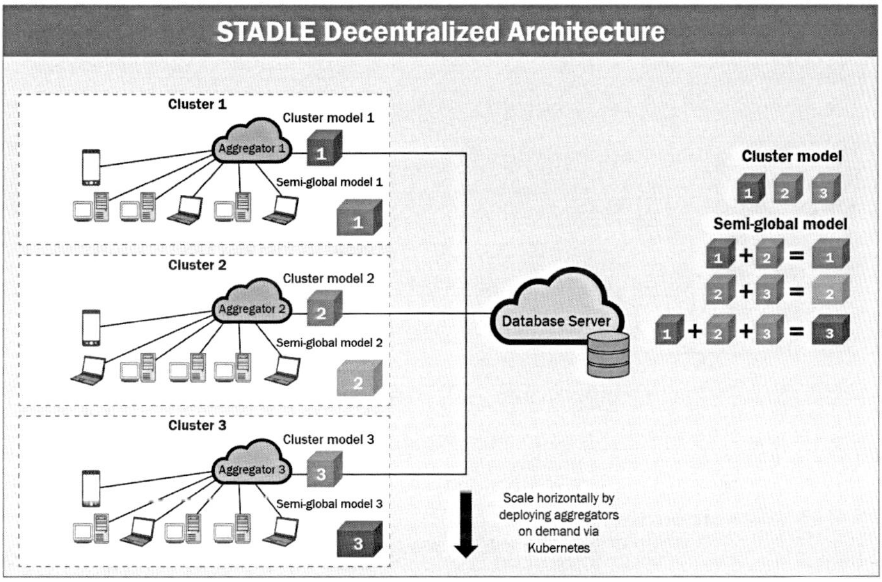

그림 8.1 STADLE 멀티 집계기 아키텍처

pip 설치와 이해하기 쉬운 구성 파일을 통해 STADLE 클라이언트의 개발이 간소화되며 기존 ML 코드에 STADLE을 통합하는 다양한 방법에 대한 참고 자료로 사용할 수 있도록 몇 가지 예제가 공개되어 있습니다.

PySyft

이 장에서 코드베이스의 지속적인 변경으로 인해 PySyft(https://github.com/OpenMined/PySyft) 구현은 포함되지 않았지만, 현재도 개인정보 보호 딥러닝 분야에서 주요 역할을 하고 있습니다.

PySyft의 핵심 원칙은 데이터에 직접 접근하지 않고도 머신이나 디바이스에 저장된 데이터에 대한 연산을 수행할 수 있도록 하는 것입니다. 이는 사용자와 데이터 위치 사이에 중간 계층을 추가하여 참여하는 에이전트 머신에 계산 요청을 보내고, 각 작업자가 계산을 수행하기 위해 저장하고 사용하는 데이터의 프라이버시를 유지하면서 계산된 결과를 사용자에게 반환합니다.

이러한 일반적인 기능은 연합학습로 직접 확장되어 일반적인 딥러닝 학습 흐름의 각 단계를 연합학습에 참여하는 각 에이전트에 저장된 모델 파라미터와 데이터에 대한 계산으로 재작업합니다. 이를 위해 PySyft는 표준 PyTorch/tensorflow 라이브러리를 캡슐화하는 기능을 활용하여 모델 학습 및 테스트가 PySyft 개인정보 보호 계산으로 지원될 수 있도록 필수 내부 함수를 수정합니다.

이제 연합학습 프레임워크의 기본 개념에 대해 설명했으니, 두 가지 예시 시나리오에서 실제 사용을 위한 구현 수준의 세부 사항을 설명하겠습니다. 먼저 NLP 모델에 연합학습을 사용하도록 기존의 중앙 집중식 학습 코드를 수정하는 방법에 대해 살펴봅니다.

예제 – NLP 모델의 연합학습

앞서 언급한 각 연합학습 프레임워크를 통해 연합학습 시나리오로 변환되는 첫 번째 ML 문제는 NLP 영역 내의 분류 문제입니다. 높은 수준에서 NLP는 컴퓨터가 인간의 언어를 어느 정도 이해할 수 있도록 하는 가장 중요한 목표를 가진 컴퓨터 언어학과 ML의 교차점을 의미합니다. NLP 모델을 이해하기 위해서는 특정 문제에 따라 달라지므로 예제를 통해 이해해 보겠습니다.

이 예제에서는 영화 리뷰에 대한 감성분석을 통해 긍정 또는 부정으로 분류하겠습니다. 여기서 사용할 데이터셋은 문자열 형식의 영화 리뷰와 각각 부정적 및 긍정적 감성을 나타내는 이진 레이블 0/1이 포함된 SST-2 데이터셋(https://nlp.stanford. edu/sentiment/)입니다.

이진 분류를 수행하는데 사용할 모델은 사용자 정의 분류 헤드가 있는 사전 학습된 BERT 모델입니다. BERT 모델을 사용하면 문장을 고차원 숫자 벡터로 인코딩한 다음 분류 헤드로 전달하여 이진 레이블 예측을 출력할 수 있습니다. BERT 모델에 대한 자세한 내용은 https://huggingface.co/blog/bert-101 에서 확인할 수 있습니다. 처음부터 학습을 수행하는 대신 상당한 양의 학습을 거쳐 문장의 일반적인 인코딩을 생성하는 방법을 이미 사전 학습된 모델을 사용합니다. 이렇게 하면 분류 헤드에 학습을 집중하여 SST-2 데이터셋에서 모델을 미세 조정할 수 있으므로 성능을 유지하면서 시간을 절약할 수 있습니다.

이제 Keras 모델 정의 및 데이터셋 로더부터 시작하여 각 연합학습 프레임워크의 사용 방법을 보여줄 때 기본으로 사용되는 중앙 집중식(local) 교육 코드를 살펴보겠습니다.

감성분석 모델 정의

sst_model.py 파일에 정의된 SSTModel 개체는 이 예제에서 사용할 Keras 모델입니다. 먼저 필요한 라이브러리를 가져옵니다:

```
import tensorflow as tf
from tensorflow import keras
from keras import layers
import tensorflow_text
import tensorflow_hub as hub
import tensorflow_datasets as tfds
```

tensorflow Hub는 사전 학습된 BERT 가중치를 Keras 레이어로 쉽게 다운로드하는데 사용됩니다. tensorflow Text는 tensorflow Hub에서 BERT 가중치를 로드할 때 사용됩니다. tensorflow Datasets를 사용하면 SST-2 데이터셋을 다운로드하고 캐시할 수 있습니다.

다음으로 모델을 정의하고 모델 레이어 객체를 초기화합니다:

```
class SSTModel(keras.Model):
    def __init__(self):
        super(SSTModel, self).__init__()
        self.preprocessor = hub.KerasLayer(
                        "https://tfhub.dev/tensorflow/bert_en_uncased_preprocess/3")
        self.small_bert = hub.KerasLayer(
                        "https://tfhub.dev/ tensorflow/bert_en_uncased_L-12_H-768_A-12/4")
        self.small_bert.trainable = False
        self.fc1 = layers.Dense(512, activation='relu')
        self.fc2 = layers.Dense(64, activation='relu')
        self.fc3 = layers.Dense(1, activation='sigmoid')
```

전처리기 객체는 원시 문장 입력 배치를 가져와서 BERT 모델에서 사용하는 형식으로 변환합니다. 전처리기와 BERT 레이어를 tensorflow Hub에서 로드한 다음 분류 헤드를 구성하는 고밀도 레이어를 초기화합니다. 마지막에 sigmoid 활성화 함수를 사용하여 출력을 간격(0,1)으로 나누어 실제 레이블과 비교할 수 있도록 합니다.

그 다음, 모델의 구조를 정의할 수 있습니다:

```
    def call(self, inputs):
        input_dict = self.preprocessor(inputs)
        bert_output = self.small_bert(input_dict)['pooled_ output']
        output = self.fc1(keras.activations.relu(bert_output, alpha=0.2))
        scores = self.fc3(self.fc2(output))

        return scores
```

분류 헤드 레이어로 출력을 전달하기 전에 비선형성을 추가하기 위해 BERT 출력에 ReLU를 적용합니다.

데이터 로더 생성

또한 tensorflow 데이터셋 라이브러리를 사용하여 SST-2 데이터셋을 로드하는 함수도 구현했습니다. 먼저 학습 데이터를 로드하고 학습 중에 사용할 수 있도록 NumPy 배열로 변환합니다:

```
def load_sst_data(client_idx=None, num_clients=1):
    x_train = []
    y_train = []

    for d in tfds.load(name="glue/sst2", split="train"):
        x_train.append(d['sentence'].numpy())
        y_train.append(d['label'].numpy())

    x_train = np.array(x_train)
    y_train = np.array(y_train)
```

비슷한 방식으로 테스트 데이터를 로드합니다:

```
    x_test = []
    y_test = []

    for d in tfds.load(name="glue/sst2", split="validation"):
        x_test.append(d['sentence'].numpy())
        y_test.append(d['label'].numpy())

    x_test = np.array(x_test)
    y_test = np.array(y_test)
```

client_idx와 num_clients를 지정하면 학습 데이터셋의 각 파티션을 반환하며, 이 파티션은 연합 학습을 수행하는데 사용됩니다:

```
    if (client_idx is not None):
        shard_size = int(x_train.size / num_clients)
        x_train = x_train[client_idx*shard_size:(client_ idx+1)*shard_size]
        y_train = x_train[client_idx*shard_size:(client_ idx+1)*shard_size]
    return (x_train, y_train), (x_test, y_test)
```

다음으로 local_training.py에 있는 로컬 학습을 수행하는 코드를 살펴봅니다.

모델 학습

먼저 필요한 라이브러리를 가져옵니다:

```
import tensorflow as tf
from tensorflow import keras
from sst_model import SSTModel, load_sst_data
```

그 다음, 이전에 정의한 데이터셋 로더를 사용하여 학습과 테스트 데이터로 분할할 수 있습니다:

```
(x_train,y_train), (x_test,y_test) = load_sst_data()
```

이제 모델을 컴파일하고 학습을 시작할 수 있습니다:

```
model.compile(
    optimizer = keras.optimizers.Adam(learning_rate=0.0005, amsgrad=False),
    loss = keras.losses.BinaryCrossentropy(),
    metrics = [keras.metrics.BinaryAccuracy()]
    )

model.fit(x_train, y_train, batch_size=64, epochs=3)
```

마지막으로 분할된 테스트 데이터를 이용하여 모델을 평가합니다:

```
_, acc = model.evaluate(x_test, y_test, batch_size=64)
print(f"Accuracy of model on test set: {(100*acc):.2f}%")
```

이 모델은 3번의 학습 후 약 82%의 테스트 정확도에 도달해야 합니다. 이제 로컬 학습 코드를 살펴봤으므로 앞서 언급한 각 연합학습 프레임워크에서 연합학습을 사용하도록 코드를 어떻게 수정할 수 있는지 살펴볼 수 있습니다.

연합학습의 학습 방식 선택

연합학습을 SST 모델 학습 시나리오에 어떻게 적용할 수 있는지 보여주기 위해 먼저 원본 SST-2 데이터셋을 연합학습 애플리케이션에서 로컬 데이터셋을 나타내는 분리된 하위 집합으로 분할해야 합니다. 간단하게 설명하기 위해 세 개의 에이전트가 각각 데이터셋의 3분의 1을 따로 학습하는 경우를 살펴보겠습니다.

현재로서는 이러한 하위 집합이 데이터셋에서 교체되지 않고 랜덤로 샘플링됩니다. 다음 장인 non-IID 데이터의 이미지 분류를 위한 연합학습은 로컬 데이터셋이 원본 데이터셋의 편향된 샘플링으로 생성되는 경우를 살펴봅니다. 세 개의 epoch에 대해 로컬로 학습하는 대신, 로컬 데이터에 대해 각 로컬 학습 단계가 한 개의 epoch에 대해 학습하는 세 번의 연합학습 라운드를 수행합니다. 각 라운드가 끝날 때마다 로컬로 학습된 모델을 통합하는데 FedAvg가 사용됩니다. 이 세 라운드가 끝나면 최종 통합 모델을 사용하여 앞서 언급한 검증 지표를 계산하여 로컬 학습 사례와 연합학습 사례 간에 비교할 수 있습니다.

SST-2를 이용한 TensorFlow Federated 통합 예제

앞서 언급했듯이 TensorFlow Federated(TFF) 프레임워크는 tensorflow 및 Keras 딥러닝 라이브러리를 기반으로 구축되었습니다. 모델 구현은 Keras를 사용하여 수행되었기 때문에 로컬 학습 코드에 TFF를 통합하는 것은 비교적 간단합니다. 첫 번째 단계는 데이터셋을 로드하기 전에 TFF 전용 임포트와 연합학습 전용 파라미터를 추가하는 것입니다:

```
import nest_asyncio
nest_asyncio.apply()
import tensorflow_federated as tff

NUM_CLIENTS = 3
NUM_ROUNDS = 3
```

TFF를 사용하면 적절한 수의 데이터셋(로컬 데이터셋)를 연합학습 프로세스에 전달하여 일정 수의 에이전트를 시뮬레이션할 수 있습니다. 전처리 후 SST-2 데이터셋을 3분의 1로 분할하려

면 다음 코드를 사용할 수 있습니다:

```
client_datasets = [load_sst_data(idx, NUM_CLIENTS)[0] for idx in range(NUM_CLIENTS)]
```

다음으로, 각각의 tff.learning.Model 객체를 쉽게 생성하기 위해 TFF API 함수를 사용하여 Keras 모델을 활용합니다. SST 모델을 초기화하고 입력 사양(각 데이터 요소의 크기에 대한 정보)과 함께 이 API 함수에 전달하여 결과를 반환하는 함수를 만들면, TFF는 내부적으로 이 함수를 사용하여 연합학습 프로세스 중에 모델을 생성합니다:

```
def sst_model_fn():
    sst_model = SSTModel()
    sst_model.build(input_shape=(None,64))
    return tff.learning.from_keras_model(
            sst_model, input_spec=tf.TensorSpec(shape=(None),
                dtype=tf. string), loss=keras.metrics.BinaryCrossentropy()
            )
```

그 다음, 로컬 모델 및 통합 모델을 업데이트하는데 사용되는 옵티마이저 함수와 함께 sst_model_fn 함수를 사용하여 TFF FedAvg 프로세스를 생성할 수 있습니다. 서버 옵티마이저 함수에 학습률 1.0을 사용하면 각 라운드가 끝날 때마다 새 통합 모델이 이전 모델을 대체할 수 있습니다(이전 모델과 새 모델의 가중 평균을 계산하는 것과는 반대임):

```
fed_avg_process = tff.learning.algorithms.build_unweighted_fed_ avg(
        model_fn = sst_model_fn,
        client_optimizer_fn = lambda: keras.optimizers. Adam(learning_rate=0.001),
        server_optimizer_fn = lambda: keras.optimizers. SGD(learning_rate=1.0)
)
```

마지막으로 연합학습 프로세스를 초기화하고 10 라운드 동안 실행합니다. 각 fed_avg_process.next() 호출은 클라이언트 데이터셋에 대해 세 가지 모델로 로컬 학습을 수행한 후 FedAvg를 사용하여 통합을 수행하여 한 라운드를 시뮬레이션합니다. 첫 번째 라운드 후의 결과 상태는 다음 호출에 해당 라운드의 시작 연합학습 상태로 전달됩니다:

```
state = fed_avg_process.initialize()

for round in range(NUM_ROUNDS):
    state = fed_avg_process.next(state, client_datasets).state
```

연합학습 프로세스가 완료되면 유효성 검사 지표를 계산하기 위해 최종 집계기의 tff.learning.Model 개체를 원래의 Keras 모델 형식으로 다시 변환합니다:

```
fed_weights = fed_avg_process.get_model_weights(state)
fed_sst_model = SSTModel()
fed_sst_model.build(input_shape=(None, 64))
fed_sst_model.compile(
    optimizer = keras.optimizers.Adam(learning_rate=0.005, amsgrad=False),
    loss = keras.losses.BinaryCrossentropy(),
    metrics = [keras.metrics.BinaryAccuracy()]
    )
fed_weights.assign_weights_to(fed_sst_model)
_, (x_test, y_test) = load_sst_data()
_, acc = fed_sst_model.evaluate(x_test, y_test, batch_size=64)
print(f"Accuracy of federated model on test set: {(100*acc):.2f}%")
```

통합 모델의 최종 정확도는 약 82%로 나옵니다. 이를 통해 TFF FedAvg 결과가 로컬 학습 시나리오의 결과와 거의 동일하다는 것을 알 수 있습니다.

SST-2를 이용한 OpenFL 통합 예제

OpenFL은 집계기 기반 워크플로우와 director 기반 워크플로우라는 두 가지 워크플로우를 지원한다는 점을 기억하시길 바랍니다. 이 예제에서는 연합학습 작업 요청이 들어올 때 이를 수행할 수 있는 수명이 긴 컴포넌트를 포함하는 director 기반 워크플로우를 사용합니다. 이는 여러 프로젝트를 배포하기 위한 영구적인 연합학습 설정이 필요하기 때문에 선택된 것이지만, 두 워크플로 모두 동일한 핵심 연합학습 프로세스를 수행하므로 비슷한 성능을 보여줍니다.

이 경우 모델 직렬화를 돕기 위해 분류 헤드 가중치만 통합하여 학습 및 유효성 검사 중에 런타임에 전체 모델을 재구성합니다(다운로드한 레이어를 TensorFlow hub가 캐시하므로 다운로드 프로세스는 한 번만 수행됩니다). sst_model.py에 다음 함수가 포함되어 있습니다:

```
def get_sst_full(preprocessor, bert, classification_head):
    sst_input = keras.Input(shape=(), batch_size=64, dtype=tf. string)
    scores = classification_head(bert(preprocessor(sst_input)) ['pooled_output'])
    return keras.Model(inputs=sst_input, outputs=scores, name='sst_model')

def get_classification_head():
    classification_head = keras.Sequential([
                            layers.Dense(512, activation='relu', input_ shape=(768,)),
                            layers.Dense(64, activation='relu', input_ shape=(512,)),
                            layers.Dense(1, activation='sigmoid', input_shape=(64,))
                            ])
    return classification_head
```

OpenFL은 데이터 사일로 사례를 해결하는데 중점을 두기 때문에 SST-2 데이터에서 로컬 데이터세트를 생성하는 작업은 TFF 사례보다 약간 더 복잡합니다. 데이터셋을 생성하는데 필요한 객체는 sst_fl_dataset.py라는 별도의 파일에 구현됩니다.

먼저 필요한 라이브러리를 포함합니다. 우리가 가져오는 두 개의 OpenFL 관련 객체는 데이터셋 로딩 및 shard(데이터를 나눠 저장) 처리하는 ShardDescriptor 객체와 데이터셋에 대한 접근를 처리하는 DataInterface 객체입니다:

```
from openfl.interface.interactive_api.shard_descriptor import ShardDescriptor
from openfl.interface.interactive_api.experiment import DataInterface
import tensorflow as tf
from sst_model import load_sst_data
```

ShardDescriptor 구현

먼저 SSTShardDescriptor 클래스를 구현합니다. 이 ShardDescriptor가 생성되면 rank(클라이언트 번호) 및 world size(클라이언트의 전체 개수) 값을 저장한 다음, 학습 및 유효성 검사 데이터셋을 로드합니다:

```
class SSTShardDescriptor(ShardDescriptor):
    def __init__(self, rank_worldsize: str = '1, 1', **kwargs):
        self.rank, self.worldsize = tuple(int(num) for num in rank_worldsize.split(','))
        (x_train,y_train), (x_test,y_test) = load_sst_ data(self.rank-1, self.worldsize)
        self.data_by_type = {
                'train': tf.data.Dataset.from_tensor_slices((x_ train,
```

```
        y_train)).batch(64),
            'val': tf.data.Dataset.from_tensor_slices((x_test, y_test)).batch(64)
            }
```

사용 가능한 데이터셋 유형(여기서는 학습 및 유효성 검사)과 클라이언트의 순위에 따라 각 데이터셋 및 데이터베이스 아키텍처, 구조를 가져오기 위해 ShardDescriptor 클래스 함수를 구현합니다:

```
def get_shard_dataset_types(self):
    return list(self.data_by_type)

def get_dataset(self, dataset_type='train'):
    if dataset_type not in self.data_by_type:
        raise Exception(f'Wrong dataset type: {dataset_type}')
    return self.data_by_type[dataset_type]
```

또한 사용 중인 특정 데이터셋의 속성도 지정합니다. 샘플은 다음과 같이 1로 설정됩니다. SSTModel의 전처리기 계층에서는 입력으로 문자열을 전달할 수 있으며, 이 문자열은 tf.string 유형과 길이 1의 입력 벡터로 처리됩니다:

```
@property
def sample_shape(self):
    return ["1"]

@property
def target_shape(self):
    return ["1"]

@property
def dataset_description(self) -> str:
    return (f'SST dataset, shard number {self.rank}' f' out of {self.worldsize}')
```

이것으로 SSTShardDescriptor 구현이 완료됩니다.

데이터 인터페이스 구현

다음으로, DataInterface의 서브클래스로 SSTFedDataset 클래스를 구현합니다. 이는 shard descriptor의 getter 메서드와 setter 메서드를 구현하여 수행되며, setter 메서드는 학습/검증 연합학

습 작업에 제공될 데이터를 준비합니다:

```
class SSTFedDataset(DataInterface):
    def __init__(self, **kwargs):
        super().__init__(**kwargs)

    @property
    def shard_descriptor(self):
        return self._shard_descriptor

    @shard_descriptor.setter
    def shard_descriptor(self, shard_descriptor):
        self._shard_descriptor = shard_descriptor

        self.train_set = shard_descriptor.get_dataset('train')
        self.valid_set = shard_descriptor.get_dataset('val')
```

또한 데이터셋 접근 권한과 데이터셋 크기 정보(모델 통합 시 사용)를 부여하는 API 함수도 구현합니다:

```
    def get_train_loader(self):
        return self.train_set

    def get_valid_loader(self):
        return self.valid_set

    def get_train_data_size(self):
        return len(self.train_set) * 64

    def get_valid_data_size(self):
        return len(self.valid_set) * 64
```

이를 통해 local SST-2 데이터셋을 구성하고 사용할 수 있습니다.

FLExperiment 구성

이제 새 파일인 fl_sim.py 내에서 연합학습 프로세스를 실제로 구현하는데 중점을 둡니다. 먼저 필요한 라이브러리를 가져옵니다. OpenFL에서 다음을 가져옵니다:

- TaskInterface: 모델에 대한 연합학습 교육 및 검증 작업을 정의할 수 있습니다. 등록된 작업은 director가 각 에이전트에게 수행하도록 지시하는 작업입니다.

- ModelInterface: 등록된 작업에서 Keras 모델을 OpenFL에서 사용하는 형식으로 변환할 수 있습니다.
- Federation: director와의 연결과 관련된 정보를 관리합니다.
- FLExperiment: 연합학습 프로세스를 수행하기 위해 TaskInterface, ModelInterface 및 federation 객체를 사용합니다.

다음과 같이 필수 라이브러리를 정의됩니다:

```
import tensorflow as tf
from tensorflow import keras
import tensorflow_hub as hub
from openfl.interface.interactive_api.experiment import TaskInterface
from openfl.interface.interactive_api.experiment import ModelInterface
from openfl.interface.interactive_api.experiment import FLExperiment
from openfl.interface.interactive_api.federation import Federation
from sst_model import get_classification_head, get_sst_full from sst_fl_dataset import
SSTFedDataset
```

다음으로 기본 director 연결 정보를 사용하여 federation 객체를 만듭니다:

```
client_id = 'api'
director_node_fqdn = 'localhost'
director_port = 50051

federation = Federation(
           client_id=client_id,
           director_node_fqdn=director_node_fqdn,
           director_port=director_port,
           tls=False
           )
```

그 다음, 연결된 옵티마이저와 손실 함수를 사용하여 모델을 초기화합니다. 이러한 객체는 OpenFL KerasAdapter에서 ModelInterface 객체를 생성하는데 사용됩니다. 더미 Keras 입력에서 모델을 호출하여 모든 가중치를 초기화한 다음 모델을 ModelInterface로 전달합니다:

```
classification_head = get_classification_head()
optimizer = keras.optimizers.Adam(learning_rate=0.005, amsgrad=False)
```

```
loss = keras.losses.BinaryCrossentropy()

framework_adapter =
        'openfl.plugins.frameworks_adapters.keras_adapter.FrameworkAdapterPlugin'
MI = ModelInterface(model=classification_head, optimizer=optimizer,
                    framework_plugin=framework_adapter)
```

다음으로 TaskInterface 객체를 생성하고 이를 사용하여 학습 작업을 등록합니다. 태스크의 데코레이터 함수에 옵티마이저를 포함하면 학습 데이터셋이 태스크에 전달되고, 그렇지 않으면 유효성 검사 데이터셋이 태스크에 전달됩니다:

```
TI = TaskInterface()

@TI.register_fl_task(model='model', data_loader='train_data', device='device',
                              optimizer='optimizer')

def train(model, train_data, optimizer, device):
    preprocessor = hub.KerasLayer(
            "https://tfhub.dev/tensorflow/bert_en_uncased_preprocess/3")
    small_bert = hub.KerasLayer(
            "https://tfhub.dev/tensorflow/ bert_en_uncased_L-12_H-768_A-12/4")
    small_bert.trainable = False
    full_model = get_sst_full(preprocessor, small_bert, model)
    full_model.compile(loss=loss, optimizer=optimizer)
    history = full_model.fit(train_data, epochs=1)

    return {'train_loss':history.history['loss'][0]}
```

마찬가지로 TaskInterface 객체를 사용하여 유효성 검사 작업을 등록합니다. 평가 함수에 의해 생성된 메트릭을 수집하고 성능을 추적하기 위한 수단으로 값을 반환할 수 있다는 점에 유의해야 합니다.

```
@TI.register_fl_task(model='model', data_loader='val_data', device='device')
def validate(model, val_data, device):
    preprocessor = hub.KerasLayer(
            "https://tfhub.dev/ tensorflow/bert_en_uncased_preprocess/3")
    small_bert = hub.KerasLayer(
            "https://tfhub.dev/tensorflow/ bert_en_uncased_L-12_H-768_A-12/4")
    small_bert.trainable = False
```

```
    full_model = get_sst_full(preprocessor, small_bert, model)
    full_model.compile(loss=loss, optimizer=optimizer)
    loss, acc = full_model.evaluate(val_data, batch_size=64)

    return {'val_acc' :acc, 'val_loss' : loss,}
```

이제 앞서 구현한 SSTFedDataset 클래스를 사용하여 데이터셋을 로드하고, 생성된 ModelInterface, TaskInterface, SSTFedDatasets 오브젝트를 사용하여 새 FLExperiment를 생성하고 시작할 수 있습니다:

```
fed_dataset = SSTFedDataset()
fl_experiment = FLExperiment(federation=federation, experiment_name='sst_experiment')
fl_experiment.start(
    model_provider=MI,
    task_keeper=TI,
    data_loader=fed_dataset,
    rounds_to_train=3,
    opt_treatment='CONTINUE_LOCAL'
)
```

구성 파일 정의

마지막 단계는 실제로 데이터를 로드하고 연합학습 프로세스를 시작하기 위해 director와 envoy에서 사용하는 구성 파일을 만드는 것입니다. 먼저 다음 정보가 포함된 director_config를 생성합니다:

```
settings:
    listen_host: localhost
    listen_port: 50051
    sample_shape: ["1"]
    target_shape: ["1"]
```

director/director_config.yaml에 저장됩니다.

그 다음, 세 개의 envoy 구성 파일을 만듭니다. 첫 번째 파일(envoy_config_1.yaml)에는 다음 내용이 포함됩니다:

```
params:
    cuda_devices: []

optional_plugin_components: {}

shard_descriptor:
    template: sst_fl_dataset.SSTShardDescriptor
    params:
        rank_worldsize: 1, 3
```

두 번째 및 세 번째 envoy 구성 파일은 각각 rank_worldsize: 2, 3 및 rank_worldsize: 3, 3이라는 값을 제외하고는 동일합니다. 이러한 구성 파일은 모든 코드 파일과 함께 실험 디렉토리에 저장됩니다. 디렉토리 구조는 다음과 같아야 합니다:

- director
  - director_config.yaml
- 실험
  - envoy_config_1.yaml
  - envoy_config_2.yaml
  - envoy_config_3.yaml
  - sst_fl_dataset.py
  - sst_model.py
  - fl_sim.py(FLExperiment 생성 파일)

모든 설정이 완료되었으므로 이제 OpenFL로 연합학습을 수행할 수 있습니다.

OpenFL 예제 실행

먼저 director 디렉토리 내에서 다음 명령을 실행하여 director를 시작합니다(작업 환경에 OpenFL이 설치되어 있는지 확인합니다):

```
fx director start --disable-tls -c director_config.yaml
```

그 다음, 실험 디렉토리와 다른 터미널에서 다음 명령을 실행합니다:

```
fx envoy start -n envoy_1 --disable-tls --envoy-config-path envoy_config_1.yaml -dh
localhost -dp 50051
fx envoy start -n envoy_2 --disable-tls --envoy-config-path envoy_config_2.yaml -dh
localhost -dp 50051
fx envoy start -n envoy_3 --disable-tls --envoy-config-path envoy_config_3.yaml -dh
localhost -dp 50051
```

마지막으로 fl_sim.py 스크립트를 실행하여 FLExperiment를 시작합니다. 세 라운드가 완료되면 종합 모델의 유효성 검사 정확도가 약 82%에 달할 것입니다. 다시 한 번 말하지만, 성능은 로컬 학습 시나리오와 거의 동일합니다.

SST-2를 이용한 IBM FL 통합 예제

IBM FL은 연합학습을 수행할 때 저장된 버전의 모델을 사용합니다. 다음 코드(create_saved_model.py)는 모델을 초기화(더미 입력에서 모델을 호출하여 매개변수를 초기화)한 다음 IBM FL에서 사용할 수 있도록 Keras의 SavedModel 형식으로 모델을 저장합니다:

```
import tensorflow as tf
from tensorflow import keras
from sst_model import SSTModel

sst_model = SSTModel()
optimizer = keras.optimizers.Adam(learning_rate=0.005, amsgrad=False)
loss = keras.losses.BinaryCrossentropy(), sst_model.compile(loss=loss,
optimizer=optimizer)

sst_input = keras.Input(shape=(), dtype=tf.string)
sst_model(sst_input)
sst_model.save('sst_model_save_dir')
```

이 작업을 한 번 실행하여 모델을 sst_model_save_dir이라는 디렉토리에 저장하면 이 디렉토리에 저장된 모델을 로드하도록 IBM FL을 가리키게 됩니다.

데이터 핸들러 생성

다음으로, 모델에 학습 및 유효성 검사 데이터를 제공하는 역할을 담당하는 IBM FL DataHandler 클래스의 서브클래스를 생성합니다. 이 서브클래스는 SST 데이터셋을 로드하고, 전처리하고, 클래스 속성으로 저장합니다. 먼저 필요한 라이브러리를 가져옵니다:

```
from ibmfl.data.data_handler import DataHandler
import tensorflow as tf
from sst_model import load_sst_data
```

이 클래스의 init 함수는 데이터 정보 파라미터를 로드한 다음 SST-2 데이터 파티션을 로드하는 데 사용됩니다:

```
class SSTDataHandler(DataHandler):
    def __init__(self, data_config=None):
        super().__init__()

        if (data_config is not None):
            if ('client_id' in data_config):
                self.client_id = int(data_config['client_id'])
            if ('num_clients' in data_config):
                self.num_clients = int(data_config['num_clients'])

        train_data, val_data = load_sst_data(self.client_id-1, self.num_clients)
        self.train_dataset = tf.data.Dataset.from_tensor_ slices(train_data).batch(64)
        self.val_dataset = tf.data.Dataset.from_tensor_ slices(val_data).batch(64)
```

또한 학습/검증 과정에서 사용할 수 있도록 로드된 데이터셋을 반환하는 API 함수도 구현했습니다:

```
def get_data(self):
    return self.train_dataset, self.val_dataset
```

구성 파일 정의

다음 단계는 집계기를 시작하고 당사자를 초기화할 때 사용되는 구성 JSON 파일을 만드는 것입니다. 집계기 구성은 먼저 당사자와 통신하는데 사용할 연결 정보를 지정합니다:

```
{
    "connection": {
        "info": {
            "ip": "127.0.0.1",
            "port": 5000,
            "tls_config": {
```

```
            "enable": "false"
        }
    },
    "name": "FlaskConnection",
    "path": "ibmfl.connection.flask_connection",
    "sync": "False"
},
```

다음으로 모델 통합에 사용되는 통합 핸들러를 지정합니다:

```
"fusion": {
    "name": "IterAvgFusionHandler",
    "path": "ibmfl.aggregator.fusion.iter_avg_fusion_ handler"
},
```

또한 로컬 학습 및 집계기와 관련된 하이퍼파라미터를 지정합니다. perc_quorum는 통합을 시작하기 전에 참여해야 하는 에이전트의 비율을 나타냅니다:

```
"hyperparams": {
    "global": {
        "max_timeout": 10800,
        "num_parties": 1,
        "perc_quorum": 1,
        "rounds": 3
    },
    "local": {
        "optimizer": {
            "lr": 0.0005
        '7d,
        "training": {
            "epochs": 1
        }
    }
},
```

마지막으로 사용할 IBM FL의 프로토콜 핸들러를 지정합니다:

```
"protocol_handler": {
    "name": "ProtoHandler",
```

```
        "path": "ibmfl.aggregator.protohandler.proto_handler"
    }
}
```

이 구성은 agg_config.json에 저장됩니다.

또한 로컬 데이터로 연합학습을 수행하는데 사용되는 기본 파티 구성 파일도 생성합니다. 먼저 집계기와 파티의 연결 정보를 지정합니다:

```
'{
    "aggregator":
        {
            "ip": "127.0.0.1",
            "port": 5000
        },
    "connection": {
        "info": {
            "ip": "127.0.0.1",
            "port": 8085,
            "id": "party",
            "tls_config": {
                "enable": "false"
            }
        },
        "name": "FlaskConnection",
        "path": "ibmfl.connection.flask_connection",
        "sync": "false"
    },
```

그 다음, 사용할 데이터 핸들러와 로컬 학습 핸들러를 지정합니다. 이 컴포넌트는 모델 정보와 로컬 데이터를 사용하여 SST 모델을 학습합니다:

```
    "data": {
        "info": {
            "client_id": 0,
            "num_clients": 3
        },
        "name": "SSTDataHandler",
        "path": "sst_data_handler"
    },
    "local_training": {
```

```
        "name": "LocalTrainingHandler",
        "path": "ibmfl.party.training.local_training_handler"
    },
```

그 다음, 모델 형식과 정보를 지정합니다. 여기서 앞서 만든 저장된 모델을 가리킵니다:

```
    "model": {
        "name": "TensorFlowFLModel",
        "path": "ibmfl.model.tensorflow_fl_model",
        "spec": {
            "model-name": "sst_model",
            "model_definition": "sst_model_save_dir"
        }
    },
```

마지막으로 프로토콜 핸들러를 지정합니다:

```
    "protocol_handler": {
        "name": "PartyProtocolHandler",
        "path": "ibmfl.party.party_protocol_handler"
    }
}
```

IBM FL 파티 구성

이제 남은 것은 각 파티를 시작하는 코드이며, 이 코드는 fl_sim.py에 저장됩니다. 먼저 필요한 라이브러리를 가져옵니다:

```
import argparse
import json

from ibmfl.party.party import Party
```

파티 번호를 지정할 수 있는 argparse 인수가 포함되어 있으며, 이 인수는 동일한 파일에서 다른 파티를 시작할 수 있도록 기본 파티 구성 파일을 수정하는데 사용됩니다:

```
parser = argparse.ArgumentParser()
parser.add_argument("party_id", type=int)

args = parser.parse_args()
party_id = args.party_id

with open('party_config.json') as cfg_file:
    party_config = json.load(cfg_file)

party_config['connection']['info']['port'] += party_id
party_config['connection']['info']['id'] += f'_{party_id}'
party_config['data']['info']['client_id'] = party_id
```

마지막으로, 수정된 구성 정보로 새 파티 객체를 생성하고 시작합니다:

```
party = Party(config_dict=party_config)
party.start()
party.register_party()
```

이제 IBM FL을 사용하여 연합학습을 수행할 수 있습니다.

IBM FL 예제 실행

먼저 다음 명령을 실행하여 집계기를 시작합니다:

```
python -m ibmfl.aggregator.aggregator agg_config.json
```

집계기 설정이 완료되면 START를 입력하고 Enter 키를 눌러 집계기를 열어 들어오는 연결을 수신합니다. 그 다음, 별도의 터미널에서 다음 명령을 사용하여 세 개의 파티를 시작할 수 있습니다:

```
python fl_sim.py 1
python fl_sim.py 2
python fl_sim.py 3
```

마지막으로 집계기 창에 TRAIN을 입력하고 Enter 키를 눌러 연합학습 프로세스를 시작합니다. 세 라운드가 완료되면 같은 창에 SAVE를 입력하여 최신 통합 모델을 저장할 수 있습니다.

SST-2를 이용한 Flower 통합 예제

기존 로컬 학습 코드 위에 통합해야 하는 두 가지 주요 flower 구성 요소는 클라이언트 및 전략 서브클래스 구현입니다. 클라이언트 서브클래스 구현을 통해 클라이언트와 서버 간에 모델 파라미터를 전달할 수 있는 API 함수를 사용하여 flower와 인터페이스할 수 있습니다. 전략 서브클래스 구현을 통해 서버에서 수행하는 모델 통합 접근 방식의 세부 사항을 지정할 수 있습니다.

먼저 클라이언트를 구현하고 시작하는 코드를 작성합니다(fl_sim.py에 저장되어 있음).

먼저, 필요한 라이브러리를 가져옵니다:

```
import argparse
import tensorflow as tf
from tensorflow import keras
from sst_model import SSTModel, load_sst_data
import flwr as fl
```

세 개의 에이전트 모두에 동일한 클라이언트 스크립트를 재사용할 수 있도록 클라이언트 ID를 지정하는 커맨드라인에 인수를 추가합니다:

```
parser = argparse.ArgumentParser()
parser.add_argument("client_id", type=int)

args = parser.parse_args()
client_id = args.client_id

NUM_CLIENTS = 3
```

그 다음, SST-2 데이터셋을 로드합니다:

```
(x_train,y_train), (x_test,y_test) = load_sst_data(client_id-1, NUM_CLIENTS)
```

학습 데이터셋에서 각 데이터의 구조(shard)를 가져올 때 클라이언트 ID를 사용한다는 점에 유의하시길 바랍니다.

다음으로 모델과 관련 옵티마이저 및 손실 객체를 생성하고, 더미 입력에서 모델을 호출하여 가중치를 초기화합니다:

```
sst_model = SSTModel()
sst_model.compile(
    optimizer = keras.optimizers.Adam(learning_rate=0.005, amsgrad=False),
    loss = keras.losses.BinaryCrossentropy(),
    metrics = [keras.metrics.BinaryAccuracy()] )

sst_input = keras.Input(shape=(), dtype=tf.string)
sst_model(sst_input)
```

flower 클라이언트 구현

이제 서버와 모델 매개변수를 주고받는 flower 클라이언트 객체를 구현할 수 있습니다. 클라이언트 서브클래스를 구현하려면 세 가지 함수를 정의해야 합니다:

- get_parameters(self, config): 모델 파라미터 값을 반환합니다.
- fit(self, parameters, config): 수신된 파라미터에 로컬 모델의 가중치를 설정하고, 로컬 학습을 수행하며, 데이터셋 크기 및 학습 메트릭과 함께 새 모델 파라미터를 반환합니다.
- evaluate평가(self, parameters, config): 수신된 파라미터에 로컬 모델의 가중치를 설정한 다음, 유효성 검사/테스트 데이터에 대해 모델을 평가하고 성능 메트릭을 반환합니다.

fl.client.NumPyClient를 슈퍼클래스로 사용하면 모델 파라미터를 NumPy 배열 리스트로 변환하는 Keras 모델 get_weights 및 set_weights 함수를 활용할 수 있습니다:

```
class SSTClient(fl.client.NumPyClient):
    def get_parameters(self, config):
        return sst_model.get_weights()

    def fit(self, parameters, config):
        sst_model.set_weights(parameters)
        history = sst_model.fit(x_train, y_train, epochs=1)
        return sst_model.get_weights(), len(x_train), {'train_
    loss':history.history['loss'][0]}
```

평가 기능도 정의하면 다음과 같습니다:

```
    def evaluate(self, parameters, config):
        sst_model.set_weights(parameters)
        loss, acc = sst_model.evaluate(x_test, y_test, batch_ size=64)
```

```
        return loss, len(x_train), {'val_acc':acc, 'val_ loss':loss}
```

클라이언트 구현 후 다음과 같이 기본 연결 정보를 사용하여 클라이언트를 시작하면 됩니다:

```
fl.client.start_numpy_client(server_address="[::]:8080", client=SSTClient())
```

flower 서버 구현

flower를 실행하기 전 마지막 단계는 flower 서버를 시작할 스크립트(server.py)를 생성하는 것입니다. 필요한 라이브러리와 MAX_ROUNDS 매개변수부터 시작합니다:

```
import flwr as fl
import tensorflow as tf
from tensorflow import keras
from sst_model import SSTModel

MAX_ROUNDS = 3
```

연합학습을 수행한 후 모델을 저장하고 싶기 때문에 flower FedAvg 전략의 서브클래스를 만들고 모델 통합 단계의 마지막 라운드에서 모델을 저장하는 마지막 단계를 추가합니다:

```
class SaveKerasModelStrategy(fl.server.strategy.FedAvg):
    def aggregate_fit(self, server_round, results, failures):
        agg_weights = super().aggregate_fit(server_round, results, failures)

        if (server_round == MAX_ROUNDS):
            sst_model = SSTModel()
            sst_input = keras.Input(shape=(), dtype=tf.string)
            sst_model(sst_input)

            sst_model.set_weights(fl.common.parameters_to_ndarrays(agg_weights[0]))
            sst_model.save('final_agg_sst_model')

        return agg_weights
```

이 전략을 사용하면 다음 라인을 실행하여 서버를 시작할 수 있습니다:

```
fl.server.start_server(strategy=SaveKerasModelStrategy(),
        config=fl.server.ServerConfig(num_rounds=MAX_ROUNDS))
```

이제 서버와 클라이언트를 시작하여 flower를 사용하여 연합학습을 수행할 수 있습니다.

Flower 예제 실행

서버를 시작하려면 먼저 server.py 스크립트를 실행합니다. 그 다음, 별도의 터미널 창에서 다음 명령을 실행하여 세 개의 클라이언트를 각각 시작할 수 있습니다:

```
python fl_sim.py 1
python fl_sim.py 2
python fl_sim.py 3
```

연합학습 이후의 최종 통합 모델은 SavedModel 객체의 final_agg_sst_model 디렉토리에 저장됩니다.

SST-2를 이용한 STADLE 통합 예제

STADLE은 집계기 배포와 연합학습 프로세스 관리를 처리할 수 있는 클라우드 기반 플랫폼(STADLE Ops)을 제공한다는 점에서 앞서 살펴본 연합학습 프레임워크와 차별화됩니다. 서버 측의 배포는 플랫폼을 통해 수행할 수 있기 때문에 STADLE로 연합학습을 수행하기 위해서는 클라이언트 구현만 구현하면 됩니다. 이 통합은 로컬 모델을 가끔씩 전송하고 이전 라운드의 통합 모델을 반환하는 클라이언트 객체를 생성하여 수행됩니다. 이렇게 하려면 에이전트 구성 파일을 생성하고 로컬 학습 코드를 수정하여 STADLE과 인터페이스해야 합니다.

먼저, 다음과 같이 에이전트에 대한 구성 파일을 만듭니다:

```
{
    "model_path": "./data/agent",
    "aggr_ip": "localhost",
    "reg_port": "8765",
    "token": "stadle12345",
    "base_model": {
        "model_fn": "SSTModel",
        "model_fn_src": "sst_model",
```

```
        "model_format": "Keras",
        "model_name": "Keras-SST-Model"
    }
}
```

이러한 매개변수에 대한 자세한 내용은 https://stadle-documentation.readthedocs.io/ko/latest/documentation.html#configuration-of-agent에서 확인할 수 있습니다. 여기에 나열된 aggregator IP 및 등록 포트 값은 자리 표시자이며, STADLE Ops 플랫폼에 연결할 때 수정된다는 점에 유의하시길 바랍니다. 다음으로 로컬 교육 코드를 수정하여 STADLE과 함께 작동하도록 합니다.

먼저 필요한 라이브러리를 가져옵니다:

```
import argparse
import tensorflow as tf
from tensorflow import keras
from sst_model import SSTModel, load_sst_data
from stadle import BasicClient
```

다시 한 번 커맨드라인에 추가하여 에이전트가 수신해야 하는 학습 데이터의 파티션을 지정합니다:

```
parser = argparse.ArgumentParser()
parser.add_argument("client_id", type=int)

args = parser.parse_args()
client_id = args.client_id

NUM_CLIENTS = 3
(x_train,y_train), (x_test,y_test) = load_sst_data(client_id-1, NUM_CLIENTS)
```

다음으로, 로컬 학습 프로세스와 서버 측의 집계기 간의 통신을 처리하는 STADLE 클라이언트 컴포넌트인 BasicClient 객체를 인스턴스화합니다. 앞서 정의한 구성 파일을 사용하여 이 클라이언트를 생성합니다:

```
stadle_client = BasicClient(config_file="config_agent.json",
agent_name=f"sst_agent_{client_id}")
```

마지막으로, 연합학습 학습 루프를 구현합니다. 각 라운드에서 클라이언트는 이전 라운드의 통합 모델(기본 모델부터 시작)을 가져와 로컬 데이터에 대해 추가로 학습한 후 클라이언트를 통해 다시 집계기로 전송합니다:

```
for round in range(3):
    sst_model = stadle_client.wait_for_sg_model()
    history = sst_model.fit(x_train, y_train, epochs=1)
    loss = history.history['loss'][0]
    stadle_client.send_trained_model(sst_model, {'loss_training': loss})
    stadle_client.disconnect()
```

wait_for_sg_model 함수는 서버에서 최신 통합 모델을 반환하고, send_trained_model 함수는 원하는 성능 지표와 함께 로컬로 학습된 모델을 서버로 보냅니다. 이러한 통합 단계에 대한 자세한 내용은 https://stadle-documentation.readthedocs.io/en/latest/usage.html#client-side-stadle-integration에서 확인할 수 있습니다.

이제 클라이언트 측이 구현되었으므로 STADLE Ops 플랫폼을 사용하여 집계기를 시작하고 연합학습 프로세스를 시작할 수 있습니다.

STADLE Ops 프로젝트 만들기

먼저 stadle.ai로 이동하여 새 계정을 만듭니다. 로그인하면 STADLE Ops의 프로젝트 정보 페이지로 이동합니다:

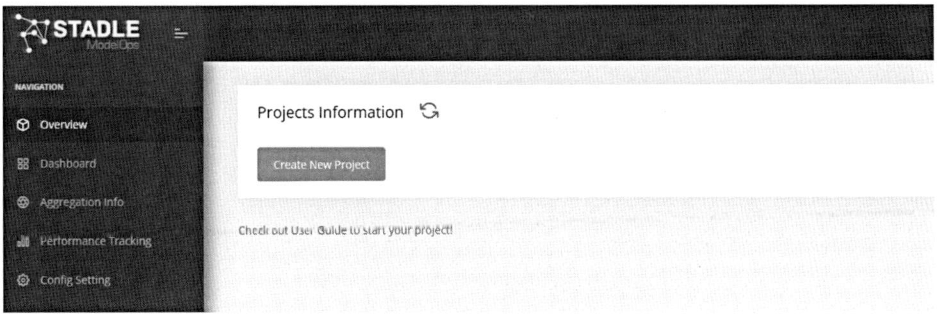

그림 8.3 STADLE Ops의 프로젝트 정보 페이지

새 프로젝트 만들기를 클릭한 다음 프로젝트 정보를 입력하고 프로젝트 만들기를 클릭합니다. 프로젝트 정보 페이지가 다음과 같이 변경되어야 합니다:

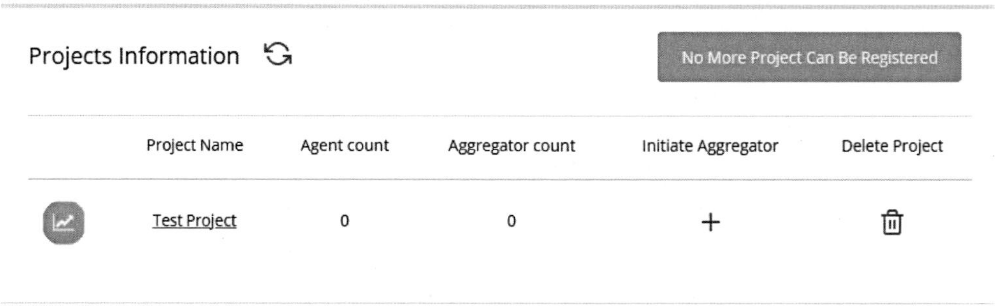

그림 8.4 프로젝트 정보 페이지에 새 프로젝트가 추가됨

Initiate Aggregator 아래의 더하기 아이콘을 클릭하여 프로젝트에 대한 새 집계기를 시작한 다음 확인 메시지가 나타나면 확인을 클릭합니다. 이제 왼쪽의 **대시보드** 아이콘을 클릭하면 다음과 같은 페이지가 표시됩니다:

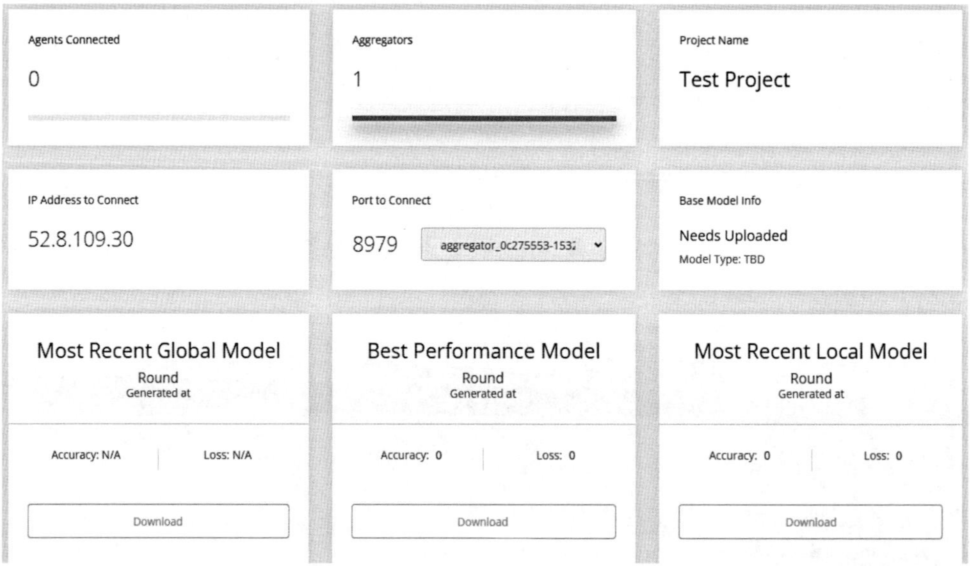

그림 8.5 STADLE Ops의 대시보드 페이지

config_agent.json에서 aggr_ip 및 reg_port 자리 표시자 매개변수 값을 바꿉니다. 파일에 각각 **연결할 IP 주소**와 **연결할 포트** 아래의 값을 입력합니다. 이제 연합학습 교육 프로세스를 시작할 준비가 되었습니다.

STADLE 예제 실행

첫 번째 단계는 기본 모델 개체를 서버로 전송하여 서버가 학습 에이전트에게 모델을 배포할 수 있도록 하는 것입니다. 이 작업은 다음 명령으로 수행됩니다:

```
stadle upload_model --config_path config_agent.json
```

명령이 성공적으로 실행되면 STADLE Ops 대시보드의 **기본 모델** 정보 장이 업데이트되어 모델 정보가 표시되어야 합니다. 이제 다음 명령을 실행하여 세 개의 에이전트를 시작할 수 있습니다:

```
python fl_sim.py 1
python fl_sim.py 2
python fl_sim.py 3
```

세 번의 라운드가 끝나면 에이전트가 종료되고 최종 통합 모델이 프로젝트 대시보드에 표시되며, Keras SavedModel 형식으로 다운로드할 수 있습니다. STADLE Ops 플랫폼의 다양한 기능에 대한 자세한 내용은 https://stadle.ai/user_guide/guide 에 있는 사용자 가이드를 참조하시길 바랍니다.

각 연합학습 프레임워크에서 생성된 결과 통합 모델을 평가하면 통합 모델의 성능이 중앙 집중식 학습 모델의 성능과 본질적으로 일치한다는 동일한 결론에 도달하게 됩니다. '7장, 모델 통합' 장에서 설명한 대로, 이는 일반적으로 예상되는 결과입니다. 로컬 데이터셋이 IID가 아닐 때 성능이 어떻게 영향을 받는가에 대해서는 다음 장의 요점입니다.

예제 – non-IID 데이터의 이미지 분류를 위한 연합학습

이전 예제에서는 연합학습 프로세스에서 원본 학습 데이터셋의 분리된 하위 집합(로컬 데이터셋)에 대해 여러 클라이언트를 학습함으로써 중앙 집중식 딥러닝 문제를 연합학습 아날로그로 변환하는 방법을 살펴봤습니다. 이 로컬 데이터셋 생성의 핵심은 랜덤 샘플링으로 하위 집합을 생성하여 로컬 데이터셋이 모두 원본 데이터셋와 동일한 분포의 IID를 가지게 된다는 점입니다. 그 결과 로컬 학습 시나리오와 비교했을 때 FedAvg의 성능이 로컬 학습 시나리오와 유사하게 나타났습니다. 각 고객의 모델은 기본적으로 학습 중에 이동해야 하는 로컬 최소값 세트가 동일했기 때문에 모든 로컬 학습이 글로벌 목표에 도움이 되었습니다.

'7장, 모델 통합'에서 심각한 non-IID 로컬 데이터셋에 의해 유발된 학습 목표의 차이에 FedAvg가 어떻게 취약한지 살펴본 것을 기억하실 것입니다. 이 예제에서는 다양한 non-IID 심각도에 대한 FedAvg의 성능을 살펴보기 위해 CIFAR-10 데이터셋(https://www.cs.toronto.edu/~kriz/cifar.html)에서 샘플링된 구축된 non-IID 로컬 데이터셋에 대해 VGG-16 모델(간단한 딥러닝 기반 이미지 분류 모델)을 학습합니다. CIFAR-10은 10개의 서로 다른 클래스로 구분된 60,000개의 이미지가 포함된 잘 알려진 단순 이미지 분류 데이터셋으로, CIFAR-10으로 학습된 모델의 목표는 입력 이미지와 연관된 클래스를 정확하게 예측하는 것입니다. 상대적으로 복잡성이 낮고 벤치마크 데이터셋로서 보편화되어 있기 때문에 CIFAR-10은 non-IID 데이터에 대한 FedAvg의 반응을 탐색하는데 이상적입니다.

> **중요 참고 사항**
>
> 중복되는 코드 샘플을 포함하지 않기 위해, 이 장에서는 non-IID 로컬 데이터셋을 사용하여 PyTorch 모델에서 연합학습을 수행할 수 있도록 하는 핵심 코드 줄에 초점을 맞춥니다. 각 연합학습 프레임워크에 필요한 핵심 구성 요소를 이해하려면 이 장을 읽기 전에 이 장의 예제 – NLP 모델의 연합학습 장에 있는 예제를 살펴볼 것을 권장합니다. 이 예제의 구현은 이 책의 GitHub 레포지토리(https://github.com/PacktPublishing/Federated-Learning-with-Python tree/main/ch8/cv_code)에서 전체 내용을 확인할 수 있으며, 참고용으로 사용할 수 있습니다.

이 예제의 핵심은 non-IID 데이터 집합을 어떻게 구성해야 하는지 결정하는 것입니다. 학습 데이터셋에 포함된 각 클래스의 이미지 수를 변경하여 각 로컬 데이터셋의 클래스 라벨 분포를 변경할 것입니다. 예를 들어, 자동차와 새에 치우친 데이터셋에는 자동차 이미지 5,000개, 새 이미지 5,000개, 그 외 모든 클래스에 대해 500개의 이미지가 포함될 수 있습니다. 10개 클래스의 분리된 하위 집합 3개를 생성하고 이러한 클래스에 치우친 로컬 데이터셋을 구성하면 선택되지 않은 클래스에서 포함된 이미지 수에 비례하는 non-IID 심각도를 가진 로컬 데이터셋 3개를 생성할 수 있습니다.

CIFAR-10 데이터셋의 왜곡

먼저 세 개의 클래스 하위 집합을 클라이언트 ID에 매핑하고, 선택한 클래스(sel_count)와 다른 클래스(del_count)에 대해 원본 데이터셋에서 가져올 이미지의 비율을 설정합니다:

```
classes = ('airplane', 'automobile', 'bird', 'cat', 'deer', 'dog', 'frog', 'horse', 'ship',
'truck')

class_id_map = {
    1: classes[:3],
    2: classes[3:6],
    3: classes[6:]
}

sel_count = 1.0, def_count = 0.2
```

그 다음, 데이터셋에 있는 이미지의 인덱스를 사용하여 원본 데이터셋에서 적절한 수의 이미지를 샘플링하여 왜곡된 CIFAR-10 하위 집합을 구성합니다:

```
class_counts = int(def_count * 5000) * np.ones(len(classes))

for c in classes:
    if c in class_rank_map[self.rank]:
        class_counts[trainset.class_to_idx[c]] = int(sel_count * 5000)

class_counts_ref = np.copy(class_counts)
imbalanced_idx = []

for i,img in enumerate(trainset):
    c = img[1]
    if (class_counts[c] > 0):
        imbalanced_idx.append(i)
        class_counts[c] -= 1

trainset = torch.utils.data.Subset(trainset, imbalanced_idx)
```

그 다음, 편향된 학습 세트는 로컬 학습을 위한 편향된 학습 로더를 생성하는데 사용됩니다. 앞으로 학습 데이터의 편향성을 언급할 때 실행되는 코드가 바로 이 코드입니다.

이제 다양한 연합학습 프레임워크를 사용하여 이 non-IID 연합학습 프로세스를 실행하는 방법을 보여드리겠습니다. 이 장에서 생략된 기본 사항에 대한 설명은 이전 장인 '예제 - non-IID 데이터의 이미지 분류를 위한 연합학습'에 있는 설치 지침 및 프레임워크 별 구현을 참조하시길 바랍니다.

CIFAR-10를 이용한 OpenFL 통합 예제

Keras NLP 예제와 유사하게, 먼저 cifar_fl_dataset.py에서 non-IID의 CIFAR-10 데이터셋에 대한 ShardDescriptor 및 DataInterface 서브클래스를 생성합니다. 새 데이터세트를 수용하기 위해 몇 가지만 변경하면 됩니다. 먼저 self.data_by_type Dict를 수정하여 수정된 CIFAR 데이터 집합을 대신 저장합니다:

```
train_dataset, val_dataset = self.load_cifar_data()
self.data_by_type = {
    'train': train_dataset,
    'val': val_dataset
}
```

load_cifar_data 함수는 torchvision을 사용하여 학습 및 테스트 데이터를 로드한 다음 객체에 전달된 순위에 따라 학습 데이터의 편향성을 지정합니다. 이제 데이터 요소의 크기(CIFAR-10 이미지의 크기)를 알 수 있으므로 고정된 값으로 속성도 수정합니다:

```
@property
def sample_shape(self):
    return ["32", "32"]

@property
def target_shape(self):
    return ["10"]
```

그 다음, DataInterface 클래스의 CifarFedDataset 서브클래스를 구현합니다. 이 구현에는 큰 수정이 필요하지 않으므로 이제 편향된 CIFAR-10 데이터셋을 OpenFL과 함께 사용할 수 있습니다.

이제 실제 연합학습 프로세스 구현(fl_sim.py)으로 이동합니다. 한 가지 중요한 차이점은 파이토치 모델에서 ModelInterface 객체를 생성하는데 사용해야 하는 framework-adapter입니다:

```
model = vgg16()
optimizer = optim.SGD(model.parameters(), lr=0.001,
                      momentum=0.9, weight_decay=5e-4)
criterion = nn.CrossEntropyLoss()

framework_adapter =
          'openfl.plugins.frameworks_adapters.pytorch_adapter.FrameworkAdapterPlugin'
```

```
MI = ModelInterface(model=model, optimizer=optimizer,
                    framework_plugin=framework_adapter)
```

다른 유일한 주요 변경 사항은 로컬 학습 코드에서 이러한 함수의 PyTorch 구현을 미러링하도록 TaskInterface 객체에 전달되는 학습 및 유효성 검사 함수를 수정하는 것입니다.

마지막 단계는 director와 여러 envoy가 사용하는 구성 파일을 만드는 것입니다. director 구성에서 필요한 유일한 변경 사항은 CIFAR-10 데이터에 대한 업데이트된 sample_shape 및 target_shape 뿐입니다:

```
settings:
    listen_host: localhost
    listen_port: 50051
    sample_shape: ["32","32"]
    target_shape: ["10"]
```

director/director_config.yaml에 저장됩니다.

Envoy 구성 파일은 개체와 파일 이름을 업데이트하는 것 외에는 변경할 필요가 없으며, 디렉토리 구조는 다음과 같아야 합니다:

- director
  - ▸ director_config.yaml
- 실험
  - ▸ envoy_config_1.yaml
  - ▸ envoy_config_2.yaml
  - ▸ nvoy_config_3.yaml
  - ▸ cifar_fl_dataset.py
  - ▸ fl_sim.py

이 예제를 실행하려면 'SST-2를 이용한 OpenFL 통합예제' 장의 OpenFL 예제 실행을 참조하시길 바랍니다.

CIFAR-10를 이용한 IBM FL 통합 예제

IBM FL은 학습 중에 사용되는 모델의 저장된 버전이 필요하다는 점을 기억하시길 바랍니다. 먼저 create_saved_model.py에서 다음 코드를 실행하여 저장된 VGG-16 PyTorch 모델을 생성합니다:

```
import torch
from torchvision.models import vgg16
model = vgg16()
torch.save(model, 'saved_vgg_model.pt')
```

다음으로, 왜곡된 CIFAR-10 데이터셋에 대한 DataHandler 서브클래스를 생성합니다. 유일한 변경 사항은 CIFAR-10 데이터를 대신 로드하고 학습 세트에 편향성을 적용하도록 load_and_preprocess_data 함수를 수정한 것입니다.

다음 단계는 집계기를 시작하고 파티를 초기화할 때 사용되는 구성 JSON 파일을 생성하는 것입니다. 집계기 구성(agg_config.json)을 크게 변경할 필요는 없으며, 파티 구성의 유일한 핵심 변경 사항은 PyTorch에서 작동하도록 모델 정보를 수정하는 것입니다:

```
    "model": {
        "name": "PytorchFLModel",
        "path": "ibmfl.model.pytorch_fl_model",
        "spec": {
            "model-name": "vgg_model",
            "model_definition": "saved_vgg_model.pt",
            "optimizer": "optim.SGD",
            "criterion": "nn.CrossEntropyLoss"
        }
    },
```

파티 시작을 담당하는 fl_sim.py의 코드는 구성 파일이 여러 번 사용되어 기본적으로 수정되지 않은 상태일 수도 있습니다.

이 예제를 실행하려면 'SST-2를 이용한 IBM FL 통합예제' 장의 'IBM FL 예제 실행'을 참조하시길 바랍니다.

CIFAR-10를 이용한 Flower 통합 예제

CIFAR-10 데이터와 편향성이 있는 학습 데이터셋을 로드한 후, flower 구현에 필요한

NumPyClient 서브클래스을 변경합니다. Keras 예제와 달리 get_parameters 및 set_parameters 메서드는 PyTorch 모델의 dict 형식을 사용하기 때문에 좀 더 복잡합니다:

```
class CifarClient(fl.client.NumPyClient):
    def get_parameters(self, config):
        return [val.numpy() for _, val in model.state_dict(). items()]

    def set_parameters(self, parameters):
        params_dict = zip(model.state_dict().keys(), parameters)
        state_dict = OrderedDict({k: torch.tensor(v) for k, v in params_dict})
        model.load_state_dict(state_dict)
```

로컬 학습 예제의 학습 코드를 미러링하도록 fit 함수를 수정하고 로컬 학습 평가 코드와 유사하게 미러링하도록 evaluate 함수를 수정합니다. 로컬 모델 인스턴스를 가장 최근의 가중치로 업데이트하기 위해 self.set_parameters(parameters)를 호출한다는 점에 유의하시길 바랍니다.

또한, 더 커진 VGG16 모델 크기를 활용하기 위해 flower 클라이언트 및 서버를 시작할 때 grpc_max_message_length 파라미터를 1GB로 설정했습니다. 이제 클라이언트 초기화 함수는 다음과 같습니다:

```
fl.client.start_numpy_client(
    server_address="[::]:8080",
    client=CifarClient(),
    grpc_max_message_length=1024**3
)
```

마지막으로, server.py에서 집계기 코드를 수정합니다. 이전에 마지막 라운드가 끝날 때 통합 모델을 저장하기 위해 사용한 사용자 정의를 PyTorch 모델과 함께 작동하도록 수정해야 합니다:

```
    if (server_round == MAX_ROUNDS):
        vgg_model = vgg16()
        np_weights = fl.common.parameters_to_ndarrays(agg_weight[0])
        params_dict = zip(vgg_model.state_dict().keys(), np_weights)
        state_dict = OrderedDict({k: torch.tensor(v) for k, v in params_dict})
        torch.save(state_dict, "final_agg_vgg_model.pt")
```

이 방법을 사용하여 다음과 같이 실행하여 서버를 시작할 수 있습니다(grpc_max_message_

length 매개변수를 추가):

```
fl.server.start_server(
    strategy=SavePyTorchModelStrategy(),
    config=fl.server.ServerConfig(num_rounds=MAX_ROUNDS),
    grpc_max_message_length=1024**3
)
```

이 예제를 실행하려면 'SST-2를 이용한 Flower 통합 예제' 장의 'Flower 예제 실행'을 참조하시길 바랍니다.

CIFAR-10를 이용한 STADLE 통합 예제

먼저 torchvision 라이브러리의 VGG16 모델을 사용하기 위해 다음과 같이 config_agent.json 구성 파일을 수정합니다:

```
{
    "model_path": "./data/agent",
    "aggr_ip": "localhost",
    "reg_port": "8765",
    "token": "stadle12345",
    "base_model": {
        "model_fn": "vgg16",
        "model_fn_src": "torchvision.models",
        "model_format": "PyTorch",
        "model_name": "PyTorch-VGG-Model"
    }
}
```

STADLE을 로컬 학습 코드에 통합하려면 BasicClient 개체를 초기화하고 학습 루프를 수정하여 두 번의 로컬 학습 epoch마다 로컬 모델을 전송하고 새로운 통합 모델을 기다립니다:

```
stadle_client = BasicClient(config_file="config_agent. json")
for epoch in range(num_epochs):
    state_dict = stadle_client.wait_for_sg_model().state_dict()
    model.load_state_dict(state_dict)
    # Normal training code...
    if (epoch % 2 == 0):
    stadle_client.send_trained_model(model)
```

> **참고**
>
> https://github.com/PacktPublishing/Federated- Learning-with-Python에 있는 코드에는 이 통합 예제의 전체 구현이 포함되어 있으므로 참조하시길 바랍니다. 집계기를 시작하고 CIFAR-10 STADLE 예제를 사용하여 연합학습을 수행하려면 SST-2용 STADLE 통합 하위 장의 STADLE Ops 프로젝트 만들기 및 STADLE 예제 실행하기를 참조하시길 바랍니다.

구축된 로컬 데이터셋에서 다양한 수준의 편향성을 테스트하면 '7장, 모델 통합'의 non-IID 심각도가 증가할수록 수렴 속도와 모델 성능이 감소한다는 것과 동일한 결론에 도달할 수 있습니다. 이 장의 목표는 SST-2 예제에서 각 연합학습 프레임워크에 대한 이해를 바탕으로 수정된 데이터셋에서 PyTorch 모델로 작업하는데 필요한 주요 변경 사항을 강조하는 것이었습니다. 이 장을 https://github.com/PacktPublishing/Federated-Learning-with-Python의 코드 예제와 함께 사용하면 이 예제 통합을 이해하는데 도움이 될 것입니다.

요약

이 장에서는 서로 다른 두 가지 예제를 통해 몇 가지 연합학습 프레임워크를 살펴보았습니다. 첫 번째 예제에서는 데이터를 분리된 하위 집합으로 분리하여 기존의 중앙 집중식 ML 문제를 유사한 연합학습 시나리오로 변환하는 방법을 배웠습니다. 이제 랜덤 샘플링이 IID인 로컬 데이터셋로 이어져 FedAvg가 모든 연합학습 프레임워크에서 중앙 집중식과 동일한 수준의 성능에 도달할 수 있다는 것을 분명히 알 수 있습니다.

두 번째 예제에서는 데이터 집합 그룹이 non-IID(다른 클래스 레이블 분포)가 될 수 있는 여러 가지 방법 중 하나를 배웠고, non-IID 데이터 집합의 서로 다른 심각도가 FedAvg의 성능에 어떤 영향을 미치는지 관찰했습니다. 이러한 경우 대체 통합 방법이 FedAvg를 어떻게 개선할 수 있는지 살펴보는 것이 좋습니다.

두 가지 예시를 통해 다양한 연합학습 프레임워크로 작업할 때 일반적인 트렌드를 확실히 이해할 수 있었을 것입니다. 빠르게 변화하는 분야이기 때문에 구체적인 구현 수준의 세부 사항은 변경될 수 있지만 핵심 개념과 구현 세부 사항은 기본으로 유지될 것입니다.

다음 장에서는 특정 도메인에 연합학습을 적용한 몇 가지 사례 연구를 살펴봄으로써 연합학습의 비즈니스 애플리케이션 측면으로 전환을 이어갑니다.

제9장
연합학습 애플리케이션의 분야별 사례 연구

연합학습(Federated Learning, FL)은 지금까지 다양한 맥락에서 다양한 AI 애플리케이션과 만났으며, 해당 분야에서 시행착오를 겪으며 모델 통합을 모색해 왔습니다. 가장 인기 있는 분야 중 하나는 의료 및 헬스케어 분야로, 개인 정보를 보호하는 AI의 개념이 의료 AI의 현재 요구 사항 및 과제와 자연스럽게 맞아떨어졌습니다. 연합학습은 금융 서비스 산업, 엣지 컴퓨팅 디바이스, **사물인터넷**(IoT) 분야에도 적용되었으며, 이를 통해 연합학습은 여러 가지 중요한 사회 문제를 해결할 수 있는 상당한 이점을 가지고 있는 것으로 나타났습니다.

이 장에서는 다양한 분야에서 연합학습의 주요 사용 사례 몇 가지에 대해 설명합니다. 이 장이 끝날 때쯤이면 다양한 산업에서 연합학습이 어떻게 활용되는지 잘 알 수 있습니다. 먼저 의료 및 금융 산업에서 연합학습의 활용 사례를 살펴본 후 엣지 컴퓨팅 및 IoT 분야로 넘어가겠습니다. 마지막으로 빅데이터를 위한 연합학습과 분산 학습의 교차점에 대해 논의하면서 이 장을 마무리하겠습니다.

이 장에서는 다음 주제를 다룹니다:

- 의료 분야에서의 연합학습 적용
- 금융 부문에서의 연합학습 적용
- 연합학습과 엣지 컴퓨팅
- 지능형 인터넷의 이동
- 빅데이터 분산학습에 연합학습 적용

의료 분야에서의 연합학습 적용

의료 분야에서 사용되는 연합학습은 지난 몇 년 동안 많은 관심을 받은 주제입니다. 의료 분야의 발전은 우리 삶에 막대한 영향을 미칠 수 있습니다. 그러나 몇 가지 도전 과제로 인해 이러한 발전은 다른 영역에 비해 더 어려울 수 있습니다. 먼저 의료 분야에서 AI의 발전을 가로막고 있는 몇 가지 일반적인 과제에 대해 논의해 보겠습니다.

의료 분야의 과제

주요 과제 중 하나는 데이터 접근성입니다. 데이터 접근성은 의료 서비스에만 국한된 문제가 아닙니다. AI 산업 전반의 큰 문제이며 시간이 지날수록 더 큰 도전 과제가 될 것입니다. 데이터 접근성은 의료 분야의 AI 개발에서 핵심적인 문제이며, 여기서는 데이터 접근성이 문제가 되는 몇 가지 이유에 대해 간략히 살펴보겠습니다. 또한 다양한 각도와 애플리케이션에서 문제와 해결책을 다루면서 주요 장애물을 지속적으로 재검토할 것입니다. 이러한 전략을 통해 문제의 다양한 측면, 복잡성 및 동인을 이해할 수 있습니다.

데이터 접근성 문제에는 여러 가지 요소가 있습니다:

- **개인정보 보호 규정**: 데이터 접근성 문제의 가장 큰 걸림돌은 개인 데이터를 보호하기 위해 마련된 개인정보 보호 규정이며, 이러한 규정은 반드시 필요하고 반드시 지켜져야 합니다. 이러한 규정을 우회하기보다는 이러한 규정을 준수하면서 동시에 데이터가 제공할 수 있는 인텔리전스를 활용할 수 있는 방법에 대해 논의할 것입니다. 이를 일거양득의 시나리오라고 생각할 수 있습니다. 몇 가지 중요한 개인정보 보호 규정은 '1장 빅데이터와 기존 AI의 과제'에 있는 '병목 현상으로서의 데이터 개인정보 보호' 장에서 설명합니다.
- **데이터 부족/실제 데이터의 필요성**: 의료 분야만큼 사회에 긍정적인 영향을 미칠 수 있는 잠재력이 큰 분야도 드뭅니다. 하지만 의료 업계는 AI가 제공하는 수많은 이점을 모두 활용하는데 있어 한참 뒤처져 있습니다. 그 이유 중 하나는 AI와 머신러닝 모델이 효과적으로 학습하려면 대량의 데이터가 필요하기 때문입니다. 이 장에서 대용량 데이터의 필요성에 대해 자세히 설명하겠습니다. 이것이 바로 AI의 한계 요인입니다. 의료 분야에서는 이러한 모델이 어떤 방식으로든 데이터를 활용하지 못하도록 하는 많은 규제가 존재하며, 이는 당연한 결과입니다.
- **여러 곳에서 사용되는 다양한 데이터 유형**: 나중에 자세히 설명하겠지만, 데이터에는 다양한 장소에서 다양한 유형의 데이터가 존재합니다. 데이터는 텍스트, 비디오, 이미지 또는 음

성의 형태일 수 있으며, 여러 장소에 저장되어 있습니다. 다양한 위치의 데이터에 접근하는 것 자체가 큰 과제인 것 외에도, 이러한 기관은 다양한 형식으로 데이터를 저장합니다.

앞서 언급했듯이 연합학습을 적용한 초기 작업 중 일부는 의료 분야에서 이루어졌습니다. 이 거대한 분야에서 연합학습이 문제 해결에 도움이 되는 방법은 여러 가지가 있습니다. 연합학습이 의료 시스템을 변화시킬 수 있는 큰 잠재력을 가진 몇 가지 분야를 살펴보겠습니다. 이러한 분야에는 의료 영상, 신약 개발, **전자건강기록(Electronic Health Records, EHR)**이 포함됩니다. 먼저 의료 영상에서 연합학습이 어떻게 사용되는지 자세히 살펴보겠습니다.

의료 영상

이 장의 '추가 자료' 장에 수록된 '뇌종양 진단을 위한 최근의 딥러닝 및 연합학습 기반 방법론에 대한 종합 분석'에서 논의된 바와 같이 의료 영상 분야에서 연합학습을 둘러싼 낙관론이 많습니다. 이러한 높은 기대치는 부분적으로는 해결해야 할 몇 가지 과제와 이러한 장애물을 극복할 수 있는 연합학습의 역량에 기인합니다. 이러한 과제 중 하나는 대량의 데이터가 필요하다는 것입니다.

의료 영상 산업이 더 나은 장비, 절차, 시설을 지속적으로 개발함에 따라 매일 대량의 의료 영상 데이터가 생성되고 있습니다. 이러한 데이터의 기하급수적인 증가는 의료 서비스 제공업체가 더 나은 ML 모델을 개발하고 의료 서비스의 질을 높일 수 있는 큰 기회입니다. 연합학습이 의료 영상에 긍정적인 영향을 미칠 것이라는 낙관론의 또 다른 이유는 머신러닝, 특히 딥러닝의 성공이 이미 입증되었기 때문입니다.

대량의 데이터를 다룰 때 DL이 중요한 이유를 더 잘 이해하기 위해 DL에 대해 간단히 살펴보겠습니다. DL은 AI라는 우산에 포함되는 ML의 하위 영역입니다. DL은 신경망으로 알려진 여러 계층을 사용한다는 점에서 ML과 다릅니다. DL과 신경망을 하나의 주제로 다룬 책이 여러 권 출간되었으므로 이 책에서는 자세히 설명하지 않겠습니다. DL과 신경망에 대해 더 자세히 알고 싶으시다면 Packt에서 출간한 'Advanced Deep Learning with Python'을 읽어보시기 바랍니다. 일반적인 논의를 위해 매우 기본적인 설명을 제공하겠습니다.

다음 그림 9.1은 의료 영상을 사용하여 뇌종양의 종류를 분류하는데 사용되는 신경망의 간단한 예를 보여줍니다:

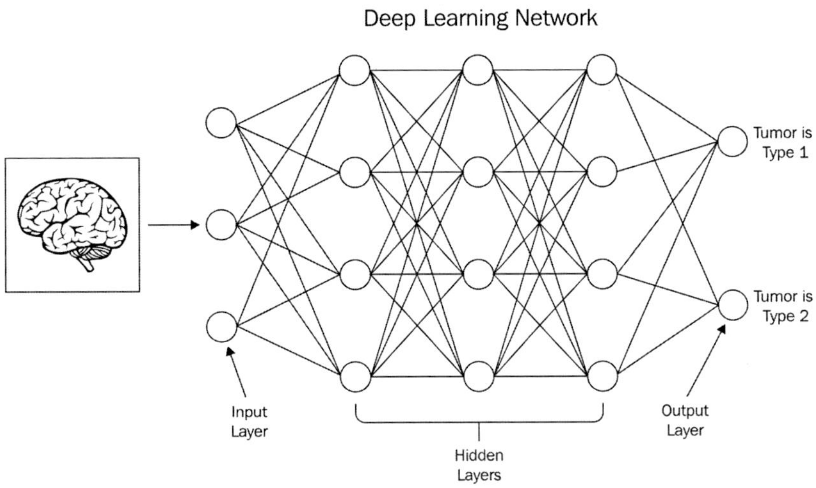

그림 9.1 신경망을 이용한 종양 분류

그림의 왼쪽에는 두 가지 유형의 종양 중 하나가 있는 뇌의 이미지가 있습니다. 이미지는 이미지 픽셀을 나타내는 숫자로 세분화됩니다. 이 숫자는 신경망에 추가됩니다. 숨겨진 레이어는 이러한 숫자에 대해 서로 다른 가중치를 활용하고 활성화 함수를 통해 서로 다른 출력을 생성합니다. 마지막으로 두 개의 출력 레이어를 볼 수 있습니다. 이 경우 두 가지 가능한 출력이 있습니다. 하나는 종양은 유형 1이고 다른 하나는 종양은 유형 2입니다.

제한적인 단일 위치 데이터

보시다시피, DL 모델을 학습하려면 많은 데이터가 필요합니다. 일반적으로 단일 데이터 레포지토리에는 소량의 데이터만 있기 때문에 어떤 모델이든 일반화할 수 있는 능력이 제한됩니다.

데이터 접근성 문제에 대한 가능한 해결책

한 가지 해결책은 민감한 데이터를 비공개로 유지하면서 여러 센터에서 사용 가능한 모든 데이터를 활용할 수 있는 개인정보 보호 연합학습을 활용하는 것입니다.

연합학습을 사용하면 민감한 데이터를 공유하지 않고도 서로 다른 데이터 센터에서 학습된 대규모 ML 모델을 배포할 수 있습니다.

연합학습에서는 데이터를 학습할 모델로 이동하는 대신 모델을 데이터로 이동하고 데이터에서 수집한 인텔리전스만 가져오는데, 이를 **데이터로부터의 인텔리전스**(Intelligence from Data, IfD)라고 하며, 이 장의 뒷부분에 있는 IfD의 잠재력 장에서 설명합니다.

사용 사례 예시 - 병원에서의 ML

연합학습을 의료 영상 데이터에 어떻게 적용할 수 있는지 한 가지 예를 들어보겠습니다. 이 예는 실제로 뇌종양에 초점을 맞춘 국제 챌린지에서 수행된 작업입니다. 여기서 목표는 MRI 스캔을 사용하여 종양을 세분화하는 것입니다.

이 예제에서는 세 개의 병원을 사용하겠습니다. 각 병원에는 로컬에 저장된 익명화된 개인 의료 영상 데이터가 있으며, 이를 병원 A, 병원 B, 병원 C라고 합니다. 각 병원은 다음 다이어그램에서 볼 수 있는 학습 모델로 시작합니다:

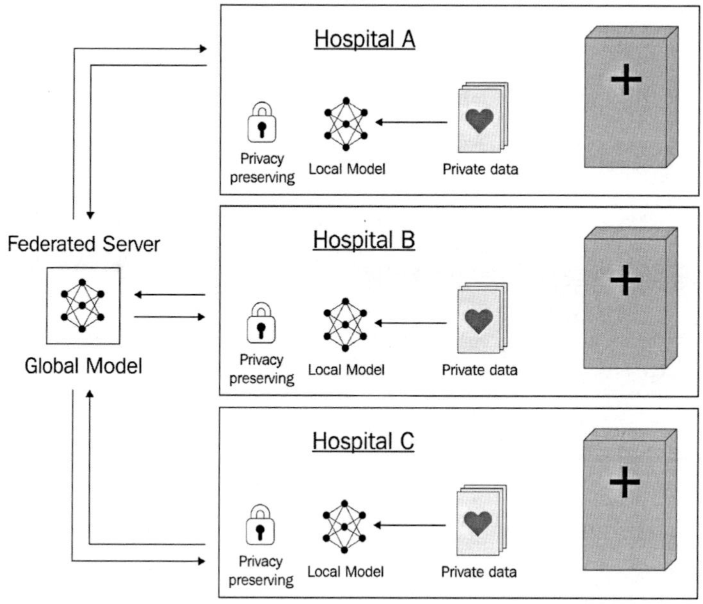

그림 9.2 연합학습을 위해 ML 모델을 공유하는 병원들

각 병원은 로컬에서 모델을 실행하며, 이를 로컬 모델이라고 합니다. 이 시점에서 병원의 로컬 모델은 각각 다르다는 점에 유의하는 것이 중요합니다. 각 병원은 자신의 병원에 있는 데이터에 대해서만 학습을 진행합니다.

이 세 가지 로컬 모델을 학습하여 얻은 인텔리전스는 모델 파라미터의 형태로 중앙 서버로 전송됩니다. 서버는 로컬 모델을 수집하고 이를 결합하여 글로벌 모델을 생성합니다. 그 다음, 세 로컬 모델의 인텔리전스가 모두 결합된 이 글로벌 모델은 각 병원으로 다시 전송되어 해당 병원의 데이터에 대해서만 로컬로 다시 학습됩니다.

다시 말하지만, 이러한 모델의 인텔리전스만 취합을 위해 서버로 다시 전송됩니다. 이 과정은 모델이 학습할 수 있는 모든 것을 학습할 때까지 반복됩니다(수렴이라고 함).

연합학습을 활용하면 데이터가 서로 다른 위치에 있는 경우에도 모든 데이터가 단일 위치에서 나온 것처럼 작동하는 모델을 학습할 수 있습니다. 이와 같이 개인정보를 보호하는 방법을 구현하면 의료 분야에 혁신을 일으킬 수 있습니다.

이제 연합학습이 신약 개발 분야를 어떻게 개선할 수 있는지 살펴보겠습니다.

신약 개발

현대 사회에서 데이터는 새로운 화폐처럼 여겨지고 있습니다. 특히 제약회사의 경우, 개인 맞춤형 의약품을 제공하기 위해 데이터를 활용하는 것이 주요 관심사가 되었습니다. 앞으로는 더 많은 데이터를 활용할 수 있는 기업이 훨씬 더 큰 경쟁력을 갖게 될 것입니다. 이는 모든 조직의 미래 성공을 위한 결정적인 전략 중 하나가 될 것입니다.

정밀 의학

정밀 의학이라고도 하는 개인 맞춤형 의료는 이를 실현하기 위해 대량의 실제 데이터에 크게 의존합니다. 또한 이 데이터를 처리하고 분석하여 의미 있는 인사이트를 추출하기 위해서는 머신러닝 알고리즘이 필요합니다. 앞으로 설명하겠지만, 현재 상당한 양의 실제 데이터에 접근하는 것은 불가능하지는 않더라도 매우 어렵습니다. 그림 9.3은 정밀 의학이 즉각적인 영향을 미칠 몇 가지 분야를 보여줍니다:

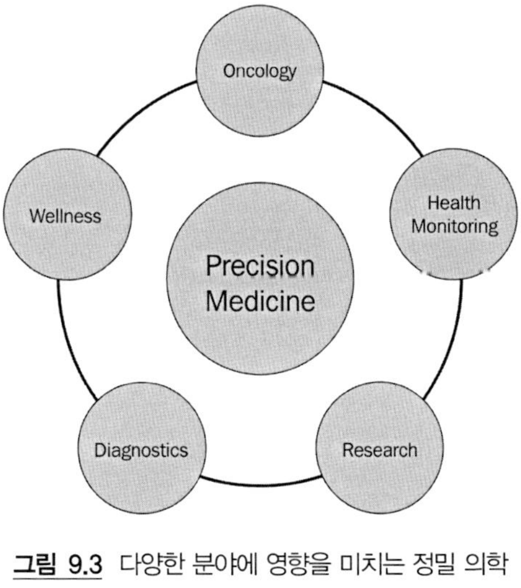

그림 9.3 다양한 분야에 영향을 미치는 정밀 의학

그림 9.3에서 볼 수 있듯이 정밀 의학은 종양학, 웰니스, 진단, 연구, 건강 모니터링 등 다양한 분야와 학문을 아우르는 방대한 영역에 걸쳐 있습니다.

현재 의료 시스템에 배포된 많은 AI 솔루션은 환자 집단의 일부만을 대표하는 소규모 데이터셋로 만들어져 실패하고 있습니다. 연구자와 개발자는 소유권 없이도 다양한 소스의 데이터를 사용하여 모델을 검증하고 개선할 수 있습니다.

이러한 데이터에 접근하여 처리 및 분석하려면 새로운 접근 방식이 필요합니다. 이것이 바로 연합학습이 필요한 이유입니다. 이 책 전체에서 다루었듯이 연합학습은 데이터 자체가 아니라 필요한 인텔리전스에 대한 접근를 제공합니다.

정밀 의학은 일률적인 접근 방식이 아닌 개인에게 맞춤화된 의료 서비스를 제공하여 약물 효과와 암 치료 결과 등의 측면에서 더 나은 결과를 얻을 수 있도록 제안하는 모델입니다. 이를 위해 정밀 의학은 대량의 실제 데이터에 크게 의존합니다. 대규모 정밀 의학을 실현하기 위해 가장 먼저 극복해야 할 장애물은 대량의 실제 데이터에 대한 접근입니다.

현재 접근 방식을 살펴보고 연합학습이 어떻게 필요한 답을 제공할 수 있는지 알아봅시다.

그림 9.4는 현재 ML 시스템 구현에 대한 일반적인 접근 방식을 보여줍니다. 여기서 데이터는 중앙 서버로 전송되어 모든 데이터가 한데 모이고, 이렇게 모인 데이터로 알고리즘이 학습됩니다. 이를 데이터 가져오기 모델 접근 방식이라고 합니다:

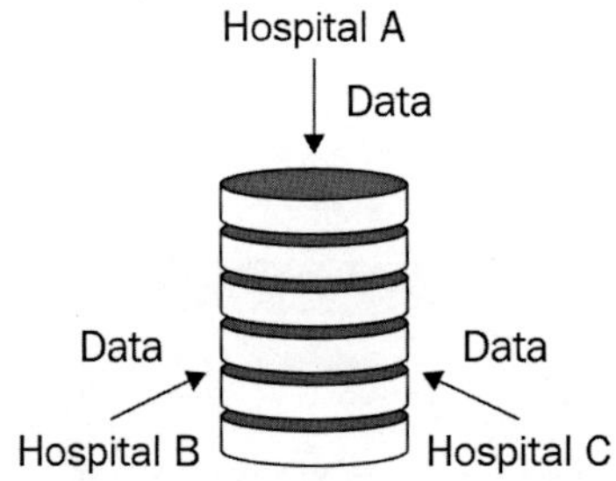

그림 9.4 정밀 의료의 현재

여러 병원에 흩어져 있는 데이터를 이러한 방식으로 중앙 집중식 한 곳으로 옮기는 데 드는 막대한 비용을 쉽게 상상할 수 있습니다. 또한 이러한 방식으로 데이터를 처리하면 데이터 보안이 손상되고 규정 준수가 불가능하지는 않더라도 어려워집니다.

그림 9.5에서 볼 수 있듯이 연합학습 접근 방식은 상당히 다릅니다. 데이터를 모델로 가져오는

대신 모델을 데이터로 이동합니다. 즉, ML 모델은 로컬 데이터로 학습하고 통합을 위해 인텔리전스만 연합학습 서버로 전송하므로 다양한 로컬 모델이 글로벌 모델의 업데이트 혜택을 누릴 수 있습니다:

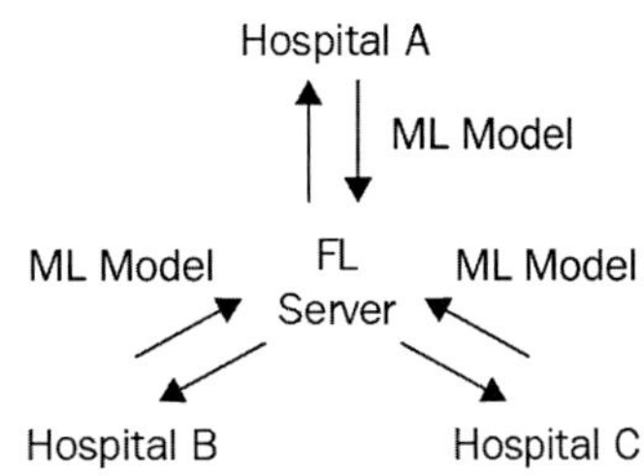

그림 9.5 연합학습을 사용한 정밀 의료

연합학습 접근 방식은 컴플라이언스를 준수하면서 효율적인 모델 전송과 데이터 보안을 가능하게 합니다.

IfD의 잠재력

연합학습을 활용하여 실제 데이터에 접근하면 모든 임상 연구 단계를 개선할 수 있는 엄청난 잠재력이 있습니다. 이러한 종류의 데이터에 접근하면 수집된 인텔리전스를 활용할 수 있으며, IfD는 신약 개발의 프로세스와 단계를 획기적으로 가속화할 수 있습니다. 연합학습의 작동 방식을 논의할 때 염두에 두어야 할 한 가지 중요한 아이디어는 학습 데이터가 디바이스를 벗어나지 않는다는 것입니다.

그림 9.6은 학습 프로세스를 통해 학습 데이터에서 ML 모델을 추출하는 과정을 설명합니다:

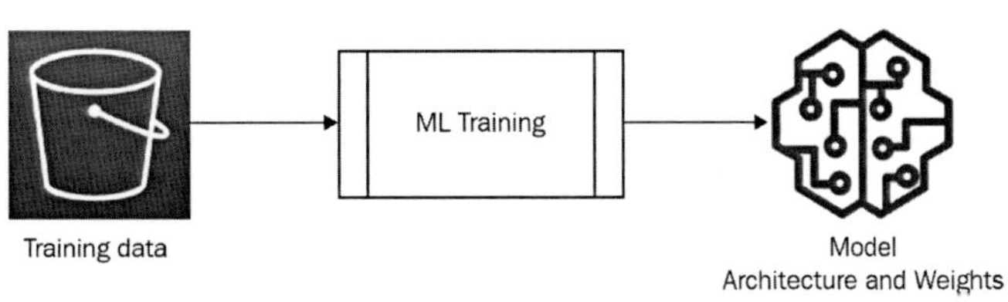

그림 9.6 IfD 다이어그램

그림 9.6에서 볼 수 있듯이, 데이터는 로컬에서 ML 모델을 학습하는데 사용됩니다. 연합학습에서는 모델이 학습되는 디바이스 자체에 위치하며, 모델 가중치만 통합을 위해 전송되므로 데이터 자체가 아닌 데이터에서 얻은 인텔리전스만 전송됩니다.

비디오, 텍스트, 음성, 기타 감각 데이터 등 다양한 유형의 데이터뿐만 아니라 여러 소스에서 수집한 IfD를 수집할 수 있으면 등록 프로세스를 개선하고 치료법 연구 및 개발에 적합한 대상자를 찾는 데 도움이 될 수 있습니다. 이는 희귀 질환과 암의 경우 특히 중요합니다. 이러한 방식으로 신원이 확인되면 피험자에게 임상시험 기회를 알릴 수 있습니다.

데이터에 대한 연합 접근 및 IfD의 수집은 전 세계적으로 상당한 양의 데이터에 대한 접근를 열어줄 수 있습니다. 이를 통해 통합된 데이터 저장소를 통해 임상시험계획서 기준을 충족하는 충분한 수의 환자를 채굴할 수 있습니다. 잠재적으로는 임상시험의 모든 참가자에게 위약이 아닌 실제 약물을 투여할 수 있습니다.

궁극적으로 대규모 정밀 의료는 강력한 AI 없이는 불가능하며, 강력한 AI는 대량의 실제 데이터를 통해서만 학습할 수 있습니다. 연합학습을 사용하면 결과 측정을 개선할 수 있습니다. 향후 몇 년 동안 연합된 접근 방식은 이전에는 불가능했던 새로운 방식으로 새로운 치료법을 발견하는데 있어 발전과 혁신을 주도할 잠재력을 가지고 있습니다.

다음 그림 9.7에서는 연합학습이 IfD를 수집하는 일반적인 방법입니다:

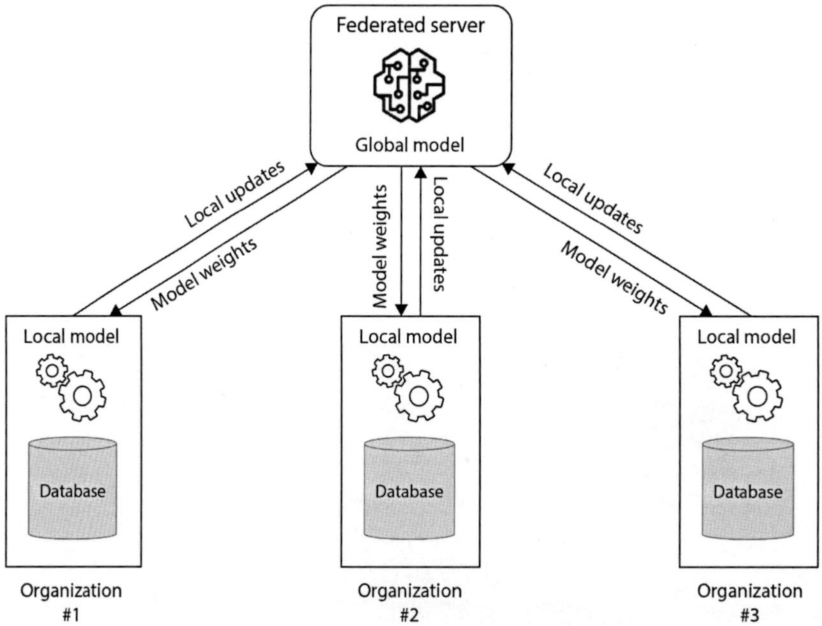

그림 9.7 연합학습이 IfD를 수집하는 방식에 대한 일반화된 보기

여기 그림 9.7에서 볼 수 있듯이 모든 데이터는 각 조직 내에서 격리된 상태로 유지되며 federation 서버로 전송되지 않습니다.

이제 한 걸음 더 나아가 EHR을 통한 연합학습 애플리케이션에 대해 논의해 보겠습니다.

EHRs

EHR은 체계적이고 디지털 방식으로 저장된 건강 정보 모음입니다. 이러한 기록은 적절한 경우 **의료 서비스 제공자(healthcare providers, HCP)**와 공유할 수 있도록 설계되었습니다. Gov 통계에 따르면 2017년 현재 미국에서는 사무실에 근무하는 의사의 86%가 EHR을 도입했습니다.

그림 9.8은 병원과 보험사 등 다양한 출처에서 수집한 EHR을 보여줍니다. 이 그림에서는 전자의무기록(Electronic Medical Records, EMRs)과 **개인건강기록(Electronic Medical Records, PHRs)**이라는 용어를 사용합니다:

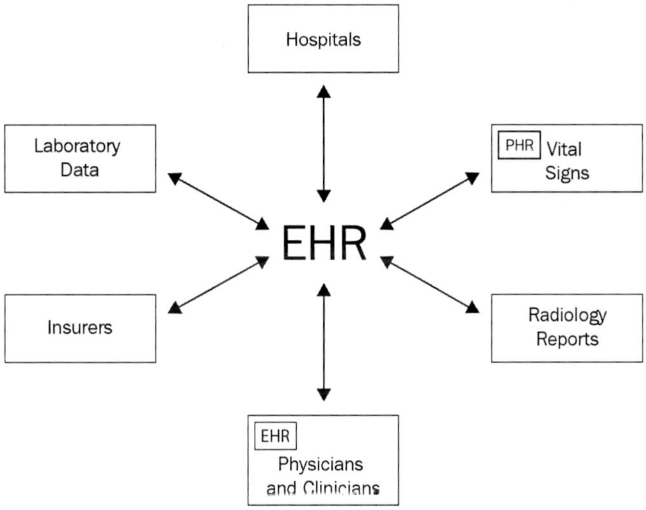

그림 9.8 EHR

이러한 EHR의 도입은 의료 기관 간의 유익한 협업을 위한 토대를 마련했습니다. 책 전체에 걸쳐 논의했듯이, 더 많은 실제 데이터에 접근할 수 있게 되면 이 데이터를 기반으로 학습된 AI 모델이 훨씬 더 강력하고 효과적일 수 있습니다.

이러한 기반이 마련되었지만, 여러 기관에서 EHR 데이터를 공유하는데 있어 기존의 ML 접근 방식에는 여전히 많은 과제가 남아 있습니다. 여기에는 데이터 표준화뿐만 아니라 개인정보 보호 문제와 규정도 포함됩니다. 주요 문제 중 하나는 그림 9.9에서 볼 수 있듯이 다양한 형태의 로컬 데이터를 저장하여 ML 모델을 학습시키는 **중앙 데이터 저장소(Central Data Repositories, CDR)**에 이러한 데이터를 저장하는 것입니다.

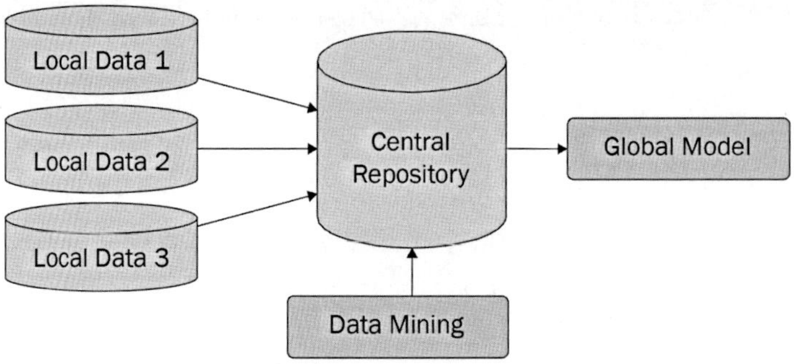

그림 9.9 중앙 집중식 데이터 마이닝 방법

이 CDR 접근 방식은 다음 장에서 설명하는데이터 격리 문제 때문에 이상적이지 않습니다.

데이터 격리 문제

데이터 저장에 CDR을 사용하면 많은 문제가 발생합니다. 몇 가지 예를 들면 데이터 유출, 엄격한 규제, 설정 및 유지 관리에 드는 높은 비용 등이 있습니다.

데이터 저장 방식이 데이터 자체의 품질과 사용성에 미치는 영향도 그에 못지않게 중요합니다. 단일 센터 데이터로 학습된 ML 모델은 일반적으로 여러 위치에서 수집된 데이터와 비교할 때 일반화가 잘 되지 않습니다.

연합학습을 사용하면 여러 조직에서 모델 학습을 협업할 수 있으므로 데이터 개인정보 보호 규정을 위반하지 않고도 우수한 모델 성능을 구현할 수 있습니다. EHR을 사용하는 연합학습 애플리케이션의 예를 살펴보겠습니다.

EHR에서의 표현 학습

연구자들은 2단계 연합 표현형 및 환자 표현형 학습과 같은 추가 읽기 리스트에 언급된 대로 EHR의 표현형 학습에 연합학습을 적용했습니다. 이들은 환자 데이터의 표현형 및 표현 학습을 위해 **자연어처리(NLP)**와 함께 연합학습을 사용했습니다. 첫 번째 단계에서는 원시 데이터 자체를 공유하지 않고 여러 병원의 일부 의료 기록을 기반으로 환자 데이터의 표현을 생성합니다. 학습된 표현은 특정 의료 작업에 국한되지 않습니다. 두 번째 단계에서는 학습된 표현에서 파생된 관련 특징을 사용하여 특정 표현형 작업을 위한 ML 모델을 연합 방식으로 학습합니다.

연합학습은 신약 개발, 의료 영상, EHR 분석 등 의료 분야의 AI 개발을 발전시키는 데 있어 현재의 방법론에 대한 효과적인 대안으로 소개되었습니다.

다음 장에서는 연합학습과 관련된 또 다른 유망한 사용 사례로 금융 부문을 살펴보겠습니다.

금융 분야에서의 연합학습 적용

미국에서만 금융 서비스 기업들이 자금 세탁 방지를 위한 규정 준수에 매년 수십억 달러를 지출하고 있지만, 현재의 시스템은 매우 비효율적이어서 자금 세탁 활동의 1% 미만이 적발되고 있습니다. 실제로 기업들은 이러한 범죄 행위로부터 회수할 수 있는 금액보다 약 100배 더 많은 비용을 지출하는 것으로 추정됩니다. **자금세탁방지(Anti-Money Laundering, AML)** 시스템에 의해 포착되는 거래는 극히 일부에 불과하며, 1970년 **은행비밀보호법(Bank Secrecy Act, BSA)**에 따라 의심스러운 활동 보고서(Suspicious Activity Reports, SAR)로 보고되는 비율은 이보다 훨씬 더 적습니다.

보수적으로 말하자면, 은행 네트워크에서 나오는 정보의 가치는 한 은행이 보유한 정보보다 몇 배나 높습니다. 돈이 어디에서 왔는지뿐만 아니라 어디로 갔는지도 알 수 있기 때문입니다.

자금세탁방지 (Anti-Money Laundering, AML)

현재의 자금세탁방지 시스템은 몇 가지 과제를 해결해야 하는 등 대대적인 개선이 필요합니다. 개인 금융 데이터를 보호하기 위해 많은 개인정보 보호 규정이 시행되고 있습니다. 이러한 규정은 기관마다, 지역마다 다릅니다.

한 가지 해결책은 금융 기관 간의 협업입니다. 이러한 협업을 통해 각 기관은 자체 데이터에서 수집한 인텔리전스를 상호 유익한 방식으로 공유할 수 있습니다. 협업 기관 간에 데이터를 이동하는 대신 ML 모델 자체를 각 기관에 로컬로 배포할 수 있습니다. 이렇게 하면 수집된 인텔리전스를 활용할 수 있는 각 협업자가 IfD만 공유하고 혜택을 누릴 수 있습니다. 앞서 설명했듯이 연합학습에는 이러한 기능이 있습니다.

연합학습 프로세스에서 모델 자체가 기관에서 기관으로 이동합니다. 이 과정에서 모델은 매개변수를 조정하고 더 많은 데이터를 학습하면서 더욱 지능화됩니다. 이는 연합학습의 두 가지 대안과는 다른 점입니다:

- 한 가지 옵션은 협업하는 금융 기관의 데이터를 하나의 중앙 저장소로 수집하는 것입니다. 하지만 이 방식은 고객 개인정보 보호 규정으로 인해 불가능합니다.
- 또 다른 접근 방식은 필요에 따라 일종의 식별자를 공유하는 것입니다. 그러나 이 역시 개

인정보 보호법 및 규정으로 인해 불가능하며 조사 과정의 일부로만 사용할 수 있습니다.

연합학습을 사용하려면 데이터의 프라이버시와 보안이 그대로 유지되도록 보장할 수 있어야 합니다. 이를 위해서는 금융 기관에서 개인정보 침해 없이 모델이 학습되고 있는지 확인해야 합니다. 마지막으로, 연합학습 서버로 전송되는 모델 파라미터 업데이트와 관련된 모든 통신이 안전하게 보호되어야 합니다.

연합학습은 세계적인 BSA 및 AML 제도의 효과성, 효율성, 공정성을 개선할 수 있습니다. 다음 장에서는 AML 분야 전반에 걸친 거래 모니터링 구현의 맥락에서 연합학습을 사용하는 방법을 살펴봅니다.

기존 AML 접근 방식에 대한 제안 솔루션

AML 분야 전반에 걸친 연합학습 접근법의 개발에는 고객 온보딩이라는 필수 주제가 포함되며, 잠재 고객의 신원을 확인하는데 비전통적 정보를 사용하는 것이 도움이 될 수 있습니다.

정교한 기술을 활용하여 위험 감지 시스템의 인식과 효율성을 높일 수 있는 새로운 접근 방식이 필요합니다.

이 접근 방식을 사용하면 다음을 수행할 수 있습니다:

- 기업과 규제 기관이 민감한 데이터나 보호 대상 데이터를 공유하지 않고도 서로 학습할 수 있습니다.
- 기업이 실제 위험을 정확하게 파악하고 근거 없는 위험 보고를 줄일 수 있는 역량을 강화합니다.
- 특정 시장에 서비스를 제공할지 여부를 결정할 때 기업의 위험-보상 계산을 개선합니다.

AML 프레임워크는 테러, 자금 세탁, 사기, 인신매매 등 불법적인 목적으로 세계적인 금융 시스템을 이용하여 해를 끼치려는 의도를 방지하는데 중요한 국가적 이익을 제공합니다.

자금세탁 위험 탐지 시스템에 대한 막대한 투자와 관심이 있었음에도 불구하고, 시스템이 제대로 작동하지 않고 있습니다. 기업들은 자금세탁방지 요건을 충족하기 위해 상당한 리소스를 투자하지만 리스크 보고의 품질에 대한 피드백은 거의 받지 못합니다.

두 가지 주요 요인으로 인해 기업들이 특정 시장에서 사업을 운영하지 않게 되었습니다:

- 첫 번째는 자금 서비스 산업에서 발생하는 위험 평가 활동의 비용입니다.

• 두 번째 핵심 요소는 불법 금융 활동과 관련된 금융회사의 규제 리스크와 평판 영향입니다.

그 결과 전 세계적으로 특파원 은행 관계는 25% 감소했습니다. 2009년 이후 신흥 시장 은행의 25%가 특파원 은행 업무에 손실을 입었다고 보고했습니다.

그림 9.10에는 거래 보고가 표시되어 있으며 각 기관의 위험 패턴 데이터베이스에는 불법 활동에 대한 경험이 반영되어 있습니다:

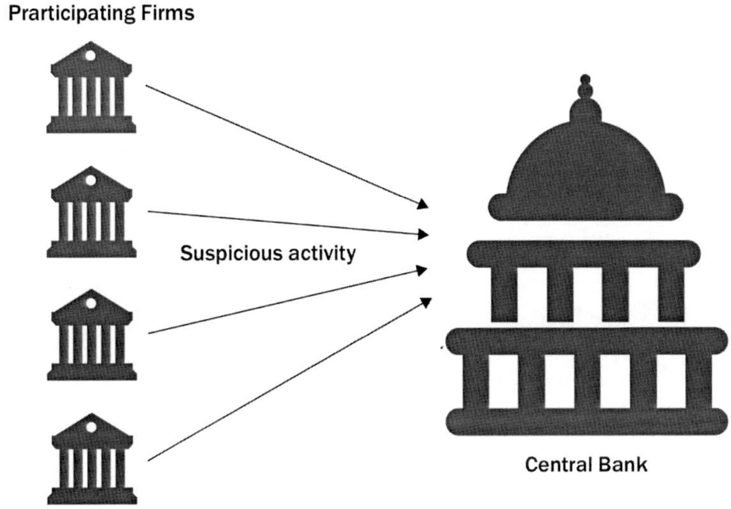

그림 9.10 의심되는 불법 활동에 대한 기관 보고

기관은 경쟁사가 포착한 패턴이나 정부가 의심스러운 거래 또는 진짜인지 여부에 대해 알고 있는 정보를 반드시 알 수는 없습니다. 기업들은 제출한 보고서의 정확성에 대한 피드백을 적시에 거의 받지 못합니다. 그 결과 기업들은 위험 감지 능력을 향상시키는 데 가장 중요한 정보, 즉 확인된 문제에 대한 시의적절한 정보를 얻지 못합니다.

따라서 이 시나리오에서 더 효과적이고 효율적이며 공정한 거래 모니터링을 상상해 보세요. 은행은 유틸리티와 같은 허브 역할을 합니다. 스마트 알고리즘과 결합된 강력한 컴퓨터가 여러 기관의 데이터를 평가하기 위해 배치될 수 있습니다. 그 다음, 위험 패턴을 학습한 머신러닝 모델이 참여 기업들 사이를 이동하며 패턴을 파악하고 각 기관의 위험을 학습할 수 있습니다. 이 모든 작업은 민감한 데이터나 보호 대상 데이터를 공유하지 않고도 수행할 수 있습니다. 이것은 그림 9.11에 나와 있습니다:

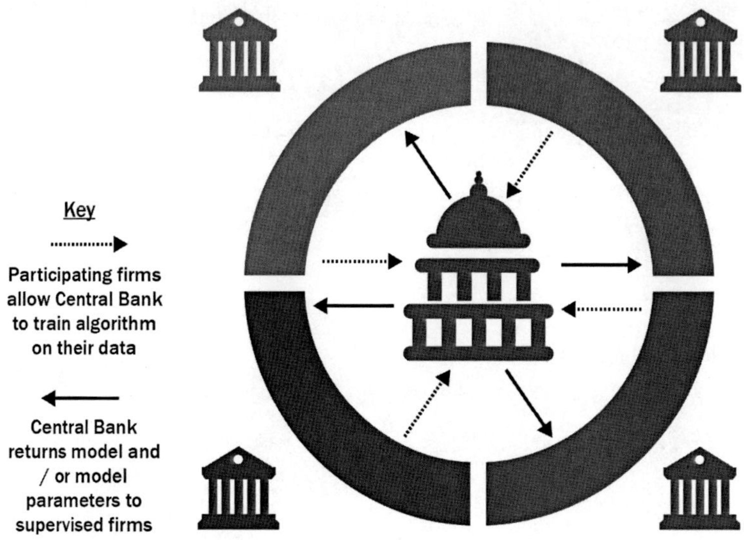

그림 9.11 뱅킹 에코시스템 내 데이터 및 인텔리전스 흐름

연합학습 접근 방식에서 은행은 각 참여 기업의 데이터를 학습하는 분류 알고리즘을 만듭니다. 은행은 모든 참여 기업의 인사이트와 정부가 보유한 데이터를 반영하는 핵심 모델과 모델 파라미터를 개발합니다. 은행은 핵심 모델과 모델 파라미터를 참여 기업들에게 배포하고 데이터는 각 기관에 보관합니다. 이렇게 배포된 모델은 각 기업의 로컬 데이터를 학습하여 해당 기업의 리스크 패턴을 채택한 다음 은행으로 다시 전송합니다.

AML 공간의 연합학습 데모

의 연구원들은 PaySim 모바일 머니 시뮬레이터(https://www.kaggle.com/ealaxi/paysim1)에서 생성된 일부 합성 거래 데이터를 사용하여 STADLE을 통해 AML 공간에 연합학습을 적용하는 실험을 수행했습니다. 이들은 시간, 금액, 원본 계좌와 목적지 계좌의 신구 잔액 등을 모델 특징으로 하는 로지스틱 회귀를 통한 지도 학습을 사용했습니다. 데이터셋에는 63만6천620건의 거래(사기 거래 8천213건, 유효 거래 63만5천4407건)가 있으며, 이 데이터는 10개의 개별 로컬 에이전트로 나뉘어 있습니다.

그림 9.12는 각 학습 라운드에서 정밀도 점수와 F1 점수가 표시된 AML에 연합학습을 적용한 결과입니다. 그림에서 굵은 선은 통합된 모델의 성능이며, 가는 선은 개별 에이전트가 로컬 데이터만 사용하여 개별적으로 학습한 결과입니다:

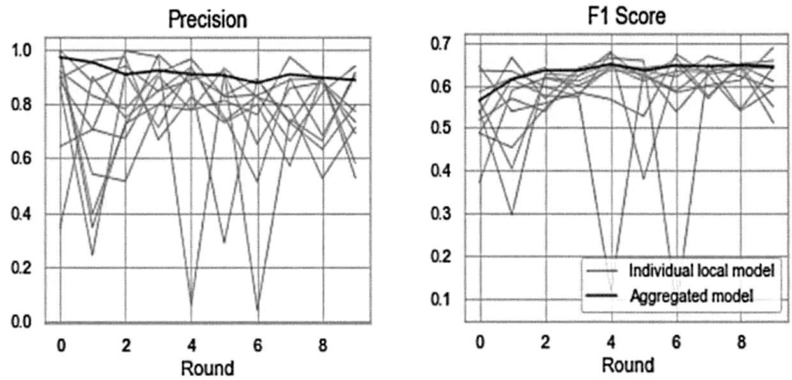

그림 9.12 연합학습을 AML에 적용한 결과(굵은 선: 통합 모델, 가는 선: 개별 에이전트 개별 교육)

그림 9.12에서 볼 수 있듯이, 통합된 모델은 상당히 안정적인 방식으로 작동하며 정밀도와 F1 점수 측면에서 지속적으로 90% 이상을 달성합니다. 연합학습은 사기 거래를 총 사기 거래액 1,241,770,000달러에서 65,780,000달러로 줄여 5.3%의 사기 거래만 누락시킬 수 있습니다.

이 장에서는 연합학습이 위험 감지를 위해 제공하는 이점 리스트을 살펴보면서 이 장을 마무리하겠습니다.

위험 감지 시스템의 연합학습 이점

금융 부문에서 위험 감지 시스템에 연합학습을 적용하면 다음과 같은 몇 가지 이점이 있습니다:

- 연합학습은 학습할 위험 감지 알고리즘의 대규모 데이터셋을 생성할 수 있습니다.
- 불법 활동 탐지 정확도 향상
- 조직이 협업할 수 있는 방법 제공
- 새로운 시장에 진출할 수 있는 기업

금융 기관 내에서 자금 세탁 수법을 식별하는 능력은 접근할 수 있는 데이터에 따라 제한됩니다. 데이터 공유 제한은 협업을 불가능하지는 않더라도 어렵게 만듭니다. 연합학습이 금융 업계에 제공하는 솔루션과 장점은 무궁무진합니다. 운영 효율성 향상과 인적 자본의 더 나은 배분 등 추가적인 이점이 있습니다. 특히 금융 분야에서는 고객 데이터에서 인텔리전스를 추출할 수 있기 때문에 연합학습의 적용에는 한계가 없습니다.

이제 다음 장에서 몇 가지 새로운 기술에서 연합학습을 사용하는 방법에 대해 논의하면서 잠시 방향을 전환하겠습니다.

연합학습과 엣지 컴퓨팅

이 장은 다양한 영역이 혼합되어 있으며, 그 중 일부는 새로운 기술입니다. 이 영역들은 모두 서로 매우 밀접하게 연결되어 있고, 이 기술 중 상당수는 자체적인 과제와 한계를 극복하기 위해 서로 의존하고 있습니다. 이러한 기술을 연합학습과 결합하는 것은 특히 강력한 기술 조합이며, 향후 몇 년 동안 발전과 혁신의 핵심이 될 것입니다.

앞으로 10년 동안 우리는 엣지 컴퓨팅 기능, IoT, 5G 연결의 확대로 인해 몇 가지 변화를 겪게 될 것입니다. 데이터의 양과 전송 속도가 모두 기하급수적으로 증가할 것입니다. 개인 사용자 데이터를 보호하기 위해 더 많은 개인정보 보호 규정이 시행되고 자동화 및 분석 영역이 폭발적으로 증가할 것입니다.

5G를 통한 IoT의 엣지 컴퓨팅

스마트 기기의 잠재력을 최대한 실현하기 위한 기반은 이러한 기기가 5G와 같이 훨씬 개선된 네트워크에 연결될 수 있을 때에만 가능합니다. 실제로 2023년 말에는 전 세계 5G 서비스 가입자가 13억 명에 달할 것으로 예상됩니다. 엣지 컴퓨팅과 함께 5G 네트워크는 IoT 연결에 필수적입니다. 이러한 기술을 결합하면 스마트 디바이스를 위한 기반을 마련하는데 도움이 될 것입니다.

그림 9.13은 IoT 프레임워크 내에서 클라우드 및 데이터센터에 연결된 엣지 컴퓨팅 기능으로 다양한 사물을 보여줍니다:

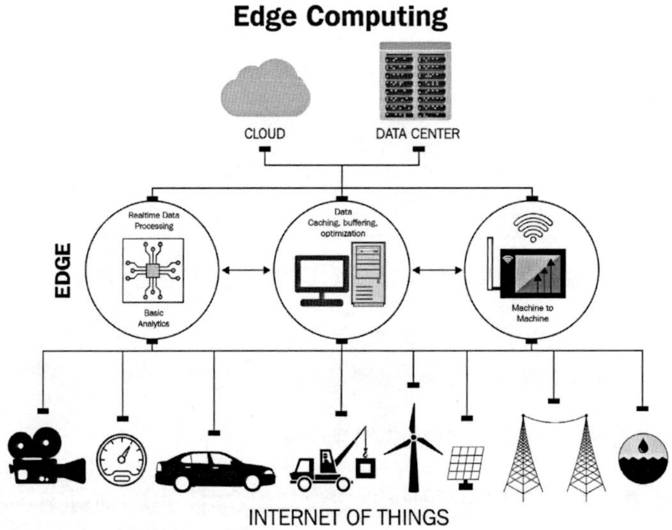

그림 9.13 엣지 컴퓨팅과 인터넷

그러나 이러한 IoT 디바이스 중 상당수는 적절한 보안 기능이 부족합니다. **일반 데이터 보호 규정(General Data Protection Regulation, GDPR)**과 같은 법률 및 규정 외에도 사용자 데이터를 보호하기 위한 추가적인 정책이 시행될 것으로 예상됩니다. 본질적으로 IfD를 추출하는 솔루션에 대한 필요성은 시간이 지날수록 더욱 커질 것입니다.

엣지 컴퓨팅에 적용된 연합학습의 예를 살펴보겠습니다.

엣지 연합학습 예제 – 객체 인식

엣지 컴퓨팅은 분산 컴퓨팅을 사용하여 계산 및 데이터 저장소를 데이터 소스에 최대한 가깝게 가져오는 아키텍처입니다. 이상적으로는 지연 시간을 줄이고 대역폭을 절약할 수 있습니다. 다음은 다양한 유형의 엣지 디바이스에서 연합학습을 활용하는 방법의 예시입니다.

기술 설정

이 예제에서는 엣지 디바이스를 사용하여 연합학습을 통한 객체 인식을 시연하기 위해 세 가지 디바이스가 사용되었습니다. 한 대는 우분투 OS가 탑재된 엔비디아의 젯슨에서 실행되는 EIS200 엣지 마이크로 서버였습니다. 두 번째 디바이스는 라즈베리파이 OS를 사용하는 라즈베리파이, 세 번째 디바이스는 우분투 OS를 사용하는 일반 PC였습니다. 이 기기들은 각각 고유한 데이터셋으로 물체 감지 모델을 개별적으로 학습시켰습니다.

사용 방법

EIS200은 생선, 고기, 토마토 사진에 생선, 고기, 채소라는 라벨이 붙은 사진을 학습했습니다. 라즈베리 파이는 생선, 고기, 가지 사진으로 학습했습니다. 여기서 토마토는 가지로 대체된 것이 분명합니다. 그러나 생선, 육류, 채소라는 라벨은 그대로 유지되었습니다. 마찬가지로 일반 PC는 생선, 고기, 부추의 사진을 학습했지만 여전히 생선, 고기, 채소라는 라벨이 붙어 있었습니다.

예상대로 각 환경에는 토마토, 가지, 부추 등 서로 다른 채소가 포함된 편향된 데이디가 있었는데, 모든 채소에 동일한 라벨인 '채소'가 붙어 있었습니다.

작동 방식

먼저 토마토 사진으로 모델을 학습시킨 후 EIS200을 사용했습니다. 예상대로 토마토만 채소로 정확하게 분류한 반면 가지와 부추는 잘못 분류했습니다.

같은 방식으로 가지 사진으로 학습된 라즈베리 파이의 모델은 가지만 정확하게 식별했습니다. 두 개의 부추 중 하나는 채소로 분류되었지만 다른 하나는 생선으로 식별되었습니다. 예상대로 일반 PC의 모델은 부추를 채소로만 식별했습니다.

세 가지 에이전트 중 어느 것도 예상대로 세 가지 채소 모두에 정확하게 라벨을 붙이지 못했습니다. 그 다음, 이 세 가지 에이전트를 타이셋(TieSet, Inc.)에서 개발한 STADLE이라는 연합학습 플랫폼에 연결했습니다:

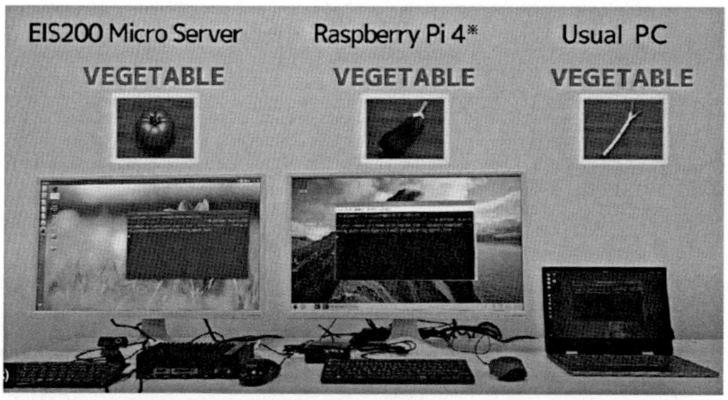

그림 9.14 각 머신마다 데이터셋의 분포가 다른 연합학습을 사용하여 토마토, 가지, 부추를 감지하는 데모

STADLE 집계기는 AWS에서 인스턴스로 실행되었습니다. 여기에서도 각 환경에는 한 가지 유형의 채소만 포함된 고유하게 편향된 데이터셋이 있었습니다. STADLE 플랫폼과 연결된 각 에이전트의 로컬 데이터로 학습되었습니다. 몇 번의 학습이 끝나면 모델의 가중치가 에이전트에서 집계기로 전송됩니다. 그 다음, 가중치가 모델 통합되어 에이전트에게 다시 전송되어 학습을 계속합니다. 이 모델 통합 주기가 반복되면서 편향되지 않은 가중치가 생성되었습니다.

결과 살펴보기

연합학습 모델은 그림 9.15에서와 같이 세 가지 유형의 채소를 모두 정확하게 감지하고 라벨을 지정할 수 있었습니다. 이는 편향성 제거 측면에서 연합학습의 강력한 성능을 보여주는 간단한 예시입니다:

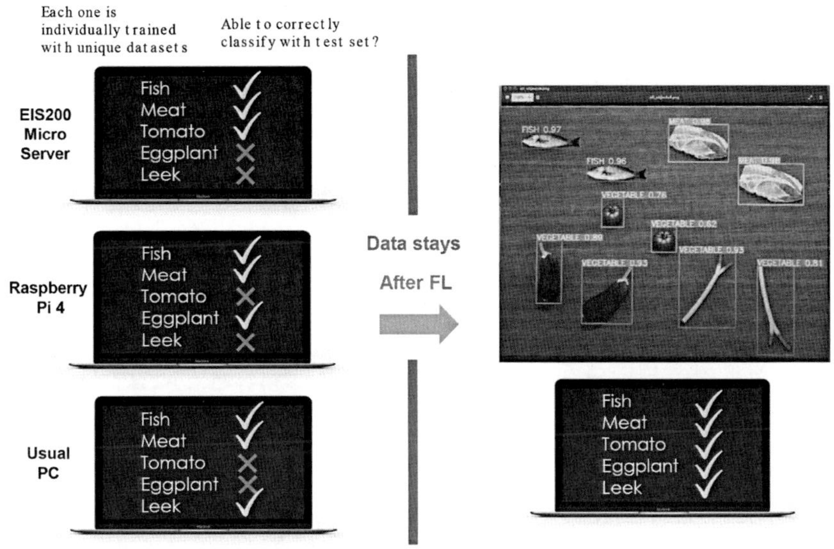

그림 9.15 3개의 엣지 디바이스를 사용한 데모 결과

앞서 언급했듯이 모든 모델 학습은 엣지 디바이스 자체의 로컬 스토리지에서 이루어졌습니다. 모델은 로컬 데이터에 대해 학습한 다음 통합을 위해 매개변수 가중치만 연합학습 서버로 전송했으며 연합학습 서버는 모델의 평균을 냈습니다. 이를 FedAvg라고 합니다. 그 다음, 연합학습 서버는 개선되고 업데이트된 모델을 엣지 디바이스로 다시 보냅니다. 다시 말하지만, 데이터 자체는 수집되지 않고 IfD만 수집됩니다.

이제 다음 장에서 자동차 부문의 또 다른 엣지 사례를 살펴보겠습니다.

연합학습을 통한 자율주행 실현

ML이 적용된 엣지 컴퓨팅은 특히 자동차 분야와 같은 대규모 AI 산업에서 큰 관심을 받고 있습니다. 자율 주행과 같은 사용 사례는 올바르게 작동하기 위해 지연 시간이 짧고 실시간 응답이 필요합니다. 따라서 연합학습은 분산 데이터 처리 및 학습 측면에서 자동차 분야에 가장 적합한 솔루션 중 하나가 되었습니다.

컴퓨팅과 스토리지를 엣지 IoT 디바이스로 오프로드하면 자율 주행 애플리케이션을 관리하기 위한 클라우드 시스템을 훨씬 더 작고 저렴하게 만들 수 있습니다. 이것이 바로 중앙 클라우드 기반 ML에서 연합학습 패러다임으로 전환할 때 얻을 수 있는 가장 강력한 이점입니다.

최신 자동차에는 이미 복잡한 컴퓨팅 기능을 갖춘 엣지 디바이스가 탑재되어 있습니다. **첨단 운전자 지원 시스템(Advanced Driver Assistance Systems, ADAS)**은 차내에서 계산이 이루어지는 자율 주행 자동차의 필수 기능입니다. 또한 상당한 연산 능력이 필요합니다.

자율주행 차량에서 예측이 발생하더라도 온프레미스 서버 또는 클라우드에서 비용이 많이 드는 정기적인 학습 시스템을 사용하여 모델을 학습하고 준비합니다.

데이터가 더 커지면 학습 프로세스의 계산 비용이 증가하고 속도가 느려지며 상당한 저장 공간도 필요하게 됩니다.

업데이트된 ML 모델이 차량과 차량이 사용자의 운전 패턴과 온보드 카메라의 스트리밍 이미지를 저장하는 서버 간에 전달되기 때문에 이러한 문제를 방지하려면 연합학습을 사용해야 합니다. 연합학습 역시 사용자의 동의와 개인정보 보호 및 지역 규정 준수에 따라 작동할 수 있습니다.

그림 9.16은 안전 운전을 위한 ADAS를 개선하기 위해 여러 집계기를 사용하는 탈중앙화 연합학습에 관한 것으로, 기술 파트너인 타이셋이 실제 사용 사례로 수행한 것입니다:

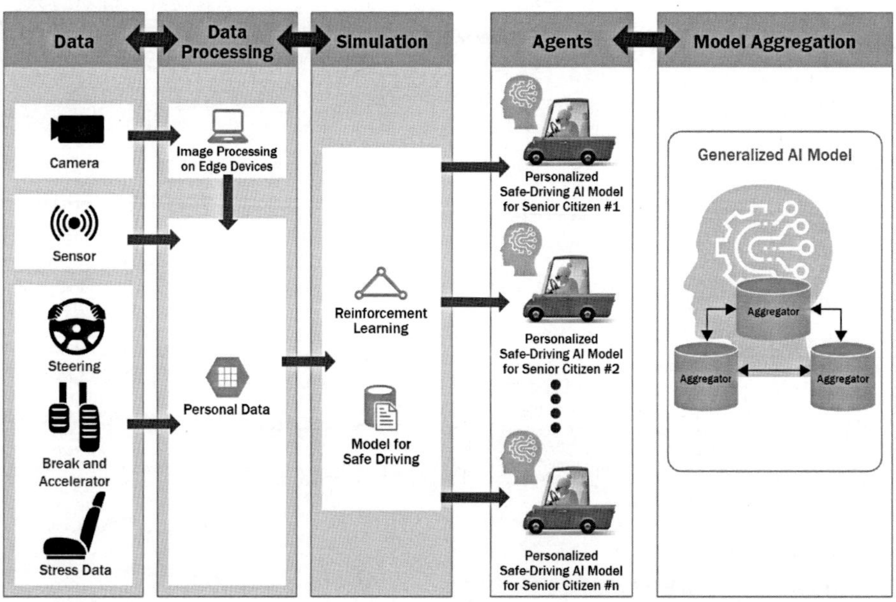

그림 9.16 안전 운전을 위한 ADAS를 개선하기 위한 다중 집계기가 있는 분산형 연합학습

특히 고령자에게 편안함과 개인 안전을 제공하기 위해 맞춤형으로 설계된 타이셋의 스티들에 통합된 ADAS는 자동차 제품에 최적화된 조향 제어 보조 기능을 제공합니다. 고성능의 컴퓨터 비전과 **강화 학습**(Reinforcement Learning, RL) 기술을 통해 위험 상황을 신속하게 인지하고 개

인에게 가장 적합한 운전 전략을 지능적으로 학습하는 설계를 구현했습니다.

개인화가 설계의 주요 초점이지만, 개인 데이터 사용에는 상당한 개인정보 보호 문제가 수반됩니다. STADLE 플랫폼에서 지원하는 연합학습 프레임워크는 이러한 장벽을 극복할 수 있는 현실적인 솔루션을 제공했습니다. 이 아키텍처는 AI 인텔리전스 교환을 통해 엣지 사용자 간에 분산된 협업 형태의 ML 학습을 제시함으로써 데이터 전송을 방지하고 데이터 프라이버시를 보장합니다. 또한, 통합된 모델은 운전자의 개인적인 경험을 넘어 위험하고 예측 불가능한 다양한 상황에 대처할 수 있습니다.

실제 자동차를 사용한 개념 증명 과정에서 설계된 RL 모델이 STADLE의 모델 통합 프레임워크를 사용하여 운전자에게 맞춤화된 바람직한 조향 전략을 효율적으로 생성할 수 있음을 성공적으로 입증했습니다.

다음 장에서는 연합학습을 로봇 공학 분야에 어떻게 적용할 수 있는지에 대해 설명합니다.

로봇공학에 연합학습 적용

로봇 시스템과 애플리케이션에서 머신러닝은 이미 필요한 작업을 완료하는데 필수적이고 필수적인 부분이 되었습니다. 컴퓨터비전은 로봇 시스템이 이미지 분할, 물체 감지 및 분류, 자연어 처리 및 신호 처리 작업과 같은 많은 작업을 매우 잘 수행할 수 있도록 발전해 왔습니다. ML은 인식, 경로 계획, 센서 융합, 제조 환경에서 감지된 물체 파악 등 다양한 로보틱스 작업을 처리할 수 있습니다.

하지만 로봇 공학에서 머신러닝은 많은 과제를 안고 있습니다. 첫 번째는 학습 시간입니다. 앞서 언급한 문제를 해결하기 위해 ML 모델을 학습시키기에 충분한 양의 데이터가 있더라도 실제 로봇 시스템을 학습시키는데 몇 주 또는 몇 달이 걸립니다. 마찬가지로 데이터가 충분하지 않으면 ML 모델의 성능이 크게 제한될 수 있습니다. 로봇을 위한 ML 모델을 학습시키기 위해 충분한 데이터를 수집하는데 있어 데이터 프라이버시 및 접근성이 문제가 되는 경우가 많습니다.

그렇기 때문에 연합학습 프레임워크는 로봇 공학 분야에 필수적인 솔루션으로 간주됩니다. 많은 연구원들은 로봇 조작기와 도구가 다양한 유형과 모양의 물체에 대한 조작 기술(도달, 집기, 잡기, 잡기 등)을 다른 로봇과 공유하고, 다른 로봇의 기술을 사용하여 자신의 기술을 개선하고 확장할 수 있는 시스템과 방법을 개발했습니다.

이 시스템은 데이터를 비공개로 유지하면서 다양한 로봇 에이전트의 기술을 크라우드소싱하여 지속적으로 개선하는 로봇용 일반 조작 모델을 만드는 방법을 다룹니다. 이 시스템은 여러 AI 기반 로봇 에이전트가 각자의 모델을 집계기에 제출하여 글로벌 조작 모델을 공동으로 학습하는 새로운 아키텍처를 제안합니다. 이러한 통신을 통해 각 에이전트는 최적으로 업데이트된 글로벌 모델을 수신하여 에이전트의 학습 결과를 활용할 수 있습니다.

그림 9.17은 로봇을 위한 연합 크라우드소싱 글로벌 조작 프레임워크의 작동 방식을 보여주는 아키텍처입니다:

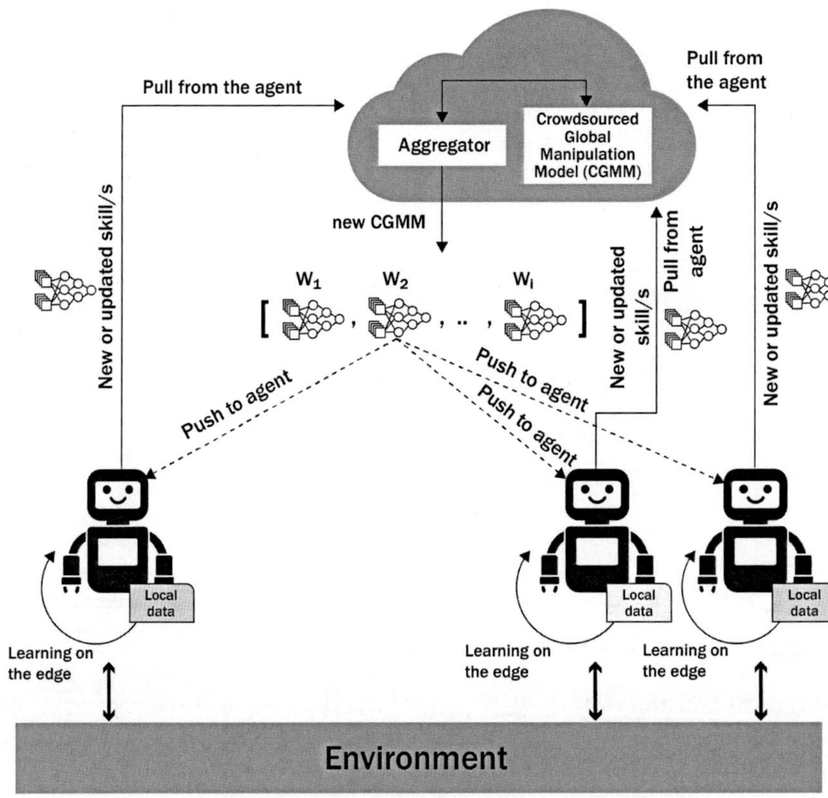

그림 9.17 로봇 공학을 위한 연합 크라우드소싱 글로벌 조작 프레임워크의 아키텍처

앞선 그림의 아키텍처를 기반으로 시뮬레이션 설정에서 상자, 공, 오리, 인형을 잡는 개별 작업을 위해 5개의 로봇 팔을 준비합니다. 비동기 연합학습을 수행할 수 있는 타이셋(TieSet, Inc.)의 STADLE 플랫폼을 사용하여 해당 로봇 팔의 ML 모델을 지속적으로 통합합니다. 결국, 그림 9.18에서 볼 수 있듯이 연합된 로보틱스 ML 모델은 상자, 공, 오리, 테디 등 모든 물체를 잡을 수 있으며, 이러한 물체를 잡을 때 더 높은 성능(80%의 성공률)을 보입니다:

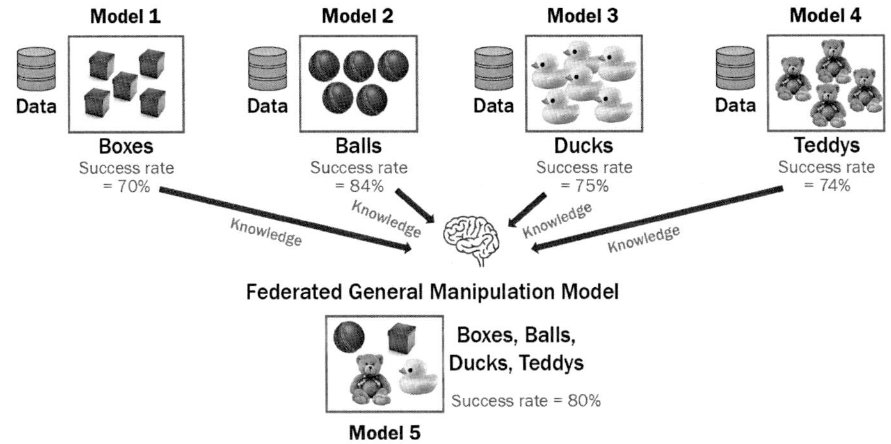

그림 9.18 팔 로봇은 정확성과 효율성을 위해 다양한 작업을 교차 학습할 수 있습니다.

STADLE 기반의 연합학습은 컴퓨터비전을 사용하여 생산 라인에서 로봇과 머신러닝을 학습하는데 걸리는 시간을 크게 단축할 수 있습니다. 개별 로봇을 학습할 때보다 연합된 성능이 훨씬 뛰어나고 학습 시간도 훨씬 빠릅니다.

다음 장에서는 수많은 디바이스가 연결된 환경에서도 학습이 지속적으로 이루어져야 하고, IoT가 지능의 인터넷으로 진화해야 하는 대규모 AI에 대해 이야기하겠습니다.

지능형 인터넷의 이동

이 장에서는 IoT 및 5G와 같은 확장 가능한 최신 기술 개발의 맥락에서 연합학습이 매우 중요한 이유에 대해 이야기하겠습니다. 이전 장에서 살펴본 바와 같이 AI가 대규모로 계속 학습해야 하는 분야에는 자율 주행, 리테일 시스템, 에너지 관리, 로봇 공학, 제조 등이 있으며, 이러한 분야는 모두 엣지 측에서 엄청난 양의 데이터를 생성하며, 성능 좋은 ML 모델을 생성하려면 대부분의 데이터를 완전히 학습해야 합니다.

이러한 추세에 따라 동적인 환경과 인터넷에 연결된 수많은 디바이스에 대응하기 위해 엣지 쪽에서 학습이 이뤄지는 지능 인터넷의 세계를 살펴봅니다.

IoFT 소개

IoT에는 지능적이고 연결된 시스템이 포함됩니다. 정보가 공유되고 지능이 추출되어 예측 또는 디바이스 제어와 같은 특정 목적을 위해 사용되기 때문에 지능적이라고 할 수 있습니다. 이러한 시스템은 종종 클라우드에 연결되며 많은 엔드포인트에서 데이터를 수집할 수 있습니다.

그림 9.19는 시간이 지남에 따라 점점 더 많은 데이터가 생성되는 현재의 IoT 시스템을 보여줍니다:

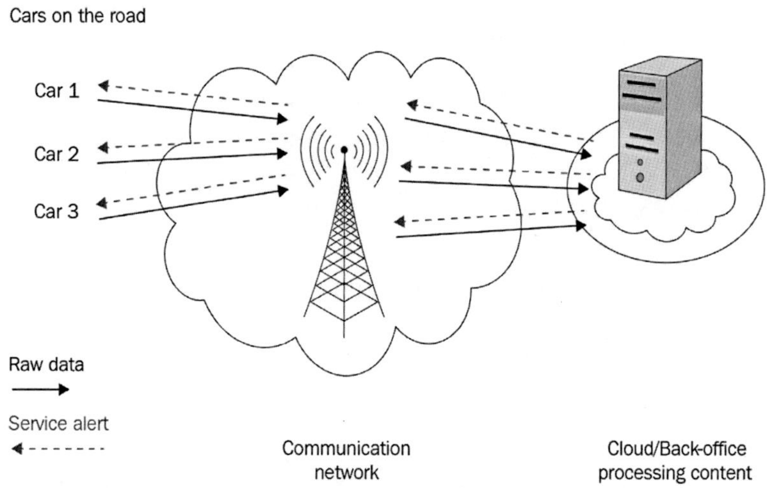

그림 9.19 현재 IoT 시스템

그림 9.19에서 볼 수 있듯이 현재 IoT 흐름에서는 대량의 데이터를 클라우드에 업로드하고 저장해야 합니다.

모델은 예측 유지보수 및 텍스트 예측과 같은 특정 목적을 위해 학습합니다. 마지막으로 학습된 모델은 엣지 디바이스로 다시 전송됩니다.

보시다시피 현재 접근 방식에는 몇 가지 문제가 있습니다:

- 많은 양의 저장 공간이 필요합니다.
- 지연 시간은 데이터 양에 따라 영향을 받습니다.
- 데이터 이동으로 인한 개인정보 보호 문제

이러한 문제를 극복하기 위해 연합학습은 중요한 역할을 합니다.

연합 사물 인터넷(Internet of Federated Things)는 원래 미시간 대학교의 연구원들이 제시한 아이디어로, 이 장의 추가 자료 장에 나와 있는 논문 'The Internet of Federated Things (IoFT)'에 나와 있습니다. IoFT는 IoT와 연합학습의 개념을 결합한 확장된 프레임워크입니다. 엣지 쪽의 연산 능력이 크게 향상되면서 AI 칩이 시장에 빠르게 침투하고 있습니다. 요즘은 스마트폰에도 강력한 연산 능력이 탑재되어 있고, 작지만 강력한 컴퓨터가 대부분의 엣지 디바이스에 장착되어 있습니다.

따라서 엣지 디바이스의 향상된 연산 능력으로 인해 ML 모델 학습 프로세스가 엣지로 내려가고, 서버로 데이터를 전송하는 IoT의 기능을 사용하여 ML 모델을 클라우드로 전송할 수 있습니다. 이는 휴대폰과 같은 엣지 디바이스의 개인 데이터를 보호하는데에도 매우 효과적인 접근 방식입니다.

그림 9.20에 표시된 IoFT의 예를 살펴보겠습니다.

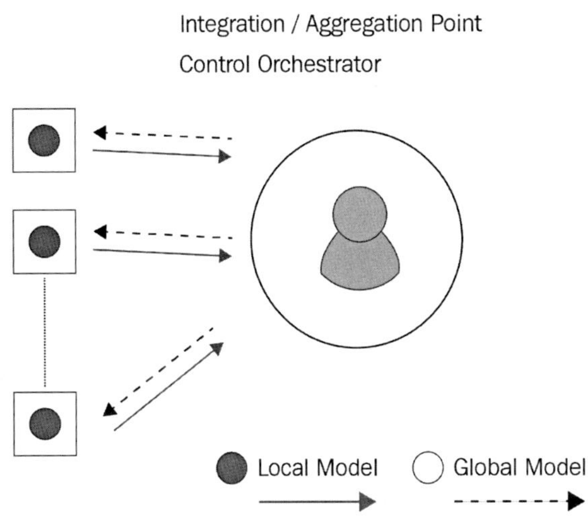

그림 9.20 – IoFT의 예시

분산형 제조, 교통 교차로 제어, 에너지 제어 등 IoFT의 잠재적 응용 분야는 다양합니다.

Web 3.0에서 연합학습 역할의 이해

연합학습을 웹 3.0 기술에 통합하여 인텔리전스 인터넷의 채택을 가속화할 수 있습니다. ML 모델로 표현되는 인텔리전스는 특정 개인이나 산업의 자산일 수 있습니다. 동시에 전 세계 사람들을 위해 해당 ML 모델의 전체 학습 과정에 기여할 수 있는 것이라면 공공 자산으로 간주될 수 있습니다. 지적 재산이든 공공 자산이든 웹 3.0 기술을 활용하면 분산된 방식으로 인텔리전스를 관리하고 발전시킬 수 있습니다. 따라서 점점 더 많은 사람들이 공동으로 학습한 인텔리전스의 혜택을 받게 될 것이며, 이는 다양한 영역에서 다양한 애플리케이션을 통해 우리 사회 전체의 진정한 혁신으로 이어질 것입니다.

빅데이터 분산학습에 연합학습 적용

이 장에서는 빅데이터의 맥락에서 연합학습을 분산 학습에 적용하는 방법에 대해 설명합니다.

빅데이터용 연합학습은 인텔리전스 목적에 필요한 데이터를 이미 보유하고 있기 때문에 개인정보 관련 이슈와 크게 관련이 없을 수 있습니다. 따라서 빅데이터를 효율적으로 학습하고 학습 시간을 크게 단축할 수 있을 뿐만 아니라 대규모 서버, 컴퓨팅, 스토리지 사용 비용을 절감하는데 더 적합할 수 있습니다.

빅데이터에서 분산 학습을 수행하는 방법에는 파라미터 서버와 같은 다양한 유형의 서버에 적용되는 특정 엔드투엔드 ML 스택을 구축하거나 Hadoop, Spark와 같은 빅데이터 플랫폼 위에 특정 ML 스키마를 활용하는 등 여러 가지가 있습니다. GraphLab이나 Pregel과 같은 다른 플랫폼도 있습니다. 모든 라이브러리와 확률론적 근사 하강 및 좌표 하강과 같은 방법을 ML용 저수준 유틸리티와 함께 사용할 수 있습니다.

이러한 프레임워크는 ML 모델의 병렬 학습을 계산적으로 지원할 수 있지만, 특히 학습 환경이 인터넷에 분산되어 있는 경우 데이터 소스를 여러 머신에 할당하여 분산된 방식으로 로컬에서 학습할 수는 없습니다. 연합학습을 사용하면 모델 연합을 동기화하는 것만으로 여러 분산 머신이 학습한 내용을 통합할 수 있지만, 적절한 모델 레포지토리 및 버전 관리 접근 방식을 통해 분산 학습의 지속적인 운영을 조정할 수 있도록 잘 설계된 플랫폼을 개발해야 합니다.

빅데이터에서 분산 학습을 수행하는 예는 그림 9.21에 나와 있습니다.

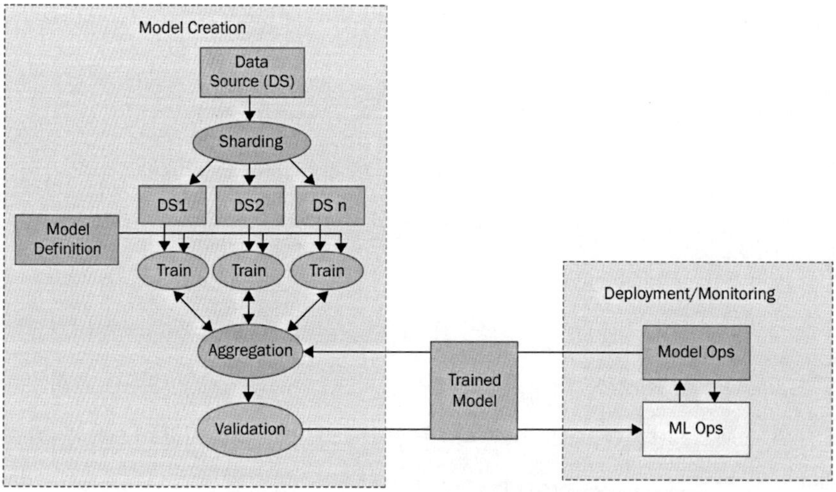

그림 9.21 빅데이터에 대한 분산 학습 통합

그림 9.21의 예시에서는 일반적으로 매우 큰 데이터 소스를 여러 데이터 소스로 분할하여 학습에 사용할 수 있는 여러 머신 또는 인스턴스로 분산합니다. 연합학습 프레임워크 내에서 분산된 환경의 학습된 모델은 모두 통합됩니다. 이렇게 학습되고 통합된 모델은 MLOps 프로세스로 이동하여 Model Ops을 통해 성능 검증 및 지속적인 모니터링을 수행합니다.

앞선 시나리오의 또 다른 계층은 다른 데이터 소스의 인사이트를 결합하는 것입니다. 이 경우, 연합학습은 다른 데이터 소스의 인사이트를 우아하게 결합하고 분산 환경에서 직접 생성된 다른 형태의 인텔리전스의 통합을 훌륭하게 조율할 수 있습니다. 이렇게 하면 중앙 집중식 머신러닝과 분산 머신러닝의 하이브리드 모델도 만들 수 있습니다.

요약

이 장에서는 AI 발전과 관련하여 다양한 업계가 직면하고 있는 여러 가지 과제에 대해 논의했습니다. 대부분의 과제는 어떤 식으로든 데이터 접근성과 관련이 있습니다. 데이터 프라이버시 규제, 실제 데이터 부족, 데이터 전송 비용과 같은 문제는 모두 고유하고 도전적인 문제이며, 연합학습이 계속해서 해결에 도움을 줄 것으로 기대합니다.

이 장에서는 의료, 금융, 엣지, IoT 영역 등 연합학습이 점점 더 중요한 역할을 하고 있는 영역의 사용 사례에 대해 알아보았습니다. 연합학습이 제공하는 개인정보 보호 준수는 의료 및 금융 부문에서 특히 중요하며, 연합학습은 많은 엣지 AI 및 IoT 시나리오에 확장성과 학습 효율성 측면에서 상당한 가치를 더할 수 있습니다. 또한 빅데이터를 위한 분산 학습에 연합학습을 적용하여 학습 시간과 비용을 절감하는 방법도 배웠습니다.

다음 장과 마지막 장에서는 향후 10년 동안 연합학습이 핵심적인 역할을 할 것으로 예상되는 매우 흥미로운 미래 트렌드와 발전에 대해 논의하면서 이 책을 마무리하겠습니다.

참고사항

이 장에서 사용된 몇 가지 참고 자료는 다음과 같습니다:

- Financial Services Firms Spend $180.9 Billion on Financial Crime Compliance: https://www.prnewswire.com/news-releases/financial-services-firms-spend-180- 9-billion-on-financial-crime-compliance-according-to-lexisnexis- risk-solutions-global-study-301036194.html
- Derisking and the demise of correspondent banking relationships: https://s3-eu-west-1.amazo

naws.com/cjp-rbi-accuity/wp-content/uploads/2018/04/18170221/0037_Accuity_Derisking-and-the-demise- of-correspondent-banking-relationships-%E2%80%93-A-research-report-by-Accuity-Report.pdf

더 읽을거리

이 장에서 다룬 주제에 대해 자세히 알아보려면 다음 참고자료를 참조하시길 바랍니다:

- Naeem A., Anees T., Naqvi RA., Loh WK. A Comprehensive Analysis of Recent Deep and Federated- Learning-Based Methodologies for Brain Tumor Diagnosis. J Pers Med. 2022 Feb 13;12(2):275. doi: 10.3390/jpm12020275 PMID: 35207763; PMCID: PMC8880689.
- Ng, Dianwen, et al. Federated learning: a collaborative effort to achieve better medical imaging models for individual sites that have small labeled datasets. Quantitative Imaging in Medicine and Surgery 11.2 (2021): 852: https://www.ncbi.nlm.nih.gov/pmc/articles/ PMC7779924/
- Rieke, Nicola, et al. The future of digital health with federated learning. NPJ digital medicine 3.1 (2020): 1-7: https://www.nature.com/articles/s41746-020-00323-1.pdf
- Dang, Trung Kien, et al. Federated Learning for Electronic Health Records. ACM Transactions on Intelligent Systems and Technology (TIST) (2022): https://dl.acm.org/doi/ pdf/10.1145/3514500
- Liu, Dianbo, Dmitriy Dligach, and Timothy Miller. Two-stage federated phenotyping and patient representation learning. Proceedings of the conference. Association for Computational Linguistics. Meeting. Vol. 2019. NIH Public Access, 2019: https://arxiv.org/pdf/1908.05596
- Kontar, Raed, et al. The Internet of Federated Things (IoFT). IEEE Access 9 (2021): 156071-156113: https://ieeexplore.ieee.org/stamp/stamp. jsp?tp=&arnumber=9611259
- Deep Federated Learning for Autonomous Driving: https://arxiv.org/pdf/2110.05754. pdf
- Federated Learning for Big Data: A Survey on Opportunities, Applications, and Future Directions: https://arxiv.org/abs/2110.04160

제10장
미래 트렌드 및 발전

차세대 기술은 빅데이터가 아닌 인텔리전스가 주도할 것입니다. '1장 빅데이터와 기존 AI의 과제'에서 논의한 바와 같이 빅데이터 시스템에는 몇 가지 문제가 있으며, 세계는 데이터 중심 시대에서 점차 지능 중심 시대로 전환하고 있습니다. **연합학습(Federated Learning, FL)**은 지혜 기반 기술에서 핵심적인 역할을 할 것입니다. 따라서 이제 우리는 집단지성의 세계를 맞이할 때입니다.

이 장에서는 연합학습로 인한 패러다임 변화에 따른 미래 AI 기술의 방향에 대해 이야기하겠습니다. 개인정보 보호에 민감한 분야나 **머신러닝(Machine Learning, ML)**의 확장성이 필요한 분야 등 많은 AI 분야에서 연합학습의 장점과 잠재력은 이미 상당하며, 이는 연합학습의 설계에서 자연스럽게 지원되는 개인정보 보호 및 분산 학습 측면이 주요 원인입니다. 그 다음, 연합학습을 향상시키는 진화적 프레임워크로 간주할 수 있는 분할 및 스웜 학습 기법에서 볼 수 있듯이 다양한 유형의 연합학습과 해당 분야의 최신 개발 노력에 대해 알아볼 것입니다.

또한 연합학습은 사람과 컴퓨터가 단순히 데이터만 교환하는 것이 아니라 지혜를 교환하는 새로운 개념의 지능 인터넷을 만들어냅니다. 모두를 위한 지능 인터넷은 블록체인 기술을 통해 더욱 가속화됩니다. 이러한 지능 인터넷은 데이터 중심 접근 방식에서 지능 중심 또는 모델 중심 접근 방식으로 또 다른 혁신을 주도하는 새로운 개념의 집단 지성을 형성할 수 있습니다.

마지막으로, 전 세계의 많은 사람과 기계가 공동으로 학습한 인텔리전스를 만들어내는 데 연합학습이 핵심적인 역할을 하는 공동의 비전을 공유할 것입니다.

이 장에서는 다음 주제를 다룹니다:

- 미래 AI 트렌드 살펴보기

- 연합학습 분야의 연구 및 개발
- 집단지성을 향한 여정

미래 AI 트렌드 살펴보기

이제 대부분의 업계 리더들은 다음 장에서 설명하는 것처럼 중앙 집중식 ML의 한계를 인식하고 있습니다.

중앙 집중식 머신러닝의 한계

AI의 미래를 바라볼 때, 오늘날 많은 기업이 보유한 데이터에서 인텔리전스를 추출하고 인사이트를 얻는 데 어려움을 겪고 있다는 사실을 먼저 파악하는 것이 중요합니다. 조직과 기업이 수집한 데이터의 절반 이상이 일반적으로 사용되지 않습니다. 머신러닝과 데이터 과학에 대한 기존의 접근 방식에서는 ML 모델을 분석하고 학습시키기 전에 데이터를 정리하고 데이터 레이크와 저장소에 통합해야 합니다. 데이터를 복제하고 이동해야 하므로 데이터에서 추출한 인텔리전스의 가치를 실현하고 제공하는데 지연이 발생하며, 운영상의 위험과 복잡성도 발생합니다.

또한 기업에서 생성되는 대부분의 데이터는 기존의 중앙 집중식 데이터 센터나 클라우드 외부에서 생성되고 처리됩니다. 인사이트 창출을 위해 데이터를 중앙 집중식으로 처리하는 것은 점점 더 비현실적이고 비효율적이 되고 있습니다.

또한, 일부 시장 보고서에 따르면 대부분의 대형 글로벌 조직과 기업들은 환경적으로 훨씬 더 정확하고 안전하며 지속 가능한 모델을 만들기 위해 적어도 한 번은 연합학습을 검토할 것이라고 합니다.

하지만 '1장 빅데이터와 기존 AI의 과제'에서 설명한 바와 같이 현재 빅데이터를 이용한 중앙 집중식 AI 학습의 피할 수 없는 문제와 한계에 직면하고 있기 때문에 많은 산업과 시장에서 분산형 및 연합학습 패러다임의 중요성을 점차 인식하고 있습니다. 연합학습은 데이터를 모델에 가져오는 대신 학습 프로세스가 있는 데이터로 모델을 가져옵니다. 따라서 연합학습은 데이터 과학과 ML의 미래로 간주됩니다.

다음 장에서는 연합학습이 이러한 기업, 특히 앞서 언급한 문제에 직면한 기업에게 도움이 되는 이유를 요약해 보겠습니다.

연합학습의 이점 다시 살펴보기

이 장에서는 이 책 전체에서 소개한 연합학습의 이점을 요약해 보겠습니다.

모델 정확도 및 일반화 가능성 향상

연합학습은 분산된 데이터셋을 로컬에서 학습하여 학습을 글로벌 모델에 지속적으로 통합함으로써 ML 모델의 성능을 향상시킬 수 있는 협업 및 분산 학습을 실현합니다. 이를 통해 보다 정확하고 일반화된 ML 모델을 생성할 수 있습니다.

개인정보 보호 및 보안 강화

앞서 '2장, 연합학습이란 무엇인가?' 및 '9장, 연합학습 애플리케이션의 분야별 사례 연구'에서 설명한 것처럼 연합학습은 설계 및 보안 메커니즘에 따라 개인 데이터와 원시 데이터를 필요로 하지 않기 때문에 개인정보 보호 및 보안상의 이점을 제공합니다. 따라서 연합학습은 데이터 오용, 유출 또는 민감한 정보 노출의 잠재적 위험을 줄여줍니다. 또한 연합학습은 **일반 데이터 보호 규정**(General Data Protection Regulation, GDPR), **캘리포니아 소비자 개인정보 보호법**(California Consumer Privacy Act, CCPA), **건강 보험 양도 및 책임에 관한 법률**(Health Insurance Portability and Accountability Act, HIPAA)과 같은 많은 개인정보 보호 규정을 준수합니다.

속도와 효율성 향상

연합학습은 또한 높은 계산 효율을 실현하여 ML 모델의 배포 및 테스트를 가속화하고 통신 및 계산 지연 시간을 줄일 수 있는 것으로 알려져 있습니다. 연합학습의 탈중앙화 특성으로 인해 모델 전달 및 업데이트 지연이 최소화되어 거의 실시간으로 글로벌 모델에 의한 예측이 가능합니다. 인텔리전스의 실시간 제공 및 업데이트는 시간에 민감한 ML 애플리케이션에 매우 유용합니다.

또한 연합학습은 시스템 이질성과 불균형한 데이터 분배를 극복하여 대역폭과 에너지 소비를 줄임으로써 데이터 저장 및 전송 비용을 최소화하여 환경 영향 감소에도 크게 기여할 수 있습니다.

개인 정보 보호 및 학습 효율성 향상을 위한 분산 학습

현재 AI는 주로 빅데이터 회사의 대형 컴퓨터에서 거대한 연산 서버를 통해 학습됩니다.

한 대의 컴퓨터 또는 여러 대의 컴퓨터 클러스터에서 엄청난 양의 데이터와 작업을 처리할 수 있는 슈퍼컴퓨터 시대에서 볼 수 있듯이, 기술의 진화 과정은 중앙에서 시작하여 점차 분산 환경으로 전환되고 있습니다.

AI에서도 똑같은 일이 일어날 것입니다. 현재 데이터 레이크 개념은 ML 모델을 한곳에서 구성하고 학습하는데 널리 사용되고 있지만, ML에는 이미 분산된 학습 프레임워크가 필요합니다.

연합학습은 학습 프로세스를 여러 노드에 분산할 수 있는 좋은 방법입니다. 많은 연구 보고서에서 볼 수 있듯이, 대부분의 데이터는 ML 모델에 대한 인사이트를 추출하는데 완전히 사용되지 않습니다.

강력한 분산 학습 기법으로 연합학습을 사용하려는 회사와 프로젝트가 있는데, Devron(devron.ai), FedML(fedml.ai), STADLE(stadle.ai)에서 제공하는 플랫폼이 대표적입니다. 이러한 플랫폼은 이미 '중앙 집중식 AI의 한계' 장에서 논의된 문제를 해결하고 있으며, 연합학습의 이점 재조명 장에서 언급했듯이 다양한 사용 사례에서 ML 프로세스의 획기적인 개선을 보여주었습니다.

지금까지 살펴본 AI 트렌드를 바탕으로 다음 장에서는 현재 첨단 기업들이 진행하고 있는 연합학습 관련 연구 및 개발 현황을 살펴보겠습니다.

연합학습 분야의 연구 및 개발

이제 전 세계 학계와 업계에서 진행 중인 연구 개발 프로젝트에 대해 이야기해 보겠습니다. 연합학습의 다양한 유형과 접근 방식부터 시작하여 연합학습 프레임워크를 더욱 향상시키기 위한 지속적인 노력에 대해 알아봅시다.

다양한 연합학습 유형 및 방식 탐색

이 책에서는 연합학습 시스템의 가장 기본적인 알고리즘과 설계 개념을 살펴보았습니다. 현실 세계에서는 이러한 알고리즘에서 최상의 성능을 이끌어내기 위해 어떤 유형의 연합학습 프레임워크를 사용할 수 있는지 좀 더 자세히 살펴볼 필요가 있습니다. 데이터 시나리오와 사용 사례에 따라 연합학습에는 다음과 같은 몇 가지 접근 방식이 있습니다:

- 수평 연합학습 및 수직 연합학습
- 중앙 집중식 연합학습 및 탈중앙화 연합학습
- Cross-silo 및 cross-device 연합학습

이제 다음 장에서 각 유형의 연합학습에 대해 살펴보겠습니다.

수평 연합학습 및 수직 연합학습

수평적 연합학습(Horizontal FL)은 분산된 모든 장치에서 동일한 기능 공간 또는 스키마를 가진 데이터셋을 사용합니다(https://www.arxiv-vanity.com/papers/1902.04885/). 이는 실제로 데이터셋이 다른 행과 동일한 열을 공유한다는 것을 의미합니다. 대부분의 기존 연합학습 프로젝트는 수평적 연합학습을 기반으로 합니다. 수평적 연합학습을 사용하는 데이터셋과 학습 프로세스는 데이터셋이 동일하게 형성되고 학습할 데이터 분포와 입력이 다르기 때문에 간단합니다. 수평적 연합학습은 동질 또는 샘플 기반 연합학습이라고도 합니다.

수직 연합학습(Vertical FL)은 서로 다른 데이터셋이 동일한 샘플 ID 공간을 공유하지만 특징 공간이 다른 경우에 적용됩니다. 수직 연합학습에 대한 자세한 내용은 이 논문(https://arxiv.org/pdf/2202.04309)에서 확인할 수 있습니다. 이렇게 서로 다른 데이터베이스를 연합학습을 통해 연관시키는 것은 특히 데이터의 고유 ID가 다른 경우 어려울 수 있습니다. 수직적 연합학습의 핵심 아이디어는 다양한 속성을 가진 분산된 데이터셋을 사용하여 ML 모델을 개선하는 것입니다. 따라서 수직 연합학습은 동일한 샘플 공간에서 서로 다른 속성을 가진 분할된 데이터를 수직으로 처리할 수 있습니다. 수직 연합학습은 이질적 또는 특징 기반 연합학습이라고도 합니다.

중앙 집중식 연합학습 및 탈중앙화 연합학습

중앙 집중식 연합학습(Centralized FL)은 현재 가장 일반적인 접근 방식이며 대부분의 플랫폼이 이 프레임워크를 사용합니다. 중앙 집중식 서버를 사용하여 다양한 ML 모델을 수집하고 통합하며, 모든 로컬 데이터 소스에서 분산 학습을 수행합니다. 이 책에서는 로컬 학습 에이전트가 학습 결과를 중앙 집중식 연합학습 서버에 전달하여 글로벌 모델을 생성하는 시나리오를 통해 중앙 집중식 연합학습 접근 방식에 초점을 맞췄습니다.

반면에 **탈중앙화 연합학습**(Decentralized FL)은 중앙 집중식 서버를 사용하여 ML 모델을 통합하지 않습니다. 로컬 데이터 소스를 통해 학습된 개별 ML 모델이 마스터 노드 없이 서로 통신해야 합니다. 이 경우 추가 학습을 위해 모델 가중치가 각 개별 데이터셋에서 다른 데이터셋로 전송됩니다. 신뢰할 수 없는 당사자가 인텔리전스에 접근할 수 있는 경우 잠재적으로 모델 포이즈닝에 취약할 수 있으며, 이는 P2P 프레임워크에서도 흔히 발생하는 문제입니다.

Cross-silo 및 cross-device 연합학습

Cross-silo 연합학습은 기능적, 조직적, 규제적 장벽을 넘어 분산된 데이터에 대해 ML 모델을 학습시키는 경우입니다. 이 경우 빅데이터는 일반적으로 클라우드 가상 머신과 같은 학습 컴퓨팅 기능을 갖춘 더 큰 규모의 스토리지에 저장됩니다. 크로스 사일로 연합학습의 경우 학습 환경의 수가 상대적으로 적기 때문에 연합학습 프로세스에 필요한 에이전트의 수가 많지 않습니다.

Cross-device 연합학습은 휴대폰, **사물인터넷(IoT)** 디바이스, 라즈베리 파이(Raspberry Pi) 유형 환경 등과 같은 엣지 디바이스 내에서 대규모로 모델을 학습해야 하는 경우입니다. 이 경우 ML 모델 통합을 위해 수많은 디바이스가 연결됩니다. 크로스 디바이스 연합학습의 경우 기본적으로 이러한 엣지 디바이스의 컴퓨팅 성능이 낮다는 한계가 있습니다. 또한 프레임워크는 일관되고 지속적인 연합학습 프로세스를 수행하기 위해 연결이 끊어지거나 비활성화된 수많은 디바이스를 처리해야 합니다. 학습 프로세스와 데이터 용량도 제한되어야 합니다.

이상으로 ML 애플리케이션의 다양한 시나리오에 적용할 수 있는 다양한 유형의 연합학습에 대해 알아보았습니다. 연합학습을 통해 차세대 AI 기술로 진화하기 위해 연합학습 프레임워크를 향상시키려는 새로운 기술들이 있습니다. 다음 장에서 몇 가지 고급 접근 방식을 살펴보겠습니다.

연합학습을 이용한 강화된 분산 학습 프레임워크 이해

연합학습 또는 분산형 학습 프레임워크를 더욱 향상시키기 위한 노력이 계속되고 있습니다.

분할 학습

MIT 미디어 랩에서 개발된 **분할 학습(Split Learning)**은 ML 모델을 여러 장으로 분할하고, 분산된 클라이언트에서 분할된 ML 모델을 학습한 후 마지막에 통합할 수 있는 새로운 분산 학습 기법입니다. 분할 학습은 데이터를 공유할 필요가 없기 때문에 프라이버시를 보호하는 AI로 간주됩니다.

전체적인 프레임워크는 연합학습과 유사합니다. 그러나 신경망이 분산된 클라이언트에서 학습될 여러 장으로 분할된다는 점에서 차이가 있습니다. 그 다음, 신경망 장의 학습된 가중치가 서버와 클라이언트로 전송됩니다. 이러한 여러 장의 가중치는 다음 학습 세션에서 지속적으로 학습됩니다. 따라서 원시 데이터와 비공개 데이터는 분산된 클라이언트 간에 공유되지 않으며, 각 장의 가중치만 다음 클라이언트로 전송됩니다.

특히 SplitFed(https://arxiv.org/abs/2004.12088)는 분할 학습과 연합학습을 결합한 또 다른 고급

기술입니다. 스플릿페드는 심층신경망 아키텍처를 연합학습 클라이언트와 서버로 분할하여 연합학습보다 높은 수준의 프라이버시를 구현합니다. 연합학습의 병렬 학습 패러다임에 기반한 분할 학습보다 더 나은 효율성을 제공합니다.

스웜 학습

스웜 학습(Swarm Learning)은 블록체인 기술을 기반으로 구축된 분산형 머신러닝 솔루션으로, 특히 엔터프라이즈 업계가 분산된 데이터의 힘을 활용할 수 있도록 설계되어 데이터 프라이버시와 보안을 보호합니다. 이는 개별 노드가 로컬 데이터에서 파생된 ML 모델의 파라미터를 공유함으로써 달성할 수 있습니다.

분산된 클라이언트에서 공유된 매개변수가 글로벌 모델로 병합됩니다. 일반 연합학습과의 차이점은 병합 프로세스가 중앙 서버에서 수행되지 않는다는 점입니다. 분산된 노드와 클라이언트가 병합을 수행할 임시 리더를 선택합니다. 그렇기 때문에 스웜 학습은 진정한 의미의 탈중앙화이며, 내결함성과 복원력이 뛰어납니다. 분산된 에이전트는 로컬 데이터를 하나의 노드에 공유하지 않고도 네트워크의 집단 지성을 갖습니다.

스웜 학습은 블록체인을 기반으로 구축됩니다. 블록체인은 탈중앙화된 제어, 확장성, 내결함성 측면을 제공하여 단일 기업의 한계를 뛰어넘을 수 있습니다. 동시에 블록체인은 변조가 불가능한 암호 화폐 프레임워크를 도입하고, 참여자들은 이 프레임워크를 사용하여 자신의 기여를 수익화할 수 있습니다.

BAFFLE

Blockchain Based Aggregator Free Federated Learning(https://arxiv.org/abs/1909.07452)의 약자인 BAFFLE이라는 프레임워크가 있습니다. BAFFLE 역시 본질적으로 탈중앙화된 집계기가 없는 블록체인 기반 연합학습 프레임워크입니다. BAFFLE은 블록체인 프레임워크의 Smart Contracts(SCs)를 활용하여 라운드 관리와 연합학습의 모델 통합 및 업데이트 작업을 조율합니다. BAFFLE을 사용하면 계산 성능이 향상됩니다. 글로벌 모델도 여러 개의 세트로 분해되어 SC가 직접 처리합니다.

이제 연합학습 분야의 최신 연구와 개발에 대해 알아봤으니, 다음 장에서는 집단 지성의 AI, 과학 및 기술에 대한 보다 비전적인 측면을 살펴보겠습니다.

집단지성을 향한 여정

빅데이터는 인공지능의 판도를 바꾸고 있습니다. 엣지와 사람들에 의해 생성되는 데이터의 양은 기하급수적으로 증가할 것이며, 이러한 데이터에서 파생되는 인텔리전스는 사회에 혜택을 줍니다. 따라서 빅데이터 시대는 점차 연합학습을 통해 사람들이 협력하여 지혜 중심의 세상을 만드는 집단지성 시대로 바통을 넘겨줄 것입니다. 먼저 연합학습을 기반으로 집단지성의 개념이 실현되는 인텔리전스 중심 시대를 정의해 보겠습니다.

집단지성의 지능 중심 시대

집단 지성(Collective Intelligence, CI)은 지능적으로 보이는 방식으로 함께 행동하는 단일 개체의 대규모 그룹이라는 개념입니다. CI는 여러 사람이 정보를 처리하여 개별 구성원만으로는 이해할 수 없는 인사이트를 얻는 새로운 현상입니다.

최근 MIT 집단지성센터의 책임자이자 집단지성이라는 용어를 처음 사용한 토마스 말론은 "CI는 사람과 컴퓨터를 포함하는 그룹에서 나타날 수 있는 것입니다."라고 CI의 정의를 확장했습니다. CI는 "매우 일반적인 속성이며, 슈퍼마인드는 여러 종류의 시스템에서 발생할 수 있지만, 제가 주로 이야기한 시스템은 사람과 컴퓨터가 포함된 시스템입니다."(참고: https://www2.deloitte.com/xe/en/insights/focus/technology-and-the-future-of-work/human-and-machine-collaboration.html).

이제 우리는 연합학습을 통해 강화된 기술에서 CI의 새로운 관점을 맞이하고 있습니다.

오늘날의 기술 세계에서 데이터는 인텔리전스를 추출할 수 있는 훌륭한 소스입니다. 전 세계에 흩어져 있는 데이터셋은 AI 기술로 대표되는 인텔리전스의 집합으로 전환될 수 있습니다. 앞서 언급했듯이 현재의 트렌드는 빅데이터이며, 빅데이터 기업이 기술 산업뿐만 아니라 전 세계 경제 전반을 주도하고 있습니다. 미래는 CI 방향으로 나아가고 있습니다. 딥러닝을 비롯한 정교한 ML 알고리즘의 등장으로 사람, 컴퓨터 또는 의미 있는 데이터를 생성하는 모든 기기에서 인텔리전스를 추출할 수 있게 되면서 CI의 비전은 더욱 명확해졌습니다.

연합학습이 CI라는 개념을 장려하는 이유는 무엇인가요? 연합학습의 본질은 이 책에서 설명하는 것처럼 일련의 분산된 인텔리전스를 수집하여 모델 통합 메커니즘으로 강화하는 것입니다. 그 자체로 사람이나 디바이스로부터 데이터를 직접 수집할 필요가 없는 데이터 없는 플랫폼을 구현할 수 있습니다.

이 책 전반에 걸쳐 논의된 빅데이터 이슈를 통해 데이터 중심 플랫폼에 초점을 맞추지 않았습니다. 하지만 세상의 많은 영역에서 진정으로 가치 있고 실질적인 가치를 제공하는 시스템과 애플리케이션을 만들기 위해서는 빅데이터에 대한 학습이 매우 중요하고 필연적이라는 것도 사실입니다. 그렇기 때문에 빅데이터 분야는 개인정보 보호 규제, 보안, 데이터 사일로 등으로 대표되는 중대한 도전에 직면하고 있음에도 불구하고 여전히 가장 번창하는 산업입니다.

이제는 빅데이터의 문제를 근본적으로 해결하여 CI 시대를 앞당길 수 있는 연합학습과 같은 기술을 더욱 발전시키고 보급해야 할 때입니다. 그래야만 진정한 수학적 근거가 뒷받침된 CI가 주도하는 새로운 기술 시대를 실현할 수 있습니다.

앞서 언급했듯이 데이터 중심 플랫폼은 현재 트렌드입니다. 많은 데이터 및 자동 ML 공급업체가 데이터를 구성하고 학습 절차를 자동화하여 ML 기반 인텔리전스를 생성하는 프로세스를 지원하고 자동화할 수 있습니다. 인텔리전스 중심 또는 모델 중심 플랫폼은 사람들이 스스로 생성한 인텔리전스를 공유하고 향상시킬 수 있는 차세대 기술이 될 것입니다. 연합학습을 사용하면 사람들이 협력하여 지속적으로 ML 모델의 품질과 성능을 향상시킬 수 있는 크라우드 소싱 학습을 실현할 수도 있습니다. 따라서 연합학습은 진정한 지혜 중심의 세상을 실현하기 위한 인텔리전스 중심 플랫폼의 중요하고 필수적인 부분입니다.

지능 인터넷

IoT는 만물인터넷으로 진화했습니다. 하지만 사람들이 원하는 필수 정보는 무엇일까요? 단순한 빅데이터일까요? 아니면 데이터에서 파생된 인텔리전스일까요? 5G 기술을 사용하면 많은 양의 데이터를 훨씬 빠른 속도로 인터넷을 통해 전송할 수 있어 많은 AI 애플리케이션의 지연 문제를 부분적으로 해결할 수 있습니다. 연합학습은 원시 데이터보다 적은 양의 정보를 교환할 수 있지만 여전히 인터넷을 통해 ML 모델을 전송해야 합니다.

많은 연구 프로젝트가 연합학습에서 통신 지연 시간을 최소화하고 있지만, 미래에는 지능과 관련된 정보도 웹을 통해 자주 교환되는 또 다른 개체가 될 것입니다. Model Zoo와 같은 모델 저장소가 어디에나 존재할 것이며, 전 세계 사람들이 인터넷을 통해 협업하여 더 나은 인텔리전스를 만들기 위해 연합학습로 강화된 크라우드소싱 학습이 더욱 보편화될 것입니다.

이러한 패러다임의 변화는 AI 분야뿐만 아니라 다양한 정보 기술 분야에서도 일어나고 있습니다. 다음 장에서 설명하겠지만, 이러한 **지능 인터넷** 운동은 크라우드소싱 학습과 CI의 기반이 될 것이며, 향후 몇 년 동안 가능한 많은 사람들이 지능을 활용할 수 있도록 도울 것입니다.

연합학습을 이용한 크라우드소싱 학습

연합학습이 수행하는 인텔리전스 수집은 자연스럽게 CI로 나아가는 데 매우 적합합니다. 사람들이 공동으로 학습 프로세스를 글로벌 ML 모델에 기여할 수 있는 시나리오에도 동일하게 적용됩니다.

컴퓨터비전 및 자연어 처리와 같은 분야의 고성능 ML 모델은 특정 빅데이터 회사에서 수억 달러에 달하는 막대한 비용을 들여 학습해 왔습니다.

일반적으로 다양한 사람들에게 도움이 될 수 있는 ML 모델을 집단적으로 학습시킬 수 있는 방법이 있을까요? 연합학습의 고급 프레임워크를 사용하면 가능합니다.

연합학습은 다양한 분산 에이전트에서 학습된 여러 모델의 통합을 관리할 수 있는 확실한 방법을 제공합니다. 이 경우 분산 에이전트 자체는 전 세계 사람들이 될 수 있으며, ML 모델의 각 개별 사용자와 트레이너는 데이터 프라이버시, 사일로 등으로 인해 다른 사람이 사용할 수 없는 고유한 데이터셋을 가지고 있습니다.

이러한 CI 활용 방식을 흔히 크라우드소싱 학습이라고 합니다. 그러나 기존의 크라우드소싱 학습은 대규모로 데이터 주석자를 모집하고 촉진하는데 그치는 등 훨씬 더 제한적인 방식으로 진행되었습니다.

연합학습의 새로운 패러다임을 통해 CI 플랫폼의 사용자는 관심 있는 ML 모델에 접근하여 다운로드하고 필요한 경우 재학습을 통해 자신의 환경에서 학습을 흡수할 수 있습니다. 그 다음, 해당 사용자가 학습한 ML 모델을 공유하는 프레임워크를 통해 연합학습의 고급 모델 통합 프레임워크가 적절한 모델을 선택하여 연합하고, 사용자만 접근할 수 있는 다양한 데이터를 채택하여 글로벌 모델의 성능을 향상시킬 수 있습니다.

이러한 방식으로 ML을 통한 인텔리전스는 실제 ML 모델을 학습할 수 있는 상당한 양의 데이터와 예산을 보유한 특정 기업뿐만 아니라 많은 개인이 일반적으로 사용할 수 있게 되었습니다. 다시 말해, 연합학습 프레임워크가 없으면 협업 학습은 어렵고 까다로우며 자동화하는 것조차 거의 불가능합니다. ML 모델의 이러한 개방성은 전체 기술 세계를 한 단계 발전시킬 것이며, 더 나은 세상을 만들기 위해 많은 연구자들이 개발하고 구축한 인텔리전스 모델을 통해 훨씬 더 많은 애플리케이션을 실현할 수 있게 될 것입니다.

요약

이 책의 마지막 장에서는 향후 10년 동안 연합학습이 중요한 역할을 할 것으로 예상되는 흥미로운 미래 트렌드와 개발에 대해 논의했습니다. 피할 수 없는 개인정보 보호 규제와 수많은 사용자에 대한 확장성을 요구하는 기술 트렌드로 인해 앞으로 연합학습은 대부분의 기업과 애플리케이션 제공업체에게 있으면 좋은 프레임워크에서 반드시 갖춰야 할 기술이 될 것입니다.

앞서 살펴본 바와 같이 미래 기술은 주로 사람과 컴퓨터가 지혜를 주고받으며 보다 지능적인 사회와 세상을 만들어가는 '지능 인터넷'이라는 개념에 의해 강화될 것입니다. 마지막으로, 데이터 중심 기술이 점차 지능 중심 기술로 진화할 것이며, 이는 현재 CI와의 협업 학습 트렌드로 인해 사람들이 이 책에서 그 기초가 되는 연합학습 관련 기술에 큰 관심을 기울이게 하는 이유이기도 합니다.

이 책은 인공지능으로 가능해진 새로운 시대의 여명기에 쓰여졌습니다. 앞으로 많은 불확실성과 더 많은 과제가 남아 있습니다. 우리는 지난 수십 년 동안 빅데이터 플레이북을 활용하는데 큰 진전을 이루었으며, 이제 이러한 방법을 뛰어넘어 새로운 업무 방식, 새로운 기술, 새로운 아이디어를 채택하여 앞서 나가야 합니다. 현재의 순간을 포착하고 연합학습과 같은 신기술에 투자한다면 우리 앞에는 밝은 미래가 펼쳐질 것입니다.

더 읽을거리

이 장에서 설명한 몇 가지 개념에 대해 더 자세히 알아보고 싶다면 다음 자료를 참조하시길 바랍니다:

- UNDERSTANDING THE TYPES OF FEDERATED LEARNING, posted by OpenMinded: https://blog.openmined.org/federated-learning-types
- Thapa, Chandra, et al. SplitFed: When Federated Learning Meets Split Learning, Proceedings of the AAAI Conference on Artifi cial Intelligence. Vol. 36. No. 8. 2022: https://arxiv.org/pdf/2004.12088.pdf
- SWARM LEARNING: TURN YOUR DISTRIBUTED DATA INTO COMPETITIVE EDGE, technical white paper: https://www.labs.hpe.com/pdf/Swarm_Learning.pdf
- Paritosh Ramanan and Kiyoshi Nakayama. BAFFLE: Blockchain based aggregator free federated learning, 2020 IEEE International Conference on Blockchain (Blockchain). IEEE, 2020:https://arxiv.org/pdf/1909.07452.pdf

부록
내부 라이브러리 탐색

'4장, 파이썬에서 연합학습 서버 구현'과 '5장, 연합학습 클라이언트 구현'에서는 모두 **연합학습**(Federated Learning, FL) 시스템 구현에 대해 설명하면서 내부 라이브러리 기능을 통해 연합학습 서버와 클라이언트 기능 및 **머신러닝**(Machine Learning, ML) 애플리케이션 구현에 대한 설명을 간략하게 설명했습니다. 여기서는 인터넷과 클라우드에서 작동하는 연합학습 시스템을 쉽게 구현할 수 있도록 통신 핸들러, 데이터 구조 핸들러, 열거형 클래스 정의와 같은 내부 라이브러리에 대해 자세히 설명합니다. 이러한 내부 라이브러리와 지원하는 함수는 모두 제공된 simple-fl GitHub 레포지토리의 fl_main/lib/util 디렉토리에서 찾을 수 있습니다.

이 부록에서는 내부 라이브러리와 활용 클래스 및 함수에 대한 개요와 해당 기능을 구현하는 코드 샘플을 제공합니다.

이 장에서는 다음과 같은 주요 주제를 다룹니다:

- 연합학습 시스템의 내부 라이브러리 개요
- 연합학습 시스템 구현을 위한 열거형 클래스
- 통신 핸들러 기능 이해
- 데이터 구조 처리기 클래스 이해
- helper 및 supporting 라이브러리 이해
- 통신 페이로드 생성을 위한 메신저

기술 요구 사항

이 장에서 소개하는 모든 라이브러리 코드 파일은 Github 레포지토리의 fl_main/lib/util 디렉토

리에서에서 찾을 수 있습니다(https://github.com/tie-set/simple-fl).

> **중요 참고 사항**
>
> 코드 파일은 개인 또는 교육 목적으로 사용할 수 있습니다. 상업적 용도의 배포는 지원하지 않으며, 코드 사용으로 인해 발생하는 오류, 문제 또는 손해에 대해 책임을 지지 않는다는 점에 유의하시길 바랍니다.

연합학습 시스템의 내부 라이브러리 개요

그림 A.1은 lib/util에 있는 내부 라이브러리에 대한 파이썬 코드 구성 요소를 보여줍니다.

디렉토리에 있는 파일은 연합학습 시스템의 데이터베이스, 집계기, 에이전트에서 사용합니다:

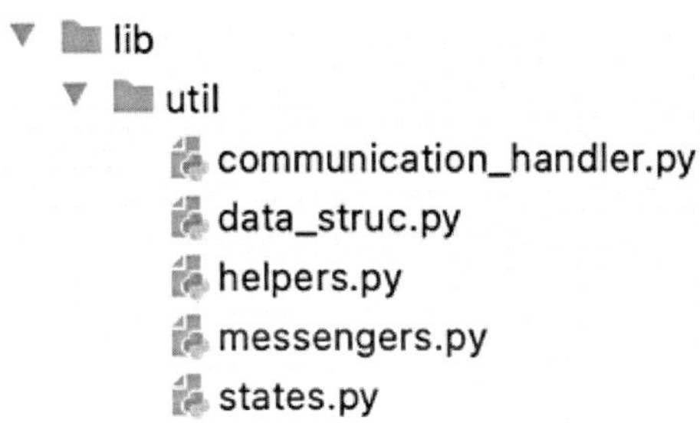

그림 A.1 데이터베이스, 집계기, 에이전트에서 사용되는 내부 라이브러리를 위한 파이썬 소프트웨어 구성 요소

다음은 연합학습 시스템의 lib/util 디렉토리에 있는 내부 라이브러리용 파이썬 파일에 대한 간략한 설명입니다.

states.py

lib/util 디렉토리의 states.py 파일은 연합학습 시스템 구현을 지원하기 위한 다양한 열거형 클래스를 정의합니다. 이 클래스의 정의에는 연합학습 클라이언트 상태, ML 모델 및 메시지 유형, 다양한 메시지의 정보와 값의 위치가 포함됩니다.

communication_handler.py

lib/util 디렉토리에 있는 communication_handler.py 파일은 데이터베이스, 연합학습 서버, 클라이언트 간의 통신 기능을 제공하며, 주로 이들 간의 송수신 기능을 정의합니다. 또한 데이터베이스, 집계기, 에이전트의 서버를 시작하는 기능도 제공합니다.

data_struc.py

lib/util 디렉토리에 있는 data_struc.py 파일은 연합학습 사이클의 모델 통합 프로세스를 지원하기 위해 LimitedDict라는 클래스를 정의합니다. 이 클래스는 ML 모델을 dict 형식인 LimitedDict로 변환하거나 그 반대로 변환하는 함수를 제공합니다.

helpers.py

lib/util 디렉토리에 있는 helpers.py 파일에는 구성 파일 읽기, 고유 해시 ID 생성, ML 모델을 dict 형식으로 패키징, 로컬 ML 모델 로드 및 저장, 머신의 IP 주소 가져오기, 연합학습 클라이언트 상태 조작 등의 내부 help 함수들이 포함되어 있습니다.

messengers.py

이 책에서 설명하는 간단한 연합학습 시스템의 통신 프로토콜 구현을 용이하게 하기 위해 lib/util 디렉토리에 있는 messengers.py 파일은 연합학습 시스템 간의 통신 페이로드로 다양한 메시지를 생성하기 위한 파일입니다.

연합학습 시스템의 내부 라이브러리에 대한 개요를 살펴봤으니 이제 개별 코드 파일에 대해 좀 더 자세히 알아보겠습니다.

연합학습 시스템 구현을 위한 열거형 클래스

열거 클래스는 연합학습 시스템 구현을 지원하기 위한 것입니다. 열거형 클래스는 fl_main 디렉토리의 lib/util 디렉토리에 있는 states.py 파일에 정의되어 있습니다. 열거형 클래스를 정의하기 위해 어떤 라이브러리를 가져오는지 살펴보겠습니다.

열거형 클래스로 정의된 라이브러리

이 states.py 코드 예제에서 이 파일은 Enum 및 IntEnum과 같은 일반 라이브러리를 가져옵니다.

```
from enum import Enum, IntEnum
```

다음으로 연합학습 시스템의 세 가지 구성 요소의 prefix를 정의하는 클래스에 대해 설명하겠습니다.

연합학습 시스템 요소로 정의된 IDPrefix

다음은 연합학습 시스템 컴포넌트를 정의하는 클래스 리스트입니다. IDPrefix는 집계기, 에이전트, 데이터베이스 등 코드에서 참조되는 연합학습 컴포넌트를 나타내는 prefix입니다:

```
class IDPrefix:
    agent = 'agent'
    aggregator = 'aggregator'
    db = 'database'
```

다음으로 클라이언트 상태에 대한 클래스 리스트을 제공하겠습니다.

클라이언트 상태 클래스

다음은 글로벌 모델을 기다리는 상태(waiting_gm), ML 학습 상태(training), 로컬 ML 모델 전송 상태(sending), 글로벌 모델 수신 상태(gm_ready)를 포함하여 연합학습 클라이언트 상태와 관련된 열거형(enumeration) 클래스 리스트입니다. 에이전트 사양에 정의된 클라이언트 상태는 다음과 같습니다:

```
# CLIENT STATE
class ClientState(IntEnum):
    waiting_gm = 0
    training = 1
    sending = 2
    gm_ready = 3
```

머신러닝 모델과 메세지의 타입 정의 클래스 목록

다음은 연합학습 시스템 구현과 관련된 ML 모델 및 메시지 유형을 정의하는 클래스 리스트입니다.

ModelType 클래스

로컬 모델과 클러스터 모델(또는 글로벌 모델)을 포함한 ML 모델의 유형은 다음과 같이 정의됩니다:

```
class ModelType(Enum):
    local = 0
    cluster = 1
```

DBMsgType 클래스

메시지 유형은 다음과 같이 집계기와 데이터베이스 간의 통신 프로토콜에 정의되어 있습니다:

```
class DBMsgType(Enum):
    push = 0
```

AgentMsgType 클래스

메시지 유형은 다음과 같이 에이전트에서 집계기로 전송되는 통신 프로토콜에 정의되어 있습니다:

```
class AgentMsgType(Enum):
    participate = 0
    update = 1
    polling = 2
```

AggMsgType 클래스

메시지 유형은 다음과 같이 집계기에서 에이전트로 전송되는 통신 프로토콜에 정의되어 있습니다:

```
class AggMsgType(Enum):
    welcome = 0
    update = 1
    ack = 2
```

메세지 위치를 정의한 상태 클래스 목록

다음은 연합학습 시스템 간의 통신과 관련된 메시지 위치를 정의하는 클래스 리스트입니다.

ParticipateMSGLocation 클래스

에이전트가 집계기에게 보내는 참여 메시지를 읽는 인덱스 지표는 다음과 같습니다:

```
class ParticipateMSGLocation(IntEnum):
    msg_type = 0
    agent_id = 1
    model_id = 2
    lmodels = 3
    init_flag = 4
    sim_flag = 5
    exch_socket = 6
    gene_time = 7
    meta_data = 8
    agent_ip = 9
    agent_name = 10
    round = 11
```

ParticipateConfirmationMSGLocation 클래스

집계기에서 다시 전송된 참여 확인 메시지를 읽을 수 있는 인덱스 표시기는 다음과 같습니다:

```
class ParticipateConfirmationMSGLocation(IntEnum):
    msg_type = 0
    aggregator_id = 1
    model_id = 2
    global_models = 3
    round = 4
    agent_id = 5
    exch_socket = 6
    recv_socket = 7
```

DBPushMsgLocation 클래스

집계기에서 데이터베이스로 push 메시지를 읽는 인덱스 지표는 다음과 같습니다:

```
class DBPushMsgLocation(IntEnum):
    msg_type = 0
    component_id = 1
    round = 2
    model_type = 3
    models = 4
```

```
    model_id = 5
    gene_time = 6
    meta_data = 7
    req_id_list = 8
```

GMDistributionMsgLocation 클래스

집계기에서 에이전트에게 보내는 글로벌 모델 배포 메시지를 읽을 수 있는 인덱스 지표는 다음과 같습니다:

```
class GMDistributionMsgLocation(IntEnum):
    msg_type = 0
    aggregator_id = 1
    model_id = 2
    round = 3
    global_models = 4
```

ModelUpMSGLocation 클래스

에이전트에서 집계기로 로컬 ML 모델을 업로드하는 메시지에 대한 인덱스 지표는 다음과 같습니다:

```
class ModelUpMSGLocation(IntEnum):
    msg_type = 0
    agent_id = 1
    model_id = 2
    lmodels = 3
    gene_time = 4
    meta_data = 5
```

PollingMSGLocation 클래스

에이전트가 집계기에게 보내는 polling 메시지의 인덱스 표시기는 다음과 같습니다:

```
class PollingMSGLocation(IntEnum):
    msg_type = 0
    round = 1
    agent_id = 2
```

연합학습 시스템 코드 전체에서 활용되는 열거형 클래스를 정의했습니다. 다음 장에서는 통신 핸들러 기능에 대해 설명하겠습니다.

통신 핸들러 기능 이해

통신 핸들러 기능은 fl_main디렉토리의 lib/util 디렉토리에 있는 communication_handler.py 파일에 구현되어 있습니다.

통신 핸들러 라이브러리

이 communication_handler.py 코드 예제에서 핸들러는 websockets, asyncio, pickle, logging과 같은 일반 라이브러리를 가져옵니다:

```
import websockets, asyncio, pickle, logging
```

다음으로 통신 핸들러의 기능 리스트을 제공합니다.

통신 핸들러 함수

다음은 통신 핸들러와 관련된 함수 리스트입니다. 여기서는 간소화를 위해 통신 핸들러 코드에 SSL(Secure Sockets Layer) 또는 TLS(Transport Layer Security) 프레임워크가 구현되어 있지 않지만, 연합학습 컴포넌트 간의 통신 보안을 위해 항상 지원하는 것을 권장합니다.

init_db_server 함수

init_db_server 함수는 연합학습 서버 측에서 데이터베이스 서버를 시작하기 위한 함수입니다. 이 함수는 함수, 데이터베이스 IP 주소, 소켓 정보를 입력으로 받아 WebSocket 프레임워크에 기반하여 서버 기능을 시작합니다. HTTP와 같은 다른 통신 프로토콜도 사용할 수 있습니다. 다음은 데이터베이스 서버를 시작하는 샘플 코드입니다:

```
def init_db_server(func, ip, socket):
    start_server = websockets.serve(func, ip, socket, max_size=None, max_queue=None)
    loop = asyncio.get_event_loop()
    loop.run_until_complete(start_server)
    loop.run_forever()
```

init_fl_server 함수

init_fl_server 함수는 집계기 측에서 연합학습 서버를 시작하기 위한 함수입니다. 매개변수로 에이전트 등록, 에이전트에서 메시지 수신, 모델 합성 루틴을 위한 세 가지 함수와 Websocket 프레임워크 기반의 서버 기능을 시작하기 위한 집계기의 IP 주소 및 등록 및 수신 소켓 정보(에이전트로부터 메시지를 수신)가 필요합니다. 다음은 연합학습 서버를 시작하기 위한 샘플 코드입니다:

```
def init_fl_server(register, receive_msg_from_agent, model_synthesis_routine, aggr_ip,
reg_socket, recv_socket):
    loop = asyncio.get_event_loop()
    start_server = websockets.serve(register, aggr_ip, reg_socket,
                                    max_size=None, max_queue=None)
    start_receiver = websockets.serve(receive_msg_from_agent, aggr_ip, recv_socket,
                                    max_size=None, max_queue=None)
    loop.run_until_complete(asyncio.gather(start_server, start_receiver,
                                    model_synthesis_routine))
    loop.run_forever()
```

init_client_server 함수

init_client_server 함수는 연합학습 클라이언트 서버 기능을 시작하기 위한 함수입니다. 이 함수는 함수, 에이전트의 IP 주소, 소켓 정보를 입력으로 받아 집계기로부터 메시지를 수신하고 WebSocket 프레임워크에 기반하여 기능을 시작합니다. 다음은 연합학습 클라이언트 서버 기능을 시작하기 위한 샘플 코드입니다:

```
def init_client_server(func, ip, socket):
    loop = asyncio.new_event_loop()
    asyncio.set_event_loop(loop)
    client_server = websockets.serve(func, ip, socket, max_size=None, max_queue=None)
    loop.run_until_complete(asyncio.gather(client_server))
    loop.run_forever()
```

send 함수

send 함수는 전송할 메시지와 함께 매개변수로 받은 IP 주소와 소켓 정보로 지정된 대상에게 메시지를 전송하는 함수입니다. 대상 노드에서 소스 노드로 보낸 응답 메시지가 있는 경우 이를

반환합니다:

```
async def send(msg, ip, socket):
    resp = None
    try:
        wsaddr = f'ws://{ip}:{socket}'
        async with websockets.connect(wsaddr, max_size=None,
                    max_queue=None, ping_interval=None) as websocket:
        await websocket.send(pickle.dumps(msg))
        try:
            rmsg = await websocket.recv()
            resp = pickle.loads(rmsg)
        except:
            pass
        return resp
    except:
        return resp
```

send_websocket 함수

send_websocket 함수는 전송할 메시지와 함께 매개변수로 받은 websocket 정보로 지정된 메시지 소스로 메시지를 반환하는 함수입니다:

```
async def send_websocket(msg, websocket):
    while not websocket:
        await asyncio.sleep(0.001)
    await websocket.send(pickle.dumps(msg))
```

receive 함수

receive 함수는 websocket을 매개변수로 받은 메시지를 수신하는데 사용되며 pickle 형태의 메시지를 반환합니다:

```
async def receive(websocket):
    return pickle.loads(await websocket.recv())
```

다음으로, ML 모델 처리를 처리하는 데이터 구조 클래스에 대해 설명하겠습니다.

데이터 구조 처리기 클래스 이해

데이터 구조 핸들러는 fl_main 디렉토리의 lib/util에 있는 data_struc.py 파일에 구현되어 있습니다. 데이터 구조체 클래스에는 ML 모델의 통합을 일관된 방식으로 처리하기 위한 LimitedDict 클래스가 있습니다.

데이터 구조 핸들러 라이브러리

data_struc.py 코드 예제에서 핸들러는 numpy와 Dict과 같은 일반 라이브러리를 가져옵니다:

```
from typing import Dict
import numpy as np
```

다음으로 데이터 구조 핸들러와 관련된 LimitedDict 클래스와 그 함수에 대해 살펴보겠습니다.

LimitedDict 클래스

다음은 데이터 구조 핸들러와 관련된 LimitedDict 클래스와 그 함수에 대한 정의입니다.

LimitedDict 클래스와 함수

LimitedDict 클래스의 함수는 dict 형식을 키와 값이 있는 클래스로 변환하는데 사용됩니다. LimitedDict는 ML 모델에서 버퍼와 함께 사용되어 집계기의 상태 관리자의 메모리 공간에 로컬 및 클러스터 모델을 저장합니다:

```
class LimitedDict(dict):
    def __init__(self, keys):
        self._keys = keys
        self.clear()
    def __setitem__(self, key, value):
        if key not in self._keys:
            raise KeyError
        dict.__setitem__(self, key, value)
    def clear(self):
        for key in self._keys:
            self[key] = list()
```

convert_LDict_to_Dict 함수

convert_LDict_to_Dict 함수는 이전에 정의된 LimitedDict 인스턴스를 일반 Dict 형식으로 변환하는데 사용됩니다:

```
def convert_LDict_to_Dict(ld: LimitedDict) -> Dict[str,np.array]:
    d = dict()
    for key, val in ld.items():
        d[key] = val[0]
    return d
```

다음 장에서는 helper와 supporting 라이브러리에 대해 설명합니다.

helper 및 supporting 라이브러리 이해

helper 및 supporting 함수는 fl_main 디렉토리의 lib/util에 있는 helpers.py 파일에 구현되어 있습니다.

helper 라이브러리

이 helpers.py 코드 예제에서 파일은 json 및 time과 같은 일반 라이브러리를 가져옵니다:

```
import json, time, pickle, pathlib, socket, asyncio
from getmac import get_mac_address as gma
from typing import Dict, List, Any
from hashlib import sha256
from fl_main.lib.util.states import IDPrefix, ClientState
```

다음으로 helper 라이브러리의 함수에 대해 설명하겠습니다.

helper 함수

다음은 helper 라이브러리와 관련된 함수 리스트입니다.

set_config_file 함수

set_config_file 함수는 데이터베이스, 집계기 또는 에이전트 구성 파일의 유형을 매개변수로 지정하고 구성 파일의 경로 문자열을 반환합니다:

```
def set_config_file(config_type: str) -> str:
    # set the config file name
    module_path = pathlib.Path.cwd()
    config_file = f'{module_path}/setups/config_{config_type}.json'
    return config_file
```

read_config 함수

read_config 함수는 데이터베이스, 집계기 또는 에이전트를 설정하기 위해 JSON 구성 파일을 읽습니다. 이 함수는 구성 경로를 매개변수로 받아 Dict 형식으로 구성 정보를 반환합니다:

```
def read_config(config_path: str) -> Dict[str, Any]:
    with open(config_path) as jf:
        config = json.load(jf)
    return config
```

generate_id 함수

generate_id 함수는 해시 값을 ID로 반환하는 해시 함수(sha256)를 사용하여 MAC 주소와 인스턴스화 시간을 기반으로 시스템 전체에 고유한 ID를 생성합니다:

```
def generate_id() -> str:
    macaddr = gma()
    in_time = time.time()
    raw = f'{macaddr}{in_time}'
    hash_id = sha256(raw.encode('utf-8'))
    return hash_id.hexdigest()
```

generate_model_id 함수

generate_model_id 함수는 다음을 기반으로 모델 집합에 대한 시스템 전체 고유 ID를 생성합니다:

- Component ID: 모델을 생성한 연합학습 시스템 엔티티의 ID
- Generation Time: 모델이 생성된 시간

ID는 해시 함수(sha256)로 생성됩니다. 다음 매개변수가 필요합니다:

- component_type: 컴포넌트 유형을 나타내는 접두사가 포함된 문자열 값
- component_id: 모델을 생성한 엔티티의 ID 문자열 값
- gene_time: 모델이 생성된 시간의 실수 값

이 함수는 해시값을 모델 ID로 반환합니다:

```
def generate_model_id(component_type: str, component_id: str, gene_time: float) -> str:
    raw = f'{component_type}{component_id}{gene_time}'
    hash_id = sha256(raw.encode('utf-8'))
    return hash_id.hexdigest()
```

create_data_dict_from_models 함수

create_data_dict_from_models 함수는 다음 매개변수를 사용하여 ML 모델에 대한 데이터 dictionary을 생성합니다:

- model_id: 모델 ID의 문자열 값
- models: ML 모델에 대한 np.array
- component_id: 집계기 ID, 에이전트 ID와 같은 연합학습 시스템의 ID

ML 모델이 포함된 data_dict을 반환합니다:

```
def create_data_dict_from_models(model_id, models, component_id):
    data_dict = dict()
    data_dict['models'] = models
    data_dict['model_id'] = model_id
    data_dict['my_id'] = component_id
    data_dict['gene_time'] = time.time()
    return data_dict
```

create_meta_data_dict 함수

create_meta_data_dict 함수는 성능 지표(perf_val)와 샘플 수(num_ samples)를 매개변수로 사용하여 ML 모델의 메타데이터로 메타데이터 사전을 생성하고, 성능 값과 샘플 수가 포함된 meta_data_dict를 반환합니다:

```
def create_meta_data_dict(perf_val, num_samples):
    meta_data_dict = dict()
    meta_data_dict["accuracy"] = perf_val
    meta_data_dict["num_samples"] = num_samples
    return meta_data_dict
```

compatible_data_dict_read 함수

compatible_data_dict_read 함수는 ML 모델과 관련된 정보가 포함된 data_dict를 받아 해당 키가 dict에 존재하는 경우 값을 추출하고 컴포넌트 ID, ML 모델의 생성 시간, ML 모델 자체 및 모델 ID를 반환합니다:

```
def compatible_data_dict_read(data_dict: Dict[str, Any]) -> List[Any]:
    if 'my_id' in data_dict.keys():
        id = data_dict['my_id']
    else:
        id = generate_id()
    if 'gene_time' in data_dict.keys():
        gene_time = data_dict['gene_time']
    else:
        gene_time = time.time()
    if 'models' in data_dict.keys():
        models = data_dict['models']
    else:
        models = data_dict
    if 'model_id' in data_dict.keys():
        model_id = data_dict['model_id']
    else:
        model_id = generate_model_id(IDPrefix.agent, id, gene_time)

    return id, gene_time, models, model_id
```

save_model_file 함수

save_model_file 함수는 지정된 모델 집합을 로컬 파일에 저장하는 함수입니다. 이 함수는 다음 매개변수를 사용합니다:

- data_dict: Dict[str,np. array] 형식의 모델 ID 및 ML 모델이 포함된 dictionary
- path: ML 모델 저장소의 디렉토리 문자열 값

- name: 모델 파일 이름의 문자열 값
- performance_dict: 성능 데이터가 포함된 Dict(Dict[str,float]) 형식

각 항목에는 모델 ID와 해당 성능 정보가 모두 포함됩니다:

```
def save_model_file(data_dict: Dict[str, Any], path: str, name: str,
                    performance_dict: Dict[str, float] = dict()):
    data_dict['performance'] = performance_dict
    fname = f'{path}/{name}'
    with open(fname, 'wb') as f:
        pickle.dump(data_dict, f)
```

load_model_file 함수

load_model_file은 다음 매개변수를 사용하는 로컬 모델 파일을 읽습니다:

- path: ML 모델을 저장할 디렉토리의 문자열 값
- name : 모델 파일 이름의 문자열 값

선택되지 않은 ML 모델과 성능 데이터를 Dict 형식으로 반환합니다:

```
def load_model_file(path: str, name: str) -> (Dict[str, Any], Dict[str, float]):
fname = f'{path}/{name}'
    with open(fname, 'rb') as f:
    data_dict = pickle.load(f)
        performance_dict = data_dict.pop('performance')
    # data_dict only includes models
    return data_dict, performance_dict
```

read_state 함수

read_state 함수는 다음 매개변수를 사용하는 로컬 상태 파일을 읽습니다:

- path: 클라이언트 상태 파일의 디렉토리 경로
- name: 모델 파일 이름의 문자열 값

이 함수는 파일에 표시된 상태인 클라이언트 상태(예: training 또는 sending)를 정수(integer) 형식으로 반환합니다. 접근 시점에 클라이언트 상태 파일이 기록 중이면 0.01초 후에 파일을 다시 읽으려고 시도합니다:

```
def read_state(path: str, name: str) -> ClientState:
    fname = f'{path}/{name}'
    with open(fname, 'r') as f:
        st = f.read()
    if st == '':
        time.sleep(0.01)
        return read_state(path, name)
    return int(st)
```

write_state 함수

write_state는 에이전트의 상태 파일에서 클라이언트 상태를 변경합니다. 다음 매개변수가 필요합니다:

- path: 클라이언트 상태 파일의 디렉토리의 문자열 값
- name: 모델 파일 이름의 문자열 값
- state: 새 클라이언트 상태를 설정하기 위한 ClientState 값(예: training 또는 sending)

코드는 다음과 같습니다:

```
def write_state(path: str, name: str, state: ClientState):
    fname = f'{path}/{name}'
    with open(fname, 'w') as f:
        f.write(str(int(state)))
```

get_ip 함수

get_ip 함수는 컴퓨터의 IP 주소를 가져와서 IP 주소의 값을 반환합니다:

```
def get_ip() -> str:
    s = socket.socket(socket.AF_INET, socket.SOCK_DGRAM)
    try:
        # doesn't even have to be reachable
        s.connect(('1.1.1.1', 1))
        ip = s.getsockname()[0]
    except:
        ip = '127.0.0.1'
    finally:
        s.close()
    return ip
```

init_loop 함수

init_loop 함수는 연속 루프 함수를 시작하는데 사용됩니다. 이 함수는 루프 함수를 실행하기 위한 코드는 다음과 같습니다:

```
def init_loop(func):
    loop = asyncio.new_event_loop()
    asyncio.set_event_loop(loop)
    loop.run_until_complete(asyncio.gather(func))
    loop.run_forever()
```

다음 장에서는 통신 페이로드(Communication Payload)를 생성하는 메신저 기능에 대해 살펴보겠습니다.

통신 페이로드 생성을 위한 메신저

메신저 함수는 fl_main 디렉토리의 lib/util에 있는 messengers.py 파일에 정의되어 있습니다.

messengers 라이브러리

이 messengers.py 코드 예제에서는 time 및 numpy와 같은 일반 라이브러리를 가져옵니다. 또한 이 장의 '연합학습 시스템 구현을 위한 열거형 클래스'에서 정의한 ModelType, DBMsgType, AgentMsgType 및 AggMsgType도 가져옵니다:

```
import time
import numpy as np from typing
import Dict, List, Any
from fl_main.lib.util.states import ModelType, DBMsgType, AgentMsgType, AggMsgType
```

다음으로 메신저 라이브러리의 함수에 대해 설명하겠습니다.

messengers 함수

다음은 메신저 라이브러리와 관련된 함수 리스트입니다.

generate_db_push_message 함수

generate_db_push_message 함수는 ML 모델이 포함된 메시지를 데이터베이스로 push하기 위한 메시지를 생성하고 반환합니다. 이 함수는 집계기와 데이터베이스 간에 페이로드 메시지(메시지 유형이 push로 정의된 List 형식)로 패키징하기 위해 다음 매개변수를 필요로 합니다:

- component_id: aggregator ID와 같은 컴포넌트 ID의 문자열 값
- round: 정수 형식의 연합학습 라운드 정보
- model_type: 클러스터 또는 로컬 모델과 같은 ML 모델의 유형
- models: Dict[str, np.array] 형식의 ML 모델
- model_id: ML 모델의 고유 ID를 나타내는 문자열 값
- gene_time: ML 모델이 생성되는 시간의 실수 값
- performance_dict: Dict[str, float] 형식의 성능 데이터

다음 코드는 앞의 데이터베이스 push 메시지를 생성하는 기능을 제공합니다:

```
def generate_db_push_message(component_id: str, round: int,
            model_type: ModelType, models: Dict[str,np.array],
            model_id: str, gene_time: float, performance_dict: Dict[str,float]) ->
        List[Any]:
    msg = list()
    msg.append(DBMsgType.push)  # 0
    msg.append(component_id)  # 1
    msg.append(round)  # 2
    msg.append(model_type)  # 3
    msg.append(models)  # 4
    msg.append(model_id)  # 5
    msg.append(gene_time)  # 6
    msg.append(performance_dict)  # 7
    return msg
```

generate_lmodel_update_message 함수

generate_lmodel_update_message 함수는 에이전트에서 생성된 로컬 모델이 포함된 메시지를 집계기로 보내기 위한 메시지를 생성하고 반환합니다. 이 함수는 에이전트와 집계기 간에 페이로드 메시지(메시지 유형이 update로 정의된 리스트 형식)로 패키징하기 위해 다음 매개변수를 필요로 합니다:

- agent_ID: 에이전트 ID의 문자열 값
- model_id: ML 모델의 고유 ID를 나타내는 문자열 값

- local_models: Dict[str, np.array] 형식의 로컬 ML 모델
- performance_dict: Dict[str, float] 형식의 성능 데이터

다음 코드는 앞의 로컬 모델 업데이트 메시지를 생성하는 기능을 보여줍니다:

```
def generate_lmodel_update_message( agent_id: str, model_id: str,
        local_models: Dict[str,np.array], performance_dict: Dict[str,float]) -> List[Any]:
    msg = list()
    msg.append(AgentMsgType.update)  # 0
    msg.append(agent_id)  # 1
    msg.append(model_id)  # 2
    msg.append(local_models)  # 3
    msg.append(time.time())  # 4
    msg.append(performance_dict)  # 5
    return msg
```

generate_cluster_model_dist_message 함수

generate_cluster_model_dist_message 함수는 집계기가 생성한 글로벌 모델이 포함된 메시지를 연결된 에이전트로 전송하기 위해 리스트 형식의 메시지를 생성하고 반환합니다. 이 함수는 다음 매개변수를 사용하여 집계기와 에이전트 간에 페이로드 메시지(메시지 유형이 update로 정의된 List 형식)로 패키징합니다:

- aggregator_id: aggregator ID의 문자열 값
- model_id: ML 모델의 고유 ID를 나타내는 문자열 값
- round: 정수 형식의 연합학습 라운드 정보
- models: Dict[str, np.array] 형식의 ML 모델

다음 코드는 앞의 클러스터 모델 배포 메시지를 생성하는 기능을 보여줍니다:

```
def generate_cluster_model_dist_message(aggregator_id: str, model_id: str,
        round: int, models: Dict[str,np.array]) -> List[Any]:
    msg = list()
    msg.append(AggMsgType.update)  # 0
    msg.append(aggregator_id)  # 1
    msg.append(model_id)  # 2
    msg.append(round)  # 3
    msg.append(models)  # 4
    return msg
```

generate_agent_participation_message 함수

generate_agent_participation_message 함수는 집계기가 연결된 에이전트에게 에이전트가 만든 초기 모델이 포함된 참여 요청 메시지를 전송하는 메시지를 생성하고 반환합니다. 에이전트와 집계기 간에 페이로드 메시지(메시지 유형이 participate로 정의된 리스트 형식)로 패키징하려면 다음 파라미터가 필요합니다:

- agent_name: 에이전트 명의 문자열 값
- agent_ID: 에이전트 ID의 문자열 값
- model_id: ML 모델의 고유 ID를 나타내는 문자열 값
- models: Dict[str, np.array] 형식의 ML 모델
- Iinit_weights_flag: 가중치가 초기화되었는지 여부를 나타내는 bool 값
- simulation_flag: 실행이 시뮬레이션을 위한 것인지 여부를 나타내는 bool 값
- exch_socket: 집계기에서 이 에이전트로 메시지를 전송하기 위한 문자열 값이 포함된 소켓 정보
- gene_time: ML 모델이 생성되는 시간의 실수 값
- meta_dict: Dict[str, float] 형식의 성능 데이터
- agent_IP: 에이전트 자체의 IP 주소

다음 코드는 앞의 에이전트 참여 메시지를 생성하는 기능을 보여줍니다:

```
def generate_agent_participation_message(agent_name: str, agent_id: str,
       model_id: str, models: Dict[str,np.array], init_weights_flag: bool,
       simulation_flag: bool, exch_socket: str, gene_time: float,
       meta_dict: Dict[str,float], agent_ip: str) -> List[Any]:
    msg = list()
    msg.append(AgentMsgType.participate)  # 0
    msg.append(agent_id)  # 1
    msg.append(model_id)  # 2
    msg.append(models)  # 3
    msg.append(init_weights_flag)  # 4
    msg.append(simulation_flag)  # 5
    msg.append(exch_socket)  # 6
    msg.append(gene_time)  # 7
    msg.append(meta_dict)  # 8
    msg.append(agent_ip)  # 9
```

```
    msg.append(agent_name)  # 9
    return msg
```

generate_agent_participation_confirm_message 함수

generate_agent_participation_confirm_message 함수는 글로벌 모델이 포함된 참여 확인 메시지를 에이전트에게 다시 보내기 위한 메시지를 생성하고 반환합니다. 이 함수는 다음 매개변수를 사용하여 집계기와 에이전트 간에 페이로드 메시지(메시지 유형이 welcome으로 정의된 List 형식)로 패키징합니다:

- aggregator_id: aggregator ID의 문자열 값
- model_id: ML 모델의 고유 ID를 나타내는 문자열 값
- models: Dict[str, np.array] 형식의 ML 모델
- round: 정수 형식의 연합학습 라운드 정보
- agent_ID: 에이전트 ID의 문자열 값
- exch_socket: 집계기에서 에이전트에게 연결할 포트 번호
- recv_socket: 에이전트에서 메시지를 수신할 포트 번호

다음 코드는 앞의 에이전트 참여 확인 메시지를 생성하는 기능을 보여줍니다:

```
def generate_agent_participation_confirm_message(aggregator_id: str,
        model_id: str, models: Dict[str,np.array], round: int, agent_id: str,
        exch_socket: str, recv_socket: str) -> List[Any]:
    msg = list()
    msg.append(AggMsgType.welcome)  # 0
    msg.append(aggregator_id)  # 1
    msg.append(model_id)  # 2
    msg.append(models)  # 3
    msg.append(round)  # 4
    msg.append(agent_id) # 5
    msg.append(exch_socket)  # 6
    msg.append(recv_socket)  # 7
    return msg
```

generate_polling_message 함수

generate_polling_message 함수는 polling 신호가 포함된 polling 메시지를 집계기로 전송하기 위한 메시지를 생성하고 반환합니다. 이 함수는 에이전트와 집계기 간에 페이로드 메시지(메시지 유형이 polling으로 정의된 List 형식)로 패키징하기 위해 다음 매개변수를 필요로 합니다:

- round: 정수 형식의 연합학습 라운드 정보
- agent_ID: 에이전트 ID의 문자열 값

다음 코드는 앞의 polling 메시지를 생성하는 기능을 보여줍니다:

```
def generate_polling_message(round: int, agent_id: str):
    msg = list()
    msg.append(AgentMsgType.polling) # 0
    msg.append(round) # 1
    msg.append(agent_id) # 2
    return msg
```

generate_ack_message 함수

generate_ack_message 함수는 승인 신호가 포함된 ack 메시지를 에이전트에게 다시 보내는 메시지를 생성하여 반환합니다. 집계기와 에이전트 간에 페이로드 메시지(메시지 유형이 ack로 정의된 List 형식)를 생성하는데는 매개변수가 필요하지 않습니다:

```
def generate_ack_message():
    msg = list()
    msg.append(AggMsgType.ack) # 0
    return msg
```

요약

이 장에서는 통신 및 데이터 구조 변환 프레임워크와 같은 기본 기능에 대해 무엇을 어떻게 코딩해야 하는지 전체 연합학습 시스템을 구현할 수 있도록 내부 라이브러리에 대해 자세히 설명했습니다.

내부 라이브러리에서 다루는 부분은 크게 다섯 가지로, 연합학습 클라이언트 상태와 같은 시스템 상태를 정의하는 열거 클래스, 송수신 기능을 지원하는 통신 핸들러, 모델 통합이 발생할 때

ML 모델을 처리하는 데이터 구조, 데이터 저장과 랜덤 ID 생성 등 기본 연산에 대응하는 helper 및 supporting 함수, 데이터베이스와 집계기, 에이전트 간에 전송되는 다양한 페이로드를 생성하는 메신저 함수입니다.

이러한 기능을 사용하면 연합학습 시스템을 쉽고 원활하게 구현할 수 있지만, 이러한 라이브러리는 연합학습 시스템의 최소한의 기능만 지원하므로 실제 사용 사례 및 기술에서 사용할 수 있는 보다 확실한 플랫폼을 만들기 위해 연합학습 시스템을 더욱 향상시키는 것은 사용자의 몫입니다.

<packt>

www.packtpub.com

온라인 디지털 라이브러리를 구독하면 7,000여 권의 책과 동영상은 물론, 자기계발 계획과 경력 개발에 도움이 되는 업계 최고의 도구를 모두 이용할 수 있습니다. 자세한 내용은 웹사이트를 참조하시길 바랍니다.

구독하는 이유는 무엇인가요?

- 4,000명 이상의 업계 전문가가 제공하는 실용적인 전자책과 동영상으로 학습 시간을 줄이고 코딩에 더 많은 시간을 할애하시길 바랍니다.
- 나를 위해 특별히 설계된 스킬 플랜으로 학습 향상
- 매월 무료 전자책 또는 동영상 받기
- 완벽한 검색 기능으로 중요한 정보에 쉽게 접근 가능
- 콘텐츠 복사 및 붙여넣기, 인쇄, 북마크하기

팩트는 출판된 모든 도서를 PDF와 ePub 파일로 제공하는 전자책 버전을 제공한다는 사실을 알고 계셨나요? 팩트닷컴에서 전자책 버전으로 업그레이드할 수 있으며, 인쇄본 고객은 전자책 사본에 대한 할인 혜택을 받을 수 있습니다. 자세한 내용은 customercare@packtpub. com으로 문의하시길 바랍니다.

www.packt.com 에서 무료 기술 문서 모음을 읽고, 다양한 무료 뉴스레터에 가입하고, Packt 도서 및 전자책에 대한 독점 할인 및 혜택을 받을 수도 있습니다.

다른 추천 도서

이 책이 재미있었다면 Packt의 다른 책들도 흥미로울 것입니다:

파이썬을 사용한 하이퍼파라미터 튜닝

루이스 오웬

ISBN: 9781803235875

- 하이퍼파라미터 공간과 하이퍼파라미터 분포 유형 알아보기
- 수동, 그리드 및 랜덤 검색과 각각의 장단점을 살펴보세요.
- 강력한 언더독 방법과 모범 사례에 대한 이해
- 인기 알고리즘의 하이퍼파라미터 살펴보기
- 다양한 프레임워크와 라이브러리에서 하이퍼파라미터를 조정하는 방법을 알아보세요.
- Scikit, Hyperopt, Optuna, NNI, DEAP 등 최고의 프레임워크에 대해 자세히 알아보기
- 머신러닝 모델에 바로 적용할 수 있는 모범 사례 살펴보기

머신러닝 설명력 기법 적용

아디트 바타차르야 ISBN: 9781803246154

- 다양한 설명 방법과 그 평가 기준 살펴보기
- 정형 및 비정형 데이터에 대한 모델 설명 방법 알아보기
- 실질적인 문제 해결을 위한 데이터 중심 XAI 적용
- LIME, SHAP, TCAV, DALEX, ALIBI, DiCE 등을 직접 체험해 보세요.
- 설명 가능한 ML 시스템에 대한 업계 모범 사례 알아보기
- 사용자 중심의 XAI를 사용하여 기술 전문가가 아닌 최종 사용자에게 더 가까이 다가가는 AI 제공
- 권장 가이드라인을 사용하여 XAI에서 미해결 과제 해결하기

Packt는 여러분과 같은 작가를 찾고 있습니다.

Packt의 저자가 되고 싶으시다면 지금 바로 authors.packtpub.com을 방문하여 신청하시길 바랍니다. 당사는 여러분과 같은 수천 명의 개발자 및 기술 전문가와 협력하여 이들이 전 세계 기술 커뮤니티와 인사이트를 공유할 수 있도록 지원해 왔습니다. 일반 지원서를 작성하거나, 저자를 모집하는 특정 주제에 대해 지원하거나, 직접 아이디어를 제출할 수 있습니다.

생각 공유

이제 파이썬으로 연합학습을 마쳤으니 여러분의 의견을 듣고 싶습니다! 아래 QR 코드를 스캔하여 이 책의 Amazon 리뷰 페이지로 바로 이동하여 피드백을 공유하거나 구입한 사이트에 리뷰를 남겨 주세요.

https://packt.link/r/1-803-24710-X

여러분의 리뷰는 저희와 기술 커뮤니티에 매우 중요하며, 우수한 품질의 콘텐츠를 제공하는데 도움이 됩니다.

이 책의 무료 PDF 사본 다운로드

이 책을 구입해 주셔서 감사합니다!

이동 중에도 책을 읽고 싶지만 인쇄된 책을 어디든 가지고 다닐 수 없나요? 구매한 전자책이 원하는 기기와 호환되지 않나요?

이제 모든 Packt 책을 구입하면 해당 책의 DRM이 없는 PDF 버전을 무료로 받을 수 있으니 걱정하지 마세요.

언제 어디서나 모든 디바이스에서 읽을 수 있습니다. 좋아하는 기술 서적의 코드를 검색, 복사하여 애플리케이션에 바로 붙여넣을 수 있습니다.

혜택은 여기서 그치지 않고 매일 받은 편지함에서 할인, 뉴스레터, 훌륭한 무료 콘텐츠에 독점적으로 접근할 수 있습니다!

다음의 간단한 단계를 따라 혜택을 받으세요:

1. QR 코드를 스캔하거나 아래 링크를 방문하시길 바랍니다.

https://packt.link/free-ebook/978-1-80324-710-6

2. 구매 증빙 자료 제출
3. 끝났습니다! 무료 PDF 및 기타 혜택을 이메일로 직접 보내드립니다.